"十三五"国家重点出版物出版规划项目

上海市教育发展基金会和上海市教育委员会"晨光计划"
当代中国产业发展的路径选择：经济思想与历史经验的双向分析（15CG65）
资助
上海市哲学社会科学学术话语体系建设办公室、上海市哲学社会科学规划办公室"新中国成立70周年"研究项目
理论经济学上海Ⅱ类高峰学科建设计划项目
中央高校建设世界一流大学学科和特色发展引导专项资金和中央高校基本科研业务费资助项目

复兴之路

新中国经济思想研究
丛书主编：程霖

新中国产业发展路径选择经济思想研究（1949～2019）

张 申 ◎ 著

中国财经出版传媒集团
经济科学出版社
Economic Science Press

图书在版编目（CIP）数据

新中国产业发展路径选择经济思想研究：1949-2019/张申著．—北京：经济科学出版社，2019.8
（复兴之路．新中国经济思想研究）
ISBN 978-7-5218-0907-7

Ⅰ.①新… Ⅱ.①张… Ⅲ.①中国经济-产业发展-经济发展-研究-1949-2019 Ⅳ.①F124

中国版本图书馆 CIP 数据核字（2019）第 204116 号

责任编辑：杨　洋
责任校对：杨　海
版式设计：陈宇琰
责任印制：李　鹏

新中国产业发展路径选择经济思想研究（1949~2019）
张　申　著
经济科学出版社出版、发行　新华书店经销
社址：北京市海淀区阜成路甲 28 号　邮编：100142
总编部电话：010-88191217　发行部电话：010-88191522
网址：www.esp.com.cn
电子邮件：esp@esp.com.cn
天猫网店：经济科学出版社旗舰店
网址：http：//jjkxcbs.tmall.com
北京季蜂印刷有限公司印装
710×1000　16 开　25.75 张　400000 字
2019 年 9 月第 1 版　2019 年 9 月第 1 次印刷
ISBN 978-7-5218-0907-7　定价：90.00 元
（图书出现印装问题，本社负责调换．电话：010-88191510）
（版权所有　侵权必究　打击盗版　举报热线：010-88191661
QQ：2242791300　营销中心电话：010-88191537
电子邮箱：dbts@esp.com.cn）

总　序

　　新中国成立70年来，中国经济建设取得了举世瞩目的辉煌成就，尤其是改革开放之后，中国经济体制出现了重大转变，经济实现持续高速增长，跃居全球第二大经济体和第一大贸易国，在世界政治经济格局中的地位与角色日益凸显，步入了实现中华民族伟大复兴的良性发展轨道。与中国经济体制转变同步，中国经济思想在理论范式和学术进路上也经历了比较大的调整。从计划经济时代形成的以马克思主义政治经济学和苏联社会主义政治经济学为主要内容和理论体系，逐渐过渡到以马克思主义为指导，政治经济学、西方经济学和中国传统经济思想多元并进的局面，这为中国特色社会主义市场经济理论和体制的形成与发展创造了良好的条件。

　　在此过程中，中国经济思想的发展演变与中国经济的伟大实践也是紧密相关的。尤其是在改革开放以后，中国经济在"摸着石头过河"的过程中涌现出了大量前所未有的、在其他国家也较为鲜见的经济创新实践，这就对源于西方成熟市场经济国家的经济学理论的解释力和预测力提出了挑战，蕴育了经济理论创新的空间。可以说，中国经济实践探索呼唤并推动了中国经济思想创新，而中国经济思想创新又进一步引领了中国经济实践探索。新中国70年的复兴之路在很大程度上是中国人民奋力开创的、为自己量身打造的发展模式，离不开国人在诸多经济问题与理论上的理解、决断与创造，这些也构成了新中国成立以来各领域所形成的丰富经济思想的结晶。

站在新中国成立70周年的重要历史时点上，中国正处于速度换挡、结构优化、动力转化以实现高质量发展的关键当口，有必要系统回顾总结新中国经济思想，较为全面地展示新中国成立70年以来中国经济思想在若干重要领域上的研究成果。这将为新时代构建有中国特色的社会主义政治经济学学科体系、学术体系和话语体系提供可靠立足点，同时基于对当代中国经济发展建设与民族复兴内在规律与经验的总结凝练，也将有助于指导并预测中国经济未来发展方向，明确新时期进一步加快实现民族复兴的道路选择，并为世界的经济发展提供具有可借鉴性和可推广性的"中国方案"。

目前，以整体视角全面梳理新中国经济思想的研究成果主要是一些通史性著作，以谈敏主编的《新中国经济思想史纲要（1949~1989）》"新中国经济思想史丛书"等为代表。这类著作通常以理论经济学和应用经济学一级学科为基础构建总的研究框架，然后再以其各自的二级学科为单位，逐一展开研究。这类研究的优点是有利于严格遵循经济学的学科体系，涵盖范围较广，学术系统性较强。但是其更加侧重经济思想学术层面的探讨，对经济思想的实践层面探讨不多。而且，一些具有丰富经济思想内容但没有作为独立二级学科存在的领域，未能被这类研究纳入其中。

与此同时，还有一类研究以张卓元主编的《新中国经济学史纲（1949~2011）》为代表，既包括以时间线索划分的通史性考察，也包含有专题式的研究（如社会主义市场经济理论、所有制理论、企业制度理论、农业经济理论、产业结构与产业组织理论、价格改革理论、宏观经济管理改革理论、财政理论、金融理论、居民收入理论、社会保障理论、对外开放理论等），更好地将经济理论研究与中国重大发展改革问题联系起来。这类研究的优点在于更贴近中国本土的经济问题，不拘泥于经济学科的科目划分。但由于涉及内容广泛但又多以单部著作的形式呈现，篇幅有限，所以对于所考察的经济思想常常难以做到史料丰富详实、分析细致深入。

因此，如何拓宽研究视角、创新研究体系和方法，进而对新中国经济思想的理论变迁与实践探索展开更为全面且系统深入的研究，是"复兴之路：新中国经济思想研究"丛书（以下简称丛书）拟做的探索。

对于中国经济思想的探索与创新研究，需要正确处理好学科导向和问题导向的关系。不能局限于学科导向而忽视中国经济现实问题，应该在确保学科基质的基础上以问题导向开展相关研究。同时，也要认识到，中国经济现实问题中蕴含着学科发展的内在要求、学科延伸的广阔空间、学科机理的不断改变。据此，丛书尝试突破学科界限，构建以重大问题导向为划分依据的研究框架。紧密围绕中国经济建设的目标与诉求、挑战与困境，针对新中国经济发展过程中重大问题的理论探索设计若干子项目，分别以独立专著形式展开研究。这种研究框架，能够更加紧密地融合理论与实践，更加具有问题意识，有助于将中国经济改革与发展中形成的重要经济思想充分吸纳并作系统深入的研究，可视为对上述两种研究体系的一种补充和拓展。

在研究体例和方法上，丛书所含专著将致力于在详尽搜集各领域相关经济思想史料的基础上，一方面对该思想的产生背景、发展演变、阶段特征、突出成果、理论得失、未来趋势等方面进行系统梳理与考察，另一方面则围绕思想中所体现的重大理论与现实问题，在提出问题、捕捉矛盾、厘清思路、建立制度、投入实践及至构建理论等方面做出提炼与判断。同时将尽可能把握以下几点：

第一，把握各子项目研究的核心问题和主旨线索。因为丛书是以重大理论与现实问题导向为切入口，那么所探讨的经济思想就要能触及中国社会主义经济理论与市场经济建设的关键实质，聚焦问题的主要矛盾，进而更有针对性地串联起相关的经济思想。例如，在"新中国经济增长思想研究"中，著者认为经济增长方式（主要分为外延式和内涵式）的明确、选择与转换，是中国经济增长研究的主旨线索；在"新中国产业发展思想研究"中，著者认为根据不同时期的结构性条件变化，选择发挥外生比较优势的产业发展路径还是塑造内生竞争优势的产业发展路径是经济思想探讨的关键；在"新中国民营经济思想研究"中，不同时期以来我国各界对于民营经济的态度、定位及其在社会主义建设中的角色则是一个重要问题，等等。只有把握住核心问题与主旨线索，才能使得经济思想史的研究更有聚焦，在理论贡献挖掘与现实启迪方面更有贡献。

第二，明确各子项目研究的历史分期。由于各子项目均将以独立专著形式出现，考虑到篇幅及内容的系统性，丛书选择以纵向时间作为基本体例。在历史分期的问题上，丛书主张结合中国宏观经济体制、经济学术及诸多背景环境因素的阶段性变化，但更为根本的是应探索各子项目核心问题的内在发展逻辑，以此作为历史分期的主要依据。所以不同子项目可能会以不同的历史分期作为时间框架。

第三，综合运用多种方法，对各子项目所包含的经济思想进行全面且系统的解读。在运用史料学、历史分析等经济史学传统研究方法的基础上，注重采用现代经济学、经济社会学等相关理论和历史比较制度分析、历史计量分析、经济思想史与经济史交叉融合的研究方法，进而以研究方法的创新来推动观点与结论的立体化与新颖化。

本丛书的策划缘起于我所主持的2017年上海哲学社会科学规划"新中国70周年研究系列"项目——复兴之路：新中国经济思想研究，后有幸被增补为"十三五"国家重点出版物出版规划项目。当然，相关书稿的写作许多在2017年之前就已经开始，有些还是获得国家社科基金资助的著作。最初设计时选取了20个经济思想主题，规划出版20本著作，涵盖了新中国经济思想的许多重要方面，具体包括：新中国经济增长思想研究、新中国经济转型思想研究、新中国对外开放思想研究、新中国经济体制改革思想研究、新中国国企改革思想研究、新中国民营经济思想研究、新中国金融体制改革思想研究、新中国农村土地制度改革思想研究、新中国经济特区建设思想研究、新中国产业发展路径选择的经济思想研究、新中国旅游产业发展与经济思想研究、新中国国防财政思想与政策研究、新中国财税体制改革思想研究、新中国反贫困思想与政策研究、新中国劳动力流动经济思想研究、新中国城镇化道路发展与经济思想研究、新中国区域发展思想研究、新中国城市土地管理制度变迁与经济思想研究、新中国城乡经济关系思想研究、新中国经济理论创新等。后来由于各种原因，至丛书首次出版时完成了其中的13本著作，对应上列20个主题的前13个，其他著作以后再陆续出版。

丛书依托于上海财经大学经济学院。上海财经大学经济学院是中国经济思想史与经济史研究的重要基地和学术中心之一。半个多世纪以来，在以胡寄窗先生为代表的先辈学者的耕耘下，在以谈敏、杜恂诚、赵晓雷教授为代表的学者的努力下，上海财经大学经济思想史、经济史学科的发展对我国经济史学学科的教育科研做出了重要贡献。在学科设置上，经济学院拥有国家重点学科——经济思想史，并设有国内首家经济史学系和上海财经大学首批创新团队"中国经济转型的历史与思想研究"，致力于促进经济思想史和经济史学科的交叉融合，并实行中外联席系主任制、海外特聘教授制等，多渠道、多方式引入海内外优质教育资源，极大地促进了中国经济史学研究的国际化和现代化。

近年来，上海财经大学经济史学系建立起梯队完善、素质较高的人才队伍，聚焦于新中国经济思想史研究，已形成了一批具有影响力的学术成果，为本项目的顺利开展奠定了基础。丛书的写作团队即以上海财经大学经济学院经济史学系的师生、校友为主，其中部分校友任职于复旦大学、深圳大学、上海社会科学院、中国浦东干部学院等高校和科研机构，已成为相关单位的学术骨干。同时，部分书目也邀请了经济学院政治经济学系的几位学者撰写。在整体上，形成了老中青结合、跨学科互补的团队优势与研究特色。当然，由于作者的学科背景有别、年龄层次差异、开始着手研究撰写的时间和前期积累状况不同，以及研究对象的复杂性和整体计划完成的时间有限等原因，丛书中各著作的写作风格并不完全一致，还存在诸多不足，也未能完全达到预期目标，敬请读者批评指正！丛书创作团队将以此批研究成果为基础进一步深化对新中国经济思想的研究。

丛书的出版得到了经济科学出版社的大力支持。此外，丛书也得到了理论经济学上海Ⅱ类高峰学科建设计划项目、上海财经大学中央高校建设世界一流大学学科和特色发展引导专项资金及中央高校基本科研业务费资助项目等的资助。在此一并致谢！

程霖

2019 年 7 月

摘 要
ABSTRACT

　　一国国际竞争力的长期可持续来源本质上是产业发展的优势塑造。1949年以来中国的产业发展独具特质、备受瞩目，不仅发展迅速，创造了巨大的经济总量而贡献于"中国奇迹"，并且呈现出较为复杂的发展型式切换。其经历了先重工业、再轻工业的演进历程，同时在发展战略转型、经济体制改革的背景下，为经济增长创造巨大动力的支柱产业与主导产业在不同时期亦有所变更。特别是，中国产业发展的道路与目前所见的拉美模式、苏联模式和东亚模式均有差异，而今还须面临产业结构调整、产业竞争力升级等一系列冲击，因此是一项富有学术启发与现实贡献的研究课题。

　　产业发展的核心是路径选择，该过程的实质是确定国力分配的最优方案。应该认识到，中国产业发展之所以成功和独特，并不完全在于特殊经济禀赋和历史背景下的市场自发路径选择，而在很大程度上归功于中国人民针对不同时空条件下的多重因素所做出的一系列对策应答和选择判断。因此，人为建构的路径选择是中国产业发展的关键，而这一立足于意识形态、经济认知与分析层面的内容，必然投射于经济思想史的研究范畴。从经济思想的角度，还原并阐释在应对国内外局势时，对产业发展路径选择起影响作用的意识形态、经济思想和理论工具从何而来，内容谓何？它们如何被确立，且如何被进一步地落实为一整套的经济政策和制度体系？这一过程自中华人民共和国成立以来至今，是否呈现出演进规律？其经济学逻辑和历史实践的效果如何？等等，可共同组成中国产业发展研究的重要切入点。以此切入，不仅丰富了中国现当代经济思想史的研究内涵，还有利于触及中国产业发展的特征与实质，进而为中国未来应该选择怎样的产业发展路径、中国选择的产业发展路径对于世界广泛国家有何参考等一系列重要问题提供启示。

本研究共有七章，主要以时间为线索，对思想演变的历史顺序进行展示：

第一章旨在对研究问题、对象、框架、方法等基本内容进行系统说明。重点在于定义"产业发展路径选择经济思想"，明确1949~1978年、1979~2003年、2004~2019年三阶段的历史分期，并综合运用经济学、历史学和社会学等多种方法对本研究的研究体例进行编排。

第二章探讨研究主体的先行理论奠基和先行思想奠基。第一部分通过对既有部分经济理论的辨析，指出研究领域存有两条并行的产业发展路径选择理论体系：一条是侧重培育内生比较优势的"塑造竞争优势发展路径"；一条是侧重顺应外生比较优势的"发挥比较优势发展路径"，这为后续中国经济思想的研究提供了总的框架参照。第二部分以西方经济学说传播为视角，考察了1840~1949年间中国工业化思想的发育与演化，指出其对于苏联工业化模式（特别是计划经济和重工业优先）的偏好，构成了影响后世思想的重要遗产。

第三章考察了1949~1978年间的产业发展路径选择经济思想，指出，政治经济封闭且对峙的外在环境促成了中国独立自主、自力更生的战略选择，也使其经济思想带有显著的塑造竞争优势的思维特征。该阶段的经济认知主要源于政治经济学框架，而从钢铁产业的实证案例来看,其路径选择包含了优先发展重工业、计划经济体制、国营管理体制、政治激励动员等一系列思想内容。该章指出,此时的经济认知与制度设计在经济主张上并非全然一致,但严峻的客观环境使得在一定程度上偏离于经济认知的路径选择被制度性地践行。另外,微观层面的激励缺位是该时期路径选择经济思想的主要缺陷。

第四、五章共同面向 1979~2003 年间的产业发展路径选择经济思想。第四章指出,在国际经济政治关系缓和及全球化开启的局势下,中国确立了以经济建设为中心、改革开放的战略选择。与此同时,产业发展经济认知的框架从政治经济学向现代经济学过渡,并与作为案例的纺织产业的制度设计一起,选择了调整经济结构、参与国际分工、建设市场机制、重视微观主体的经济思想,呈现出发挥比较优势的外向型产业发展路径选择。第五章研究的主旨和背景与第四章基本相同,但其侧重于挖掘在外向型经济环境下,通过发挥国内的市场潜力优势,引进国外资本与技术,进而克服比较劣势的产业发展路径选择经济思想。该章以汽车产业为案例,并且探讨了技术引进未能实现技术自主,同时汽车产业政策未能达成既定目标的经济原因。

第六章着眼于 2004~2019 年的产业发展路径选择经济思想。指出,结构性条件的显著变化很大程度影响了以往发挥比较优势的发展路径,也促成了中国以自主创新为内涵的战略选择。该时期的经济思想再次呈现塑造竞争优势的显著特征,并在经济认知充分发育的基础上,优先确定了高铁这一技术水平及战略意义突出的产业,且通过制度设计,选择了引进技术及消化创新并举、早期政府主导而后期市场参与的思想内容。该章指出,将市场潜力优势和资源组织优势综合考虑到产业发展的框架下,是该时期思想的一大突破,然而,不应将政府主导的创新作为产业发展的唯一动力，促进市场中的广泛企业发挥主观能动作用应成为更值得普及的创新形式。

第七章是对全文的总结和未来的展望，包括三部分的内容。其一，该章在对新中国产业发展路径选择经济思想进行全时段的梳理概括后，指出其具有四方面特征：结构性条件决定产业发展的目标取向，经济认知提供产业发展的实现途径，发展型政府特征突出，市场化因素不断深入。其二，该章对我国后续产业发展和路径选择过程中，如何进一步提升竞争力提供了建议启示，并且围绕对产业发展具有重大影响，且仍处于探索和形成过程中的中国共产党第十八次全国代表大会以来的重要思想展开了考察，指出未来发展方向主要包括：着重现代化产业体系建设，鼓励多种所有制经济共同发展，使市场在资源配置中起决定性作用，营造创新性与开放性兼备的发展体系。其三，为了实现更为立体的考察，该章引入市场选择，并将其与产业发展路径选择经济思想中对现实影响最为直接的政府选择，作为一组关系，以此为框架性线索，着重探讨了改革开放后的产业发展中国道路的逻辑生成，并对其特征进行了提炼与分析。

本书的主要结论有以下四点：第一，中华人民共和国成立70年以来，中国产业发展的路径选择经济思想经历了"塑造竞争优势——发挥比较优势——塑造竞争优势"的螺旋式三阶段过程。第二，历史经验表明，影响路径选择的根本原因是结构性条件，结构性条件产生巨大外部压力时，塑造竞争优势路径更易于被选择；外部压力褪去时，发挥比较优势路径更易于被选择。第三，塑造竞争优势路径往往与政府主导、强调对经济的计划和调控相配合，该路径有助于实现产业的跨阶段发展，快速增强实力而抵御外部压力，但若长期执行则易造成经济效率低下；发挥比较优势路径往往与个体参与、市场调节相配合而更为有效，其有利于产业循序渐进的可持续发展，但在结构性条件突变时易陷入危机。然而，两条路径并无绝对优劣之分，只是在不同结构性条件下的不同相宜选择。第四，结构性条件的钟摆型运动下，产业发展会在两条路径中切换，但由于计划调节与市场调节、政府主导与个体参与之间的更替过程存在非对称性，因此要对计划及政府的选择加以慎重考虑。同时，尊重经济学研究，加强政府职能界定，加大科技创新投入，有助于实现一国产业发展的长效优势。

目 录
CONTENTS

第一章

导论

第一节　研究背景与问题提出	2
一、产业发展：中国实现经济竞争力的命题再造	2
二、路径选择：理性建构下的中国产业发展解读	6
三、问题提出：中国产业发展路径选择的内在机理	9
第二节　概念界定和逻辑建立	10
一、研究对象的概念界定	10
二、研究阶段的历史分期	15
三、研究方法的系统说明	22
第三节　技术路线与基本框架	25
第四节　研究特点与尚存不足	27
第五节　学术回顾与评价启示	28
一、中国当代产业经济的思想类研究	28
二、中国当代产业经济的历史进程类研究	34

第二章

中国产业发展路径选择经济思想的先行奠基

第一节 产业发展路径选择经济思想的既有理论奠基	40
一、竞争优势与比较优势的理论差异再诠释	42
二、塑造竞争优势的产业发展路径选择思想	46
三、发挥比较优势的产业发展路径选择思想	53
四、理论分野对新中国产业发展路径选择分析的启示	57
第二节 中国产业发展路径选择的近代思想奠基	58
一、传播启动与中国工业化思想的孕育发展：1840～1894年	59
二、传播扩散与中国工业化思想的共同发展：1895～1934年	63
三、传播延续与中国工业化思想的另行发展：1935～1949年	67
四、近代思潮对中国产业发展路径选择思想的后世影响	74

第三章

经济自主时期产业发展路径选择的经济思想：1949～1978年

第一节 备战局势下的经济自主发展模式：赶超战略为主导	78
一、备战局势下经济自主发展模式的被动选择	78
二、"赶超战略"及其与"调整战略"的三次选择	82
三、经济自主时期产业发展路径选择的战略特征	86
第二节 经济自主时期政治经济学框架下的经济认知	87
一、生产资料优先增长的经济学初始逻辑辨析	88
二、计划经济与价值规律相互作用的学理博弈	93
三、国营体制及所有制两权分离的思想初发	100

四、重工业优先与农业基础建设的矛盾整合　　104
第三节　经济自主时期产业发展路径选择的制度设计：
　　　　以钢铁产业为案例　　108
　　一、优先发展钢铁产业的产业规划思想　　109
　　二、内外源并向的钢铁产业人才开发思想　　113
　　三、阶梯式结构设计的钢铁产业组织思想　　115
　　四、"鞍钢宪法"中的钢铁产业企业管理思想　　119
　　五、从平衡部署到纵深建设的钢铁产业区位思想　　127
第四节　经济自主时期产业发展路径选择的思想特征与理论评述　　132
　　一、经济自主时期产业发展路径选择经济思想的竞争式特征解析　　132
　　二、产业自主建设和重工业培育成果的产业发展绩效测度　　134
　　三、经济自主时期产业发展路径选择的理论缺陷：
　　　　微观层面激励缺位　　138

第四章

经济外向时期产业发展路径选择的经济思想（上）：1979~2003年

第一节　局势转变下的经济外向发展模式：经济建设为核心　　142
　　一、国际局势的缓和与面向国际经济体系的选择开启　　142
　　二、迎合全球化扩张趋势的经济外向发展模式选择　　145
　　三、比较优势发展路径下的国际市场分工的定位选择　　148
第二节　发挥劳动要素比较优势的经济认知　　150
　　一、基于经典理论反思的产业发展次序再推导　　151
　　二、西方比较成本学说传播下的产业模式论争　　155
　　三、对市场机制之于产业发展意义的渐进洞悉　　160
　　四、促进微观主体参与产业发展的所有制理论准备　　168

第三节　发挥比较优势的产业发展路径选择制度设计：
　　　　以纺织产业为案例　　　　　　　　　　　　　　172
　　一、优先发展纺织产业的产业结构调整思想　　　　　175
　　二、激活微观经营主体的纺织产业组织思想　　　　　179
　　三、逐步引入市场机制的纺织产业发展思想　　　　　186
　　四、促进出口贸易导向的纺织产业扶植思想　　　　　189
　　五、调整产能与改革国有企业的纺织产业规制思想　　193
第四节　发挥比较优势产业发展路径选择的经济思想整理与绩效评议　196
　　一、发挥劳动比较优势的产业发展经济思想逻辑搭建　　196
　　二、外向型产业建设与经济效益取得的产业发展评估　　198

第五章

经济外向时期产业发展路径选择的经济思想（下）：1979～2003年

第一节　克服资本技术比较劣势的经济认知　　　　　　202
　　一、基于目标产业锁定的产业选择思想争鸣　　　　　203
　　二、外资与技术引进的追踪考察与认知流变　　　　　210
　　三、产业政策理论的学习导入与观念演化　　　　　　219
第二节　克服比较劣势的产业发展路径选择制度设计：
　　　　以汽车产业为案例　　　　　　　　　　　　　　223
　　一、确立汽车产业战略地位的产业主导思想　　　　　224
　　二、基于国内外资源整合的产业技术发展思想　　　　228
　　三、强调构建规模经济的汽车产业组织思想　　　　　232
　　四、计划指令特征突出的汽车产业政策思想　　　　　236
第三节　克服比较劣势产业发展路径选择的思想述评与成果核定　240
　　一、克服比较劣势的产业发展经济思想生成轨迹　　　240

二、基于生产与自主研发的双重产业发展成果核定　　242

第六章

自主创新时期产业发展路径选择的经济思想：2004～2019年

第一节　秩序重建中的自主创新发展模式：塑造实力为内涵　　248
　　一、红利渐失与发展难以持续的内在选择驱动　　248
　　二、原有优越贸易环境消散的外在选择驱动　　251
　　三、自主创新的竞争式产业发展路径选择回归　　254
第二节　自主创新时期探索独特发展道路的经济认知　　257
　　一、比较优势与竞争优势选择的辩论　　258
　　二、实现产业优化升级的多重途径构想　　267
　　三、提升产业自主创新能力的思想探索　　275
　　四、围绕产业政策的反思及其存废辩论　　281
第三节　自主创新时期产业发展路径选择的制度设计：
　　　　以高铁产业为案例　　289
　　一、重点发展高铁产业的产业发展战略思想　　290
　　二、政府部门绝对主导的高铁产业组织思想　　294
　　三、集中统筹自主创新的高铁产业技术思想　　298
第四节　自主创新时期产业发展路径选择的思想特征与理论评述　　306
　　一、自主创新时期产业发展经济思想的回归与演进　　307
　　二、当前自主创新建设与高铁产业的成果取得评议　　309
　　三、我国高铁产业创新机制的理论选择及局限探讨　　311

第七章

研究结论与未来展望

第一节　中国产业发展路径选择经济思想的脉络梳理　316
　一、中国产业发展路径选择经济思想的历史总结　316
　二、中国产业发展路径选择经济思想的整体特征　317
　三、路径选择过程中的创新性经济思想成果总结　320
第二节　中国产业发展路径选择经济思想的启示与展望　322
　一、中国产业发展路径选择经济思想的现实启示　322
　二、中国产业发展路径选择经济思想的未来展望　324
第三节　政府选择、市场选择与产业发展的中国道路　330
　一、改革开放至20世纪末：政府选择引入市场选择　332
　二、21世纪初至中共十八大前夕：政府选择主导市场选择　335
　三、中共十八大以来：政府选择与市场选择的重新调整　338
　四、产业发展的中国道路：轨迹总结与逻辑特征　340

参考文献　345

第一章

导　论

第一节 研究背景与问题提出

一、产业发展：中国实现经济竞争力的命题再造

一国国际竞争力的长期可持续来源本质上是产业发展的优势塑造。中国当代的产业发展创造了巨大奇迹，但同时也构成一个时代迷思。具体而言，首先，中国产业经济发展迅速，自中华人民共和国成立以来从一个工业发育不成熟、产业体系尚不完备的农业国起步，经历70年的时间实现了独立的、比较完整的、具有相当规模和较高技术水平的工业化体系及三次产业结构的工业大国的转型[1]。1949年我国工业总产值仅为140亿元，1957年增长为784亿元，1978年则高达4231亿元[2]。在此之后我国产业更是发展迅速（见图1-1），按照增加值计算，1978~2018年我国第一产业增加值年均增长率达到11.22%，第二产业增加值年均增长率达到14.60%，第三产业增加值年均增长率达到17.19%。[3] 此过程中，我国的基础产业和基础设施发展迅速，[4] 工业实力空前增强，产业行业发展较为齐全。[5] 我国产业的发展对经济增长形成了巨大推动，统计数据表明，1990年以后第二产业对我国国内生产总值增长的拉动显著，而进入21世

---

[1]《新中国60周年：从一穷二白到现代工业体系的历史跨越》，http://www.gov.cn/test/2009-09/22/content_1423345.htm。

[2] 1949年、1957年工业总产值按照1952年不变价格计算，1978年工业总产值按照1970年不变价格计算。资料来源：《中国统计年鉴》（1981）。

[3] 根据国家统计局相关数据计算而得，http://data.stats.gov.cn/。

[4] 农业、能源、原材料供给能力显著提升，交通运输、邮电通信形成网络体系，水利环境、教育、文化、卫生、体育设施显著加强，三峡工程、西气东输、南水北调、铁路高铁等一大批重大项目建设顺利或向前迈进。引自国家统计局编：《新中国60年》，中国统计出版社2009年版，第79~82页。

[5] 经过60年的建设，我国的钢铁、有色金属、电力、煤炭、石油加工、化工、机械、建材、轻纺、医药等部门逐步发展壮大，一些新兴部分如航空航天工业、汽车工业、电子工业等也从无到有，迅速发展。引自国家统计局编：《新中国60年》，中国统计出版社2009年版，第60~64页。

纪以来，第三产业的贡献开始变化明显，至 2017 年平均高达 46.23%，这也在一定程度上显示出我国产业结构高级化的实现（见图 1-2）。产业的发

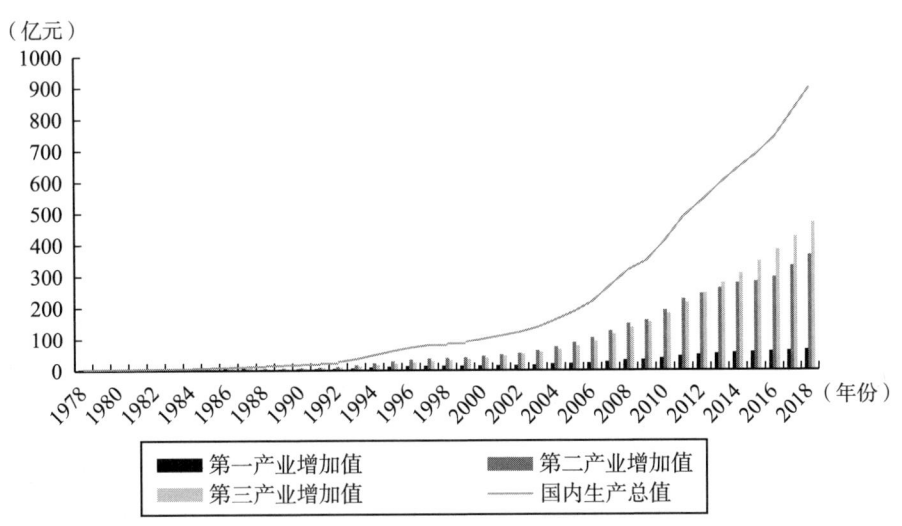

图 1-1 中国国内生产总值及三次产业增加值（1978~2018 年）

资料来源：国家统计局，http://data.stats.gov.cn/。

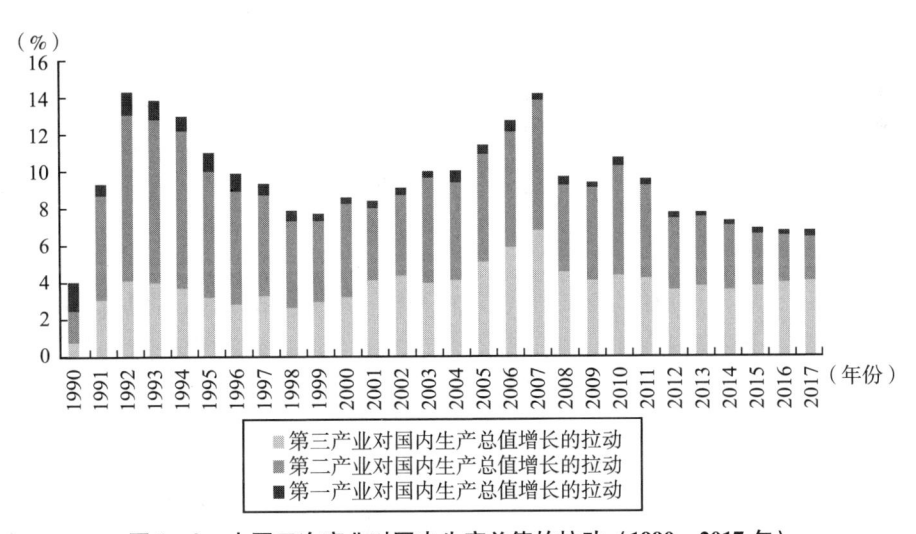

图 1-2 中国三次产业对国内生产总值的拉动（1990~2017 年）

资料来源：国家统计局，http://data.stats.gov.cn/。

展推动着我国经济水平的快速增长,根据世界银行数据统计,2005年我国GDP总量为22569亿美元,位居世界第五位;而2010年我国GDP总量已高达59266亿美元,跃居世界第二位,已然步入中等收入国家行列(见表1-1)。不仅如此,中国还在很大程度上抵御了1998年亚洲金融危机和2008年全球金融危机的冲击,如此快速且具有较强稳定性的产业发展自然而然地得到了世界范围内的高度关注。

表1-1　　　　　2005年和2010年世界主要国家GDP排名

排名	GDP(单位:万亿,美元现价)			
	国家	2005年	国家	2010年
1	美国	13.037	美国	14.992
2	日本	4.755	中国	6.087
3	德国	2.861	日本	5.700
4	英国	2.525	德国	3.417
5	中国	2.286	法国	2.643
6	法国	2.196	英国	2.453
7	意大利	1.853	巴西	2.209
8	加拿大	1.169	意大利	2.125
9	西班牙	1.157	印度	1.676
10	巴西	0.892	加拿大	1.614

资料来源:World Bank Database,http://data.worldbank.org/。表中数据按照现价计算。转引自陈佳贵等:《工业化蓝皮书:中国工业化进程报告》(1995~2010),社会科学文献出版社2012年版,第6页。

其次,中国产业经济在较短时期内呈现出发展型式的多次切换,不仅表现在经济体制与相关配套制度上,也表现在某一时期的支柱产业及主导产业上,在世界范围内皆属少有。中华人民共和国成立初期,我国在对外经济关系封闭的条件下施行单一公有制和计划经济体制,提倡重工业优先发展战略,重点扶植苏联援建的包括钢铁、煤矿、石油、机械制造等重化工业在内的"156项重点工程"。而"六五计划"期间,我国开始积极推动消费品工业的生产和供应,同时在1978年以后推行对外开放政策与经济体制改革,实行工业经济责任制,使得轻工业迅速发展。1990 年我国棉布连同煤炭、水泥行业产量居世界第一,化学纤维产量居世界第二①。20 世纪90 年代以来,我国步入社会主义市场经济发展阶段,并在 1994 年出台《90 年代国家产业政策纲要》,将机械电子、石油化工、汽车制造和建筑业确立为亟待积极振兴的支柱产业,并提出大力发展第三产业。进入 21 世纪,我国加入世界贸易组织(WTO),同时推行了"新型工业化"发展道路和"自主创新型国家"建设,迎来了产业发展的新契机。在此期间,重工业比重显著上升,且有进一步扩大的可能(见图 1 - 3),使得当前的产业结构呈现出前所未有、甚至超过中华人民共和国成立初期的"重型化"发展趋势,进而更加凸显自中华人民共和国成立以来产业发展领域的复杂多变。

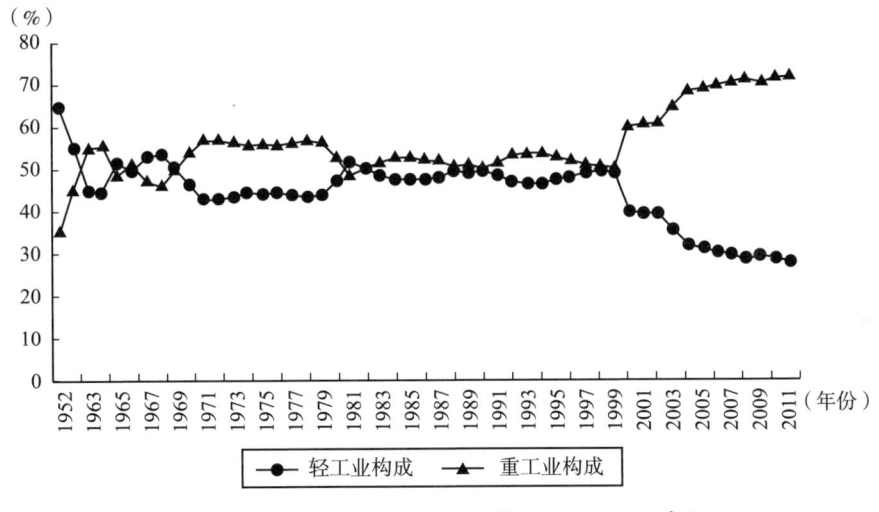

图 1 - 3 中国轻重工业所占比重(1952 ~ 2011 年)

资料来源:《中国工业经济统计年鉴》(2012),国家统计局。

最后,中国的产业发展别具一格,与当前所见的拉丁美洲的依附型产

---

① 陈佳贵、黄群慧等:《工业大国国情与工业强国战略》,社会科学文献出版社 2012 年版,第 56 页。

业发展模式、苏联的计划经济体制下重工业发展模式、东亚的政府主导下出口导向型发展模式均不尽相同，而似乎逐渐形成了一套逻辑自洽的独特体系。这一点已被诸多海外人士所认同。虽然其多将论述落脚于更为宏观的中国特色社会主义经济发展道路，但总与产业有着或多或少的关联。美国学者格雷·杰斐逊（Gary Jefferson）与托马斯·乌拉斯基（Thomas Rawski）表明"中国改革领导人是期望工业改革能有更好表现，但并不特定模仿某一已有的工业模式"①。英国《新左派评论》（*New Left Review*）杂志曾发表文章指出，中国道路是独特的，"其经济虽围绕着市场交换而组织，却不是资本主义的模式，而有（自己）遥远及近期的印记"②。俄国科学院院士哈伊尔·列昂季耶维奇·季塔连科（Михаил Леонтьевич Титаренко）高度肯定了中国特色社会主义发展道路，还特别指出中国"提供了新的可供选择的社会发展道路"③。从这个角度，对于中国产业发展的研究意义就不仅来自其迅速、成功与复杂，更重要的是，中国产业发展是否能对既定存在的发展方式提出挑战而呈现一种新的可能，将对其他同样处于发展和改革过程中的经济体提供参考价值。

因此，具有如上特征的中国产业发展不可能不引起世界范围的关注和学术上的好奇。对于中国产业发展的研究，是契合广泛发展中国家的成长需要，是面向已有经济发展模式的理论反思，同时也是中国在当前面临产业结构调整、经济增长方式转变、塑造国际持久竞争力的诉求时所必经探索的研究课题。

二、路径选择：理性建构下的中国产业发展解读

研究该课题的关键在于，应从何种角度去理解中国的产业发展才能更获裨益。而这很容易被代入到一个更大的研究构架，即前文所提的中国特

---

① Jefferson, Gary H., and Rawski, Thomas G., "Enterprise Reform in Chinese Industry.", *Journal of Economic Perspectives*, 1994, 8 (2): 47 – 70.
② Andreas, Joel, "Changing Colours in China.", *New Left Review*, 2008, 54: 123 – 142.
③ [俄] 米·季塔连科著，李燕、康晏如译：《季塔连科论中国社会主义现象》，载于《国外社会科学》2014年第5期。

色经济发展道路，或言"中国模式"（China Model）。"中国模式"可看作是一个中国在探索经济发展方面有别于其他国家但获得巨大成功的制度、政策及经济现实的集合。当前，该提法本身仍存在讨论的空间，歧义焦点多在于该模式是否已臻成熟而具有长期稳定性，或是否具有完备的可复制性等①。但刨除这一系列延伸问题，参与讨论的学者多能达成一个共识，即"中国模式"之所以具备重要的研究价值，一个关键的出发点在于其所支撑的中国经济发展道路，不是一个自发机制，也不是单纯由"看不见的手"所推动的市场选择，它是中国人民出于扶植和发展经济的主观意志，针对不同时空条件下的多重因素做出的一系列选择判断与对策应答，包括其面向国内外综合形势及意识形态风潮所形成的信息处理与经济认知，以及最终在此基础上完成的制度建设与动态协调，等等。例如，对"中国模式"的概念前身——"北京共识"率先做出详尽剖析的乔舒亚·库珀·雷默（Joshua Cooper Ramo）指出，"北京共识"的一个核心要素就是致力于改革的创新与持续践行②。当前社论也多认同，"中国模式"就是中国特色社会主义道路，是"中国人民奋力开创的""为自己量身打造的发展模式"③。2019年习近平总书记在新进中央委员会的委员、候补委员学习贯彻中国共产党第十八次全国代表大会（以下简称中共十八大）精神研讨班开班式上发表重要讲话并进一步明确，"所谓的'中国模式'是中国人民在自己的奋斗实践中创造的中国特色社会主义道路。"④以上主张皆印证了一个观点，即中国经济发展的经验与道路饱含中国人民主观能动性的参与和表达，这是"中国模式"特例于其他发展模式的核心内涵；若非如此，所谓"中国模式"的特例性就仅被锁定在中国经济禀赋和历史条件的

---

① 在此方面，已有学者进行了观点的汇总和梳理。引自何迪、鲁利玲主编：《反思"中国模式"》，社会科学文献出版社2012年版；李建国编：《中国模式之争》，中国社会科学出版社2013年版。
② ［美］乔舒亚·库珀·雷默：《北京共识》，引自黄平、崔之元主编：《中国与全球化：华盛顿共识还是北京共识》，社会科学文献出版社2005年版，第1~62页。
③ 陈曙光：《"中国模式"确定性与开放性的辩证统一》，载于《人民日报》2014年5月8日，第7版；王香平：《"中国模式"与中国特色社会主义道路——解析中共领导人关于"中国模式"的论述》，载于《中国当代史研究》2013年第5期。
④ 习近平：《关于坚持和发展中国特色社会主义的几个问题》，2019年3月31日，http://cpc.people.com.cn/n1/2019/0331/c64094-31005184.html。

特异性和偶然性，很大程度上丧失了参考价值。

基于这个认知，被深刻嵌入在中国经济发展道路的中国产业发展同样显示出中国人民作为行动主体发挥其主观能动性而参与其中的强烈特质。当然，不应忽视市场的自发机制在中国产业发展中所扮演的重要角色，但更要注意的是，人为地在产业发展中的某些关键环节（如产业发展的优先次序、资源获取、管理与协调等）上进行设计与调控，贯穿了中华人民共和国成立以来的中国产业发展70年历史，发挥了更为广泛和深层次的作用，换言之，中国产业发展很大程度上是由中国政府、中国领导人、产业业内人士及理论研究者在历史进程中相互配合、共同努力下所完成的有关国家产业建设的道路选择与成果取得。因此，以"路径选择"对中国人民这一系列的认知、探索、实践乃至正反经验为囊括，作为对中国产业发展研究的切入点，将更加有利于触及中国产业发展的内涵、特征与实质，也有利于对中国走上的是怎样的产业发展路径，中国未来应该走怎样的产业发展路径，乃至中国的产业发展路径具有何种启示等一系列重要问题提供启示。

从这一点出发，本书希冀探讨的路径选择，就不能等同于通常经济学所研究的"理性决策"（rational choice），即行动个体在固定偏好和行动理性的前提下，面向限定条件所选择的最大化效用输出①；本书更倾向于探讨的是行动个体的偏好如何形成（即认为什么是最优），以及在这种情况下用于追求效用最大化的范式如何被选择（即认为何种达到最优的方式最为有效）。因此，这应该更近似为一个探索"理性建构"（rational construction）的过程②，且这一过程必然投射在经济思想史的研究范畴。经济

---

① 因为若基于这种思路，选择偏好是先验的、外生给定的，同样行为规则也被给定，输出的结果更关乎于禀赋条件及约束；同时，先验的偏好给定和行为规则也容易在一定程度上忽视不同国家、地区、民族的行为个体在偏好上的差异。西蒙曾对理性选择所具备的一般特征进行了总结，包括：（1）有一组备选集可供选择；（2）一个决定输出结果（或满意度、结果的达成）的关系，如选择一个备选方案的函数；（3）关于输出结果的偏好排序。Simon, Herbert A., "A Behavioral Model of Rational Choice.", *The Quarterly Journal of Economics*, 1995, 69（1）: 99 – 118.

② 经济社会学中的制度学派非常重视这一视角的研究，即不将行动主体理性行为的偏好选择看作先验的外生属性，而更关注选择偏好的来源，并将其视作以内生的形式建构而成的。高柏：《中国经济发展模式转型与经济社会学制度学派》，载于《社会学研究》2008年第4期；Lindberg, Leon N., and Campbell, John L., "The State and the Organization of Economic Activity." in Campbell, John L., Hollingsworth, Rogers J., and Lindberg, Leon N., eds., *Governance of the American Economy*, New York: Cambridge University Press, 1991: 356 – 390.

思想作为人类接触经济生活而发育的一种意识形态,反映了人们对当前经济社会关系的认知和判断①,提供了经济问题的解决方案②,更影响了对经济现实的最终处理③,因此在一定程度上,经济思想的研究应是中国产业发展路径选择的核心领域。以经济思想还原中国产业发展路径选择中的理性建构,阐释在应对国内外局势而选择产业发展路径过程中起主导作用的意识形态、经济思想和理论的来源,它们如何被确立,且这些意识形态、经济思想和理论如何被进一步地落实为一整套的经济政策和制度而被践行,应为本书所最终锁定。

三、问题提出:中国产业发展路径选择的内在机理

基于以上所论,本书尝试考察中华人民共和国成立70年间产业发展在经济思想与经济制度层面所形成的路径选择,探讨这些思想及制度产生的背景、形成的原因、彼此间的逻辑关系以及实施效果,最终对中国产业发展的路径选择给予生成机理与内在逻辑的还原与分析,最终将涉及以下一系列具体问题,具体包括:

第一,在产业发展的每个转折关头,中国人民如何理解形势并制定基本的战略构想?而在这些基本的策略框架下,有哪些学者提出怎样的关于产业发展路径选择的经济观点,而这些观点是否如同历史上最终所见的产业决策一样是意见一致的,还是充满各种争鸣?

第二,思想争鸣的最终结果是怎样的,是否有某一或某些思想能够成

---

① 赵靖言:"经济思想是人们的一种意识形态,它以自己特有的形式反映人们对当时社会经济关系的认识。人们在自己的经济生活中经常地、不断地接触各方面的经济问题,并通过反复的接触对这些经济问题中所包含的经济关系逐渐有所认识。"引自赵靖主编:《中国经济思想通史》第1册,北京大学出版社2002年版,序言第3页。

② 蒋自强等认为,经济学家都有一个由概念系统、假设问题、推理形式及特定角度所组合而成的"工具箱",以此来分析所关注的问题。而且,该"工具箱"会受到科学—文化背景的影响,会受现实经济发展推动而进化。引自蒋自强等:《经济思想史通史》第1卷,浙江大学出版社2003年版,前言第2~5页。

③ 凯恩斯对经济思想具有极高评价,他指出,"经济学家以及政治哲学家之思想,其力量之大,往往出乎常人意料。事实上统治世界者,就只是这些思想而已。许多实行家自以为不受任何学理之影响,却往往当了某个已故经济学家之奴隶。狂人执政,自以为得天启示,实则其狂想之来,乃得自若干年以前的某个学人。"引自[英]约翰·梅纳德·凯恩斯著,徐毓枬译:《就业、利息与货币通论》,译林出版社2011年版,第331页。

为主导，进而最终可能被制度化的选择并确立？其被确立的原因是什么？而且处于产业发展路径选择不同环节的各种思想，它们是如何达成逻辑上的一致建构，并形成一整套的相关制度设定？而制度上的选择对经济研究是否有所继承、拓展、更正抑或扭曲？其最终的实施绩效又应如何评价？

第三，中华人民共和国成立以来至今的与产业发展路径选择相关的经济思想，是否呈现出阶段式的演进轨迹？其是否体现了一定的发展规律，抑或发展特征？其对当前产业发展理论研究有何启示，同时，作为发展中国家的中国应该采取怎样的措施才能有助其获得产业发展的长期优势？

本书将凭借经济思想的观察视角对产业发展展开史实再现与问题剖析。而且，正如美国经济学家小罗伯特·埃克伦德（Robert B. Ekelund）和罗伯特·赫伯特（Robert F. Hebert）所言，"理解过去经济学者的思考过程会为今天的经济学家提供有价值的洞察力和经验教训。"[1] 这一研究，将有助于从一个新的视角——历史与经济思想的双向结合对中国产业发展的内在机理加深理解，而且还能对中国产业发展的未来路径、有关"中国模式"在产业发展领域的投射以及世界范围内的发展中国家如何实现以产业发展为核心的经济发展等一系列问题提供借鉴，因此具有理论与实践的双重研究价值。

第二节　概念界定和逻辑建立

一、研究对象的概念界定

首先，须对本书所涉及的一系列概念进行重新廓清。这里不仅要对本

---

[1] ［美］小罗伯特·B. 埃克伦德、罗伯特·F. 赫伯特著，杨玉生、张凤林等译：《经济理论和方法史》，中国人民大学出版社2001年版，第4页。

书所面向的研究对象的概念进行逐层的范畴界定,也要对其所包含的内容进行含义说明,同时辅以对相似和相关概念的讨论与辨析,以形成本书对"中国产业发展路径选择的经济思想"概念表述的清晰认知。

(一) 产业发展

所谓产业,其含义较宽,通常主要是指经济体中各种提供同质或同类产品和劳务的组织及其所从事的经济活动的总称[①]。而所谓"产业发展"(industry development),本书的定义是,泛指一国产业在产能和效率、规模和技术、结构和布局以及对关联产业和国民经济的协调与拉动等方面的综合能力的提升。

该概念与"产业成长"不同,产业成长(industry growth)一般指产业经历萌芽、发展、成熟、衰退的生命周期[②],而产业发展则指产业综合能力的提升。该概念与当前较为普及的"产业升级""产业结构调整"也有差异。具体而言,"产业升级"(industrial upgrading)主要指产业自身在结构上的高级化(即由第一产业向第二、三产业,轻工业向重工业,劳动密集型产业向资本、技术密集型产业的提升)以及在质量与效率上的提升[③],相对而言不侧重强调产业发展程度与国民经济发展程度的配套协调,

---

[①] 有定义指出,产业是国民经济的各行各业,其概念是微观的企业和家庭消费与宏观经济单位(国民经济)之间的若干"集合",而一个产业就是具有某种统一属性的经济活动的集合(引自郭万达主编:《现代产业经济辞典》,中信出版社1991年版,第15页)。类似的,也有定义指出,产业是在经济生活中从事生产和作业的各行业、部门以及企业和私人服务单位的集合,是社会劳动的基本组织体系(引自张冬梅主编:《产业经济学》,社会学科文献出版社2013年版,第3页)。也有一些含义从分工和社会发展出发,指出产业原指各种物质生产部门,在狭义上一般不指商业,有时甚至专指工业;而在第三产业兴起后,产业开始泛指各种制造或提供物质产品、流通手段、服务劳动等的企业或组织(引自于光远主编:《经济大辞典》,上海辞书出版社1992年版,第838页)。的确,产业这一概念是社会分工以及生产力不断发展的产物,而在英语中,"产业""工业"和"行业"都由 industry 一词概括。

[②] 特别有观点认为,"产业成长指单个产业经历其生命周期的一种过程""产业发展比产业成长更广阔,不仅仅指单个产业,还可以指整个产业",同时"产业成长指关注单个产业从小到大、从弱到强的过程及其运行规律,而产业发展不只停留于此,还要进一步考察与其他产业的关联和在整个经济体系中的关系。"引自向吉英:《经济转型期产业成长与产业投资基金研究》,中国金融出版社2010年版,第23~25页。

[③] 一般而言,"产业升级"又可称"产业结构升级",引自刘树成主编:《现代经济辞典》,凤凰出版社、江苏人民出版社2005年版,第78页。但本书认为,严格而论,"产业结构升级"应强调的是产业结构的高级化,即从产业的低级形态向高级形态转变;而"产业升级"则还可包括产业效率与质量的提高。

与产业发展相比范畴更小。特别在现实层面，自中华人民共和国成立后至20世纪八九十年代经历了很长一段时间的"先重工业——再轻工业"的反向过程，与"结构升级"的本意相悖。而且，中国作为一个后发农业大国，很多产业普遍经历了从无到有的建设过程，而后在近三十年左右才逐渐产生了明确的"产业优化升级"的诉求①，以这样一个在生产力提升和产业变迁经历了一定历史阶段才产生的术语去囊括中国产业自1949年以来的全阶段进程，显然不够准确。"产业结构调整"（adjustment and upgrading of industrial structure）比产业结构升级的范畴更显广泛，其不仅包括产业结构的高级化，也包括产业结构的合理化②。但这一概念更侧重论及产业的结构方面，而不够强调其他方面，以此去研究中国的产业问题也显得不够适宜。

另一与产业发展范畴十分类似的表述是"工业化"（industrialization），但该命题的定义立足于一个以生产方式的变革为实质的经济进步过程③，其在经济结构上的主要体现是国民经济中第二产业的比重增加④，即以现代工业对传统农业形成替代，与产业发展（特别是包含三次产业）的内涵也有一定偏差⑤。而且，工业化是近代以来我国现代化转型的一个重要核心，这一点在近代和中华人民共和国成立初期尤为显著。然而随着我国国民经济中第二产业比例的增加，特别是一些学者指出21世纪后我国已经

---

① 中国知网可看作是一个体现中国学术研究发展及转型的重要数据来源，而通过来自中国知网（http://www.cnki.net）的统计，自20世纪80年代后期中国学术才逐渐出现有关"产业升级"的文章。特别是，在2001年《关于国民经济和社会发展第十个五年计划纲要的报告》中明确提出，要"坚持把结构调整作为主线"，而经济结构调整的主要预期目标是产业结构优化升级。参见朱镕基：《关于国民经济和社会发展第十个五年计划纲要的报告》，2001年3月15日，引自中共中央文献研究室编：《十五大以来重要文献选编》中，人民出版社2001年版，第1676~1706页。
② 其中产业结构的合理化亦可被称为"产业结构优化"。引自刘树成主编：《现代经济辞典》，凤凰出版社、江苏人民出版社2005年版，第78~79页。
③ 赵晓雷：《中国工业化思想及发展战略研究》，上海财经大学出版社2010年版，第5页。
④ ［英］约翰·伊特韦尔等，陈岱孙等译：《新帕尔格雷夫大辞典》第二卷E-J，经济科学出版社1996年版，第861页。
⑤ 21世纪以后，也有一些学者运用"新型工业化"的提法来规划中国工业经济的未来发展，该提法的主要内涵是以信息化带动工业化、可持续发展的工业化、以充分就业为先导的工业化、以公有制经济和非公有制经济相结合、以政府主导型的市场经济为背景。因此，该提法是一种对"工业化"的优化，是一个社会经济特别是工业化发展到一定阶段的理论产物。参见任保平：《新型工业化：中国经济发展战略的创新》，载于《经济学家》2003年第3期。

进入到工业化的后期阶段抑或中后期阶段①，发展第三产业、产业结构升级和提升国际竞争力等逐渐更多地成为政策制定和学术研究的关键词。这在一定程度上反映出随着时间的推进和建设成果的取得，"工业化"已不能完全展示中华人民共和国成立70年间我国经济转型和产业发展的客观进程。

相较而言，本书采用"产业发展"这一较为广阔的概念，包含了一般意义上的产业升级与产业结构调整，也包含了中国较为特殊的由重工业向轻工业的工业化转变，能更好地服务于本书意图探讨的自中华人民共和国成立以来在产业方面经历的变迁、演进等一系列问题，不易造成歧义和概念的狭隘。

（二）产业发展的路径选择

从字面含义出发，该命题可存在一种广义的理解，即其既包括市场的自发选择，也包括人为的主观选择。当然，这两种选择的双向结合也符合中国产业发展的客观史实。但一方面，正如前文所言，人为选择在中国产业发展史上发挥了更为关键的作用，很大程度上奠定了中国产业发展的基本走向及各阶段的转变；另一方面，作为经济思想史的研究，更应关注的是人针对经济现象和问题做出了哪些思考探索和应对实践——如若围绕产业发展的市场自发行为进行分析和归纳，那似乎更契合经济史和现代经济学实证研究的考察特色——因此，在保留学科特色与研究能力的限定下，本书主要将"产业发展的路径选择"界定为人为的选择，即中国人民对中国的产业发展进行的思辨和规划。

更进一步的，本书认为，该选择应该由一系列相互关联的问题组成，解决这一系列的问题，或称在每一个问题可能存在的多种备选项中选定答案并进行组合串联，事实上就等同于完成了对产业发展的路径选择，这在一种层面上体现了"选择"的应有之意。② 也有研究对类似的概念"产业

---

① 中国科学院经济学部课题组：《对我国工业化进程的基本认识》，载于《中国党政干部论坛》2008年第2期；黄群慧：《中国的工业化进程：阶段、特征与前景》，载于《经济与管理》2013年第7期。

② 之所以说是在一种层面，是因为所谓"选择"可以有多种表达。针对某一具体观点产生多重思想争鸣并在多中选一，是一种层面的选择；在一些特定时期，经济思想可能受到战略决策和意识形态的限制，产生较为一致的观点而非激烈的争鸣，但事实上，这种战略决策或意识形态导向的本身已然是一种既定的选择；另外，在某些时期，经济思想产生了对以往思想批判反驳的"一边倒"，这事实上也是在新、旧思想中选了新思想的一种选择。因此，选择在本书中会有多层次的体现。

发展模式选择"定义为"产业结构、产业布局构成的产业发展的总体格局",[①] 但本书认为这并不全面,一个系统的产业发展路径选择应该包括:

(1) 发展目标:优先发展哪一产业?

(2) 发展主体:以哪一部门作为产业发展的行动主体?

(3) 发展要素:产业发展所需的要素(资本、资源与技术等)从何获取?

(4) 发展机制:产业内、产业间及产业与经济的运行应如何进行管理与协调?

以上问题的解答并不存在绝对的先后顺序,但其彼此之间必定具有深刻的逻辑关联。它们构成了产业发展路径选择的主要内容,这也是本书的主要范畴。但也要指出,既然本书针对的是"产业发展"这一较为宏观的概念,且以"路径选择"这样一个战略层面的角度作为切入点,那么系统地围绕某一特定区域的产业发展进行探讨,抑或完全针对某一具体的产业进行分析等类似较为微观的具体问题,将不包含在本书内。

(三) 产业发展路径选择的经济思想

基于以上,本书的研究对象已逐渐明晰。产业发展的路径选择,所显示的是一国在产业发展方面的认知与行动,其本质是该国基于特定历史条件的以产业发展为目标的经济学分析与系统决策——这就是产业发展路径选择的经济思想。因此,该经济思想应既包括学者在产业发展方面的思考与研究(即对应所谓"经济学分析"),也应包括政府相关部门在产业发展方面的政策制定与制度安排(即对应所谓"系统决策")。正是这些经济思想,构成了中国实现产业发展进而取得经济增长的内在逻辑与理论支撑,也成为本书的直接研究对象。

同时,也需对"产业(工业)经济思想"和"工业化思想"的相关范畴加以厘清。二者在某种程度上都可称之为"产业发展路径选择的经济思想"的基础,毕竟,该思想需根植于当时产业(工业)经济思想与工

[①] 齐建国、赵京兴:《产业发展模式的选择》,载于《数量经济技术经济研究》1988年第10期。

业化思想的发展与演进，进而在此基础上为国家产业发展的路径选择提供理解和建议。所以，在具体论述时，本书会与这两大范畴多有交叉重合。但严格来看，如若把相关的经济制度也包括在内，"产业经济思想"与"产业发展路径选择的经济思想"则有一定交集，前者涵盖产业经济学研究的方方面面（包括全部的产业组织思想、产业结构思想、产业布局思想、产量关联理论等），而后者则并不一定对产业经济学研究涉及完全，反而在有关经济发展规律、经济体制改革、激励机制等与产业发展路径选择相关，但不严格属于产业经济学研究范畴的内容有所涉及。因此，产业发展路径选择经济思想不是一个产业经济思想的子命题。而"工业经济思想"是一个具有时代特征的提法，主要产生于"产业"这一术语被我国各界正式采用之前，特别在近代时期（即 1840~1949 年），该类思想主要服务于国人从事工业建设。且正因中国传统农业社会并无孕育该类思想的土壤，近代工业经济思想主要依靠西方国家外生传播而来[1]，影响了国人对产业发展的构思，也对当代中国产业发展路径选择的经济思想形成了先行奠基。至于"工业化思想"，与本研究也有重大关联，因为如前文所言，自 1840 年我国开启以工业化为核心的现代化转型，特别是在近代时期和中华人民共和国成立初期，工业化是我国产业发展的重要内容。所以，近代以来我国工业化思想的发展同样是当代产业发展路径选择的思想奠基，本书将对 1949 年前我国的工业化思想进行一定的分析和解读。

二、研究阶段的历史分期

本书所考察的产业发展路径选择经济思想，伴随着时间推进而产生阶段性的演变，进而为研究提出了历史分期的要求。在类似问题的处理上，与经济思想领域产业相关的已有研究大多使用以下几个重要的时间节点进

---

[1] 张申：《西方工业经济思想在近代中国的传播：1840~1949》，上海财经大学硕士论文，2011 年。该研究中对"工业经济思想"的定义是集合了工业生产思想、工业化思想、早期产业经济理论以及工商管理理论等方面的知识集群，在近代中国经济思想和社会经济发展的情景下，可包括工业生产的相关思想、工业规划思想、工业管理思想、工业建设与发展思想等几个方面。

行阶段性划分①：第一个时间节点是 1978 年的改革开放。② 在此之前，我国有关产业的经济思想主要以马克思主义经济理论为指导，研究内容多与当时的社会背景，即在高度集中的计划经济体制下快速建设重工业有关；改革开放后，商品经济日益取代计划经济，西方经济理论逐渐被引入而成为我国产业经济思想的主要范式，而理论界也开始对改革开放前重工业发展过快、产业结构失衡等一系列问题进行反思。③ 因此，以 1978 年作为第一个划分时点应无可置疑。而后的时间节点上，不同研究有不同主张，例如，有的研究提出以 20 世纪 80 年代中期作为第二个时间节点，因为在此之前，中国各界在经济思想上主要表现为对传统理论与方法的局限性的反思，这是一个过渡和转型阶段；在此之后，西方产业经济理论更多地被引入我国，因此在产业经济思想上体现了明显的范式转变，研究内容上也有了极大的丰富。④ 有的研究认为 20 世纪 90 年代初期（中国共产党第十四次全国代表大会的召开）是一个时间节点，因为社会主义市场经济体制的确立对经济发展的背景、任务和形式等具有深远影响，所以也在很大程度

---

① 因为已有研究缺少直接与本研究相关的内容，因此本书参考了相关研究，如产业经济学、产业结构思想、产业组织思想和工业化思想等相关思想的阶段性划分。

② 有的已有研究还将 1978 年的时期进一步划分为两个阶段，即 1949～1965 年，1966～1976 年。引自胡寄窗、谈敏主编：《新中国经济思想史纲要（1949～1989）》，上海财经大学出版社 1997 年版，第 213 页。

③ 提出 1978 年前后为划分时点的相关研究包括：胡寄窗、谈敏主编：《新中国经济思想史纲要 1949～1989》，上海财经大学出版社 1997 年版；张卓元主编：《中国经济学 60 年：1949～2009》，中国社会科学出版社 2009 年版；陈信、陈勇：《当代经济思潮》，东北财经大学出版社 2004 年；陈东琪主编：《1900～2000 中国经济学史纲》，中国青年出版社 2004 年版；江小涓：《理论、实践、借鉴与中国经济学的发展——以产业结构理论研究为例》，载于《中国社会科学》1999 年第 6 期；郭克莎、吕铁、周维富：《20 世纪以来产业经济学在中国的发展》，载于《上海行政学院学报》2001 年第 1 期；戚聿东：《中国产业经济学 30 年：回顾与展望》，引自论坛文集编委会编：《改革开放与理论创新：第二届北京中青年社科理论人才"百人工程"学者论坛文集》，首都师范大学出版社 2008 年版，第 73～80 页。

④ 提出 20 世纪 80 年代中期为划分时点的相关研究包括：于光远主编：《中国理论经济学史》，河南人民出版社 1996 年版；陈信、陈勇：《当代经济思潮》，东北财经大学出版社 2004 年版；胡寄窗、谈敏主编：《新中国经济思想史纲要 1949～1989》，上海财经大学出版社 1997 年版；李永禄、龙茂发主编：《中国产业经济研究》，西南财经大学出版社 2002 年版；江小涓：《理论、实践、借鉴与中国经济学的发展——以产业结构理论研究为例》，载于《中国社会科学》1999 年第 6 期；郭克莎、吕铁、周维富：《20 世纪以来产业经济学在中国的发展》，载于《上海行政学院学报》2001 年第 1 期；戚聿东：《中国产业经济学 30 年：回顾与展望》，引自论坛文集编委会编：《改革开放与理论创新：第二届北京中青年社科理论人才"百人工程"学者论坛文集》，首都师范大学出版社 2008 年版，第 73～80 页。

上改变了产业经济的相关思想。① 另外，还有的研究认为应该把21世纪初作为阶段划分，因为中国加入WTO后，如何应对全球化局势对国内产业的冲击并在新形势下谋求发展，成为产业相关经济思想研究的主要内容。② 总而言之，以上分期一方面是参考国家重大战略决策及局势的转变，而另一方面则是参考产业相关经济思想在学术表征（如范式、研究重点等）上的转变。

以上时间节点具有一定的借鉴价值，但本书认为，产业发展路径选择的经济思想作为与现实紧密结合的范畴，应更重视在中华人民共和国成立后不同时期的产业发展变化这一直接相关因素。因此，对于历史分期，除应考虑经济思想在学术范式、研究重点等方面的变化外，更应考虑与产业发展具有重大关联的战略决策以及产业发展的客观史实。正是以上这些因素的相互结合，促使中国产业发展路径选择的经济思想经历了产生、丰富和演进。基于这种考虑，以1978年作为第一个时间划分节点应无异议。1949~1978年，对中国产业发展具有重大意义的是"独立自主、自力更生"的战略决策，此决策要求在封闭条件下全面建立国民经济的产业链，同时还要求产业发展肩负起军事对抗、国防建设的职责，相应地，社会各界在思想上就普遍地产生了大力发展重工业这一在当时产业链中最为薄弱，同时也是国防建设所必需的产业的诉求。产业发展路径选择经济思想的基本思路由此奠定，与此同时，计划经济体制、国有经济等制度思想也随之推行。

本书历史分期的第二个时间节点是2004年，对于这一点须作更为详尽的解释，即1979~2003年，我国一贯推行的是以国际市场为导向的外向型

---

① 提出20世纪90年代初期为划分时点的相关研究包括：张卓元主编：《中国经济学60年：1949~2009》，中国社会科学出版社2009年版；陈信、陈勇：《当代经济思潮》，东北财经大学出版社2004年版；陈东琪主编：《1900~2000中国经济学史纲》，中国青年出版社2004年版；江小涓：《理论、实践、借鉴与中国经济学的发展——以产业结构理论研究为例》，载于《中国社会科学》1999年第6期；郭克莎、吕铁、周维富：《20世纪以来产业经济学在中国的发展》，载于《上海行政学院学报》2001年第1期；戚聿东：《中国产业经济学30年：回顾与展望》，引自论坛文集编委会编：《改革开放与理论创新：第二届北京中青年社科理论人才"百人工程"学者论坛文集》，首都师范大学出版社2008年版，第73~80页。

② 提出21世纪初期为划分时点的相关研究包括：张卓元主编：《中国经济学60年：1949~2009》，中国社会科学出版社2009年版；戚聿东：《中国产业经济学30年：回顾与展望》，引自论坛文集编委会编：《改革开放与理论创新：第二届北京中青年社科理论人才"百人工程"学者论坛文集》，首都师范大学出版社2008年版，第73~80页。

产业发展。在1978年末制定以经济建设为重心和对外开放的战略决策后，中国产业的发展背景开始从封闭转向开放。充分调动国内资源参与国际分工、积极引进国外资本技术等成为产业发展的主要线索。贸易加工业、机械制造业等产业随之得到迅速发展。在这种情况下，与之配套的一系列问题如产业结构、产业组织、产业规划以及如何利用国际有利条件发展产业（如加强贸易与引进外资、技术等）等开始受到理论界的重视。而此后，无论是中国共产党第十四次全国代表大会召开确立社会主义市场经济体制，还是21世纪初中国加入世界贸易组织，都应视作是对这一发展线索的巩固和深化，因为这两大事件使得中国产业发展的市场化因素不断加强，面向国际化的局面也不断明朗，中国产业在经济外向型的路径上持续发展而未发生重大变革，与此相关的经济思想也在这样的背景下随之丰富和完善，所以1979年直至21世纪初期都是一个较为完整的产业发展路径选择的思想阶段。

但自2004年后，这一线索发生明显转变，中国产业从依附国际市场、依附劳动力与资源优势的经济外向型发展路径，转而走向依靠创新驱动的自主创新型发展路径。这一转型具有多重表征：

一则在战略导向上。2004年中央经济工作会议明确提出"自主创新是推进经济结构调整的中心环节"[1]。2005年温家宝在《政府工作报告》上强调，应"依靠科技进步，围绕提高自主创新能力，推动产业结构调整"，并且指出，在过去的一年（即2004年）政府曾围绕制定中长期科学和技术发展规划，组织了2千多位专家对若干战略问题进行论证[2]。而这个论证，恰恰被一些学者认为是"自主创新战略定位的开始"[3]。正因如此，随后7月的中共中央政治局会议把自主创新的战略意义进一步扩大，

---

[1] 《2004年中央经济工作会议》，http://www.gov.cn/test/2008-12/05/content_1168928_2.htm。

[2] 温家宝：《政府工作报告》（2005年3月5日），引自中共中央文献研究室编：《十六大以来重要文献选编》中，中央文献出版社2006年版，第778页。

[3] 高梁认为，2003年国务院主持国家中长期科技发展规划，组织了2千名各专业领域的专家进行讨论，最后提出了以科技的自主创新作为一个科技发展的指导方针，而科教兴国必须把科技的自主创新和产业的调整优化升级结合起来，这个观点最后得到了中共中央及国务院的确认。虽然此观点认为该战略始于2003年，但这是以讨论的开始时间作为起点；但该项工作在2005年被总结，即2004年会议结束，最终得出观点并被采纳，因此本研究提出2004年是该战略的起点亦无不可。参见《高梁：自主创新的战略定位实际是从03年开始的》，2007年12月29日，http://finance.sina.com.cn/economist/jingjixueren/20071219/17334312284.shtml。

称其应作为"十一五"规划的着力点①；同年 10 月的中国共产党第十六届中央委员会第五次全体会议上，胡锦涛表示，关于"十一五"时期的发展规划应"立足科学发展，着力自主创新"②；随后温家宝在关于制定"十一五"计划建议中也指出，"必须加快转变经济增长方式，必须提高自主创新能力"③。2006 年初，胡锦涛在全国科学技术大会上发表了《坚持走中国特色自主创新道路，为建设创新型国家而努力奋斗》的讲话。④该讲话可视为对自 2004 年提出的自主创新战略的最终确立，也反映了 2004 年以来中央决策层对自主创新经济发展战略的高度重视。

二则是在产业政策上。发展战略的制定对产业政策产生了切实的影响。本书对 2000 年后中华人民共和国国家计划委员会（以下简称国家计委）、国家发展和改革委员会（以下简称发改委）所颁布的，包括发展改革委员令、公告和通知在内的产业政策进行了统计，发现与"创新"有关的产业政策总量自 2004 年后有较为明显且持续的增长（见图 1-4）。可见，自主创新的发展战略在产业发展的现实层面形成了一定的贯彻与落实。

三则是在产业经济学术研究上。有关产业与创新的学术研究数量在 2004 年经历了一段时期的显著增长，具体而言，以主题"产业"并含"创新"为搜索关键词，对中国知网数据库"经济与管理科学"分类下的文献数量进行全体学术文献、CSSCI 数据库文献和核心刊物文献的分类、分年限统计（见图 1-5）。数据显示，无论是一般期刊还是 CSSCI、核心的高水平期刊，有关产业经济创新的文献数量在 2004 年后的一段时间内均有明显提升。这从一个层面反映出在自主创新的战略导向与政策部署下，经济学术特别是有关产业方面的经济思想对产业发展自主创新领域较为关注。

---

① 《中共中央政治局会议：决定召开十六届五中全会讨论研究当前经济形势和经济工作》（2005 年 7 月 25 日），http://cpc.people.com.cn/GB/64162/66174/4527356.html。
② 胡锦涛：《在中共第十六届五中全会上的工作报告》（2005 年 10 月 8 日），引自中共中央文献研究室编：《十六大以来重要文献选编》中，中央文献出版社 2006 年版，第 1025 页。
③ 温家宝：《中共中央关于制定国民经济和社会发展第十一个五年规划建议的说明》（2005 年 10 月 8 日），引自中共中央文献研究室编：《十六大以来重要文献选编》中，中央文献出版社 2006 年版，1047 页。
④ 胡锦涛：《坚持走中国特色自主创新道路，为建设创新型国家而努力奋斗》（2006 年 1 月 6 日），引自中共中央文献研究室编：《十六大以来重要文献选编》下，中央文献出版社 2008 年版，第 183~198 页。

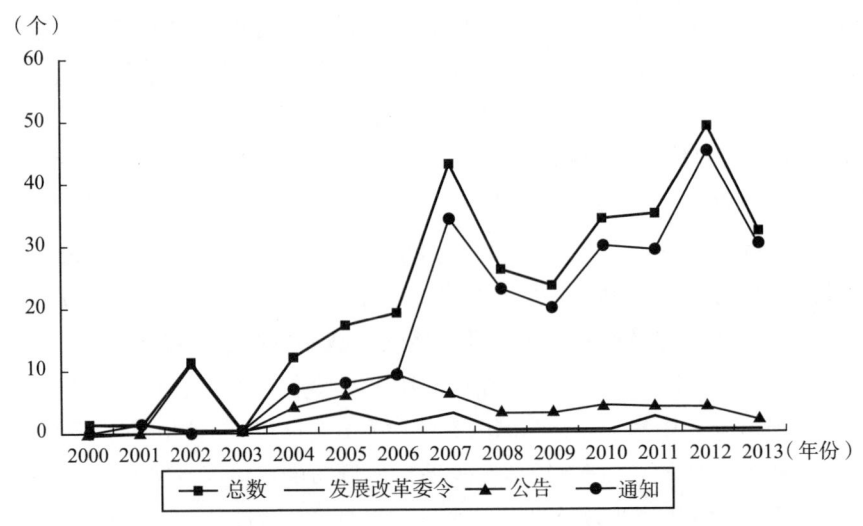

图 1-4　2000 年以来有关产业创新的文献数量趋势统计

资料来源：中华人民共和国国家发展和改革委员会，http：//www.sdpc.gov.cn/。

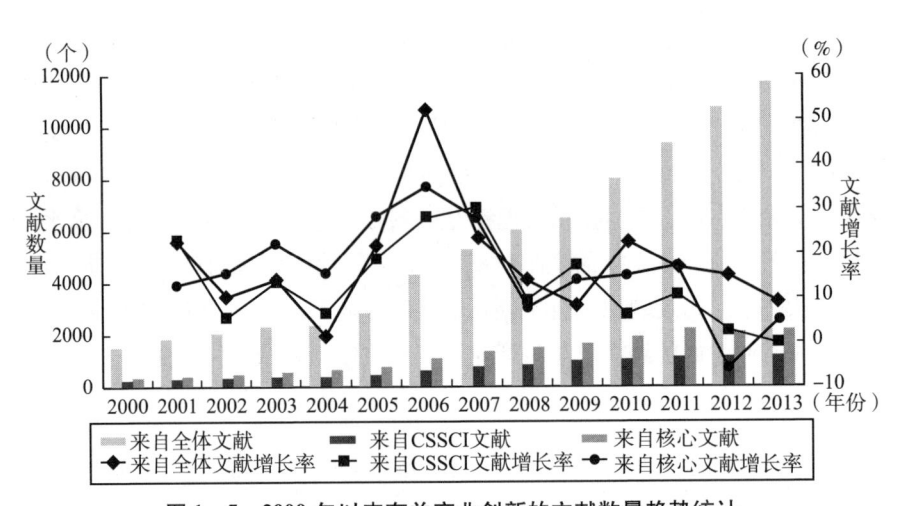

图 1-5　2000 年以来有关产业创新的文献数量趋势统计

资料来源：在中国知网（http：//www.cnki.net/）中，以"产业"与"创新"作为主题词进行搜索，分数据库、分年份进行统计。

四则是产业的现实发展表现上。与自主创新相关的高新技术产业自2004年后迅速蓬勃。如高铁产业，在中国经历了从无到有，并且在发展速度之快、系统技术之全、集成能力之强等多项技术标准方面创下"世界之最"，① 成为连接西部地区、贯通欧亚大陆的社会经济发展新引擎。② 与此同时，载人航天、绕月工程、TD-SCDMA、高性能计算机等高新科技领域取得了一大批重大自主创新成果。③ 生物制药产业、重型机械制造产业等重点专项产业在政策扶植与资金投入下也实现了较快发展，④ 越来越多的高新技术领域出现了"中国制造"的标签。⑤ 以上成果的取得皆证实了中国在树立"自主创新"发展战略后的产业发展着力点的转移。

上述战略决策与产业变迁的现实，促使着自2004年后中国产业发展路径选择的经济思想迈入新领域与新时期，在此阶段，经济思想主要围绕如何实现产业发展的自主创新，以及如何进一步以此为驱动力转变经济增长方式、拉动国民经济内需，同时增强国内产业在国际上的长期竞争力等一系列问题而展开，与前一阶段思想研究的出发点与关注点形成显著差异，因此应成为我国产业发展路径选择经济思想的一个新阶段。

基于以上，本书将对研究分期做如下处理：第一阶段为1949~1978年，是经济自主时期产业发展路径选择的经济思想；第二阶段为1979~2003年，是经济开放时期产业发展路径选择的经济思想；第三阶段为2004~2019年，是自主创新时期产业发展路径选择的经济思想。另须补充说明的是，本书认为，自2004年直至中华人民共和国成立70周年的当前，中国产业发展的路径选择在经济思想上保持着一贯的基本思路，即在经济开放的环境下努力通过自主创新而寻求国际竞争力的提升。但应注意到，中共十八大以来中共中央及政府做出的一系列重要部署，包括对政府与市场关系的重新捋顺、对所有制结构的调整，等等，都将对在此基本思路下产业发展路径的具体选择与实施产生巨大影响，甚至或许在未来某一

---

① 《中国高铁里程世界之最》，载于《人民日报》2010年10月6日第1版。
② [美]高柏等：《高铁与中国21世纪大战略》，社会科学文献出版社2012年版，序言。
③ 《我国稳步推进新型工业化发展》，载于《人民日报》2010年10月9日第1版。
④ 《重大科技专项：服务国家目标》，载于《光明日报》2010年10月26日第1版。
⑤ 《重大专项催生更多"中国制造"》，载于《人民日报》2010年10月14日第1版。

时点因影响日渐扩大，可重新划分一历史时段而另作探讨，也未曾可知，不过这些重要部署在学术探讨特别是产业实践上仍处于探索的过程中。考虑到这一因素，以及该部分内容对于未来可能产生的重要影响，本书将不着重在研究主体部分探讨中共十八以来与产业发展路径选择相关的重要部署，而将其放在结尾部分，作为对未来发展的展望。

三、研究方法的系统说明

本书主要涉及三方面的研究方法尝试：一是关于以何种现代经济理论去对中国不同时期的产业发展路径选择经济思想进行规范分析，形成整体的框架性线索；二是关于以何种方法实现对每一阶段中国产业发展路径选择经济思想在形成、确立、丰富等方面的历史性解读，已达到"理性建构"的效果；三是关于选择何种案例进行制度层面的实证分析。

（一）建立产业发展路径选择理论的现代经济学分野

本书将运用现代经济学对中华人民共和国成立以来中国产业发展路径选择的经济思想进行解读。但实际上，完全针对"产业发展路径选择"的经济理论尚不多见，传统的产业结构演变理论和产业发展阶段理论主要在于实证性的经验总结，如产业结构理论、产业组织理论等，缺乏基于一国发展产业的能动角度的规范性指导。然而，这并不代表已有理论对这一问题全然未能触及。本书将借助杨小凯提出的基于"经济组织"与"资源配置"的理论经济学发展路径的线索差异①，对现存的与产业发展相关的理论形成关于"竞争优势"和"比较优势"的理论分野（也即路径选择的分野）梳理②。这一部分也会被安排在有关先行奠基的写作部分中，作为一种先行的理论框架，为规范地分析中国产业发展路径选择的经济思想

---

① ［澳］杨小凯、黄有光著，张玉纲译：《专业化与经济组织——一种新兴古典微观经济学框架》，经济科学出版社1999年版。
② 已有学者在这方面做出了一定探索。参见《高柏：杨小凯的贡献到底何在？》，http://www.ftchinese.com/story/001058292。

提供研究工具。

另外，在具体分析解读某经济思想时，本书也会相应地借助现代理论经济学、产业经济学的方法进行规范性分析。

（二）结构性条件——经济认知——制度设计

马克·布劳格（Mark Blaug）认为，研究经济思想史的重要方法之一就是"历史再造"（historical reconstructions），其含义就是要求回到前人生活的环境，阐释前人希望表达的经济观点与思想。① 而熊彼特（Joseph A. Schumpeter）也指出，"要想理解一个目的、评价一种手段的合理性，常常需要分析人士'使他自己'脱离他自己的时代和社会地位，而设身处地地思维。"② 基于这种方法论的要求，首先应定义"结构性条件"，用以囊括某一时期可能影响产业发展路径选择经济思想的外部因素，如国内外的政治、经济、社会乃至军事上的局势及变动等。这些外部因素甚有可能成为决定经济思想的最根本的自变量。更为具体的，面向外部因素的变动时，决策层往往会应对性地提出宏观层面的战略决策作为反馈，进而奠定了产业发展路径选择的基本导向和思想探索的大致命题。所以，战略决策也应作为结构性条件的一项构成，共同成为考察不同时期产业发展路径选择经济思想的初始维度。在此基础上，本书将定义"经济认知"，指代某一时期存在于理论界及广泛社会领域的，也可能包括决策层人士的，③ 与产业发展路径选择相关的基本认知与经济思想。正是这些认知和思想，映射出当时人们如何界定产业发展的利益和目标，以及如何制定实现目标的策略，④ 体现了前文论及的"理性建构"。而且，从这样一个认知的角度去呈现经济思想，也进一步符合了马克·布劳格提出的"阐释前人希望表

---

① Blaug, Mark, "No History of Ideas, Please, We're Economists.", *Journal of Economic Perspectives*, 2001, 15 (1)：145 - 164.
② 引自[美]高柏著，安佳译：《经济意识形态与日本产业政策：1931～1965 的发展主义》，上海人民出版社 2008 年版，第 9 页。
③ 能放在此部分的决策层人士的经济认知，是更偏向理论层面的理解和论述，相对不侧重关于具体制度安排的讨论，对制度安排的讨论将放到"制度设计"的考察中。
④ 事实上，在结构性条件变化导致基本战略决策制定时，很大部分的关于什么是建设产业的最优结果（或称什么应被看作为效用最大化）在很大程度上已被奠定。

达的经济观点与思想"以及陈寅恪主张的"历史地同情"[①]。最后，作为对意识形态的合理延伸，本书将定义"制度设计"，通过一些案例研究，探讨在思想和认知基础上的产业发展政策与制度的安排落实，作为对产业发展路径选择经济思想之于现实层次的表达。

本书将运用"结构性条件——经济认知——制度设计"来建立每一阶段研究的线索。另外，有关经济认知和制度设计即为产业发展路径选择经济思想的实质内容，因此在具体分析时会大致依照有关"产业发展路径选择"的一系列问题（即前文提到的优先次序、行动主体、资源获取、管理协调）进行解读。另外，除了现实发展中的结构性条件，本书认为，文化传统也对经济认知和产业的政策范式提供了影响，如"文化工具箱"（tool kit）比喻所显示的文化提供了人们建立行动战略时可采纳的习惯、技巧和型式。[②] 而事实上，近代时期是中国开始脱离农业社会、启动产业发展的起点，而自近代起中国人民关于如何发展产业的构思，广泛地蕴藏在西方传播而来的工业经济思想以及国内孕育而生的工业化思想中，[③] 恰如同一种文化传统和历史记忆，对当代产业发展路径的选择构成深远影响。因此，虽然本书探讨的时期是当代，但近代部分有关产业发展的工业经济思想和工业化思想也会被纳入进来，作为当代产业发展路径选择经济思想的先行奠基而被考察。

（三）案例的选取与论证

本书将在不同时段选取某一具体产业作为案例，进而展示该时期产

---

① Blaug, Mark, "No History of Ideas, Please, We're Economists.", *Journal of Economic Perspectives*, 2001, 15 (1): 145-164。而陈寅恪语："对于古人之学说，应具了解之同情，方可下笔。"陈寅恪：《冯友兰中国哲学史上册审查报告》，陈寅恪：《陈寅恪集今明馆藏稿二编》，生活·读书·新知三联书店2011年版，第279页。

② Swidler, Ann, "Culture in Action: Symbols and Strategies.", *American Sociology Review*, 1986, 51 (2): 273-286.

③ 此处之所以没有提到"近代的产业经济思想"，而用近代的工业经济思想和工业化思想作为产业发展的相关思想，原因在于，近代时期是中国从农业社会向工业社会的转变起步阶段，中国人民对产业发展的探索一方面主要表现为学习"工业"这一新鲜事物，即对有关工业生产思想、工业规划思想、工业管理思想、工业建设与发展思想等方面进行引进和研究，因此形成了工业经济思想；另一方面在如何实现产业发展上，近代时期主要的落脚点或称比较现实的出发点则表现为工业化，因此工业化思想也是一个重要部分。以这两个思想作为近代与产业发展相关，且对当代形成影响的先行奠基进行探讨，将更为现实、具体和直接。

发展路径选择经济思想在制度上的延伸。案例的选取应符合以下标准：第一，该产业在相应时段应受到政策倾斜，是产业发展路径选择中的重要组成；第二，该产业应能体现当时产业发展路径选择经济思想的主要特征；第三，该产业在相应时段的经济贡献较为突出；第四，该产业的发展一定程度上经历了思想理论界乃至政策制度制定上的争鸣。基于以上标准，本研究在第一阶段，即经济自主的产业发展路径选择时期（1949~1978年）将选取钢铁产业作为研究案例；第二阶段，经济开放的产业发展路径选择时期（1979~2003年）将选取纺织产业和汽车产业作为研究案例；第三阶段，自主创新的产业发展路径选择时期（2004~2019年）将选取高铁产业作为研究案例。第二阶段选择两个案例，是考虑到这一时期推行的是对外开放、参与国际市场的基本政策。该政策一方面是加强比较优势的输出，即发展劳动力密集型产业，正如纺织产业这样的初级加工制造业；另一方面则是克服比较劣势，从国际上输入资源以发展资本、技术密集型产业，如汽车产业。这两种思路的并行结合是改革开放后中国产业发展缺一不可的典型特征，因此选取了两个案例用以对产业发展路径形成完整呈现。也需承认，在案例选取的问题上，不同时段的确还存在其他产业作为中国产业发展的组成部分，单一产业的选取的确难以实现对所有制度的全部浓缩，而本书目前探讨的案例，也主要力图保证其在时代性和典型性上的特征；另外，正如研究对象中所界定的，本书不是针对某一具体产业的系统研究，因而并不致力于实现案例选取在不同时期的连贯性，特别是，不同时期产业发展路径选择在不同产业的优先发展次序上恰恰发生了一定的变动。因此，当前的案例选取主要服务于本书的研究特征和对可行性的保证。

第三节 技术路线与基本框架

基于以上的分析论述，本书研究意图呈现的效果呼之欲出。技术路线方面将遵循图1-6所呈现的逻辑理路而展开，且据此进一步形成的基本框架是：第一章导论部分，旨在厘清研究主旨、概念界定和历史分期等基本问题。第二章先行奠基部分，一方面以西方经济学说传播为切入点，明确近代中国工业化思想赋予当代产业发展路径选择经济思想的后世影响；另一方面则通过对既有经济理论的溯源和剖析，为产业发展路径选择经济思想树立两个范畴清晰而彼此互斥的理论分野，为后续研究提供框架参照。第三、四、五、六章是研究主体，其中，第三章用以探讨 1949～1978 年，特定历史前提下的产业发展路径选择经济思想，并以钢铁产业作为实证案例进行研究。第四、五章共同面向 1979～2003 年的时段。二者基于相同的时空背景，前者侧重于发挥比较优势的经济思想说明，并以纺织产业为实证案例；后者偏向于克服比较劣势的经济思想阐释，并以汽车产业为实证案例。第六章则是对 2004～2019 年以来新形势下的经济思想，连同该时期迅速兴起的高铁产业进行从理论到实证的系统分析。第三、四、五、六章具体的研究体例基本一致，其用意在于确保经济思想历史顺序的连贯再现与考察完整。而第七章是对全文的总结和未来展望，侧重于对导论部分提出的问题进行回答。

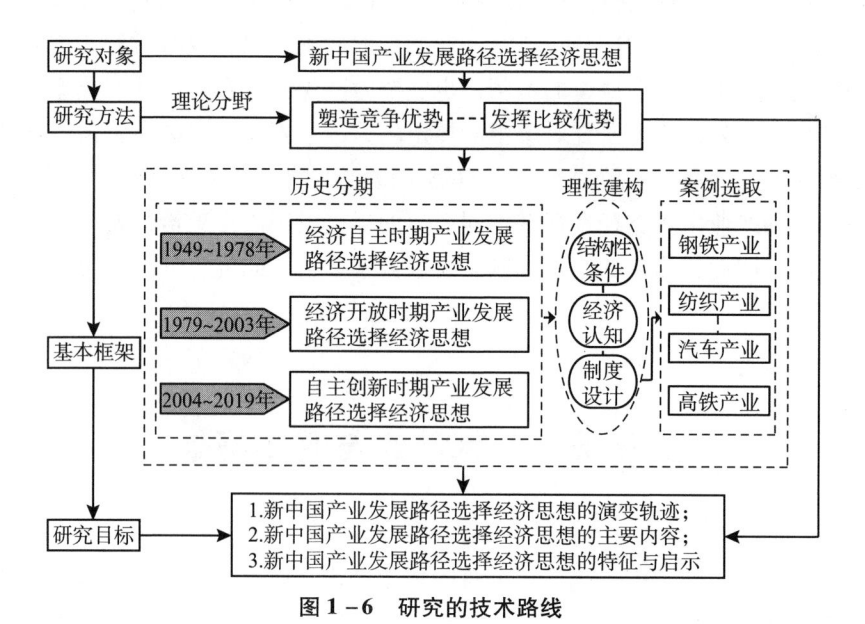

图 1-6 研究的技术路线

第四节　研究特点与尚存不足

本书在创新方面具有以下三个特点：第一，以"路径选择"作为产业发展领域经济思想研究的切入点，一则是对发展中国家产业建设的核心问题形成把握，有助于解释其内在逻辑与思想特色。二则是借助路径选择，显示出中国人民对于产业发展的主观意识与行为意志，借此呈现理论与实践双重层面的经济思想，不但符合中国产业发展的客观史实，也丰富并完善了该范畴内经济思想的研究内涵。第二，采用了多重方法以实现研究逻辑的系统建构：在整体线索的搭建上，主要采取历史分析与逻辑分析进行阶段划分；在产业发展路径选择的经济思想基本判别上，建立"塑造竞争优势"与"发挥比较优势"的理论分野；在各阶段经济思想的梳理和解读上，运用社会学方法，分离出结构性条件、经济认知和制度设计，实现经济思想从产生到确立过程的清晰展示；另外，还运用多种现代经济学理论对具体经济思想展开理论阐释。第三，在史料的运用上，除了凭借通常所采用的经济著作、经济文献，政策界、学术界人士的文集、传记以及国家政策和法令，还通过研究案例的选取，首次将部分产业发展的相应史料，如行业会议记录、文件、纪实，业内人士的回忆录、工作纪要等纳入研究中来，对经济思想的研究史料形成了扩充。

但本书也存在一定不足：虽然首次提出了"产业发展路径选择经济思想"的概念范畴，并在尽可能系统地建构这一范畴的基础上，考虑到研究体量和研究质量，将其锁定在发展目标、发展主体、发展要素、发展机制的四个方面。以上四个方面已能大致包含研究对象所应涵盖的内容，但如须对此进行更为广阔抑或更为细致的考察，确实力有不逮。另外，本书在三个历史阶段所选择的研究案例，的确具备该时期思想特征的典型性和研究的价值性，但历史中还有其他并行发展的产业，若能在后续研究中将其陆续采纳进来，并进行横纵交错的对比分析，将对本书的研究内容实现进一步的提升。

第五节　学术回顾与评价启示

目前所见，直接契合"产业发展路径选择经济思想"的研究尚付阙如，但在其相关领域，如中国当代的产业经济思想、工业化思想等，学界已积累了一定成果。若是考虑该问题所嵌入的更大的研究框架——中国特色社会主义经济发展道路这一相关问题，其覆盖的如中国经济增长经验取得、中国经济体制改革、中国经济转型等已有研究，将在很大程度上拓展本书的学术视野，但也会使得文献的梳理难度极大增加；特别是，若涉及具体产业的研究，如本书将提到的钢铁产业、汽车产业等，文献回顾的边界将被无限扩大，使得在本书有限的篇幅中全部囊括这些内容难以实现。因此，在紧扣研究对象并有所取舍的基础上，本书学术回顾的重点将聚焦于以下两方面内容：第一是有关中国当代产业经济方面的思想类研究；第二是有关中国当代产业经济发展历史进程的总结性研究。

一、中国当代产业经济的思想类研究

有关当代产业经济的思想类研究主要集中在产业经济思想和工业化思想领域，其中，产业经济思想研究还可包括其子分类如产业结构思想、产业组织思想等研究。

（一）产业经济思想研究

中国产业经济学或产业经济思想大类的总体性研究目前来看尚不多见。李永禄、龙茂发对中国产业经济学进行了简要回顾，并以产业经济理论结合中国的产业经济政策、发展和特征等进行了分专题的研究。① 戚聿东则在其研究中指出，中国学界对产业经济学的理解，主要依照以英国为

---

① 李永禄、龙茂发主编：《中国产业经济研究》，西南财经大学出版社2002年版。

代表的宽派——认为产业经济学的内容体系即产业组织理论和产业结构理论,因而据此对改革开放后的中国产业经济学进行了梳理。① 这也在很大程度上解释了为何有些称为中国产业经济学的研究却主要只谈及产业结构理论和产业组织理论。有这样做法的还有郭克莎、吕铁和周维富②,以及陈东琪主编的研究③,他们把产业结构理论和产业组织理论作为产业经济学的主要考察对象,分四个阶段对20世纪以来中国的产业经济学发展进行了探讨。

产业经济思想子分类方面也有一些研究,不过仍主要集中在产业结构和产业组织方面。马建堂在中国产业结构理论史研究方面具有开创性地位,其在《我国产业结构理论的进展》中,④首创性地指出中国产业结构理论是从20世纪70年代末80年代初出现并发展起来,并以《中国经济结构问题研究》(马洪、孙尚清主编,人民出版社1981年版)一书的出版,作为产业结构理论在我国正式问世的标志。在此文中,马建堂还重点探讨了1984年这一时期以来中国产业结构理论的新进展以及体现的新特点;另外,在《十余年来的产业结构理论研究》中,马建堂考察了20世纪80年代至90年代中期中国学界基于工农业结构、轻重工业结构、基础工业与加工工业结构以及三次产业结构几方面问题的思想争鸣,体现了当时学术研究关注点的历史性和时代性特征。⑤ 江小涓的《理论、实践、借鉴与中国经济学的发展——产业结构理论为例》是中国当代产业结构理论学术史研究上的代表性成果,她从学术发展的角度出发,考察了不同时期我国产业经济结构的代表人物和观点、学术范式和表征以及面向不同背景及需求的学术转变,形成了对中国当代产业结构理论的线索搭建。⑥ 柳欣、

---

① 戚聿东:《中国产业经济学30年:回顾与展望》,引自论坛文集编委会编:《改革开放与理论创新:第二届北京中青年社科理论人才"百人工程"学者论坛文集》,首都师范大学出版社2008年版,第73~80页。
② 郭克莎、吕铁、周维富:《20世纪以来产业经济学在中国的发展》,载于《上海行政学院学报》2001年第1期。
③ 陈东琪主编:《1900~2000中国经济学史纲》,中国青年出版社2004年版,第218~245页。
④ 马建堂:《我国产业结构理论的进展》,载于《生产力研究》1993年第1期。
⑤ 马建堂:《十余年来的产业结构理论研究》,载于《江汉论坛》1994年第1期。
⑥ 江小涓:《理论、实践、借鉴与中国经济学的发展——产业结构理论为例》,载于《中国社会科学》1999年第6期。

刘刚的研究从理论与现实结合的角度，一方面考察了改革开放以来我国产业结构理论的进展，另一方面回顾了我国产业结构现状的变迁。① 另外，张卓元的一系列研究也非常具有代表性，其不断扩大研究年限跨度，最终对中华人民共和国成立以来直至 2009 年的产业组织理论和产业结构理论的发展进行了较为全面的探讨。② 姜建华、邓强对中国产业结构研究思想的演进路径进行了分析，梳理了中国有关学界在马克思思想、毛泽东思想、当代西方产业结构理论以及中国研究新进展这几条思想脉络上的发展转变。③ 周震虹、王晓国、谌立平则以西方结构理论传播为视角，考察了在西方影响下中国产业结构理论的发展。④ 程锦锥以"进展"为考察点，回顾了自改革开放后、20 世纪 90 年代以及 21 世纪以来中国理论界在产业结构和产业组织领域的新动向。⑤ 除此之外，还有一些成果以改革开放为时间起点，考察了我国的产业政策的阶段性内容与特征，虽然并未从经济思想的角度充分探讨政策的思想来源、理论基础等，⑥ 但可看作是从一个较长时段梳理以产业政策为落脚点的人为能动意识，体现出的政策内容及政策特点的转变能够在一定程度上反映出经济思想的转变。

总而言之，就目前来看有关 1949 年后的中国产业经济思想史研究成果并不丰富，且其研究对象主要锁定在产业结构理论和产业组织理论上，对产业布局、产业关联、产业政策等方面的思想理论史挖掘度尚不充分。

---

① 柳欣、刘刚主编：《中国经济学三十年》，中国财政经济出版社 2008 年版。
② 张卓元主编：《论争与发展中国经济理论 50 年》，云南人民出版社 1999 年版，第 466~504 页；张卓元主编：《中国经济学 30 年》，中国社会科学出版社 2008 年版，第 138~163 页；张卓元主编：《中国经济学 60 年》，中国社会科学出版社 2009 年版，第 245~275 页。以上部分均由江小涓完成。
③ 姜建华、邓强：《新中国产业结构研究思想演进路径分析》，载于《广播电视大学学报（哲学社会科学版）》2011 年第 2 期。
④ 周震虹、王晓国、谌立平：《西方产业结构理论及其在我国的发展》，载于《湖南师范大学社会科学学报》2004 年第 4 期。
⑤ 程锦锥：《改革开放三十年我国产业结构理论研究进展》，载于《湖南社会科学》2009 年第 1 期；程锦锥：《改革开放以来我国产业组织理论研究进展》，载于《经济纵横》2008 年第 11 期。
⑥ 马晓河、赵淑芳：《中国改革开放 30 年来产业结构转换、政策演进及其评价》，载于《改革》2008 年第 6 期；王云平：《我国产业政策实践回顾：差异化表现与阶段性特征》，载于《改革》2017 年第 2 期；江飞涛、李晓萍：《改革开放四十年中国产业政策演进与发展——兼论中国产业政策体系的转型》，载于《管理世界》2018 年第 10 期；宋文月、任保平：《改革开放 40 年我国产业政策的历史回顾与优化调整》，载于《改革》2018 年第 12 期。另外还有一些针对专项型产业政策的回顾研究，如产业技术政策、产业结构政策等方面，恕不逐一列举。

（二）工业化思想研究

与工业有关的当代中国经济思想研究比产业方面略为丰富。专著方面，赵晓雷的《中国工业化思想及发展战略研究》是一部很有影响力的著作，其首创性地系统挖掘梳理了自1840年以来到20世纪90年代的中国工业化思想，并以经济结构、经济增长、农业现代化战略、生产力布局问题、宏观经济体制改革为重点，实现了对工业化思想的全面探讨，符合其对于工业化是一个"以生产方式的变革为实质的经济进步过程"这一定义。① 唐浩在《新中国工业化思想简论》中也对1949年以来的工业化思想进行了关于重工业优先、产业协调发展、开放发展、多元主体推动以及新型工业化思想和特色新型工业化道路的分专题探讨。② 胡寄窗、谈敏主编的《新中国经济思想史纲要1949—1989》以工业经济思想为研究对象，通过对1949~1965年、1966~1976年、1977~1989年三阶段的探讨，指出，社会主义工业化思想是一条新中国工业经济思想的发展主线。另值得一提的是，该研究对1949~1989年间的工业经济著作进行了统计，在一定程度上为后续研究提供了坚实的数据基础。③ 高伯文的《中国共产党与中国特色工业化道路》则从新民主主义时期开始，考察了中国共产党思想的初步构想、对苏联模式的效仿、对"中国工业化道路"的探索、提出及转轨等，聚焦于中国共产党对后起的发展中大国工业化道路的创新。④ 另外，钟祥财的《20世纪中国经济思想述论》单辟一章探讨中国的工业化思想，该研究的独特之处在于，其并不拘泥于用专题或人物串联考察，而是以经济认知的推进、思想与经济社会建设的互动与拓展，展示出20世纪中国工业化思想的演变，并且分析了工业化发展战略未能取得预期效果的原因。⑤

学位论文成果方面，则主要集中在中国共产党及重要领导人的思想

---

① 赵晓雷：《中国工业化思想及发展战略研究》，上海财经大学出版社2010年版。
② 唐浩：《新中国工业化思想简论》，科学出版社2012年版。
③ 胡寄窗、谈敏主编：《新中国经济思想史纲要（1949~1989）》，上海财经大学出版社1997年版，第213~248页。
④ 高伯文：《中国共产党与中国特色工业化道路》，中央编译出版社2008年版。
⑤ 钟祥财：《20世纪中国经济思想述论》，东方出版社2006年版，第295~351页。

上。梁芸芸的《中国共产党工业化思想的历史考察》探讨了从建党前后直至中国共产党工业化思想的产生、积累、摸索、发展。① 薛体伟的《改革开放以来中国共产党工业化道路思想研究》聚焦在1978年以后的思想史研究上，并把研究对象主要确立为党的重要领导人的思想。② 有相同研究对象的还有王园园的《党的三代领导人工业化思想与实践研究》。③ 也有一些研究专门针对某一个人，如谭双泉的《论1949～1957年期间毛泽东的工业化思想》的断代史研究④和吴芳的《毛泽东关于中国工业化道路的探索及其现实意义》的长时段研究⑤。此类研究数量较多，恕不逐一列举。

另外，也有一些工业化思想领域的文章，不过这些文章仍然是以领导人，特别是毛泽东、邓小平的思想研究居多。如曹顺霞的《毛泽东工业化思想理论来源初探》，⑥ 罗玉明的《五十年代初期毛泽东工业化思想初探》，⑦ 于秋华的《新中国成立前后毛泽东的工业化思想评述》⑧ 以及刘钰、孙肖远的《论邓小平对中国式工业化道路的新开创》⑨，等等，不逐一列举。除此之外，还有一些专题类的工业化思想研究，如武力在《1949年以来中国共产党关于工业化道路的认识演进》中将中华人民共和国成立后中国的工业化道路阶段划分为20世纪50年代以"单一公有制"为基础"优先发展重工业"的道路、80年代以"改革开放"为基础的"外延型"梯度发展道路、90年代中后期以买方市场为基础的"新型工业化"道路，

---

① 梁芸芸：《中国共产党工业化思想的历史考察》，山东大学硕士学位论文，2012年。
② 薛体伟：《改革开放以来中国共产党工业化道路思想研究》，南京师范大学硕士学位论文，2011年。
③ 王园园：《党的三代领导人工业化思想与实践研究》，浙江农林大学硕士学位论文，2012年。
④ 谭双泉：《论1949～1957年期间毛泽东的工业化思想》，湖南师范大学硕士学位论文，2007年。
⑤ 吴芳：《毛泽东关于中国工业化道路的探索及其现实意义》，东北大学硕士学位论文，2010年。
⑥ 曹顺霞：《毛泽东工业化理论来源初探》，载于《社会主义研究》2005年第2期。
⑦ 罗玉明：《五十年代初期毛泽东工业化思想初探》，载于《怀化师专学报》2002年第4期。
⑧ 于秋华：《新中国成立前后毛泽东的工业化思想述评》，载于《贵州财经学院学报》2009年第6期。
⑨ 刘钰、孙肖远：《论邓小平对中国式工业化道路的新开创》，载于《南京社会科学》1999年第9期。

并以此为基础,对中国共产党的重要决策和思想进行了探讨①。随后,武力、温锐在《1949年以来中国工业化的"轻、重"之辨》进一步考察了中国在轻、重工业结构上的发展变化,指出在1949~2005年中国工业化的进程中,经济发展战略和思想上在1949~1978年表现为"重重轻轻",1979~1997年表现为"农、轻、重"共同发展,1998~2005年表现为重视"重化工业"②。金培在《工业改革开放三十年实践对中国特色社会主义的理论贡献》中指出,工业化的理论与实践印证了中国特色社会主义理论的正确性,也不断推进了中国特色社会主义的理论创新。③还有一些研究(主要出现在21世纪初)集中探讨了中国的新型工业化思想,任保平的《新型工业化:中国经济发展战略的创新》对新型工业化的理论内涵、历史战略意义等进行了解释和剖析,并指出致力于发展战略的创新有利于推动新型工业化的实现。④更进一步的,任保平、洪银兴在《新型工业化道路:中国21世纪工业化发展路径的转型》中指出,必须通过技术进步、结构调整、实现增长方式转变以及在制度创新上下功夫,才能创造新型工业化所需的制度条件。⑤另外,黄民礼在《新型工业化思想的历史探析》中对新型工业化的思想渊源进行了历史追溯,指出这种具有中国特色的工业化思想一直体现在中华人民共和国成立以来的工业化道路探索中。⑥类似的研究还有很多,但总体而言,新中国的工业化思想学术研究涉及的方面较为有限,对经济思想史材料的挖掘和运用也多限于战略政策、领导人思想和个别知名学者等,考虑到中华人民共和国成立以来特别是改革开放后中国工业化思想及实践的快速发展,应该还具有更为广阔的可探索空间。

---

① 武力:《1949年以来中国共产党关于工业化道路的认识演进》,载于《党的文献》2004年第2期。
② 武力、温锐:《1949年以来中国工业化的"轻、重"之辨》,载于《经济研究》2006年第9期。
③ 金培:《工业改革开放三十年实践对中国特色社会主义的理论贡献》,载于《中国工业经济》2008年第11期。
④ 任保平:《新型工业化:中国经济发展战略的创新》,载于《经济学家》2003年第3期。
⑤ 任保平、洪银兴:《新型工业化道路:中国21世纪工业化发展路径的转型》,载于《人文杂志》2004年第1期。
⑥ 黄民礼:《新型工业化思想的历史探析》,载于《财经问题研究》2003年第11期。

二、中国当代产业经济的历史进程类研究

除了思想领域的研究外,也有一些学者从经济史或现代经济学实证分析的角度出发,对自中华人民共和国成立后的工业、产业发展历史进程进行了回顾与总结。虽然这部分不仅探讨了人为的路径选择,也涉及市场的自发选择,但其充满了经济和历史的逻辑,仍可作为一项值得被追溯的学术积淀。

(一) 国内学者的研究

专著方面,汪海波撰写的《中国现代产业经济史(1949.10—2009)》比较有代表性,其分阶段地、较为细致地对伴随着发展战略变化下的中国产业发展、产业结构、经济体制等一系列相关问题进行了考察。[1] 类似的研究还有汪海波的《新中国工业经济史(1949.10—1957)》,[2] 汪海波、董志凯等的《新中国工业经济史(1958—1965)》,[3] 马泉山的《新中国工业经济史(1966—1978)》,[4] 汪海波的《新中国工业经济史(1979—2000)》,[5] 等等。另外,高继仁还考察了从鸦片战争直到20世纪90年代的中国工业经济发展历程。[6]

郭克莎、王延中主编的《中国产业结构变动趋势及政策研究》从横向、纵向的角度对中国产业问题进行了较为系统的考察,不仅探讨了第一、二、三产业结构的演变,并且以纺织工业、电子工业、交通运输业为例对行业进行了研究,另外还对经济体制改革、经济对外开放以及所有制结构这些可能的自变量变化之于产业结构变动的影响展开了分析。[7] 宋正在《中国工业化历史经验研究》中对鸦片战争直至改革开放后的中国工业化过程进行了分阶段考察,其涉及了部分的工业化思想梳理,也对工业化

---

[1] 汪海波:《中国现代产业经济史(1949.10—2009)》,山西经济出版社2010年版。
[2] 汪海波:《新中国工业经济史(1949.10—1957)》,经济管理出版社1994年版。
[3] 汪海波、董志凯等:《新中国工业经济史(1958—1965)》,经济管理出版社1995年版。
[4] 马泉山:《新中国工业经济史(1966—1978)》,经济管理出版社1998年版。
[5] 汪海波:《新中国工业经济史(1979—2000)》,经济管理出版社2001年版。
[6] 高继仁:《中国工业经济史》,河南大学出版社1992年版。
[7] 郭克莎、王延中主编:《中国产业结构变动趋势及政策研究》,经济管理出版社1999年版。

的特征、水平和得失经验进行了总结。① 陈佳贵等著的《中国工业化进程报告》系列研究则分地区、分行业对中国的工业发展程度、水平等给予了数量上的评判与说明，积累下坚实的实证数据。② 吴敏一、郭占恒等著的《中国工业化理论和实践探索》对中华人民共和国成立以来特别是改革开放后中国的工业化实践进行了反思，对工业化所处的阶段、发展的次序和方式、动力机制、管理体制等实施了考察，而且较为系统地论述了马克思主义工业化理论及其在中国的应用与发展。③ 叶连松等编著的《中国特色工业化》在分析中国1950～2000年间的中国工业化进程、特征、未来挑战与应对的基础上，还重点探讨了中国能源工业与制造工业的发展变化。④ 另外，还有一些关注了新型工业化的相关发展，如任保平的《中国21世纪新型工业化道路》，⑤ 赵国鸿的《论中国新型工业化道路》，⑥ 胡伯项、易文斌主编的《中国特色新型工业化道路研究》，⑦ 简新华、余江的《中国工业化与新型工业化道路》，⑧ 陈志平的《新型工业化道路理论与实证研究》，⑨ 杜传忠的《转型、升级与创新——中国特色新型工业化的系统性研究》，⑩ 等等。

学位论文方面，李仙娥的《工业化演进中的路径依赖与政策选择》在总结欧洲、美国、日本的工业化发展演进基础上指出，中国原生工业化发展受到狭窄的国内市场及不利于分工的制度环境的制约，使得中国在步入近代以来面临路径依赖，难以实现向工业化的自发转型，因此良性的工业

---

① 宋正：《中国工业化历史经验研究》，东北财经大学出版社2013年版。
② 陈佳贵等：《中国工业化进程报告：1995—2005年中国省域工业化水平评价和研究》，社会科学文献出版社2007年版；陈佳贵等：《中国工业化进程报告》，社会科学文献出版社2008年版；陈佳贵等：《中国工业化报告（2009）：15个重点工业行业现代化水平的评价与研究》，社会科学文献出版社2009年版；陈佳贵等：《工业化蓝皮书：中国工业化进程报告1995—2010》，社会科学文献出版社2012年版。
③ 吴敏一、郭占恒等：《中国工业化理论和实践探索》，浙江人民出版社1991年版。
④ 叶连松、董云鹏、罗勇等：《中国特色工业化》，河北人民出版社2005年版。
⑤ 任保平：《中国21世纪新型工业化道路》，中国经济出版社2005年版。
⑥ 赵国鸿：《论中国新型工业化道路》，人民出版社2005年版。
⑦ 胡伯项、易文斌主编：《中国特色新型工业化道路研究》，江西人民出版社2008年版。
⑧ 简新华、余江：《中国工业化与新型工业化道路》，山东人民出版社2009年版。
⑨ 陈志平：《新型工业化道路理论与实证研究》，湖南人民出版社2009年版。
⑩ 杜传忠：《转型、升级与创新——中国特色新型工业化的系统性研究》，人民出版社2013年版。

化发展必须与市场化、制度化、法制化和相应的认知信念相互匹配。① 余飞雨的《中国工业化道路的反思与路径选择》对中国自 1860 年以来的工业化发展进行了反思并对未来的演进进行了展望，同时，通过内涵与特征、指导思想与基本原则、任务与目标、核心、战略等角度，对中国特色新型工业化道路的理论进行了分析阐释。

论文方面，已有研究多聚焦在一些较为具体的内容上。武力在《中国工业化路径转换的历史分析》中重点考察了其提出的工业化路径三次转换（具体内容前文已提）的实施绩效，并指出从经济发展的眼光看，该三次转换是事物在新条件与新形势下向更高层次的演进，而不存在后者对前者的否定。② 任保平在《新中国 60 年工业化的演进及其现代转型》中提出，中国工业化的演进特征是推动因素从单一到多元，结构从传统到现代，环境是从封闭到开放。③ 金培撰写了大量有关中国工业化发展历史进程回顾的文章，如《1978 年以来中国发展的轨迹与启示》《财富的觉醒——中国改革开放三十年的道路》《世界工业化历史中的中国改革开放三十年》《中国工业改革三十年》《中国工业变革振兴六十年》《中国工业化六十年的经验与启示》等，均收录在其文集《国运制造　改天换地的中国工业化》中。④ 郑海航、戚聿东主编的《中国产业经济发展回顾与展望》作为一本文集，收录了"中国产业经济发展回顾与展望"研讨会的论文，这些论文对中国产业的产业结构与产业组织、产业竞争力、新型工业化道路和国有企业改革等问题均进行了探索，如其中的《中国工业改革开放 30 年：1978—2008》《改革开放以来产业结构变化与生产力增长研究——对我国 1978—2006 年"结构红利假设"的检验》《特色背景、路径与模式——对近 60 年中国经济成长道路的评析》《中国改革开放以来的工业化进程分析》，等等。⑤ 另外，在改革开放三十周年、四十周年之际，学界也产生

---

① 李仙娥：《工业化演进中的路径依赖与政策选择》，西北大学博士学位论文，2005 年。
② 武力：《中国工业化路径转换的历史分析》，载于《中国经济史研究》2005 年第 4 期。
③ 任保平：《新中国 60 年工业化的演进及其现代转型》，载于《陕西师范大学学报（哲学社会科学版）》2010 年第 1 期。
④ 金培：《国运制造　改天换地的中国工业化》，中国社会科学出版社 2013 年版。
⑤ 郑海航、戚聿东主编：《中国产业经济发展回顾与展望》，经济管理出版社 2009 年版。

了大量的回顾式研究。①

（二）国外学者的研究

国外理论界中也有很多学者关心中国的产业发展，不过其多聚焦于具体问题，而非自中华人民共和国成立后产业及工业发展的整体演进，因此显得较为零散。本书选取了一些较有针对性和代表性的研究，其中，美国布兰迪斯大学格雷·杰斐逊（Gary H. Jefferson）曾对中国的工业做过诸多探索。其在与合作者的相关研究中指出，以往研究认为中国工业的生产率直至20世纪80年代都是停滞的，但是经过重新测算特别是对权重数的重新调整可知，中国工业经济的多个部门在1953~1985年都有快速增长，特别在20世纪70年代有所加速。② 而后，其相关研究从微观投资理论的角度指出，如果投资决定不能无成本地撤回，那么企业会因面临各种不确定的情况而相较面临确定性情况的企业进行更为渐进的投资，这就是中国在面向市场经济体制改革略显犹豫的原因，而事实上，中国的渐进式改革的确帮助中国在转轨和经济发展上取得了巨大成功。③ 相关研究还检验了社会主义经济体制下的企业在转型过程中对传统新古典主义企业行为的模仿程度，而企业调查数据显示，中国的企业对要素投入非常节约，这主要是对企业自主权下放和市场经济导向的制度的呼应；而在分配效率上，中国企业由于一些制度合并和市场积累，其价格和工资制定比一些分析者预期的还要

---

① 简新华、叶林：《改革开放以来我国产业结构演进与优化的实证分析》，载于《当代财经》2001年第1期；张新伟：《改革开放以来我国经济发展与产业结构的演化分析》，载于《经济学动态》2008年第12期；刘艳红、郭朝先：《改革开放四十年工业发展的"中国经验"》，载于《经济管理》2018年第3期；黄慧群：《改革开放40年中国的产业发展与工业化进程》，载于《中国工业经济》2018年第9期；陈晓东、邓斯月：《改革开放40年中国经济增长与产业结构变迁》，载于《现代经济探讨》2019年第2期；郭晓蓓：《改革开放40年我国产业结构演进趋势与新时代重大战略机遇》，载于《当代经济管理》2019年第4期；干春晖、王强：《改革开放以来中国产业结构变迁：回顾与展望》，载于《经济与管理研究》2018年第8期，等等。

② Chen, Kuan, et al., "Productivity Change in Chinese Industry: 1953–1985.", *Journal of Comparative Economics*, 1988, 12 (4): 570–591.

③ Jefferson, Gary H., and Rawski, Thomas G., "Enterprise Reform in Chinese Industry.", *Journal of Economic Perspectives*, 1994, 8 (2): 47–70.

高效。① 范蓓蕾和渡边千寻（Fan Beilei and Chihiro Watanabe）在研究中指出，中国和日本经济的迅速发展得益于科技的进步，而这其中都含有政府的贡献因素，即通过有效的政策促进国内技术研发能力的提升，并且平衡了技术引进与内生发展，鼓励企业和私人部门成为提升科技研发能力的行为主体。② 胡·阿尔伯特（Albert Guangzhou Hu）在相关研究中主要考察了中国研发方面的投入与产出关系，其通过对一组中国不同所有制类型企业的截面数据的测算，指出在私有研发上投入与产出的相关性非常突出，但政府研发对企业直接产出影响不大，而主要在于间接地促进私有研发。③

总体而言，已有领域在当代产业的历史进程研究方面较为夯实，能为本研究带来一定的观点参考和素材提供，但在思想方面确实相对薄弱，具体而言显示出以下四方面问题：第一，现有研究或者完全从纯粹的学术视野出发，弱化了产业经济学作为这一立足于实际的应用经济学，与现实经济变革和发展之间的关系；或者专注于领导人的观点，缺乏对历史的立体再现以及关于学术与政策制定之间的关系把握。第二，现有研究对资料的运用较为有限，一般只采用重要领导人的重要讲话或方针政策，或者就是学术领域的代表作、《经济研究》一类国内一流的期刊文献等。这些资料来源固然重要，但作为经济学术与思想史，特别是若跳出"精英思想史"而进入更为广泛的"社会思想史"时，目前的资料运用度的确不够充分。第三，目前对于产业经济思想上的挖掘主要在于已表现出的意识形态层面上的内容，但对于产业具体制度及政策实践这一反映产业发展经济逻辑的重要来源，尚未引起充分重视。第四，已有研究对于中国当代产业方面的经济思想主要是梳理和解读，但对于这些思想如何缘起，何以发展，发展走向的原因是什么，未能进行深刻分析。以上这些不足之处，本书都希冀进行一定尝试，进而丰富关于中国当代产业经济思想特别是产业发展路径选择经济思想上的认识。

---

① Jefferson, Gary H., and Xu, Wenyi., "The Impact of Reform on Socialist Enterprises in Transition: Structure, Conduct, and Performance in Chinese Industry.", *Journal of Comparative Economics*, 1991, 15 (1): 45 – 64.

② Fan, Beilei, and Watanabe, Chihiro, "Promoting Industrial Development Through Technology Policy: Lessons from Japan and China.", *Technology in Society*, 2006, 28 (3): 303 – 320.

③ Hu, Albert G., "Ownership, Government R&D, Private R&D, and Productivity in Chinese Industry.", *Journal of Comparative Economics*, 2001, 29 (1): 136 – 157.

第二章

中国产业发展路径选择经济思想的先行奠基

在正式探讨中国当代的产业发展路径选择经济思想之前，有两个问题亟待厘清：第一，在现代经济学领域，有哪些关于产业发展路径选择的经典理论？对这些理论的梳理，将构成考察中国当代相关经济思想的参照系，同时也可据此进一步对研究对象进行规范分析。第二，在1949年前，中国社会存有哪些与产业发展路径选择相关的经济思想？这是全面认识当代中国相关经济思想沿革的历史起点，而且研究的时段应锁定在1840~1949年间。因为，古代时期中国国民生产体系中农业占据绝对主导，有限的产业发展程度和分化程度未能孕育出系统的、具有现代意义的产业经济思想；直至近代，中国社会开启了由传统农业社会向现代工业社会的转型，工业、商业等产业的分化以及近代人士要求国家振兴的祈愿，促使与产业发展相关的经济思想萌发并进化，形成了中国在发展产业方面最初的历史记忆，对随后的思想与实践均具有潜在联系。因此，本章将包括以下两节，第一节将探讨经典理论中存有的产业发展路径选择经济思想，作为研究的先行理论奠基；第二节将探讨近代中国有关产业发展路径选择的经济思想，作为研究的先行思想奠基。

第一节 产业发展路径选择经济思想的既有理论奠基

产业经济学是现代应用经济学的一个重要分支，然而，其内容主要以产业结构理论和产业组织理论为核心，当提及产业发展理论的范畴，已有的以库兹涅茨（Simon Smith Kuznets）、霍夫曼（Wltber Hoffmann）等人为代表的产业结构演变学派和以钱纳里（Hollis B. Chenery）、罗斯托（Walt Whitman Rostow）和刘易斯（William Arthur Lewis）等人为代表的产业发展阶段学派，主要是针对世界多国在产业发展方面的共同表征及演变规律进行实证性的经验总结，相对而言，缺乏一国以能动角度发展产业的规范性理论解析。然而，不能据此判定现代经济学理论体系中就缺少指导一国发展产业的经济思想，只是以往文献未能侧重基于该视角的系统梳理，特别是，未能建立一个科学的分析框架，将相关的思想进行合理的梳理与

第二章　中国产业发展路径选择经济思想的先行奠基

归纳。

因此，本书试图构建一个关于"竞争优势"和"比较优势"的概念分野，从经典理论中提炼有关产业发展路径选择的经济思想，进而在前人的探索中收获有关产业发展的行动指南。这样的概念分野在以往文献中也曾出现过，甚至一度成为讨论的焦点，① 不过，其各自对于竞争优势和比较优势存在定义的不明晰，因此使得讨论难以聚焦；② 另外，目前研究对于竞争优势的理解，大多出自迈克尔·波特（Michael E. Porter）的国家竞争理论，因而将其他理论排除在外，限制了该思想的内涵。③ 此外，还有一类研究提出了"静态比较优势"和"动态比较优势"的概念分野，④ 此举有利于将大量经济理论纳入梳理体系，但这样一来，当代大部分相关研究均隶属于动态比较优势的范畴，因而也再无分野、辨析与选择之谈。

为避免上述问题并确保研究框架的科学性，本书将参考杨小凯在分工经济研究中提出的对经济学谱系的创新性认识，⑤ 以分工与生产率（或成本）差异的关系分析为基础，对产业发展路径选择的两个重要核心——竞

---

① 在20世纪末至21世纪初中国加入WTO之际，以林毅夫等为代表的"比较优势论"派与以洪银兴、郭克莎等为代表的"竞争优势论"派展开了激烈探讨。林毅夫、蔡昉、李周：《比较优势与发展战略——对"东亚奇迹"的再解释》，载于《中国社会科学》1999年第5期；林毅夫、孙希芳：《经济发展的比较优势战略理论——兼评〈对中国外贸战略与贸易政策的评论〉》，载于《国际经济评论》2003年第6期；林毅夫、李永军：《比较优势、竞争优势与发展中国家的经济发展》，载于《管理世界》2003年第7期；洪银兴：《从比较优势到竞争优势——兼论国际贸易的比较利益理论的缺陷》，载于《经济研究》1997年第6期；郭克莎：《对中国外贸战略与贸易政策的评论》，载于《国际经济评论》2003年第5期。此后提到以上人物的观点皆出自以上文献，在此说明。
② 两派都将亚洲一些地区成功案例作为支持各自的优势发挥理论的有力证据；两派曾就"政府干预是不是就属于发展竞争优势（或者说就不是比较优势）"展开争论。因此可见其讨论主要在于各自对竞争优势和比较优势的概念界定不清。
③ 特别是，支持竞争优势一派认为比较优势已经过时，波特本人就提出了"比较优势的退位"，因而使得有关竞争优势还是比较优势的讨论丧失意义。引自［美］迈克尔·波特著，李明轩等译：《国家竞争优势》，华夏出版社2002年版，第14～15页。但林毅夫是国内反对这一观点的主要代表，他认为竞争优势不是比较优势的替代，事实上竞争优势离不开比较优势的发挥。
④ 韩民春、徐姗：《国外动态比较优势理论的演进》，载于《国外社会科学》2009年第3期。
⑤ ［澳］杨小凯、黄有光著，张玉纲译：《专业化与经济组织——一种新兴古典微观经济学框架》，经济科学出版社1999年版；［澳］杨小凯著，张定胜、张永生译：《发展经济学：超边际与边际分析》，社会科学文献出版社2003年版；［澳］杨小凯、张永生：《新兴古典发展经济学导论》，载于《经济研究》1999年第7期；杨小凯、张永生：《新贸易理论、比较利益理论及其经验研究的新成果：文献综述》，载于《经济学（季刊）》2001年第1期。

争优势和比较优势进行重新的概念界定，并在此基础上完成对相关思想的整理与回顾，[①] 从而使得接下来的探讨在一个更为清晰的框架中进行。

一、竞争优势与比较优势的理论差异再诠释

以往文献虽然对竞争优势和比较优势进行了对比研究，但大多缺乏对这两个概念的明确界定。一方面，对于比较优势，已有文献多从亚当·斯密（Adam Smith）、李嘉图（David Ricardo）、赫克歇尔（Eli F Heckscher）和俄林（Bertil Ohlin）等人的贸易理论入手，通过描述比较成本理论的演变进而呈现比较优势的含义。针对这一类研究，可将其所理解的比较优势大致归纳为"不同国家生产不同商品相较他国存在的较高的劳动生产率或较低的成本差异"。[②] 而另一方面关于竞争优势，已有研究给出的概念更加含混，其多直接介绍波特的国家竞争理论，而在波特的理解中，国家层面的"竞争力"的含义就是国家生产力；作为支撑国家生产力的产业竞争优势，则来自产业通过持续以较低的生产成本提供高质量的产品和服务以获取最佳价格的能力。[③] 可见，这样的概念描述对竞争优势和比较优势的界定并不清晰，未能呈现二者的本质差异，因此部分地造成了讨论无法聚焦深入。

以杨小凯为代表的新兴古典学派在解决这一问题上提供了很好的借鉴，其对于比较优势的理论来源——斯密和李嘉图的理论及其演化关系提出了全新的认识。按照对经济思想史的一般理解，在斯密建立现代经济学

---

① 高柏曾提出过运用这种理论看待产业发展，参见《高柏：中国发展模式必须从比较优势走向竞争优势》，http://finance.sina.com.cn/review/20070623/17133718872.shtml，《高柏：杨小凯的贡献到底何在》，http://www.ftchinese.com/story/001058292。另外，邹薇也曾运用类似的观点划分竞争力的获取来源，不过其重点考察的是竞争力这一宏观概念，而非产业发展。而且其虽然区分了本书下文所要提到的内生比较优势和外生比较优势，但未做更为详尽的经济理论的梳理。参见邹薇：《论外生比较优势到内生比较优势》，载于《武汉大学学报（社会科学版）》2002年第1期。

② 洪银兴：《从比较优势到竞争优势——兼论国际贸易的比较利益理论的缺陷》，载于《经济研究》1997年第6期。

③ 而且波特别强调，这些参与国际竞争的主要是参与贸易和海外业务的公司，且他对运用高科技和高水平人力资本的产业更为看重。引自［美］迈克尔·波特著，李明轩等译：《国家竞争优势》，华夏出版社2002年版，第6~10页。

体系后，李嘉图是其重要追随者，二者同属古典经济学的突出代表，其分别提出的绝对成本理论和比较成本理论奠定了国际贸易理论的基础。甚至在很多人的眼中，比较成本理论是对绝对成本理论的延伸和进步。然而在杨小凯看来，斯密与李嘉图在有关经济发展的认知上存在根本差异，而这一差异，正是重新界定竞争优势和比较优势的核心。

（一）绝对成本理论：分工产生成本差异

早期的经济学研究事实上都与经济发展相关联，[①] 根据斯密的观点，经济发展最根本的原因是社会分工的不断演进和日益深化。他指出，"劳动生产力上最大的进步，以及所有劳动指向和应用的地方展现出的熟练程度、技能和判断力的提高，似乎都缘于分工"[②]，而"事实上，各人的天赋、资质差异并非如我们想象的那样大。多数情况下，与其说是成年人在不同职业表现出来的极不相同的才能导致了分工，倒不如说是分工造成这种结果。"[③] 这是斯密经济分析的出发点，杨小凯总结，"按照斯密的概念，分工产生个人生产率的事后差异。"[④] 即生产率的差异并非由人的先天资质差异决定，而是在分工差异下的专业化生产训练过程中被不断地塑造。也正因分工产生了生产率的差异，或称产生了"专业化报酬递增"，斯密认为，交易伴随分工而发生："分工一旦形成并完全确立，一个人自己的劳动产物便只能满足其欲望中极微小的一部分。他须用自己消费不了的剩余劳动产物同别人的剩余产品进行交换，来满足自己的大部分欲望。"[⑤] 并且生产个体发现，"专门经营一种与其他人相比有优势的产业，再用自己生产物中的一部分或者是生产物价格的一部分购买需要的其他物

[①] 杨小凯、张永生：《新兴古典发展经济学导论》，载于《经济研究》1999年第7期。
[②] Smith, Adam., *An Inquiry into the Nature and Causes of the Wealth of Nations: Volume One*, London: printed for W. Stranhan; and T. Cadell, 1776: 5.
[③] Smith, Adam, *An Inquiry into the Nature and Causes of the Wealth of Nations: Volume One*, London: printed for W. Stranhan; and T. Cadell, 1776: 19.
[④] ［澳］杨小凯、黄有光著，张玉纲译：《专业化与经济组织——一种新兴古典微观经济学框架》，经济科学出版社1999年版，第6页。
[⑤] Smith, Adam, *An Inquiry into the Nature and Causes of the Wealth of Nations: Volume One*, London: printed for W. Stranhan; and T. Cadell, 1776: 27.

品，对自己更有利。"① 该论点推至国家层面仍然成立，"对于个别家庭来说是明智的选择，对于国家也绝对不会是不明智的。就某种商品来说，如果自己生产比向国外购买花费的更多，那就不如经营有优势的产业，然后输出自己产业生产物的一部分向国外购买需要的物品。"② 这就是斯密的绝对成本理论的主要内容。由此可见，斯密的绝对成本理论是建立在其分工学说基础之上的，即，是由于分工导致了成本差异（或称生产率差异），进而决定了一国的国际贸易策略模式。

（二）比较成本理论：成本差异导致分工

继斯密后的李嘉图却在此方面提出了恰恰相反的观点，他更倾向于认为，成本差异（或称生产率差异）是既定存在的，而后一国出口及进口的商品才被确立，进而指向了某种相应的国际分工定位。李嘉图用制造鞋帽举例，指出虽然一人可能在两种工艺上都超过另一人，但若该人制帽的工艺超出对方更多，就应该专注于制帽而使双方达成共赢。③ 因此对国家而言，"通过更加合理的劳动分工，各国依据本国的国情、气候条件、自然优势和人为优势生产出的商品与其他国家的商品进行交换，由此我们得到了生活享乐品。"④ 而且，"根据发展成熟的自由贸易体制，各国自然会把其拥有的资本和劳动用于最有利于本国发展的行业。……通过激励人们勤奋劳动、尊重人们的独创性以及通过最有效的运用自然界赋予的特殊力量，劳动得到最有效、最合理的分配。……正是这一原则决定了法国和葡萄牙应该酿制葡萄酒，而美国和波兰应该种谷物，英国应该制造五金产品和其他商品。"⑤ 以上论述中，李嘉图的重点虽在于一国应促进其具有比较成本优势（或称生产率优势）的产业，但在优势的来源上仍可看出，他

---

①② Smith, Adam, *An Inquiry into the Nature and Causes of the Wealth of Nations: Volume Two*, London: printed for W. Stranhan; and T. Cadell, 1776: 36.
③ Ricardo, David, *Principles of Political Economy and Taxation*, London: G. Bell and sons, 1891: 116.
④ Ricardo, David, *Principles of Political Economy and Taxation*, London: Bell and sons, 1891: 112.
⑤ Ricardo, David, *Principles of Political Economy and Taxation*, London: G. Bell and sons, 1891: 114.

将其归结于自然禀赋及偏好下劳动力成本（或称生产率）的先天差异。①以上差异都是既定的，否则便也不会有据此选择"最有效、最合理的分配"，以及一国"应该"发展某种产业的逻辑推导。正如杨小凯总结，"按李嘉图的概念，个人生产率的事前差异产生分工。"②

（三）竞争优势、比较优势概念的重新界定

基于以上，虽然以往学者更多地将目光放在了斯密与李嘉图在"绝对"和"相对"的结论差异上，但以杨小凯指出了这两大理论更为本质的前提假设差异：绝对成本理论的前提假设可称之为"内生比较优势"，其假定比较优势存在与否取决于个人或国家对于专业化程度的决策，有分工才有比较优势，比较优势被内生地决定；而比较成本理论的前提假设可称之为"外生比较优势"，其假定分工是以外部给定的个人或国家在偏好、技术条件和禀赋结构上的先天差异为基础，有比较优势才有分工，比较优势被外生地决定。③

以上关于优势来源的差异化认知，可在产业发展理论领域进行应用推广，进而形成两条产业发展的路径可能：一种可能是一国在产业发展的过程中发挥主观能动性，通过人为的战略选择与持续努力，内生地实现了该国本不具备，却在后期逐渐树立的能在国际竞争中与他国抗衡的特质，即塑造内生比较优势。这种优势可称为竞争优势，相应的路径选择可称为"塑造竞争优势的发展路径"。另一种可能是一国选择利用外生既定的在禀赋结构、国家偏好等方面的先天条件，在国际竞争中凸显这种能与他国抗衡的特质，即顺应了外生比较优势。这种优势可称为比较优势，相应的路径选择可称为"发挥比较优势的路径选择"。可见，这两种优势的本质差

---

① 当前研究在提及李嘉图模型时，也都将其理论前提理解为不同国家天生具有不同的劳动生产率，如 Dornbusch, Rüdiger, et al., "Comparative Advantage, Trade, and Payments in a Ricardian Model with A Continuum of Goods.", *American Economic Review*, 1977, 67 (5): 823 – 839; Krugman, Paul R., "A Model of Innovation, Technology Transfer, and the World Distribution of Income.", *Journal of Political Economy*, 1979, 87 (2): 253 – 266.
② [澳] 杨小凯、黄有光著，张玉纲译：《专业化与经济组织——一种新兴古典微观经济学框架》，经济科学出版社1999年版，引论第6页。
③ [澳] 杨小凯、黄有光著，张玉纲译：《专业化与经济组织——一种新兴古典微观经济学框架》，经济科学出版社1999年版，引论第5、30~31页。

异，关键是在于其力图实现并运用的"能与他国抗衡的特质"是内生还是外生；与此同时，这种"能与他国抗衡的特质"，即优势，无须建立在国际贸易真实发生的基础上——这是一种经济思想战略，只要具备国际比较与国际竞争的视野，这两种路径选择便可客观存在，这样便跳脱出了国际贸易理论体系本身。由此，产业发展理论中竞争优势、比较优势的定义及其相应的产业发展路径选择得以构建，且此构建具有三点益处：第一，以明确的标准将产业发展的两条路径做出内涵互斥的界定，建立统一的话语体系，避免因标准不一而造成讨论发散。① 第二，该构建不限于某一具体的经济理论分支，只要本质上是论述如何塑造内生或顺应外生产业优势的理论皆可被纳入产业发展路径选择理论的考察体系，极大地丰富该体系的经济思想内容。第三，对于曾经历过国际贸易封闭时期的国家，如中国的产业发展经济思想研究，这种构建对于区分经济思想的路径所属将同样具有适用性。

二、塑造竞争优势的产业发展路径选择思想

塑造竞争优势的产业发展理论核心，是选择分工进而培育内生比较优势。因此对一国而言，选择在国际经济产业链中如何定位，或类似的，选择重点发展何种产业，将是塑造竞争优势的相关理论所要回答的问题。在这种思路框架下，熊彼特的创新理论、李斯特（Friedrich List）的幼稚产业保护理论、克鲁格曼（Paul Krugman）的战略贸易理论及波特的国家竞争理论均做出了重要贡献。

（一）创新理论：选择进行产业创新以塑造竞争优势

熊彼特在1912年首次出版的《经济发展理论》中指出，创新是经济发展的主要源泉。他将"创新"定义为引入生产体系的一种从来没有过的

---

① 郭克莎、林毅夫曾对"存在政府干预是否就不是发挥比较优势"发生分歧。参见郭克莎：《对中国外贸战略与贸易政策的评论》，载于《国际经济评论》2003年第5期；林毅夫、孙希芳：《经济发展的比较优势战略理论——兼评〈对中国外贸战略与贸易政策的评论〉》，载于《国际经济评论》2003年第6期。

关于生产要素和生产条件的"新组合",① 并将这一"新组合"归纳为引进新产品、引用新技术、开辟新市场、获取新的原材料供应来源以及采用新的企业组织五个方面。② 熊彼特非常强调创新超越其他生产要素对经济发展的重要意义,即"发展主要在于用不同的方式去使用现有的资源,利用这些资源去做新的事情……不同的使用方法,而不是储蓄和可用劳动数量的增加,在过去50年中已经改变了世界经济的面貌。"③ 这是创新在宏观层面上的作用。对于微观个体,熊彼特认为,成功实现创新并将其引入到实际生产中的"企业家"会因此获得"企业家利润",即因创新的引入而实现的企业收入超过生产成本的剩余,如将机器引入生产使得单位产品的成本减少,从而创造的在现有价格与新成本之间的差额。④ 这是企业家应得的"对生产所作贡献的价值的表现"。⑤ 若从经济的周期变化来看,创新的出现会打破经济原有的惯性循环,使引入创新的企业家实现超额利润;随后,大批的模仿者蜂拥而至,共同创造了经济繁荣;但是,大量的模仿也会引致超额利润消散,进而使得经济自此走向衰退,并期待新的创新。这就是熊彼特"经济周期理论"的基本内容。⑥ 可见,持续的创新是保证企业家长期获得超额利润并在经济周期波动中得以生存的关键,也是一国实现经济发展与繁荣的根本。

熊彼特的创新理论对产业发展具有重要启示,参照他的观点,一国的产业若能实现持续的创新,就能在经济周期中不断塑造其内生比较优势,进而形成强大的竞争优势。这一经济思想在历史上已为一些国家所借鉴,如20世纪50年代,日本学者就根据熊彼特的理论,主张将产业发展的重

---

① 张培刚:《中译本序言——对本书的介绍和评论》,引自〔美〕约瑟夫·熊彼特著,何畏等译:《经济发展理论——对于利润、资本、信贷、利息和经济周期的考察》,商务印书馆1991年版,中译本序言第3页。
② Schumpeter, Joseph A., *The Theory of Economic Development: An Inquiry into Profits, Capital, Credit, Interest, and the Business Cycle*, London: Oxford University Press, 1978: 66.
③ Schumpeter, Joseph A., *The Theory of Economic Development: An Inquiry into Profits, Capital, Credit, Interest, and the Business Cycle*, London: Oxford University Press, 1978: 68.
④ Schumpeter, Joseph A., *The Theory of Economic Development: An Inquiry into Profits, Capital, Credit, Interest, and the Business Cycle*, London: Oxford University Press, 1978: 133.
⑤ Schumpeter, Joseph A., *The Theory of Economic Development: An Inquiry into Profits, Capital, Credit, Interest, and the Business Cycle*, London: Oxford University Press, 1978: 153.
⑥ 此总结主要针对熊彼特在《经济发展理论》中提出的两阶段周期模式,即只考虑繁荣和衰退两个阶段。

点确立在新技术的开发与应用上，即"日本经济学家把熊彼特以企业家创新来解释长期经济变化的理论，转变为国际竞争中的策略。根据日本人对熊彼特创新理论的理解，一国能否在外来的竞争中处于战略性地位，将取决于生产技术方面的比较优势。"① 日本著名"官厅经济学家"后藤誉之助就运用熊彼特的创新理论起草了《1956年经济白皮书》，该书称，世界已经经历了三次由技术创新引发的革命，而在第四次革命逐渐开启之际，创新将是日本取得国际竞争中的战略地位的核心策略。② 在该白皮书的影响下，日本社会逐渐树立全新的战略计划观，即开始关心企业能否在长期内赢得生产技术的竞争，而非在短期之内能获得多少利润。③ 这种观念深刻地影响了20世纪末的日本产业发展策略，如汽车产业，日本学者就将其在20世纪最后25年的成功归结于日本汽车企业的"能力构筑竞争"（capability-building competition），即企业专注于对产品开发、生产效率、产品质量等顾客不能直接评价的"内在"竞争力指标的培育，专注于开展长期持久的竞争。④ 此外，1986年颁布的对日本转换产业结构具有重要意义的《科学技术政策大纲》，更是明确地将日本的发展置于国际视野，主张培养人才、振兴科技，要求重点发展物质材料、信息电子、软件系统等方面的科学技术，⑤ 这可视为是以选择产业创新塑造竞争优势的产业发展思想的制度设计。

（二）幼稚产业保护理论和战略贸易理论：选择扶植特定产业以塑造竞争优势

不同于熊彼特要求广泛地实现创新以塑造内生比较优势，李斯特认为一些特定产业就是该国实现竞争优势的关键所在，应加以扶植。他在考察

---

① ［美］高柏著，安佳译：《经济意识形态与日本产业政策：1931—1965年的发展主义》，上海人民出版社2008年版，第139页。
② ［美］高柏著，安佳译：《经济意识形态与日本产业政策：1931—1965年的发展主义》，上海人民出版社2008年，第165~166页。
③ ［美］高柏著，安佳译：《经济意识形态与日本产业政策：1931—1965年的发展主义》，上海人民出版社2008年版，第167页。
④ ［日］藤本隆宏著，许经明等译：《能力构筑竞争：日本的汽车产业为何强盛》，中信出版社2007年版，第2~5页。
⑤ 苏玲译：《日本科学技术大纲》，载于《科学管理研究》1986年第5期。

第二章 中国产业发展路径选择经济思想的先行奠基

各国发展历史的基础上，反对德国为英国提供初级农产品和原材料的发挥外生比较优势的策略，认为这只是"这个国家缺少（发展国内制造业的）能力或进取"的表现，① 而健全制造业的缺乏，将必然成为一国发展经济、融入国际社会的严重障碍，② 影响长期的国际竞争力。因此，李斯特主张对一些处于发展中的重要产业（主要是工业）进行保护。重要产业是指"建立和经营需要大量资本、大规模机械设备、高科技知识、丰富经验以及为数众多的劳动力的工业产业"，且它的发展应使其他次要工业"围绕着它成长起来"，③ 总而言之，即保护具有一定进入门槛且具有一定关联度的新兴幼稚产业。这种产业选择，符合培育内生比较优势的思路，因此是一种塑造竞争优势的策略。李斯特对这类产业的扶植，主要主张适时适当地对和保护对象处于竞争关系的国外进口商品课收较高关税，因此，其理论也被称为"关税保护理论"。而在如何进一步确定目标产业上，随后的经济学家进行了诸多讨论，设置了多种幼稚产业判定标准，④ 对李斯特的理论实现了丰富和完善。

20世纪80年代，经济学界再次兴起了主张扶植特定产业的理论——战略贸易理论。该理论的出发点是假定国际贸易市场往往处于不完全竞争的状态，因此布朗德（James Brander）和斯潘塞（Borbara Spencer）提出，对处于不完全竞争市场且具有超额利润的产业而言，若政府能对其进行研发或出口的补贴，助其实现规模经济以降低边际成本，那么该产业就能在国际贸易中获得更大的市场份额，并且通过其寡头垄断的属性（具有价格超过出口的边际成本的特征）增进本国福利。⑤ 因此，在早期的战略贸易

---

① List, Georg F., *The National System of Political Economy*, Philadelphia: J B Lippincott & Company, 1856: 242-243.
② 正如李斯特指出，"只有在国内制造业实现高度发达的国家，其对外贸易才能获得重要地位"。List, Georg F., *The National System of Political Economy*, Philadelphia: J B Lippincott & Company, 1856: 274.
③ List, Georg F., *The National System of Political Economy*, Philadelphia: J B Lippincott & Company, 1856: 266-267.
④ 如后来产生的穆特标准、巴斯塔布尔标准、肯普标准、小岛清标准、筱原三代平标准，等等。
⑤ Spencer, Barbara J., and Brander, James A., "International R&D Rivalry and Industrial Strategy.", *The Review of Economic Studies*, 50.4 (1983): 707-722; Brander, James A., and Spencer, Barbara J., "Export Subsidies and International Market Share Rivalry.", *Journal of International Economics*, 1985, 18 (1-2): 83-100.

理论看来，选择处于寡头垄断的产业，对其进行以实现规模经济为目标的出口补贴扶植，是政府培养产业竞争优势的有效途径。

克鲁格曼对此进一步进行了补充。他指出，当前国际市场所呈现的贸易缘起，并非如同传统理论所理解的，是来自于国家之间存在的差异，事实上，其很大程度上是来自于"国与国之间在国际分工中所（形成的）固有的优势"。① 这类似于本书对竞争优势的定义。② 至于如何获取这种优势？克鲁格曼提出应选择两种战略性产业进行扶植：第一种，是选择能产生大量"租金"的产业而采取进口保护。所谓租金，在经济学上应为"某种要素所得到的高于该要素用于其他用途所获得的收益"，对于产业而言，可理解为"某个产业所获得的高于其他相同风险产业的利润率"，③ 正如寡头垄断所取得的超额利润。一国为保护其租金的获取甚至在国际市场上获得更大的租金份额，可以提高关税或限制配额的政策排挤外来产业，使本国产业在充分占有国内市场的情况下尽快实现规模经济，进而建立起在国际市场上的竞争优势，这种逻辑已在理论上得到证实。④ 第二种，是选择具有较高"外部经济"的产业。所谓外部经济，是指"一个人或厂商从其他从事某种经济活动的个人或厂商那里获得的收益"，⑤ 例如知识的扩散、产业关联的引发，等等。扶植这种具有较高外部经济的产业，并不在于其本身创造了高额回报，而在于其为整个社会创造了难以估量的价值，这也有利于竞争优势的塑造。弗里德曼特别指出，高技术产业并不

---

① Krugman, Paul R., *Rethinking International Trade*, Massachusetts: MIT Press, 1990: 2.
② 虽然克鲁格曼也指出，有些优势的形成来自于"历史某种偶然性"，这近乎于一个外生的概念。但其理论更为重要的基础在于，贸易产生的原因不是资源禀赋或技术方面的差异而是报酬递增形成的分工（即规模经济），而且在此模型中，规模经济被视为内生。所以，虽然有些规模经济来自于外生的历史偶然，但规模经济仍可被人为地内生塑造，这也是克鲁格曼提出扶植战略性产业的基础。Krugman, Paul R., *Rethinking International Trade*, Massachusetts: MIT Press, 1990: 2-3.
③ Krugman, Paul R., "Introduction: New Thinking about Trade Policy.", From Krugman, Paul R., ed., *Strategic Trade Policy and the New International Economics*, Massachusetts: MIT Press, 1990: 12.
④ 克鲁格曼建立的一个关于"保护进口可以促进出口"的模型。Krugman, Paul R., *Rethinking International Trade*, Massachusetts: MIT Press, 1990: 185-198.
⑤ Krugman, Paul R., "Introduction: New Thinking about Trade Policy.", From Krugman, Paul R., ed., *Strategic Trade Policy and the New International Economics*, Massachusetts: MIT Press, 1990: 13.

意味着一定具有技术外溢，因此未必具有外部经济，相反，创新和技术外溢可能发生在非高技术产业中；类似地，资本构成高的产业也并不一定能带来高的人均增加值。所以，不能单纯依照产业的高技术、高资本构成特征选择扶植对象。① 而具体选择何种产业进行战略性扶植应回归到有关"租金"和"外部经济"的多寡判断上，虽然这存在相当的识别难度。② 总之，战略贸易理论将不完全竞争理论与规模经济理论引入国际贸易政策领域，对一直以来占据主导地位的主张自由贸易的新古典经济学形成一定冲击。

幼稚产业保护理论和战略贸易理论具有表征上的相似，都是通过扶植某类产业而塑造竞争优势，且在目标产业选择和政策实施方法上也存在一定类同。但是，这两大理论在出发点和最终目的存在本质差异：幼稚产业保护理论假定国际市场处于完全竞争状态，一国只是在一定时期内保护幼稚产业，最终目标是使其得以发展、获得强大竞争力而参与国际市场自由竞争；但战略贸易理论假定国际市场处于不完全竞争状态，一国要利用并强化处于寡头地位的产业，进而攫取更高的超额利润。在这两大理论异同点的问题上，已有一些研究给出了较为系统的说明。③

（三）国家竞争理论：选择创造产业发展有利条件以实现竞争优势

1990年迈克尔·波特出版了《国家竞争优势》，以其一直以来从事的有关企业、产业竞争力塑造的研究为基础，致力于解释一国何以持续地获得以产业为核心的竞争优势。在研究中，波特并不意图呈现应选择侧重哪

---

① Krugman, Paul R., and Obstfeld, Maurice, *International Economics: Theory and Policy*, Lllinois: Scott, Foresman and Company, 1987: 255-256.
② Krugman, Paul R., "Introduction: New Thinking about Trade Policy." From Krugman, Paul R., ed., *Strategic Trade Policy and the New International Economics*, Massachusetts: MIT Press, 1990: 15-17.
③ 张帆、江涌：《保护幼稚工业政策与战略性贸易政策之比较研究》，载于《求索》2002年第1期；王荣艳：《传统幼稚工业保护论与新贸易保护论之异同》，载于《现代财经》2003年第2期；郁郁、刘为：《保护幼稚产业理论与战略性贸易政策理论比较》，载于《沈阳大学学报》2004年第5期，等等。

一产业来全面地实现竞争优势,① 也未如同克鲁格曼一样,赋予政府在产业发展上的相对直接的作用;他更旨在探讨的,是促成产业实现竞争优势的条件应包含哪些要素,而这些要素可能涉及哪些能进一步促成内生优势塑造的方面,进而在为产业发展创造有利条件上给予一定说明。

波特认为,研究某一产业的竞争力应考察与该产业相关的四个因素和两个变数,即"钻石模型"。这四个因素分别是:第一,生产要素,指一国在特定产业竞争中有关人力、知识、资本、天然资源等方面的情况。波特认为,一国若要经由生产要素建立起强大而持久的竞争优势,就必须发展与产业和产业集群相关的高级生产要素(如现代化的基础设施、高等教育与研究机构等)和专业性生产要素(如专业技术人才、针对某一产业的专业知识与设施等);相应地,产业发展卓越的国家,一般也在创造、提升生产要素方面较为突出。② 第二,需求条件,指本国市场对该产业所提供的产品或服务的需求。波特认为,相较于国际市场,国内市场中客户需求的变动更有可能被企业尽早地挖掘,而市场中的挑剔型客户有助于刺激企业不断改进、开发新领域,从而为企业带来创造竞争优势的动力;另外,挑剔型客户还可带来"预期型需求",为产业的未来发展提供方向。③ 因此,一国政府可通过进行特定的采购来为产业发展提供正向的需求环境。④ 第三,关联产业(如上游产业、零部件产业)和支持性产业的表现。为提升这些相关产业,产业集群的形成与成长非常重要。政府虽不能通过自身活动使得新的产业集群从无到有,但对于既有的产业集群,政府可通过投入相应的资源为该产业集群的成长提供更大可能。⑤ 第四,企业战略、结构和竞争对手的表现。政府最重要的角色是保证国内市场处于活

---

① 特别是,波特强调,产业发展除政府外必须要依靠其他关键要素的搭配(主要指"钻石模型"中的要素)而彼此互动,即"政府本身并不能帮企业创造竞争优势"。[美]迈克尔·波特著,李明轩等译:《国家竞争优势》,华夏出版社 2002 年版,第 120 页。
② [美]迈克尔·波特著,李明轩等译:《国家竞争优势》,华夏出版社 2002 年版,第 72~76、613 页。
③ [美]迈克尔·波特著,李明轩等译:《国家竞争优势》,华夏出版社 2002 年版,第 81~86 页。
④ [美]迈克尔·波特著,李明轩等译:《国家竞争优势》,华夏出版社 2002 年版,第 630~631 页。
⑤ [美]迈克尔·波特著,李明轩等译:《国家竞争优势》,华夏出版社 2002 年版,第 641 页。

跃的竞争状态。① 除以上四个因素外，影响产业竞争力的两个变数是机会和政府。机会是不可抗拒的外生因素，会改变产业在竞争中的原有格局，但同时也是催动产业进行创新的大好时机。而政府，可通过上述提到一系列举措，内生地影响钻石模型的四个因素，进而对产业塑造竞争优势施以正面影响。不过，波特也始终强调，四个因素的自身及其综合的交错运用是钻石模型的核心，发展的主体仍然是处于产业中的企业，企业应综合运用钻石模型为自己设定战略性的竞争发展战略，而政府不可能全力掌控影响产业竞争优势的条件，只能为其尽量提供条件。②

在经济思想的回溯中，本研究从已有经典理论中梳理出一些较有代表性的以塑造竞争优势为目标的产业发展路径选择思想。从中可见，经济学者在经济学分析工具发展与全球化产业发展的双重推动下，不断更新对塑造竞争优势的认识，如克鲁格曼认为不是所有高技术产业都值得扶植，而波特又指出塑造产业优势不一定依靠规模经济③等。这不仅在很大程度上为理解一些国家产业发展的成功案例提供了思路，也为日后如何发展产业提供了构想。

三、发挥比较优势的产业发展路径选择思想

不同于塑造竞争优势，有关发挥比较优势的产业发展路径选择思想主要研究利用什么以及如何利用一国的外生比较优势，才能对该国的产业发展更为有利。前文提到的李嘉图的比较成本理论主要将外生比较优势锁定在生产率的差异上，赫克歇尔和俄林的要素禀赋理论则主要关注外生自然禀赋的差异，而林毅夫的新结构经济理论研究的是如何动态地运用并提升一国的要素禀赋结构。近些年来，通过发挥比较优势实现产业发展的主张

---

① ［美］迈克尔·波特著，李明轩等译：《国家竞争优势》，华夏出版社2002年版，第647页。

② 波特认为，在产业竞争力形成初期，政府的作用比较重要，可在生产要素的创造上扮演领导角色；而待钻石模型四要素已臻成熟之时，政府应逐渐退出，而使企业成为发展的主角。引自［美］迈克尔·波特著，李明轩等译：《国家竞争优势》，华夏出版社2002年版，第656～657页。

③ ［美］迈克尔·波特著，李明轩等译：《国家竞争优势》，华夏出版社2002年版，第15～17页。

受到不少质疑，但其在解释与指导发展中国家的产业发展方面，一直以来仍具有很强的现实影响力。

（一）要素禀赋理论：选择顺应要素禀赋以发挥比较优势

李嘉图的比较成本理论虽有力地论证了两国在利用生产率差异方面可能创造的共赢，但主要局限在于，将劳动假设为唯一的生产要素，因此外生比较优势的唯一来源就是各国劳动生产率的不同，这显然不足以解释现实中以多种生产要素为基础的国际贸易活动。在该理论的改进上，赫克歇尔和俄林的尝试最为突出，建立了一个包含两个国家、两种生产要素、两种商品的国际贸易模型，在假设各国生产技术相等的情况下指出，贸易发生的本质是产品成本差异，成本差异来自要素价格差异，而要素价格差异又被外生的要素禀赋差异所决定。因此，赫克歇尔、俄林主张，一国应该顺应其各自的自然要素禀赋，出口密集使用其丰裕要素生产的产品，进口密集使用其稀缺要素生产的商品，以实现比较优势的发挥并兴盛本国的产业，这就是"赫克歇尔—俄林要素禀赋理论"的主要观点。该理论在提出之时颇为盛行，至今也被看做比较优势理论的重要组成，但其随后在实证和理论方面均遭受了批评甚至被推翻。[①] 但是，该理论对理解一国在特定时期形成的国际分工定位及塑成的产业发展格局方面具有一定的解释力，如中国在改革开放后迅速利用劳动力比较优势进入国际市场，建立起劳动密集型产业，同时进口资本、技术密集型产品，就是遵循了要素禀赋理论的逻辑。

（二）新结构经济理论：选择随禀赋结构升级而动态发挥比较优势

传统的比较优势产业发展策略在20世纪末受到越来越多的质疑，质疑的焦点在于，若使落后的经济系统完全依靠外生比较优势，其只会在开放的经济环境中强化其原有的定位，专注于生产低技术含量的产品，进而

---

① ［澳］杨小凯、张永生：《新贸易理论、比较利益理论及其经验研究的新成果：文献综述》，载于《经济学（季刊）》2001年第1期。

陷入"比较优势陷阱"。① 然而林毅夫坚持主张，遵循比较优势的发展战略是一国发展经济与产业的最有效途径，并提出了"新结构经济学"加以说明。

新结构经济学的核心观点是，"一国禀赋结构升级的最佳办法是在任一特定时刻根据它当时给定的禀赋结构所决定的比较优势发展它的产业。"② 此观点可理解为，产业的竞争力依托于产业的最佳结构，而产业的最佳结构由当时该国要素禀赋结构（包括自然资源、劳动力、人力资本和物质资本的相对丰裕程度）所提供的比较优势所决定。究其原因，"如果一个经济的产业和技术结构能充分利用其资源禀赋的比较优势，那么这个经济体的生产成本就会低，竞争能力就会强，创造的社会剩余就会多，积累的量就会大"，同时积累又是改变资源结构，即实现产业与经济发展的根本。③ 林毅夫指出，中国在改革开放前经济发展缓慢，主要原因就是采取了发展资本密集型的重工业这一与当时资源禀赋结构不符的"赶超战略"，而"赶超战略"与资源基础之间的矛盾，只能通过扭曲的价格宏观政策、以计划为基本手段的资源配置制度和丧失自主权的微观经营制度来调解，最终造成了产业结构扭曲、微观经济效率低下，同时丧失了本可能更快的经济增长速度。④ 因此，林毅夫认为，经济发展与产业发展中的"赶超战略"不可取，"发展中国家的产业升级过程，必须与该国比较优势的变化相一致，后者反映了物质资本和人力资本的积累以及要素禀赋结构的变化。"⑤

关于"比较利益陷阱"，林毅夫认为是不存在的。他指出，与产业升

---

① 松山公纪通过建立标准模型指出，技术上落后的国家会通过贸易而专业化生产传统产品，进而对经济增长造成负面影响，因此主张在开放经济条件下计划经济发展战略。Matsuyama, Kiminori., "Agricultural Productivity, Comparative Advantage, and Economic Growth.", *Journal of Economic Theory*, 1992, 58 (2): 317–334.
② 林毅夫著，苏剑译：《新结构经济学：反思经济发展与政策的理论框架》，北京大学出版社2012年版，第5页。
③ 林毅夫、蔡昉、李周：《比较优势与发展战略——对"东亚奇迹"的再解释》，载于《中国社会科学》1999年第5期。
④ 林毅夫、蔡昉、李周：《中国的奇迹：发展战略与经济改革》，上海三联书店、上海人民出版社1999年版。
⑤ 林毅夫著，苏剑译：《新结构经济学：反思经济发展与政策的理论框架》，北京大学出版社2012年版，第24页。

级有密切联系的技术结构也是由要素禀赋决定，因为在比较优势战略下，欠发达经济体中的企业会自然而然地进入具有比较优势的产业，以低成本从更为发达的国家引进先进技术，通过经营与积累使要素禀赋结构升级，同时也使得技术结构相应地升级，从而实现产业结构从低级化向高级化的自然过渡，① 不会一直保持在低水平的均衡。如若意图建立竞争优势，其所需的现代化设施、科研机构等"高级生产要素"必然需要大量投资，而积累投资的方式往往也需要凭借发挥比较优势、创造经济剩余而实现。因此，遵循比较优势发展战略，有助于促进资本积累和要素禀赋结构的尽快升级，反而，如若人为地选择优先发展有违要素禀赋结构的产业，会使得优先部门丧失企业自生能力，不仅不能发挥良好绩效，还会使得政府不得不扭曲市场来对其进行补贴。

林毅夫始终主张，比较优势来自外生。因此，为了更好地发挥比较优势，政府不应该人为地设定优先发展的产业（特别是不符合当时资源禀赋结构的产业），也不能过多地干预经济，其发展经济的任务，主要是使市场能够真实地反映要素禀赋结构的稀缺情况，同时帮助产业顺应要素禀赋结构的动态变化进行发展。林毅夫更进一步地归纳了产业发展政策设计的两个原则：第一，"确定一国可能具有潜在比较优势的新产业"；第二，"消除那些可能阻止这些新产业兴起的约束，并创造条件使这些产业成为该国的实际比较优势"。② 所以，林毅夫和波特虽然都不主张政府过多干预，但林毅夫坚持让政府提供能让产业发挥外生比较优势的条件，而波特强调的是让政府创造能让产业建立内生比较优势的条件，两种思想存在本质不同。

由上可见，选择以比较优势发展产业的路径选择思想从研究利用什么外生比较优势，逐步演化成研究如何利用外生比较优势，体现了发展与进化的过程。其始终坚持市场在资源配置方面的核心作用、强调企业遵循客观禀赋并成为决策与行动主体的思想，在与竞争优势激烈争锋的当下，仍具有很强的生命力。

---

① 林毅夫：《发展战略、自生能力和经济收敛》，载于《经济学（季刊）》2002年第2期。
② 另外林毅夫还设计了具体执行的六个步骤。引自林毅夫著，苏剑译：《新结构经济学：反思经济发展与政策的理论框架》，北京大学出版社2012年版，第135~138页。

四、理论分野对新中国产业发展路径选择分析的启示

至此，本书从经济思想的回溯角度构建了产业发展的两条路径选择：一条是通过塑造内生比较优势而建立竞争优势的产业发展路径选择，一条是通过发挥外生比较优势而顺应比较优势的产业发展路径选择。那么，在这样的路径选择分野下，应如何更好地理解我国自 1949 年以来的产业经济发展？如前文所言，中国的产业发展历经曲折，在政策重点、经济体制和绩效表现上均呈现出复杂变化。但若从竞争优势和比较优势的角度，不难发现，自中华人民共和国成立至改革开放前（即发展的第一阶段），中国在相对封闭的情况下，侧重发展与外生比较优势不符的重化工产业，致力于塑造其内生比较优势进而与欧美发达国家相抗衡，此即选择了塑造竞争优势的产业发展路径；而自改革开放后的第二阶段，中国在对外开放政策的指导下以市场为导向，迅速发展符合其外生比较优势的劳动密集型产业，同时引进、换取资本与技术弥补外生比较劣势，此即选择了顺应比较优势的产业发展路径，在经济增长上也获得了巨大突破；自 2004 年后的第三阶段，中国明确提出了发展"自主创新型国家"的战略，要求产业结构从劳动、资源密集型向资本、技术密集型升级，要求转变经济增长方式，要求将产业的发展重点从发挥当前的外生比较优势再次转向努力塑造未来的内生比较优势。这一系列的举措可视为对塑造竞争优势的产业发展路径的回归。如此一来，中国产业发展的分阶段路径选择便呈现出清晰的演变轨迹。

以上观点将在后文分阶段的论述中进行完善，此外更进一步的，在选择了特定产业发展路径的不同时期，中国经济理论界又提出了哪些具体的发展策略？这些以现实探索和历史演进为基础的中国产业发展路径选择经济思想，参照、借鉴或契合了哪些已有的经济理论，又是否对已有理论进行了延伸和扩充？本书将在随后的讨论中对这些问题进行深入分析。

第二节 中国产业发展路径选择的近代思想奠基

鸦片战争前,轻贱"工"①的思想在中国古代社会一直占据主流。这种观念在战国时期就已兴起,如孔子反对弟子樊迟学稼,指责鲁国大夫臧文仲"妾织蒲",强烈提倡"君子学以致其道";②又如老子,他认为"民多利器,国家滋昏;人多伎巧,奇物滋起",③进而形成了"奇技淫巧"观的最初来源。随后,商鞅和韩非子为了鼓吹农业兴国,主张"做壹而得官爵",④并将"工"的从业者列入危害社会的"五蠹",⑤显示出对该行业的极力打压。由此,"轻工商"的观念逐渐被确立,而后虽偶有进步开明人士试图为"工"正名,⑥但始终无法撼动轻工思想的主导地位。这种观念对于阻碍中国的工业发育具有不可估量的负面影响,也使得中国自发形成具有现代意义的产业经济思想变得无从提及。

中国学者真正触及并组建有关产业发展经济思想的时期是在近代,毕竟工业化转型的启动与实现是催生其相关经济思想的根本土壤,因而这一

---

① 须指出,此时提到的"工"不等同于现代意义上的工业,结合当时的经济及生产力水平,其多为工艺、手工业。不过这样的思想倾向对于后世同样具有重大影响。
② 《论语·子张篇第十九》。
③ 《道德经·第五十七章》。
④ 《商君书·农战第三》。
⑤ 韩非子甚至称,"夫明王治国之政,使其商工游食之民少而名卑,以寡趣本务而趋末作。"参见《韩非子·五蠹篇》。
⑥ 东汉王符认为农工商皆有其"本末",指出"百工者,以致用为本,以巧饰为末"(引自《潜夫论》第一卷《务本第二》),因而工业并非末业。宋代叶适也反对"抑末",而明末清初的黄宗羲更指出"工商皆本"。同时期的顾炎武肯定开采矿山和从事纺织是收益颇丰的两项产业(引自《亭林文集》卷六《与潘此耕书》),清初颜李学派的颜元将"工艺之术"列入其书院的课程体系,而其弟子李塨也主张在国家管理机构中设立工部,并提出"工虽不及农所生之大,而天下货物非工无所以发之、成之,是亦助天地也"(引自《平书订》卷一)。同时期的儒家学者李光地已受到西方影响,指出"西洋人不可谓之奇技淫巧,盖皆有用之物,如仪器、佩觿、自鸣钟之类。……可见工之利用极大"(引自《榕村语录;榕村续语录》卷十四《三礼》)。而清代关注海外贸易的蓝鼎元进一步指出"生财之大道在于百工""初未尝以奇技淫巧长其奢靡,而招徕鼓舞于以征百货之流通焉"(引自《鹿洲全集》《蓝鹿洲行述》),即开始对奇技淫巧这种不符合经济发展客观规律的思想桎梏提出异议。以上是中国古代时期为工业进行辩论和呼吁的主要经济思想,但事实上,这种思想在轻工的主流思潮中可谓凤毛麟角。

第二章　中国产业发展路径选择经济思想的先行奠基

时段应成为本书寻求当代思想先行奠基的追溯对象。在此过程中,有两支思想脉络应被关注,其一是西方工业经济思想在近代中国的传播,① 其二是中国本土工业化思想的产生与演化;前者代表了冲击中国传统思想桎梏并为发展提供新兴知识的外来要素,后者则反映出中国学者在适应经济基础与意识形态双重转型过程中的自行探索。该二者构成了近代中国推行以工业化为核心的产业发展时所涉及的主要思想内容,也共同为中国当代的产业发展路径选择思想创造了可供借鉴参考的范式。事实上,这两支思想的演进是相互重叠交错的历史过程,即中国本土的工业化思想要在农业转型社会背景下生长,必然借助于西方外来的经济思想,进而体现出共同发展的历史痕迹;而西方思想基于社会背景与禀赋差异所显示出的局限,也必然导致中国工业化思想突破原有传播本身的拓展与演变,进而推动了1949 年后中国的相关经济思想朝某一特定轨道的惯性前行。因此,本书将以时间为线索,分别就 1840~1895 年、1896~1934 年和 1935~1949 年这三个思想互动演变的不同时期,对西方工业经济思想的传播与中国工业化思想的形成发展进行分阶段的并行考察,以实现对这一重要过程的系统回溯。

一、传播启动与中国工业化思想的孕育发展:1840~1894 年

鸦片战争后,中国闭关自守的对外政策被强行中断,东西文化的交流步入新纪元。一些包括留学生在内的进步人士及洋务派成员承担了传播西方工业经济思想的主要职责。他们往往直接或间接地了解过西方社会的工业生产情况及部分经济知识,然后出于救国图存的意愿,积极地宣扬了西方的生产模式并由此展开了探讨。虽然这一时期西方的工业经济思想没有以独立形式出现在中国——或作为学者论述的论据,或以零散的形式隐藏在学者提出的观点背后,但其仍是外来文化输入的一种,否则无法解释这一时期何以集中涌现一批关于"工"的新认识、新要求,也无法解释为何

---

① 此处的西方主要指狭义的西欧北美以及包括日本的资本主义发达国家,不包括苏联。主要原因也在于,苏联作为社会主义国家,所采用的经济指导思想及经济发展体制与其他资本主义发达国家的确存在本质不同,其在中国的传播演变路径也具有独特性,不适合一同处理。

传统的关于"工"的观念发生了巨大转变。而这一转变，恰恰是中国学者孕育工业化思想的起点。因此，该时期是传播的滥觞，也是发展的始步。

（一）社会变局下的西方工业经济思想的早期传播

鸦片战争对中国的影响是巨大的，一个是体现在思想层面。在见识了西方的"船坚炮利"后，近代国人有关"天朝上国"的美梦被打破，一些进步人士开始寻求救亡图存的途径，随即提出了"师夷长技以制夷"①，掀起了学习西方以实现国富民强的思潮。另一个则体现在社会经济层面。鸦片战争后，中国被卷入了世界资本主义经济体系，工业经济元素在传统自然经济模式被瓦解的同时而滋生，改变了中国社会原有的农业经济结构，开启了中国以工业化为核心的现代化社会转型。在这种情况下，西方工业经济思想开始传入，且由此可见，该思想的传播具有深刻的历史内涵：其一，它满足了近代国人引进西方工业经济进而"求富求强"的主观愿望；其二，它满足了中国推进工业化建设而亟需思想指导的客观需求。

而如前文所言，此阶段西方工业经济思想并未通过专业书籍、文献，而多通过见闻类的描述和议论进入国人的视野，经济分析成分不高，这是该时期的传播特点。例如，提倡"采西学"的冯桂芬十分重视推广机器生产，称西人"农具、织具、百工所需，多用机轮，用力少而成功多"②。郑观应主张效仿西方发展工业，因为国货"制造不如外洋之精，价值不如外洋之廉，遂致土货出口不敌外洋之多"，所以应"制造之法以机器为先"，不然若"不能尽得其密"，则"仍不能夺其权利"③，以至无法与西方发达国家抗衡。薛福成更是指出，"泰西风俗，以工商立国，大较恃工为体，恃商为用，则工实尚居商之先"④，揭示出西方发达工业化国家与中国本土在社会生产和意识形态上的强烈反差。洋务派代表李鸿章则是学习西方工业经济思想的重要实践者，他极力兴建本国机器制造业，并认为

---

① 魏源：《海国图志》，中州古籍出版社1999年版，第67页。
② 冯桂芬、马建忠：《采西学议：冯桂芬马建忠集》，辽宁人民出版社1994年版，第83页。
③ 郑观应：《盛世危言》，华夏出版社2002年版，第320~322页。
④ 薛福成：《筹洋刍议——薛福成集》，辽宁人民出版社1994年版，第164页。

"机器制造一事,为今日御侮之资,自强之本"①,将工业看作是振兴国家并与西方抗衡的关键。类似的例子不胜枚举,而形成这个传播特点的原因在于:首先,农业社会了解工业经济必定要经历一定过程,因此感性认识必然要先于经济学分析的理性认识;其次,引进工业经济思想须具备经济学、工业技术、数学等相关基础,而近代国人在这些方面尚显薄弱;最后,西方有关工业经济思想的内容,如产业经济学、管理学等尚处发展时期,因此也难以系统引进。

(二) 新旧思想交替下的中国工业化思想的萌芽

虽然这一阶段的传播水平较为有限,但其产生了深远的社会影响。它为国人铺开一幅发达、进步的工业社会蓝图,引发了国人发展工业的热情,进而启动了中国工业化思想的萌芽。这一过程,在该时期主要表现为以西方崇尚工业的经济观念取代了中国轻视工业的传统观念,并形成了一些有关发展工业的初步想法。具体而言:

第一,反对"农本工商末",要求提升工业的社会地位。如薛福成,他不仅从对西方国家的观察中提炼出"以工商为先"的明确主张,还进一步分析道"耕战植其基,工商扩其用也""非工不足以开商之源,则工又为其基而商为其用"②,肯定了工业之于农业、商业以及国民经济体系的重要作用。③ 另外,也有一些学者呼吁重商,如王韬指出"恃商以为国本"④,郑观应也声称"不兴商务,尚未知富强之本"⑤,但事实上,此时的重商具有工、商结合的意味,仍可视为是一种发展工业的诉求。⑥

第二,反对"奇技淫巧"观,要求为工业正名。如被誉为近代"开

---

① 李鸿章:《置办外国铁厂机器折》,《李文忠公全书·奏稿》十九,赵靖、易梦虹主编:《中国近代经济思想资料选辑》中册,中华书局1982年版,第347页。
② 薛福成:《筹洋刍议——薛福成集》,辽宁人民出版社1994年版,第71~72页。
③ 须指出,虽然薛福成的"工商扩其用"的认识未免把工的作用置于一个等同商业流通的非正确的位置上,但他至少论述了在国民财富生产中,必须要有农、工、商三种行业相互配合,且在此形势下发展工商业尤为重要的观点。同时其"扩用"一说也或许是他观察到西人能用初级农产品加工成新型产品,借此提升其使用价值的现象。
④ 王韬:《弢园文录外编》,辽宁人民出版社1994年版,第391页。
⑤ 郑观应:《盛世危言》,华夏出版社2002年版,第11页。
⑥ 赵晓雷:《中国工业化思想及发展战略研究》,上海财经大学出版社2010年版,第16~22页。

眼看世界"第一人的魏源,很早就提出"古之圣人,刳舟剡楫以济不通,弦弧剡矢以威天下,亦岂非形器之末",因此"有用之物,即奇技而非淫巧",对待这些工艺技术的态度应该是"因其所长而用之,即因其所长而制之"①。抱有同样想法的还有冯桂芬,他也主张"有益于国计民生者皆是,而奇技淫巧不与焉"②。

第三,反对保守派"机器夺民之利"的观点。在西方工业经济思想传播启动初期,中国社会还产生了一批保守士大夫,他们反对机器生产,声称机器会"夺小民之利"。对此,薛福成提出了著名的"机器养民说"③,辩论道:机器可生产质优价廉的产品并销往国外,其不仅不会剥夺穷人生计,长远上来看还可以增加国民财富。这一看法虽未真正触及机器排挤劳动力的本质,但他以国际贸易的角度看待国家财富增长与未来发展,在当时的社会背景下可谓独树一帜。

第四,提出了一些对工业发展的初步认识。王韬在开办机器生产的问题上,出于原料产地的考虑,做出了天津、直隶织绒,上海、苏州织布,湖郡、杭州织绸的纺织业布局,④ 这是我国早期的工业区位规划思想。马建忠则非常提倡大规模的生产模式,他认为"织布机器费用浩大,少织则费重而本有所亏;多织则费减而利可稳获"⑤,这是对规模经济优势的朴素认识。

由以上可见,西方工业经济思想的传播与中国工业化思想的起步在19世纪后半叶同期发生,虽然二者均尚属初级阶段,但中国进步知识分子在学习西方工业经济思想同时与传统势力辩论的过程中,在一定程度上动摇了传统观念,加深了对工业经济的认识。这些认识恰恰构成了以工业化思想为核心的现代产业发展经济思想的初步形态,虽无较强的理论色彩,却为下一阶段思想的腾飞奠定了基础。

---

① 魏源:《海国图志》,中州古籍出版社1999年版,第103页。
② 冯桂芬、马建忠:《采西学议——冯桂芬、马建忠集》,辽宁人民出版社1994年版,第83页。
③ 薛福成:《用机器殖财养民说》。引自赵靖、易梦虹主编:《中国近代经济思想资料选辑》中册,中华书局1982年版,第62~63页。
④ 王韬:《弢园文录外编》,辽宁人民出版社1991年版,第67页。
⑤ 冯桂芬、马建忠:《采西学议——冯桂芬、马建忠集》,辽宁人民出版社1994年版,第129页。

二、传播扩散与中国工业化思想的共同发展：1895～1934 年

1895 年，西方工业经济思想的传播与中国工业化思想的发展开启了新的阶段。在此之前，保守派的反对意见逐渐消散，向西方学习的思路不断明朗。而后，甲午战争的失败使这一局势得到根本确立。国人由于战争的失利爆发了巨大的强国意愿，急于发展工业化思想，也因此引发了对西方工业经济思想更为迫切的需求。这种需求必然会引致传播数量与质量的提升，进而极大地丰富工业化思想发展所凭借的理论素材。因此，1895～1934 年，西方工业经济思想传播与中国工业化思想演进的关系大体上表现为共同发展，且值得注意的是，此阶段的中国人民在吸收西方工业经济思想的基础上，还根据中国工业发展的自身条件与现实需要，制定了工业化发展战略，构建、丰富了工业化思想，实现了近代中国在产业发展经济思想方面的一轮扩充。

（一）西方工业经济思想开始系统引入中国

西方工业经济思想传播在甲午战争后得到发展，首先，体现在传播主体与传播载体的提升上：一方面，归国海外留学生取代来华传教士与国内进步人士，成为此阶段的传播主体，显著提高了人力资本的经济学素质。在 20 世纪初，经济学海归学生主要是留日归国生，而五四运动后，留美归国生发挥了更大的作用。另一方面，经济学图书的出版得到极大发展，工业经济类专著不仅开始出现，且出版数量呈持续性增长。据本书统计，1895～1904 年仅为 2 本，1905～1914 年为 3 本，1915～1924 年上升至 15 本，1925～1934 年突增至 130 本，其中还包含不少译著。[1] 另外一些杂志也开始刊载关于西方工业经济思想的内容。

---

[1] 其中，1900～1934 年的图书出版数据根据《中国近代经济学图书目录（1900～1949）》（谈敏主编：中国财政经济出版社 1995 年版，本书后续有关图书的统计数据也来自于此，不再说明）统计而得（出版年份不明不计入在内）。另外，1895～1900 年补充部分数据根据霍有光《交大馆藏江南制造局译印图书概貌及其价值》（《西安交通大学学报（社会科学版）》1997 年第 1 期）一文的数据统计而得。

其次，就此阶段引进的内容而言，具体有以下几类：

第一类，工业生产与工业管理知识。清末光绪年间英国玛体生（Ewing. Matheson）、傅兰雅（John Fryer）著《工程致富论略》（1898）是目前可查证的最早的一部著作[①]，可被看成是西方工业经济思想系统传入中国的起点。另外，该类书籍还有日本中村康之助著《工业常识》（1925）、王禹图著《工业经济学ABC》（1933）、彭维基、阮湘著《工业经济》（1934）、日本川西正鉴著《工业经济学概要》（1934）等。管理方面，则有日本本神田孝一著《工场管理论》（1924）、英国伯纳德·莫斯栖奥（Bernard Muscio）著《工业心理学浅讲》（1931）、美国琴巴尔（Kimball）著《工业组织原理》（1934）、张廷金著《科学的工厂管理法》（1936）等。总而言之，这些书籍更近似为面向工业经济领域的科普类知识读物。

第二类，工业规划与工业指导思想。较早的一部是由英国司旦离遮风司（William. Stanley Jevons，即英国著名经济学家杰文斯）所著、美国卫理与王汝冉合译的《工业与国政相关论》（1900）。该书译自1882年出版的"*The State in Relation to Labour*"，是杰文斯的重要代表作之一，主要探讨国家对工业保护与干预。另外，还有奥地利菲里波维（Philippovich）著《工业政策》（1922）及日本关一著《工业政策（上、下）》（1924）。以上书籍对政府应施加的工业扶植政策以及工业立法进行了一定的引述。

第三类，产业组织理论。此方面有一系列代表文章，如，梁启超《二十世纪之巨灵托辣斯》（1903），以及北洋政府时期的卢寿籛《论托辣斯之沿革及救弊方法》（1914）、徐式圭《"卡特庐"与"托拉斯"之弊害及其补救方法》（1922）、黄大中《独占产业组织的加特尔》（1934）等。有趣的是，梁启超认为，托拉斯所表现的资本与生产的集中恰恰体现了"生计组织进化之现象"，其可节制生产、统筹规划、控制价格，进而解决生产发展中的难题，因此中国也应尝试在重要行业建立托拉斯组织。[②] 当然，这只是在学习初期对托拉斯的片面认识，随后的卢寿籛、徐式圭、黄

---

① 也有一说是出版于1894年。
② 梁启超：《二十世纪之巨灵托辣斯》，引自《癸卯新民丛报汇编》1903年版，出版社信息不详，第281~299页。"托辣斯"即为托拉斯。

大中等人的文章对垄断组织的形成与弊害已有了更为精准的见地。

由此可见,由于甲午战争后国人对知识的渴求,西方工业经济思想进入了系统传播的阶段,且内容较为丰富,并非前人所认为的仅有工商管理和中国工业化等内容①。然而,其多以与工业技术相混合的传播形态出现,一定程度上影响了经济学的独立性与研究的理论水平。但这是由当时社会发展的阶段决定的。国内为切实发展工业亟须技术知识,而国人的经济学素养也相对有限,因此需要这种"半经济学半技术"的常识类书籍作为过渡。

(二) 中国工业化思想主流地位的确立与丰富

甲午战争后"向西方学习"的障碍被扫清,更为丰富的西方工业经济思想为中国工业化思想的发展提供了理论上的支撑,使之一方面被确立成为国家发展的主导战略,一方面在内容上有了更大的提升,不再仅停留于提出发展工业的要求,而是为中国工业发展切实地制定较为具体的工业化方针。

首先,在工业化思想主导地位的确立上。1897年梁启超提出的"以工立国"②,以及百日维新期间康有为提出的"定为工国"③,都是明确要求将工业化提升至国家发展战略层面的思想。虽然该思想因戊戌变法的失败而在现实操作层面上影响相对有限,但这一命题的正式提出标志着中国传统经济思想向工业化思想的转变基本完成,工业化思想成为中国经济思想发展的主流。④另外,清政府于20世纪初实行的清末新政仍然延续了奖励实业的方针,称"窃闻国家兴亡,匹夫有责。天下虽分四民,而士商农工具为国民之一分子"⑤,并颁布了《奖励华商公司章程》和《华商办理实业爵赏章程》,发展了《振兴工艺给奖章程》。可见,工业化发展战略在很大程度上已取得了政府的认可。辛亥革命后,一些学者将该战略思想

---

① 胡寄窗:《中国近代思想史大纲》,中国社会科学出版社1984年版,第461~462页。
② 梁启超:《变法通议》,华夏出版社2002年版,第148页。
③ 康有为:《康有为全集》第4集,中国人民大学出版社2007年版,第302页。
④ 赵晓雷:《中国工业化思想及发展战略研究》,上海财经大学出版社2010年版,第39页。
⑤ 汪敬虞:《中国近代工业史资料》第2辑,中华书局1962年版,第732页。

进一步丰富为工业化纲领思想，使其更具可操作性，如张謇的"实业救国"以及当时最系统、最具理论价值的孙中山的《实业计划》。北洋政府时期，学术界还展开了一场"以农立国"还是"以工立国"的争论，结果以坚持工业化发展道路的学者占据上风告一段落，中国思想界自此彻底抛弃传统思维，① 工业化思想真正占据了支配地位。

其次，在工业化思想内容的丰富上。相较于前一阶段集中论述工业化的优势，此阶段国内学者更重视谈论如何实现工业化。如张之洞，他主张以发展铁路来带动工业，称"工有铁路，则机器无不到，矿产无不出，煤炭无不敷"②。张謇则认为要实现实业救国，必须大力提升作为支柱产业的棉纺织业和钢铁业，"为捍卫图存之计，若推广植棉地纺织厂是；又惟有开发极大之富源，以驰逐于世界之市场，若开放铁矿，扩张制铁厂是也"③，即可为国家增进财富并取得主动地位，有利于实现"操经济界之全权"④。孙中山的思想更为丰富，他针对中国现状，全面规划了包括交通运输、商港建设、资源开发、移民垦荒和工农业生产等中国实业经济建设的方方面面，还提出了在"操之在我"的前提下引进外资的思想、国营与民营相互结合的思想等。⑤ 另外，孙中山还指出，"欲谋实业之发达者，非谋其一端则可成效也，必也万般齐发，始可收效。"⑥ 这种"万端启发"的思想正是表明，在孙中山的认识中，中国在以农业为主的贫瘠的产业环境下，必须全面地发展国内产业链，才能有效地带动、支撑起工业发展。而这样一种以集体主义推动产业发展的方法论，也是孙中山经济思想的重要特征，⑦ 深刻地影响了随后国民政府的产业发展路径选择。可见，以上内容已不再是简单的对西方工业经济思想的借鉴。另外，周学熙、章太

---

① 邱金辉、聂志红：《中国工业化问题系统研究序幕的开启——"以农立国"与"以工立国"的争论》，载于《科学·经济·社会》2006年第3期。
② 张之洞：《劝学篇》，上海书店出版社2002年版，第67页。
③ 张謇：《张謇全集》第2卷，东苏古籍出版社1994年版，第793页。
④ 张謇：《张謇全集》第3卷，东苏古籍出版社1994年版，第164页。
⑤ 孙中山：《孙中山选集》，人民出版社1981年版，第212页，第217~218页。
⑥ 孙中山：《孙中山全集》第5卷，中华书局1985年版，第122页。
⑦ 钟祥财：《孙中山经济思想的价值层面》，载于《探索与争鸣》2011年第6期；钟祥财：《孙中山经济思想中的传统因素》，载于《贵州社会科学》2012年第10期；钟祥财：《20世纪中国经济思想述论》，东方出版社2006年版，第305~306页。

炎、穆藕初、廖仲恺等人也有着丰富的工业化思想，学界也积累了不少相关研究，在此不多赘述。不难看出，在西方工业经济思想传播的推动下，中国工业化思想已进入蓬勃发展的时期。

三、传播延续与中国工业化思想的另行发展：1935~1949 年

1935 年，蒋介石提出"国民经济建设运动"，引发国内知识界对此问题的热切关注，掀起了工业化争论的一轮高潮。① 在中国工业化经济思想的快速发展中，西方工业经济思想传播与其之间的关系又有了新的变化，前者保持延续，后者却不再停留于西方工业经济思想已有的研究领域与体系，而是增加了更多原创内容，并另外寻求新的学习对象。究其原因，经济学是一门讲求"经世济用"的社会科学，因此在经济理论的研究上，势必要考虑到中西背景的差异。相较于中国，西方国家自发地实现了工业化，所以其工业经济思想多以工业化为既定前提，探究工业经济的发展规律并解读产生的问题，总而言之，"解释世界"是其核心诉求；然而，中国面临实现农业国工业化的历史任务，其经济学必须要有"改造世界"的功效。完全依附于西方工业经济思想无法满足现实需求，中国工业化思想因此转为另行发展，其表现之一就是从依附西方工业经济思想转为加强自主创新，之二就是从向西方工业经济思想学习，变为向更适合自身发展的苏联工业模式学习。

（一）西方工业经济思想传播的进一步延续

西方工业经济思想延续了上一阶段的发展态势，甚至有了更大进展。这主要源于国人经济素养的提高及其对经济的普遍重视。在传播主体上，此阶段不仅有大量以欧美留学生为主的海归群体，还涌现出一批从事工业经济研究的知名经济学家，如方显廷、刘大钧、谷春帆、吴景超等，并非"那时还未出现有名的专家和学者"②。一些经济研究所也相应地建立起

---

① 赵晓雷：《中国工业化思想及发展战略研究》，上海财经大学出版社 2010 年版，第 44 页。
② 胡寄窗：《中国近代思想史大纲》，中国社会科学出版社 1984 年版，第 462 页。

来，如 1930 年中国经济学社设立的"研究工业委员会"，创始人为刘大钧①。在传播渠道上，工业经济图书和期刊有了显著发展。首先，从图书来看，此阶段虽然历时较短，但工业经济类专著总计 408 本，近前两阶段之和（148 本）的三倍，其中，1935～1944 年的专著数量（229 本）就比 1925～1934 年的（130 本）翻了近一翻。其次，工业经济类期刊发挥了更大作用，以一种更具时效性的方式传播了西方工业经济思想。当时很有代表性的杂志如《新经济》《中国经济》《经济周刊》《经济汇报》等都常以包含工业经济在内的产业经济作为研究主题，②而一些工业经济专业杂志也相继问世，如《上海工业化研究》《中国工业调查报告》《中国工业月刊》《工业月刊》等。

此阶段的传播内容也有很大丰富，对以往未接触的内容都有所涉及，实现了思想的广泛传播，具体表现在：

第一，就覆盖的主题而言。以书籍为例，据统计，相比 1885～1934 年多集中在"地方工业经济""轻工业""地质、矿业"等应用方面，此阶段的书籍除涉及了更多主题外，其数量在"中国工业经济理论""工业计划与管理""工业建设与发展""工商政策与文献""世界各国工业经济"等理论方面也有了明显增长。

第二，就传播的来源而言。书籍方面，1885～1934 年译自日本的较多，且"世界各国工业经济"类图书（10 部）中有一半是关于日本。1935 年后，介绍苏联（15 部）、英美（8 部）工业经济的图书明显增多（外国图书总数 30 部），关于捷克、瑞士工业经济的书籍也相继问世。另外，介绍世界各国工业发展情况的工业经济类文章也不断涌现。③

第三，就传播的热点而言。此阶段有两大内容比较突出。一个是西方统制经济思想的大量传入，事实上该传播自 20 世纪 30 年代初就开始兴起，这也是对当时世界潮流的一种呼应。周宪文、章乃器、周伯棣、王亚

---

① 孙大权：《中国经济学的成长——中国经济学社研究（1923—1953）》，上海三联书店 2006 年版，第 185～199 页。
② 严清华、李詹：《民国时期经济期刊的经济思想文献评述》，载于《经济学动态》2012 年第 7 期。
③ 大成故纸堆（http://www.dachengdata.com/）数据显示，主要有介绍苏联、英国、美国、德国、法国、意大利、日本、朝鲜等国的文章。

南、马寅初、谷春帆、刘大钧等人都曾以文章或专著的形式对这一问题进行过阐述，在此方面国内已积累了诸多研究成果。另一个就是产业区位理论的集中传入，这主要发生在20世纪40年代。陈振汉、任美锷是传播的突出代表，他们以多篇文章，介绍了以德国经济学家阿尔弗雷德·韦伯（Alfred Weber）为代表的工业区位论，① 理论追踪度与准确度较好，代表了较高的传播水平。

由此可见，西方工业经济思想自1935年以后进入了传播的高潮。但就其理论贡献，即以统制思想和工业区位理论为代表的传播内容而言，不足以解决农业国工业化的系列问题，因此国人必须要做出更多探索，才能满足现实需求。

（二）中国工业化思想的另行发展：自主创新与向苏联学习

中国的工业化思想面临转型，因其无法复制西方的工业化轨迹，也遭遇了西方自发工业化国家不曾遭遇的问题，所以，在积累了一定的西方经济学范式、方法与人力资源后，对西方工业经济思想的态度从依附改为脱离，是中国工业化思想演化的必经之路。

中国工业化思想另行发展的表现之一是自主创新。首先，在文献著述方面，1935~1949年，西方已有的工业经济思想中，工业化研究尚未形成凸显之势，但在当时的中国，工业化研究已成为一社会热点而大量涌现：1935~1949年，民国期刊中以"工业化"为题的文章共622篇，远超1895~1934年间的108篇。② 专著方面，何廉、方显廷著《中国工业化之程度及其影响》（1930）、吴景超著《中国工业化的途径》（1938）、刘大钧著《工业化与中国工业建设》（1944）及其他六种工业化系列丛书③、谷春帆著《中国工业化计划论》（1945）和《中国工业化通论》（1947）、

---

① 陈振汉：《工业区位的理论》，载于《新经济》1941年第8期；陈振汉：《工业区位理论的发展》，载于《燕京社会科学》1948年第1卷；任美锷：《工业区位的理论与中国工业区位问题》，载于《经济建设季刊》1944年第3卷第1期。

② 该处统计剔除了工业生产知识、工业化学、图书新闻和简讯等文章和消息，以大致反映报刊载体上该类讨论的发展趋势。另外，1935~1949年，民国期刊中以"工业化"为题的文章主要来自《新经济》（17篇）、《新中华》（13篇）、《经济动员》（13篇）等，且主要集中在20世纪40年代以后。统计数据来自全国报刊索引数据库（http://www.cnbksy.com/）。

③ 叶世昌：《中国发展经济学的形成》，载于《复旦学报（社会科学版）》2000年第4期。

顾毓瑔的《中国工业化之前途》（1949）等都是该时期出版的工业化专题研究的代表性著作。另外，不少海外留学生也将工业化作为其博士论文的考察对象。① 以上研究一方面显示了近代中国的工业化研究已进入高潮，另一方面也显示了该思想已逐渐自成体系、学者辈出，为自主创新提供了可能。

其次，在理论成果方面，必须提及张培刚的《农业与工业化》。相较于其他研究更多地关注中国的工业化，毕业于哈佛大学的张培刚的博士论文更是一部谈论农业国工业化一般规律的纯理论著作。他以西方经济学中的一般均衡理论、局部均衡理论和区位理论为分析方法，提出了有关农业国工业化的六大首创性见解，并指出，"农业国家或经济落后国家，想要做到经济起飞和经济发展，就必须全面（包括城市和农村）实行'工业化'。"② 该书不仅是第一部从历史上和理论上比较系统地探讨贫穷落后的农业国家如何走上工业化道路的著作，更因其学术的高度规范与巨大贡献得到西方经济学界的肯定，被誉为"发展经济学"的奠基之作。③ 此外，谷春帆也是工业化研究的杰出代表之一，其在著作中较为系统地考察了中国工业化的资本积累问题及其与中国的资源、农村劳动力转移、工业组织等问题之间的关系，提出了混合经济制度思想，即根据工业化待办事宜的轻重缓急采取不同的经济体制策略，等等。这都是当时中国发展工业亟待解决，但西方已有工业经济思想中相对匮乏的要点所在。另外，方显廷、刘大钧在关于落后国家如何实行工业化与现代化的理论研究与统计分析方面，也有重大贡献，而西方学者的同类研究，直至第二次世界大战期间才有所表现。④

最后，在一些工业化的具体问题上，近代学者在争论中也形成了一定观点。如工业化发展中的轻重工业结构问题，当时学者普遍从备战、国防以及重工业的核心地位等角度出发，主张优先发展重工业，但也有学者指

---

① 邹进文：《近代中国经济学的发展：来自留学生博士论文的考察》，载于《中国社会科学》2010年第5期。
② 张培刚：《农业与工业化》上卷，华中科技大学出版社2009年版，第1页。
③ 张春雷、夏静：《张培刚：经世济民赤子心》，载于《光明日报》2011年12月8日第13版。
④ 张培刚主编：《新发展经济学》，河南人民出版社1992年版，第35页。

第二章 中国产业发展路径选择经济思想的先行奠基

出，轻重工业应"同时兼顾，相辅而进，不能偏颇"[①]；如工业化与经济制度的问题，很多学者主张实施统制经济制度，但也有学者提出实施混合的经济制度，持该观点的除了前文提到的谷春帆外，还有马寅初[②]；再如工业化区位问题，有人提出应划分工业区并使其分别自给自足，但有学者反驳道这是"反经济的"，正确做法应是根据各地区资源，计划各区工业建设的重点，但同时也应保证其彼此之间的密切关联。[③]

在此阶段，中国工业化思想无论在研究的数量上还是质量上均有较大飞跃，逐渐创建起与西方工业经济思想融合互补的科学的经济思想体系。不仅在一定程度上对世界经济思想之林实现了进一步的丰富，也提供了相当数量的有关产业发展的经济思想，为当代中国工业化及产业的建设提供了很大程度的指引。

中国工业化思想另行发展的表现之二是向苏联学习。这种转变，在20世纪30~40年代有关苏联工业经济的文献和图书数量的明显增多上，就有一定反映。[④] 且苏联作为马克思主义经济学指导下的社会主义工业化国家，的确同西欧北美的资本主义工业化国家在产业发展的思想基础、经济体制和生产模式上存在巨大差异。当然，由于篇幅及能力所限，本书难以从马克思主义经济学传播的角度，系统地对其工业经济思想传播进行一次全面梳理。不过，一般学界看来，苏联模式的确是在"一五计划"成功以后，即20世纪30年代初才在工业发展方面对中国的知识界产生了集中的较大震动，[⑤] 而在此之前，西欧北美的工业经济思想在很大程度上占据了相对主要的地位。不过，即便不深入探讨马克思主义工业经济思想的内容及其在中国的传播，仅从这一时期对苏联工业经济模式的引介中，也可捕

[①] 毕庆芳：《战后中国重工业建设问题》，载于《四川经济季刊》1944年第1卷第4期。
[②] 马寅初：《中国经济之路》，载于《现实文摘》1947年第2期。
[③] 任美锷：《工业区位的理论与中国工业区位问题》，载于《经济建设季刊》1944年第3卷第1期。
[④] 文章方面，《苏俄评论》《中国与苏联》等刊物相继出版，且根据全国报刊索引数据库（http://www.cnbksy.com/）的统计结果，题名为"苏联经济"的文章与消息在剔除非相关内容后，1895~1934年仅为97篇，1935~1949年就升至494篇；书籍方面，20世纪40年代起译自苏联的书籍明显增多，为8本，加上国人及其他国作者撰写的有关苏联的书籍共计21本，远超同时期其他国家。
[⑤] 郑大华、张英：《论苏联"一五计划"对20世纪30年代初中国知识界的影响》，载于《世界历史》2009年第2期。

捉到当时社会主义国家发展的一些特征，其大致包括：

计划经济体制的设置。在苏联五年计划获得成功的时期，国内涌现出诸多关于"五年计划"的介绍。① 这种凭借大规模人为预先编制详细计划而执行运作的经济发展方式，对一些一直以来接受学习西方主流经济学说、崇尚市场功效的中国学者以很大冲击，甚至还被当作一种体制选择，参与到是否应推行"统制经济"体制的讨论中。② 很多学者对这种苏联的计划经济表示了肯定，认为其取得的成功具有历史的典范意义，反映了资本主义国家经济体制的难以为继。③ 而且，这种思想在现实层面也有巨大的映射，即在此阶段，南京国民政府推行了统制经济政策，同时，南京国民政府也曾制定了诸多发展工业的计划，如建设部的"十年实业计划"、实业部的"实业四年计划"、全国经济委员会的"三年发展计划"以及资源委员会的"中国工业发展三年计划"，虽然除最后一个计划外其他计划都流于纸面，但在很大程度上显示出民国政府对于推行计划经济以发展产业的决心。④

重工业"赶超意识"的盛行。苏联的工业化思想具有非常强烈的赶超企图，且其比较对象多为英美等工业发达国家，衡量的标准也多在于钢铁、机械等重工业产量的多寡。因为，在苏联领导人看来，钢铁机械是一个国家发展的根本，所以应先重视重工业的发展，而后再考虑国民经济所需。⑤ 这些思想在当时的中国有诸多译介，一些赞许苏联重工业发展成果的声音也不绝如缕。⑥ 而在实践领域，1932年国民政府就成立了国防设计委员会，在对全国工业基础状况进行调查的基础上制定了《重工业建设计

---

① 大成故纸堆（http://www.dachengdata.com/）以"五年计划"为主题搜索，呈现了较多介绍五年计划的期刊文献和经济书籍。
② 赵晓雷：《中国工业化思想及发展战略研究》，上海财经大学出版社2010年版，第49～52页。
③ 漆琪生：《苏联经济建设的现状及其最近情况》，载于《中苏文化》1936年第2期。
④ 戚如高、周媛：《资源委员会的〈三年计划〉及其实施》，载于《民国档案》1996年第2期。
⑤ 许涤新：《雄飞突进的苏联工业》，载于《中苏文化》1939年苏联十月革命22周年纪念特刊。
⑥ [苏]罗克森著，刘群译：《苏联工业》，载于《译文月刊》1949年第4期。另外，在对中国是否要以发展重工业为核心的争论上，国内学者在20世纪30～40年代也经历了一番探讨。引自赵晓雷：《中国工业化思想及发展战略研究》，上海财经大学出版社2010年版，第44～49页。

划》等计划。1936年，国民政府资源委员会还拟定了《重工业五年计划》，对重工业产业、区域、资源项目等都做出设计，显示出其发展重工业的决心。

生产集体化的推动。这在苏联的农业工业化方面表现较为突出。有国内学者总结道：苏联的农业集体化，一方面"是以土地国有为基础，而以国营农场为示范，以自愿为原则，以威力的工业充分提供农场现代化的技术，始底于成"；另一方面"苏联农业集体化，给全国工业以很大的助力"，即该举措克服了农业小农经济散漫、闭塞、私有的弊端，并通过统筹规划合理调配资源对工业需求给予了强大供给。①

社会主义管理模式的创造。1933年《申报月刊》曾刊载一篇介绍"社会主义劳动形式"，即社会主义竞赛（socialist competition）的文章。所谓社会主义竞赛是指在各个部门、级别、单位之间，以事先约定最低劳动成本、保证产品质量、提高生产效率等条件为比赛规则，以对方相互检查生产结果为评判方法，以登报、红旗、列宁勋章为获胜褒奖的生产激励模式。苏联政党领袖甚至称，"社会主义竞赛与突击队的事业已成为巩固苏维埃政权最好的武器"，是执行五年计划的重要手段。②

由此可见，苏联模式的涌入，为中国提供了从经济体制、战略制定、生产关系到管理方式上的一整套产业发展行动指南。而且，以苏联为学习对象绝非偶然，其更深层次的原因在于：其一，苏联通过"五年计划"取得了卓越的工业化成果，比遭受经济危机的西欧北美国家更受世界瞩目；其二，苏联的基本国情与中国更为类似，即同为后发工业化国家，且皆拥有较大的农业生产比重；其三，苏联的工业化更多是依靠政府政策以及人为、可控的发展计划进行部署，便于学习和模仿。因此，在现实动因与理性逻辑的推动下，近代中国在引进产业发展思想与模式的对象上发生了历史性的转折，该转折对中华人民共和国成立后的工业化乃至产业发展都具有深远

---

① 聆音：《三十年来的苏联农业建设》，载于《中苏文化》1947年第11期。另外还有学者介绍了农业集体化与农业机械化的相辅相成：农业机械的供给在苏联第一次五年计划后，全部归于"自动牵引机分配所"（简称MTS）统一管理和分配，收效非常显著，即"MTS使农民知道了：在农业集体化之下，利用机械力的可能性和优越性，并且使播种面积增大"。引自［日］益田直彦著，骁林译：《苏联农业的集体化与机械化》，载于《新农村》1935年第26期。

② 竹萍：《苏联劳动的新形式》，载于《申报月刊》1933年第8期。

影响。

四、近代思潮对中国产业发展路径选择思想的后世影响

西方工业经济思想自近代传入中国，随着传播主体与传播载体的质量提升，该思想的传播内容不断丰富，传播水平持续提高；其基本经历了从树立观念，到普及常识，再到完善学科内容以全面传播的发展过程，是近代中国经济思想史上的重要事件。与此同时，该思想的传播对中国工业化思想的产生及转型具有直接作用，中国工业化思想在其影响下，基本实现了从提出发展要求、到取得支配地位并丰富、再到脱离西方原有传播内容而自行创新、并向苏联工业模式学习的演变过程，奠定了工业化思想在中华人民共和国成立后的基本走向。

这一思想演变的历史过程，除为中国当代产业发展路径选择提供了基本的思想素材外，更重要的是，其本质也是经历了一次选择。近代中国开启转型后，一直是处于以开放胸怀接受所有外来思想进而学习比对、投石问路的状态。开始集中学习西方的工业经济思想是一种尝试，但该思想的前提条件与作用方式并不适用于当时环境，迫使中国对苏联的工业模式产生了倾斜。事实上，西方以及苏联发展产业的两种思路代表了两种不同的经济传统，其差异的一个主要核心就在于对市场的认识，即认为市场是否是配置资源的有效方式。中国虽然开始接受的是崇尚市场的自由主义，但其态度在近代末期也逐渐转向了消极。持此类观点的不在少数，如梁漱溟称："说道路向，仿佛不外个人盈利自由竞争，和社会本位统制计划的两条路线；两条路线比较，我们以宜于后者。这不但因为我们是产业后进国……更要紧的是为外围环境不许我们走前一条路。"[①] 夏炎德探讨唐庆增的经济观点时称：（唐庆增）"思想倾向英国古典派，于亚当·斯密尤所心折，言论文章多主合理之个人主义，颂扬自由精神，认为政府于经济之职务仅限于若干有限方面"，然而"中国产业基础未立，不能全任贸易

---

① 梁漱溟：《中国之经济建设》，载于《乡村建设》1937 年第 15 期。

自由，坐视本国幼稚工业为外力摧残。以是征收保护关税，亦为唐氏所赞同。"[①] 马寅初更是指出，"我们不完全采用英美资本主义经济竞争的制度……完全用英美式的建设，是不合时代的需求。"[②] 总而言之，这种对于西方传统经济学理之于实践的不信任，加之苏联提供了一整套听之可信、易于仿照的行动方案，自然而然地将中国的产业发展推向了一条特定路径。这种推动无疑对中华人民共和国成立后的产业发展产生了巨大的惯性，特别是，近代时期学者所提及的计划经济、重工业赶超、集体生产等思想，在中华人民共和国成立后亦很大程度地为我国所真实采纳。由此可见，中国在中华人民共和国成立初期所产生的产业发展路径选择经济思想，有着深刻的近代渊源，将当时的一些选择仅看作是一种出于政治和意识形态上的取舍结果，并不客观；而一些学者指出，"在中国（建国初期），重工业优先发展战略在以国民经济计划的形式正式确定下来之前没有引起理论界的广泛探讨"，[③] 恰恰在很大程度上是由于近代以来思想界在此方面已有定论。

[①] 夏炎德：《中国近百年经济思想》，商务印书馆1948年版，第178~179页。
[②] 马寅初：《中国经济之路》，载于《现实文摘》1947年第2期。
[③] 林毅夫、蔡昉、李周：《中国的奇迹：发展战略与经济改革》，上海三联书店、上海人民出版社1999年版，第34页。

第三章

经济自主时期产业发展路径选择的经济思想：1949~1978年

1949~1978年是当代中国探索产业发展的最初阶段，也是当代中国产业发展路径选择经济思想的萌发起点。这一阶段的中国一方面带有自1840年累积形成的关于国败家破的历史伤痕，另一方面也承受着1949年后持续迸发的来自国际及国内的局势动荡；同时在经济思想领域，一方面带有近代时期路径选择的探索遗留，另一方面也在很大程度上受到政治层面意识形态的影响。在这种情境下，基于国家的层面从事产业经济的发展，必然不能完全将评判标准依附在纯经济学——仅关乎收益与效率——的角度上。结合历史背景去认识当时产生一系列的观念和决断，是理解该时期产业发展路径选择经济思想的一个重要出发点。

第一节 备战局势下的经济自主发展模式：赶超战略为主导

中华人民共和国成立以来至改革开放前，中国所面临的结构性条件复杂多变，但仍可试图整理出一些对产业发展路径选择经济思想产生深刻影响的要点。总体而言，这一阶段中国产业发展所经历的，即为在经济封锁的情况下，在国际备战抗衡和国内经济稳定的两个目标间摇摆而谋求国力增强的过程。因此，这两个目标作为自变量，也作用于决策层对产业发展战略的制定。发展战略一旦被选择落成，就如同奠定了一个基本方向，经济思想方面便会根据中国的经济特征、现实约束，加之可供参考的经济理论，衍生出一整套关于产业发展路径选择的思考和制度。因此，首先明确这一时期的结构性条件及相应的战略导向，对了解中华人民共和国成立初期中国产业发展路径选择经济思想的逻辑关系和历史顺序极为必要。

一、备战局势下经济自主发展模式的被动选择

中国在中华人民共和国成立后的很长一段时间都处于国际冷战的世界

第三章 经济自主时期产业发展路径选择的经济思想：1949～1978 年

格局，在此期间，有几大因素直接影响着产业发展的战略形态：第一，以美国为代表的西方国家对中国采取的全面经济封锁。事实上在中华人民共和国成立初期，中国并未采取闭关锁国的经济外交政策，反而希望在平等互利的原则下同世界多国建交通商，这在 1949 年颁布的一系列重要文件中均有非常明确的表达，① 毛泽东本人也提出，中国"同时也要同资本主义国家做生意。"② 不过，由于中国坚持社会主义路线，同时在政治上表明向苏联"一边倒"的强硬立场，使得美国始终将中国视为苏联在亚太地区进行共产主义扩张的副手，③ 进而在经济和贸易上施行封锁和制裁。其主要措施包括④：（1）在美国出台《1949 年出口管制法》，禁止向中国出口军火、钢铁、车船等战略物资，开始实施"对华贸易管制"。（2）联同其他盟友，即英、法等国建立"巴黎统筹委员会"（正式名为 Coordinating Committee for Export to Communist Countries，中文可简称为"巴统"），集体限制对社会主义国家输出战略性物资和技术，特别在 1952 年还设置"对华禁运委员会"，严禁对华在战略军品、尖端技术和稀有物资等上万种货品上的输出。（3）运用经济实力压迫其他国家一同进行对华封锁。1951 年美国出台《巴特尔法》（*Battle Act*），规定凡违反"巴统"制度的国家，美国将对其终止经济援助。特别是，该法还禁止他国对社会主义国家进行经济或财政支援。⑤ 这样的经济封锁在 20 世纪 70 年代后期中美重新建交后才有一定缓和，因此可见，中国在 20 世纪 50 至 70 年代面临的是一个极为封闭的外部经济条件，失去了绝大部分西方社会的市场资源，甚至还错失了第二次世界大战后全球化期间多国先后发生的产业结构调整的良

---

① 1949 年 9 月《中国人民政治协商会议共同纲领》指出，"中华人民共和国可在平等和互利的基础上，与各国的政府和人民恢复并发展通商贸易关系。"1949 年 10 月《中华人民共和国中央人民政府公告》指出，"凡愿遵守平等、互利及互相尊重领土主权等项原则的任何外国政府，本政府均愿与之建立外交关系。"引自中共中央文献研究室编：《建国以来重要文献选编》第 1 册，中央文献出版社 1992 年版，第 13、21 页。
② 毛泽东：《在中国共产党第七届中央委员会第二次全体会议上的报告》，1949 年 3 月 5 日，《毛泽东选集》第 4 卷，人民出版社 1991 年版，第 1435 页。
③ [美] 布卢姆等著，戴瑞辉等译：《美国的历程》下，商务印书馆 1988 年版，第 544 页。
④ 以下参考韩旭东：《美国是如何实行对华技术封锁的》，载于《党政论坛（干部文摘）》2010 年第 10 期。
⑤ Funigiello, Philip J., *American - Soviet Trade in the Cold War*, Chapel Hill, NC: University of North Carolina Press, 1988: 68. 引自张德明：《亚太经济和历史论文集》，商务印书馆 2010 年版，第 121 页。

机，使得中国只能依靠内源性积累，完成资本的获取和产业的升级换代，进而被动地选择了自主发展的经济模式。①

第二，与苏联友好关系的破裂。正因中国与绝大部分西方国家呈封锁对峙的局面，同为社会主义阵营的苏联成为其获取外部援助的最大来源。中国作为后发国家，亟须大量资金与技术启动工业化而摆脱"低水平均衡"，而苏联在中华人民共和国成立初期的确给予了巨大帮助。1953年中苏达成协定，由苏联援助中国新建和改建91个工业项目，加之已约定的50个工程对象，共形成包括钢铁、冶金、煤矿、重型机械制造、化工、能源在内的141个重化工业项目。1954年，苏联政府又增加了15个援助项目，连同之前援建的项目数量总和，形成了我国"一五计划"期间的建设核心——156项重点工程。② 这一援助的达成，奠定了新中国工业的建设基础，实现了中国现代化产业发展的起步。然而，中苏的蜜月期在短暂的几年后即被打破。由于共产主义运动大论战以及国际外交战略调整等一系列分歧，苏联与中国的合作互助关系破裂，终止了对华的所有技术及资金支援。1960年苏联政府单方面撤回1390名在华苏联专家，撕毁两国政府签订的12个协定和两国科学院签订的1个科学技术合作项目，停止供应中国建设所需的重要设备，大量减少成套设备和各种设备中关键部件的供给，③ 给中国产业发展以重创。而后，中苏关系进一步恶化，彼此在公开场合和报纸刊物上展开论战，中国政府也点名批评"赫鲁晓夫修正主义"，要求马克思列宁主义与现代修正主义划清界限。这样的改变使得中国丧失了最后一个有助于产业发展的强大盟友，进一步陷入被动的孤立局面。同时，对苏联思想路线的不认同，也在很大程度上促使中国在随后的发展中逐渐萌发了探索中国独特的产业发展纲领，摒弃以往一贯学习苏联模式的选择倾向。

第三，战争的频发及备战局势的长期持续。如果说与美国和苏联的经

---

① 关于这一点也得到了我国领导人的承认。邓小平说："毛泽东同志在世的时候，我们也想扩大中外经济技术交流，包括同一些资本主义国家发展经济贸易关系，甚至引进外资、合资经营等等。但是那时候没有条件，人家封锁我们。"邓小平：《高举毛泽东思想旗帜，坚持实事求是的原则》(1978年9月16日)，《邓小平文选》第二卷，人民出版社1994年版，第126~128页。
② 庞松：《中华人民共和国国史1949—1956》，人民出版社2010年版，第294~295页。
③ 当代中国研究所：《中华人民共和国史稿》第二卷，人民出版社2012年版，第311页。

第三章 经济自主时期产业发展路径选择的经济思想：1949~1978年

济封锁导致了中国产业被迫自主发展，那么中国在20世纪50年代后多次经历的战争挟制则使其产业发展的历史任务更为紧迫。1950年美国介入朝鲜内战，中国面临国土安全上的强烈威胁，"美国帝国主义者侵略朝鲜的目的，主要地不是为了朝鲜本身，而是为了要侵略中国……朝鲜的存亡与中国的安危是密切关联的"，① 因此决定抗美援朝。在1950~1951年期间，中国不仅向朝鲜输送了庞大的人力和军需，还贡献了大量的资金和粮食、医药、衣被等物资。随后在1962年，中印两国因边界问题爆发战争。紧接着，中国在1965年参与越南战役而组织援越抗美，且在给予军事支持的同时还对越南进行了大批的物资援助。不久后，苏联由于中苏关系恶化而屡次在两国边界制造事端，致使1969年珍宝岛事件爆发。这些事件一方面使得中国在本已艰难的内源性产业发展过程中背负了过于沉重的战争输出负担，另一方面也致使中国的决策层对于战争爆发时刻处于极高的警惕和防备状态，进而20世纪60年代提出了"备战、备荒、为人民"的战略口号。这一观念的塑成必然在很大程度上阻碍了以经济繁荣为主要目标的国民经济建设，使得国内经济长期处于非常规的运行状态，并且在军事、重工业等产业的发展上显示出极大倾斜，产业间难以平衡、协调地发展。

总而言之，1949年后的中国面临恶劣的外部条件，只能在备战决策的指导下组建经济自主的发展模式。这是一种被动的选择。而这样一个艰难的选择，更因我国落后的起始禀赋而愈显窘迫。1949年中华人民共和国成立初期，我国的工业总产值仅为140亿元（按1952年不变价格计算），在1952年我国经过经济恢复和收归官僚资本后，工业总产值发展成为343亿元，其中轻工业仍占较大比例，为64.4%，且工业净产值占国民收入比重仅为19.5%。② 诸多现代化产业生产链处于空白或发育阶段，农业占据国民经济主导，与抵御严峻的外部条件所须达成的产业发展程度形成强烈反差。因此在这种情况下，中国决策层选取了较为激进的，且在一定程度上可称有别常规经济发展方式的产业发展路径选择，也就变得不那

---

① 《各民主党派联合宣言》（1950年11月4日），中共中央文献研究室编：《建国以来重要文献选编》第1册，中央文献出版社1992年版，第456页。
② 资料来源：《中国工业经济统计年鉴》（1949—1984）。

么难以理解。

二、"赶超战略"及其与"调整战略"的三次选择

在内外结构性条件的综合作用下,中国做出了产业发展路径的指向性选择——赶超战略。这一战略选择无论从历史还是学术的角度对国内各界而言都不陌生,甚至很多研究将其看作是造成1978年前中国经济"危害"的渊薮。[①] 然而,对于赶超战略所奉行的内涵究竟谓何,国内学界形成了差异化的观点:一种观点单一地将赶超战略和其直接导致的"大跃进"运动联系起来,认为赶超战略等同于片面强调"以钢为纲"的"大跃进"运动;[②] 一种观点从经济含义出发,认为制定的产业目标与该经济体资源禀赋所提供的产业结构存在巨大差异,进而使得所发展的产业丧失了自生能力,这样的产业发展战略就是赶超战略;[③] 另外一种观点较为直接,即将赶超战略锁定为计划经济体制下重工业的优先发展;[④] 还有一种观点从战略性高度,指出"赶超是经济上的后进国追赶先进国并最终要超越先进国的一种经济发展过程",[⑤] 本书对此较为认同。从产业发展的角度,赶超战略的本质,是意图在未来的国际竞争中占据主动地位,因此人为地选择特定产业、重点发展,进而培育其内生比较优势的塑造竞争优势路径选择。只是这种内生比较优势,在当时并未被确立为经济优势,而是主要反映在以军事军需为代表的硬件实力的比拼上,所以最终将目标产业落实为重工业的优先发展。这种战略选择,很大程度上与当时中国外在的结构性条件有关,并非一

[①] 最有影响力的代表即为林毅夫、蔡昉。特别参见林毅夫、蔡昉、李周:《中国的奇迹:发展战略与经济改革》,上海三联书店、上海人民出版社1999年版。该研究对赶超战略进行了彻底否定。持类似观点的还有乌杰编:《中国经济文库》,中央编译出版社1995年版。

[②] 王海光:《模式与战略:中国现代化发展道路的历史反思》,载于《岭南学刊》2000年第3期。

[③] 林毅夫、蔡昉、李周:《中国的奇迹:发展战略与经济改革》,上海三联书店、上海人民出版社1999年版,第38页。

[④] 姚洋、郑东雅:《重工业与经济发展:计划经济时代再考察》,载于《经济研究》2008年第4期。

[⑤] 吴申元、王晓博:《从毛泽东到江泽民:赶超战略思想的继承与发展》,载于《河南师范大学学报》2003年第5期。

第三章　经济自主时期产业发展路径选择的经济思想：1949~1978年

人一时的主观意愿。特别是，赶超战略的选择基本上贯穿中国产业发展路径选择经济思想的第一阶段始终，虽然在此期间，因受国内经济失衡这一因变量的影响，发展战略会在特定时期定位于侧重维护国民经济运行的"调整战略"，但当国内经济稳定的问题有所缓解后，中国的产业发展又会再次因备战局势和竞争意愿，回归到赶超战略的路径选择上来，直至20世纪70年代末期结构性条件转变，这一战略选择才产生根本逆转。

大体来看，1949~1978年中国的产业发展战略曾在"赶超"和"调整"间经历了三次的选择切换，而赶超战略在不同时期也有着不同的具体表现：

1955~1957年第一次提出的赶超战略，主要内容即要求在指标性工农业品的产量上"超英赶美"。在此期间，我国社会主义改造完成，国内经济相对稳定，但国际战争局势较为凸显。因此，1955年毛泽东在中国共产党全国代表会议上表示，为了提防帝国主义发动战争，"我们必须在精神上和物质上都要有所准备"，并且"要在大约几十年内追上或赶过世界上最强大的资本主义国家。"[①] 这是"赶超"观点第一次确定性的出现。同年9月的座谈会上，该观点被进一步锁定为"超英赶美"[②]。1957年，毛泽东在访问莫斯科后大受鼓舞，将赶超期限缩短为15年。[③] 而后，1958年《人民日报》在元旦社论中，已向全国发出"15年钢铁及重要工业产品产量上超英，20~30年经济上赶美"的号召。[④] 这一系列思潮直接促成了1958~1960年的"大跃进"运动。该运动通过大炼钢铁和人民公社化，对农工产业提出了不合理的高指标，最终导致国民经济比例大失调、经济严重困难。1960年，中共中央开始纠正经济建设中的"左倾"错误，决定在1961年实施"调整、巩固、充实、提高"的方针，改善以往经济建

[①] 毛泽东：《在中国共产党全国代表会议上的开幕词》（1955年3月21日），中共中央文献研究室编：《建国以来重要文献选编》第6册，中央文献出版社1993年版，第104~105页。
[②] 原表述为："我们的目标是要赶上美国，并且要超过美国"。毛泽东：《毛泽东文集》第6卷，人民出版社1999年版，第500页。
[③] 齐卫平、王军：《关于毛泽东"超英赶美"思想演变阶段的历史考察》，载于《史学月刊》2002年第2期。
[④] 《乘风破浪》，载于《人民日报》1958年1月1日第1版。

设中重工业与农业发展失调的问题，并在1962年中国共产党第八届中央委员会第十次全体会议进一步制定"以农业为基础、以工业为主导"的方针。① 这是战略选择的第一次切换。

经过短暂的经济调整，1965年前后赶超战略再次提出，其内容可被概括为"三线"和"吃穿用"的备战思想。1961~1965年，国民经济各部门之间的比例关系得到了初步改善，但越南战争引发的安全问题日趋严峻。1964年8月，中共中央为预防敌人突袭，决定调整当前的工业布局，开展大规模的国防、科技、工业等基本设施的布局和建设，简称"三线"建设。② 此即为将国民经济从正常运转的轨道转向战备轨道。而后，毛泽东在1965年6月编制第三个五年计划时做出指示，"农轻重的次序要违反一下，吃、穿、用每年略有增加就好"。③ 此即为要求压缩民用经济的发展空间，为战备经济服务。最终，1965年关于"三五计划"安排情况的汇报提纲中指出，"第三个五年计划必须立足于战争……把国防建设放在第一位，加快三线建设……努力赶上和超过世界先进技术水平。"④ 由此，中国产业发展再次偏重重工业的发展，农业和轻工业发展明显滞后，造成国民生活的极大短缺。据统计，1965年农轻重的产值比为37.3∶32.3∶30.4，1971年则快速转变为31.8∶29.3∶38.9。⑤ 因此在1973年，国家计委拟定《第四个五年国民计划纲要（修正草案）》，第一是指出将适当改变以备战和三线建设为中心的经济指导思想，第二是要求正确处理农轻重比例关系，把发展农业放在第一位。⑥ 这是战略选择的第二次

---

① 《中国共产党第八届中央委员会第十次全体会议的公报》（1962年9月27日），中共中央文献研究室编：《建国以来重要文献选编》第15册，中央文献出版社1997年版，第654页。
② 《毛泽东对〈关于国家经济建设如何防备敌人突然袭击的报告〉的批示》（1964年8月12日），《李富春等关于落实毛泽东对国家经济建设如何防备敌人突然袭击问题批示的报告》，1964年8月19日，中共中央文献研究室编：《建国以来重要文献选编》第19册，中央文献出版社1999年版，第130~132、133~135页。
③ 徐棣华等编：《中华人民共和国国民经济和社会发展计划大事辑要》，红旗出版社1987年版，第231页。
④ 中共中央文献研究室编：《建国以来重要文献选编》第20册，中央文献出版社1999年版，第360~361页。
⑤ 由《1983年中国统计年鉴》相关数据计算而得，产值按当年价格计算。
⑥ 徐棣华等编：《中华人民共和国国民经济和社会发展计划大事辑要》，红旗出版社1987年版，第337页。

第三章　经济自主时期产业发展路径选择的经济思想：1949~1978年

切换。

赶超战略最后一次的短暂回归发生在20世纪70年代末。此时的战略构想主要是出于对十年间的损失弥补，因而要求在生产上"大干快上"。1977年3月的全国计划会议做出初步规定，计划当年农业总产值增长4.6%，工业总产值增长8%。同年7月，国务院对于上半年工业生产形势判断为，"新的跃进局面正在生成"。因此，年末制定的《关于经济计划的汇报要点》中指出，今后23年，农业发展速度应为4%~5%，而工业应为10%以上，"各项生产建设事业都要有一个较大的展开，提到一个新的水平"，进而"为'六五'大上"做准备，最终在2000年以前，"使我国国民经济走在世界的前列"。① 可见，当时的产业发展战略仍有浓烈的竞争意味。不过，该举措并未被真正落实。1978年中国共产党第十一届中央委员会第三次全体会议召开后，我国的中长期发展战略被转移到经济建设的目标上来，因此，解决前一阶段遗留的经济结构问题、"切实做到综合平衡"② 成为未来一段时间的产业发展主要任务。至此，在第一阶段产业发展路径选择经济思想中，发挥指向性作用的赶超战略终于结束了其历史流转。

由此可见，改革开放前中国产业发展路径的战略选择，是在时而赶超、时而调整的蹒跚中曲折前行。但是，鉴于国际备战局势这一自变量的影响在大部分时期强于国内经济稳定的自变量影响，赶超战略在经济体制建设、产业政策等方面长期占据主导地位。而无论具体的表现形式谓何，赶超战略的特征始终是通过产业的内生发展夯实民族独立、保卫国土安全而最终参与国际抗衡，仅将其片面地看作是对某些产业的重点发展并不贴切。

---

① 徐棣华等编：《中华人民共和国国民经济和社会发展计划大事辑要》，红旗出版社1987年版，第379、383、385~386页。
② 《中国共产党第十一届中央委员会第三次全体会议公报》（1978年12月22日），中共中央文献研究室编：《三中全会以来重要文献选编》上，中央文献出版社2011年版，第5页。

三、经济自主时期产业发展路径选择的战略特征

经前文探讨,第一阶段产业发展路径选择经济思想所面临的结构性条件及由此产生的战略导向已逐渐明晰,但仍有必要将其特征进行总结,从而为接下来更为历史而全面地理解该时期的经济思想形成铺垫。其特征具体而言:

第一,战略性的经济观。这关乎第一阶段中国经济思想在理性建构中的价值取向。1949~1978 年的中国,是将民族独立、国土安全看作是国民经济运行的最终目标,而非人民经济生活的富足。在这样的经济观背景下,直接将改革开放前后的中国作为对比,低估中华人民共和国成立初期经济思想及理论探索的价值,是片面而武断的,因为两个时期的产业经济发展观对于什么是最优,在理解上存在明显差异。

第二,"独立自主、自力更生"。这一口号是毛泽东在中美、中苏经济关系断绝的情境下提出的,他主张要"自力更生为主,争取外援为辅,破除迷信,独立自主地干工业、干农业、干技术革命和文化革命"[①]。此部署在经济思想层面具有两个特征:其一,是要求破除对他国产业发展的模仿,探索中国自己的产业发展道路,这一点对经济思想的探索无疑具有重要的指向性作用;其二,也是更为重要的,则是要求建立一整套独立完整的产业体系。因为发挥比较优势的前提条件——商品在区域间的自由流通,在当时的历史背景下缺乏成立条件,中国没有可能通过国际贸易去获取当下缺乏的机械、能源、军备等产品。在这种情况下,循序渐进地依次推行产业升级既不现实,也不可为,所以只能依靠自身努力内生地填补产业体系的空白。也正因中国选择践行了独立全面的产业体系的搭建,卫星升空、两弹爆发才得以实现。

第三,赶超的非平衡式产业发展。第一阶段中国产业的发展战略,不仅处于战略性、封闭独立性的状态下,更要求进行竞争式的产业赶超,而非常规的产业演变。这一点,在前文已有诸多论述。且值得提出的一点,

---

① 毛泽东:《毛泽东文集》第 7 卷,人民出版社 1999 年版,第 380 页。

是决策层并不认为赶超的非平衡式发展存在严重隐患。

第四，重工业的优先发展。这一特征不仅有在决策层具体的论述，更有大量的政策实践作为印证，但抛开这些，仅就之前三个特征，也能推导出这一事实。即无论是考虑战略发展，还是产业体系完备，抑或竞争式的赶超，都会指向这一个目标产业的选择——重工业。这一目标产业的确立，对随后的产业发展主体的确立、组织与管理产业的方式确立等经济思想上，都将产生联动影响。这是一个紧密的逻辑链条。

第二节 经济自主时期政治经济学框架下的经济认知

前文有关战略导向的研究，已大致揭示出第一阶段产业发展的优先次序选择，但这一选择是否具备理论基础、又是否为经济学界所充分认同，还需经过经济思想的历史考察。此外，经济学界还对产业发展的要素获取、行动主体和协调管理等路径选择的其他关键环节展开了深入探讨，虽然这些探讨大多处于理论经济学的层面，但却代表了当时人们对于经济运行规律的基本判断，最终也将在一定程度上对产业发展路径选择的应用层面形成投影。因此，这些讨论中形成的观点、展示的分析等，构成了第一阶段中国产业发展路径选择经济思想的相当一部分的主体内容，也构成了本节所要考察的对象。

另外，前文探讨的主要是基于社会、经济、政治等方面的结构性条件，但在学术背景方面，此阶段也颇具时代特征。总体而言，这一时期不仅受到近代奠基的影响，在产业发展上倾向于选择苏联模式，在学术领域，中国经济学在1949～1978年间也是以政治经济学为绝对主导。特别是，1952年和1955年，斯大林的《苏联社会主义经济问题》和苏联科学院经济研究所编的《政治经济学教科书》传入我国，被视为中国经济社会主义关系的建立和经济模式形成的唯一经典理论依据。① 虽然在 1956 年后，毛泽东的《论十大关系》和以孙冶方为代表的中国经济学术领域开始批判苏联模式和斯大林的教条主义，但其所运用的概念、分析工具、研究范畴等仍属于政治经济学的框架。而且值得注意的是，在经济学范式和发展战略既定的情况下，经济学者在具体主张上仍产生了一定的思想争鸣。这些争鸣恰反映出当时人们在不同选择间的探索，也同随后将要探讨的，产业发展制度设计这一确定性的选择结果形成了一定程度的对比。

一、生产资料优先增长的经济学初始逻辑辨析

在第一阶段，优先发展何种产业可被视为产业发展路径选择的初始逻辑点，因为在初始经济禀赋极为薄弱的巨大制约下，选择不同要素密集度的产业作为发展对象，将直接影响随后一系列的相关政策制定。在此时期，社会各界的关注点大多在于重工业应否优先发展，而经济学界在此方面的讨论，通常被置于扩大再生产理论中生产资料优先增长的研究框架下（因为在工业内部，当时通常将重工业看作生产资料）。这一时期依据的理论基础通常有三：第一，是马克思扩大再生产的规律公式 $I(V+m) = IIc$；第二，是列宁在增加技术进步这一条件后，得出的"在资本主义社会中，生产资料的生产比消费资料的生产增长得更快"的结论②；第三，也是更为直接的，斯大林指出，马克思再生产理论的基本原理之一即为"在扩大再生产下生产资料生产的增长占优先地位"③。虽然有研究称，当时中国的学术讨论是"在肯定生产资料优先增长作为客观经济规律的既定的理论前提下展开的""从不同角度探讨生产资料优先增长的必然性"④。不过，就目前接触的资料来看，我国经济学学者虽然在很大程度上是希望并支持发展重工业的，但在生产资料优先增长的理论内涵和逻辑推导上也并非全然

---

① 张问敏：《中国政治经济学史大纲：1899—1992》，中共中央党校出版社 1994 年版，第 421 页。
② [苏] 列宁：《论所谓市场问题》，人民出版社 1956 年版，第 10 页。
③ [苏] 斯大林：《苏联社会主义经济问题》，人民出版社 1952 年版，第 72~73 页。
④ 《经济研究》《经济学动态》编辑部编：《建国以来政治经济学重要问题争论，1949—1980》，中国财政经济出版社 1981 年版，第 298 页。

第三章 经济自主时期产业发展路径选择的经济思想：1949～1978年

一致，而是形成了诸多差异化的观点，比较有代表性的有以下四类：

第一类观点，认为马克思和列宁的理论即要求生产资料的优先生产。持此观点的主要代表为许涤新，他将马克思的扩大再生产公式表述为 $Ⅰ(V+m) > Ⅱc$，并指出，"要扩大再生产，必须首先生产生产资料，并且在数量上不仅足够补偿在生产过程中消耗的生产资料，而且还要有一定余额，足以扩大国民经济各部门的发展。因此，生产资料的生产（第一部类）比消费品的生产（第二部类）的优先发展，就成为社会主义扩大再生产的必要条件了。"① 此即为从"优先增长"的表述，转变为"优先生产"的结论，进而把马克思和列宁的理论解读为一种产业发展的能动性指导。持此观点的还有朱培兴，他指出生产资料优先增长原理就是制定优先发展重工业政策的依据。不过，他在理论论证中，主要是证明在社会主义制度下生产资料优先增长具有客观必然性，同时在事实论证中，也举例为苏联从"一五"到"七五"计划期间以及中国的"一五"计划期间，在工业两大部类同时高速发展的条件下，第一部类比第二部类发展速度更快。② 但也正因如此，该论点和论证之间体现出逻辑混乱，即其论证过程，只能证明在苏联的案例中生产资料优先增长的现象伴随着扩大再生产而出现，但生产资料优先增长是否能必然导致扩大再生产，却未能给出系统说明。

第二类观点，理论性地探讨了资本有机构成不断提高下生产资料优先增长的作用机制。丁肖逵关注这一领域较早，他尝试以数学推导解析列宁的观点，并得出结论为，若假定第一部类或第二部类的有机构成不变，一般而言不能得出第一部类优先增长的结论，除非加上其他条件，如积累的不断增长；但若假定第一部类和第二部类有机构成均不断提升，第一部类的生产的确是优先增长的。③ 紧接着，一些学者提出了不同意见。如张华夏，他指出丁肖逵的研究等同于提出了三个假定条件才保证了结论的推

---

① 许涤新：《论社会主义的再生产》，载于《人民日报》1961年12月27日第5版。
② 朱培兴：《试论生产资料生产优先增长规律性在社会主义制度下的作用》，载于《教学与研究》1957年第7期。
③ 丁肖逵：《从马克思扩大再生产共识来研究生产资料优先增长的原理》，载于《经济研究》1956年第4期。

导:(1)资本有机构成不断提高;(2)第一部类有机构成比第二部类有机构成更高;(3)第一部类有机构成的增长比第二部类有机构成的增长更快。张华夏认为第一个条件是必要的也是合乎客观真实性的,但第二、三个条件未必是扩大再生产的必要条件,特别是,在设定某些数值的举例中,代表第二、三条件的剩余价值率和积累率提高的同时还有削弱第一部类优先增长的趋势。因此张华夏指出,能够综合决定生产资料优先增长的唯一原因是物化劳动与活劳动比例的不断提高,而这种不断提高,则是生产工具变革、技术不断更新的结果。① 这一问题,在1978年后还有学者关注过。② 不过从讨论中不难发现,这一类研究的焦点在于,资本有机构成的提高是否以及如何致使生产资料的优先增长,并非对扩大再生产是否须以生产资料的优先生产为充分条件的论证。

第三类观点,认为不能从马克思的论述直接得出扩大再生产中生产资料优先生产的结论。宋承先指出,马克思所揭示的扩大再生产规律之一 $I(V+m) > IIc$,只规定了本年度生产资料的产量大于同年度两个部类对生产资料的消耗,两个部类增长速度间似乎存在着一定的必然关系,但是不能通过这个公式就认为规定了生产资料优先增长的内容。③ 类似的,蒋家骏也表示,$I(V+m) > IIc$ 的公式只规定了生产资料的生产有一定余额,但未直接反应第一部类增长速度要快于第二部类增长速度的要求。④ 针对这一观点从客观来看,如若只规定第一部类有一定剩余,则需其有较大存量,进而即便在增长速度低于第二部类,或者速度相当的时候仍有盈余,不过显然当时的中国并未能拥有这样的基础,那么在这种情况下生产资料是否就要优先生产,蒋家骏等也未给出明确答案。另外,吴海若指出如果在正常的国际环境下,一国其实可以发展第二部类,并将产品送往国际市场上进行交换,最终获取生产资料用于扩大再生产。由此,所谓生产资料的盈余并不一定由第一部类的快速发展所导致,还可由第二部类的快

---

① 张华夏:《对"从马克思扩大再生产共识来研究生产资料优先增长的原理"一文的意见》,载于《经济研究》1957年第1期。
② 贺菊煌:《关于生产资料优先增长的问题》,载于《经济研究》1979年第9期。
③ 宋承先:《关于马克思扩大再生产公式及生产资料优先增长原理的初步研究》,载于《复旦学报(人文科学版)》1956年第2期。
④ 蒋家骏:《生产资料生产优先增长理论的探讨》,载于《学术月刊》1962年第9期。

速发展所创造。① 这颇有比较优势贸易理论的思量。

第四类观点,强调生产资料与消费资料在扩大再生产中的同步增长。如苏星,他认为我国当前生产技术水平较低(即资本有机构成不高),因此在进行大规模工业基础建设时仍需要大量劳动力,而这部分增加的劳动力则需相应的消费资料增加才能维系。② 曾启贤反对将社会主义的扩大再生产单纯归结为生产资料优先生产,他系统分析了消费资料的生产对于整个社会的促进作用,指出:(1) 社会主义生产的目的是满足劳动人民日益增长的物质文化需求,不能同资本主义社会一样为了生产而生产;(2) 社会主义经济中,生产和消费紧密联系,毕竟第一部类向第二部类实现产品才是其最终生产目标。因此第二部类发展越快,要求第一部类生产供应的产品就越多,越有利于促进第一部类发展;(3) 第一部类发展迅速,将会从第二部类吸纳劳动力,但若要保证消费资料对全社会的供给,就要求第二部类劳动生产率有所提高,因此必须促进第二部类的相应快速发展。③

另外,决策层中出现了不支持重工业优先发展的观点。刘少奇早在 1950 年曾对中国产业发展的路径选择进行了构思,他虽然未能围绕生产资料优先增长的理论给出详细论述,但认为农业与轻工业应是中国产业的发展起点。他也肯定重工业的关键作用,称中国落后穷困的一个重要原因就是近代以来的工业化进程缓慢:"只有工业化和电气化,才能建立起中国强大的经济力量和国防力量……才能使中国人民逐步地提高生活水平,能够过富裕的和有文化的生活"。但是在发展步骤上,刘少奇却主张先发展农业和轻工业,而后再发展重工业:"因为只有农业的发展,才能供给工业以足够的原料和粮食,并为工业的发展扩大市场。只有轻工业的发展,才能供给农民需要的大量工业品,交换农民生产的原料和粮食,并积累继续发展工业的资金。"④ 这种意见在当时也是一种较为独特的产业发展观,提出了中国产业发展另一条可能的路径选择,但可惜未能引起有如近代中

---

① 吴海若:《再生产原理的一般性和特殊性》,载于《经济研究》1957 年第 1 期。
② 苏星:《社会主义扩大再生产的几个问题》,载于《红旗》1962 年第 7 期。
③ 曾启贤:《生产资料生产优先增长的两个问题》,载于《武汉大学学报(人文科学版)》1963 年第 1 期。
④ 刘少奇:《国家的工业化和人民生活水平的提高》,引自中共中央文献研究室编:《建国以来重要文献选编》第 1 册,中央文献出版社 1992 年版,第 524~532 页。

国 20 世纪 30~40 年代发生的、围绕优先发展重工业还是轻工业的大规模思想争鸣。①

20 世纪 50~60 年代，关于该问题的讨论颇为流行，② 但在这其中不难发现，此时中国经济学界的大部分学者或者进行生产资料优先增长（非优先生产）的理论探讨，或者要求生产资料与消费资料匹配发展，总而言之并未直接建立起马克思、列宁理论与优先发展重工业的产业政策之间的逻辑联系。③ 而关于其援引的经典理论本身，事实上已无须更多评论，因为当时学者已有非常清晰的关于真实理解的表述。贾植园指出，即便对于似乎认同生产资料优先增长这一观点的列宁的理论，"其指的是增长速度而不是先后顺序。如果随意地在概念上赋予它以新的意义，而把它说成是生产资料的生产先于消费资料的生产，那就很难理解经典作家对于这个规律的论断与表述。"④ 这一点在改革开放后以及当今的学者研究中均得到了肯定。⑤ 苏星也指出，马克思关于再生产的基本原理是高度抽象的，其抛开了生产所有制的多样性、有机构成的提高情况、价格变动和对外贸易等一系列问题，给予社会生产两大部类的对比关系以更为简明直观的说明。但在具体运用时，必须要考虑我国经济体系中各生产部门之间关系、价格波动等方面的影响。⑥ 这种观点值得赞同。特别是，马克思的再生产公式，更准确来说是规律公式，其所表述的是在结束一轮再生产后的一静态时点上，两大部类的产品应最终表现为第一部类可变资本价值与剩余价

---

① 聂志红：《民国时期的工业化思想》，山东人民出版社 2009 年版，第 43~47 页。
② 因此当时就出现了对一些学者观点的学术讨论，如金学：《关于社会主义再生产问题的讨论以及值得探讨的若干问题》，载于《学术月刊》1952 年第 6 期；李学曾：《我国经济学界近一年来关于社会主义再生产问题的讨论》，载于《经济研究》1963 年第 1 期。
③ 虽然也有一些文章谈到了重工业优先发展的必要意义，但却主要是从重工业对国家经济现代化的基础作用方面展开论述，并非理论方面的系统研究，而且也不是从前文提到的三个理论依据中推导而来。如王思华：《关于我国过渡时期国家工业化与农业合作化的相互适应问题》，载于《经济研究》1956 年第 1 期；杨坚白：《试论农业、轻工业、重工业比例和消费、积累比例之间的内在联系（下）》，载于《经济研究》1962 年第 1 期。
④ 贾植园：《谈生产资料生产优先增长的规律》，载于《中国经济问题》1964 年第 7~8 期。
⑤ 如杨坚白等指出，列宁所说的生产资料生产优先增长是指增长速度来说的；而我们常常按次序先后，把放在前边的叫做"优先"，赵晓雷也指出，列宁所谓的优先增长应理解为发展速度更快而非次序上的优先发展。杨坚白、李学曾：《论我国农轻重关系的历史经验》，载于《中国社会科学》1980 年第 3 期；赵晓雷：《中国工业化思想及发展战略研究》，上海财经大学出版社 2010 年版，第 71 页。
⑥ 苏星：《社会主义再生产问题的讨论在哪些方面前进了?》，载于《红旗》1963 年第 1 期。

值Ⅰ(V+m)，对于第二部类中不变资本价值Ⅱc而言还存有剩余。但这一静态的解释，恰恰从客观上要求这种剩余的产生要处于再生产能够持续多轮运作、经济正常运作的前提下，因而该公式更为本质的内涵是两大部类共同发展、互为因果。所以，单方面造成第一部类剩余显著增大，而未有第二部类的相应跟随，难以长期保证经济健康运行，进而真正实现扩大再生产，也不符合马克思的理论初衷。另外值得一提的是，苏星也谈到，20世纪60年代经济学界对于该问题，主要还是对于基本原理的演绎，对于具体方针政策方面的研究并不丰富。这从一个侧面也反映出，对于后文将考察的重工业优先发展的产业政策而言，其在当时国内经济学术领域未能得到相对充分的论证与支持。

二、计划经济与价值规律相互作用的学理博弈

虽然经济学理论并不全然支持重工业的优先发展，但该策略已然作为一项产业发展的基本纲领，自20世纪50年代通过"一五"计划在国内广泛推行起来。这一目标产业的确立，为要素获取提出了巨大难题。具体而言，重工业作为资本与技术高度密集的产业，具有建设周期长、初始投资规模巨大的基本特征，甚至往往在建设初期还须从产业发达的国家大规模引进设备和技术作为启动。但如前文所言，这些特征与中国当时的资源禀赋严重不符。经济基础薄弱、战争爆发濒临以及外来援助匮乏使得中国只能依靠自身的积累能力发展，且必须迅速。这种积累若仅凭减少消费和生产剩余的转移（如农业的税收）仍将难以维系。当时有一些学者围绕积累与消费问题展开探索，① 但并未构成显著的研究热点，原因正是在此。所以，在当时的客观条件下，人为地压低重工业的生产成本，控制劳动力、

---

① 有些研究指出应该合理规划积累与消费的比例，如蒋学模：《试论处理国民收入中积累与消费的比例关系的几个原则》，载于《学术月刊》1957年第3期；杨坚白：《试论农业、轻工业、重工业比例和消费、积累比例之间的内在联系（上、下）》，载于《经济研究》1961年第12期、1962年第1期；杨波：《对积累和消费问题的几点意见》，载于《红旗》1962年第21期。也有一些学者指出，积累并非扩大再生产的唯一来源，因此提高生产效率、技术，通过优化管理降低成本，等等，而不应一味地积累。例如童源轼：《关于扩大再生产的源泉》，载于《经济研究》1962年第12期；孙兆录、熊性美：《社会主义再生产的两个问题》，载于《学术月刊》1962年第9期。

能源、原材料的价格,变为首当其冲的实现重工业发展的有效途径。在这种推导下,按照价值规律流通商品必不可行,建立高度集中的宏观计划经济体制则成为一种必然。① 也应注意的是,计划经济制度在我国的推行具有相当的历史与理论基础。一方面,正如前文所言,近代以来的历史奠基让当时学者在很大程度上确信不能全盘依靠市场力量。另一方面,斯大林在《苏联社会主义经济问题》中指出,价值规律在社会主义经济中"并没有调解的作用"②,国家的生产和调拨应该由计划直接管理。这些观点很大程度上影响了当时学者关于"以何种手段达成目标才是最为有效"的理性建构。然而,隐含着市场力量的价值规律是否在社会主义计划经济下完全丧失作用,它们之间关系谓何等,引起了诸多学者的关注。就已有资料来看,虽然当时学者均坚持计划经济的必要性,但随着讨论的推进,其观点从时间发展上大多体现出对价值规律的不断认同。

(一)中华人民共和国成立初期学术界对价值规律的相对轻视

我国经济学界在最初讨论该问题时,主流观点是将价值规律放到相对次要的位置上,否定价值规律在资源配置方面的作用。如薛暮桥,他虽然称价值规律在我国国民经济中仍然重要,不过他认为价值规律不能调解国家直接计划管理的产品的生产和调拨,其主要用途仅在于经济核算;对于国家间接计划管理的产品的生产和调拨,价值规律可在一定范围内发挥调解作用;对于国家计划管理外的产品的生产和流通,价值规律可以自发地调解,但随着计划管理范围的扩大,价值规律的作用范围将进一步受限。③ 类似的,陶继侃也指出,在我国社会主义经济活动中,"国民经济各部门

---

① 林毅夫等较早地从发展战略和资源禀赋的关系,指出建立计划经济的宏观政策环境具有必然性。引自林毅夫、蔡昉、李周:《中国的奇迹:发展战略与经济改革》,上海三联书店、上海人民出版社1999年版;赵凌云:《1949~2008年间中国传统计划经济体制产生、演变与转变的内生逻辑》,载于《中国经济史研究》2009年第3期。
② [苏]斯大林著,中央马克思恩格斯列宁斯大林著作编译局译:《苏联社会主义经济问题》,人民出版社1952年版,第17页。
③ 薛暮桥:《计划经济和价值规律》,载于《人民日报》1956年10月28日第7版;薛暮桥:《再论计划经济与价值规律》,载于《计划经济》1957年第2期,载于张问敏、张卓元、吴敬琏编:《建国以来社会主义商品生产和价值规律论文选》下册,上海人民出版社1979年版,第635~644页。

第三章　经济自主时期产业发展路径选择的经济思想：1949～1978 年

的发展规模、发展速度及其相互之间的比例关系，应由国家用计划来指导，价值规律不能决定生产资料和劳动在各部门经济之间的分配"，只能在商品的流通领域起到一定程度的调解作用。① 杨英杰更为直接，认为价值规律还存在于社会主义社会中，唯因还存在着商品生产，但该规律应作为一种从属的经济规律，非常有限地体现在部分商品的生产中、国民计划允许的个人消费交换中、单一经济目标的经济核算中以及国家在财政、收支、税收和信贷的计划中。② 持类似观点的还有何曲和刘国东③。总而言之，这一类学术观点均认为经济计划和价值规律相互对立，价值规律不能在社会主义经济主要生产和流通环节上发挥配置功效，其意义仅在于成为制定经济计划相关工作的测量与计算工具，以及经济计划外的有限补充。

20 世纪 50 年代中期，已有一些学者为价值规律辩护。如孙冶方，他反对社会主义计划经济与价值规律相互排斥的观点，要求将计划置于价值规律的基础上。这一主张被后世看作是对苏联模式的批判，同时在客观上也对传统经济转向市场经济起到了承上启下的功效。④ 孙冶方认为，价值规律的基本内容和作用，是通过人们计算社会平均必要劳动量，衡量并认识生产力水平，进而推进社会生产力的发展并调节生产和分配。因此，不能仅仅关注产量产值这样的表象指标，而应通过价值来制定经济的计划和统计，从这个意义上，价值规律在社会主义计划经济中仍将发挥巨大作用。⑤ 不过由此亦可见，孙冶方论述中的价值规律更像是肯定"价值是由社会平均劳动时间决定的"这一规律，但这只是价值规律的前提，不是价值规律的本质内涵，⑥ 即通过等价交换调节资源配置。然而，孙冶方的观

---

①　陶继侃：《论价值规律在我国经济生活中的作用》，载于《人民日报》1957 年 3 月 8 日第 7 版。
②　杨英杰：《对于计划经济和价值规律的研究》，载于《计划经济》1957 年第 6 期，引自张问敏、张卓元、吴敬琏编：《建国以来社会主义商品生产和价值规律论文选》下册，上海人民出版社 1979 年版，第 669～681 页。
③　何曲、刘国东：《不能把计划放在价值规律的基础上》，载于《计划经济》1957 年第 7 期，引自张问敏、张卓元、吴敬琏编：《建国以来社会主义商品生产和价值规律论文选》下册，上海人民出版社 1979 年版，第 682～692 页。
④　张问敏：《中国政治经济学史大纲：1899～1992》，中共中央党校出版社 1994 年版，第 422～423 页。
⑤　孙冶方：《把计划和统计放在价值规律的基础上》，载于《经济研究》1956 年第 6 期。
⑥　对于此问题，胡寄窗也曾专门撰文，从经济思想史的角度对"价值决定"和"价值规律"进行辨析。胡寄窗：《"价值决定"不是价值规律》，载于《经济研究》1959 年第 7 期。

点一经提出仍遭反驳，反对者强调经济计划必须基于有计划按比例的规律上，而非价值规律上。①

在其他学术观点方面，顾准主要通过经济核算的角度拥护价值规律。他指出，应由价值规律通过经济核算来补充经济计划、自发调解企业的生产经营活动，"如果过分强调计划的一面，达到否定价值与价格之间的关系，价格对生产分配与商品转移的影响，因而达到否定经济核算所能发挥作用的程度时，企图用计划规定一切的弊病就会出现"。②但不久后就有人斥责顾准的观点是修正主义。③此外，吴海若认为，社会主义经济发展的目标在于更好地满足日益增长的社会需要，而为达成这一目标，就必须要求"各项日益增长的生产和各项日益增长的社会需要取得平衡"，即要求社会劳动在流通和生产、消费品和生产资料中均分配的合理。在此过程中，所能凭借的指标就是社会必要劳动时间，因此应由价值间接地来衡量，这就是所谓价值规律的作用的发挥，④这似乎隐含了一点价值规律的本质作用。除此之外，南冰和索真也肯定了价值规律在经济活动各环节中的广泛作用。⑤不过总体而论，这些论述都是零散的，相对而言未能得到大多学者的充分支持。

（二）1958年后学术界对价值规律的重新认识

学术界对价值规律的普遍轻视情况在1958年以后发生了改变。1958年农村人民公社化运动中，涌现出一些否定价值规律的言论，产生了在钢铁生产上鼓吹不计工本、不算经济账的现象，造成了一定的不良影响。为纠正这种认识，中国共产党第八届中央委员会第六次全体会议及时肯定了价值规律的作用，称"过早地取消商品生产和商品交换，过早地否定商品、价值、货币、价格的积极作用，这种想法是对于发展社会主义建设不

---

① 前面提到的何曲和刘国东所写文章即专门反驳孙冶方的观点。
② 顾准：《试论社会主义制度下的商品生产和价值规律》，载于《经济研究》1957年第3期。
③ 《经济研究》《经济学动态》编辑部编：《建国以来政治经济学重要问题争论1949~1980》，中国财政经济出版社1981年版，第166~167页。
④ 吴海若：《价值规律在社会主义经济中的作用》，载于《经济研究》1957年第6期。
⑤ 南冰、索真：《论社会主义制度下生产资料的价值和价值规律的作用问题》，载于《经济研究》1957年第1期。

第三章 经济自主时期产业发展路径选择的经济思想：1949~1978年

利的"。① 1959年，以商品生产和价值规律为主题的新中国第一次经济理论讨论会在上海召开，使得学术界对于价值规律作用与地位的认识有所提升，并在此之后直至20世纪60年代逐渐形成并丰富了以下观点：

第一，价值规律和国民计划有计划按比例发展规律并非相互排斥，而是彼此结合。形成这一论点的论证支持主要有②：（1）价值规律可帮助国家去规定商品的计划价格。虽然社会主义经济不需要像资本主义经济一样，通过竞争来实现产品价值，也无须因价格波动调整生产规模，但是为了调动生产者积极性并促进生产，计划本身必须要建立在经济原则（即价值规律）的基础上。（2）价值规律可在经济核算中发挥作用，衡量企业的盈利状况。如果某一企业在消耗与社会既定水平相同的平均必要劳动时间后，能生产出更多或更好的商品，那该企业就表现为盈利，企业则可依据这一标准对生产和管理进行监督。孙冶方就是坚持用利润指标反映经济管理与企业经营水平的代表，他甚至在1963年就提出"千规律，万规律，价值规律第一条"③；（3）价值水平和价值变动始终是社会主义的商品生产与流通的比例的重要决定因素之一。即便价格和价值趋于一致，最终能确定商品生产和流通的比例、确定社会劳动在国民经济各部门间的分配（例如扩大再生产时两大部类之间积累与消费的转移）的，仍是价值。只有保证好各环节各部门的价值分配合理均衡，才能实现有计划按比例的协调发展。

第二，价值规律在产品的生产和流通环节都起到调解作用。支持此观

---

① 《中国共产党第八届中央委员会第六次全体会议文件》，人民出版社1958年版，第19页。
② 王亚南：《充分发挥价值规律在我国社会主义经济中的积极作用》，载于《人民日报》1959年5月15日第7版；关梦觉：《关于当前的商品生产和价值规律的若干问题》，载于《经济研究》1959年第2期；重进：《社会主义制度下价值规律是与社会主义经济规律共同起作用的》，载于《经济研究》1963年第4期；蒋明：《价值规律与按比例发展规律、计划规律的相互关系》，载于《学术月刊》1964年第9期；卫兴华：《价值规律的作用问题》，载于《新建设》1964年第1期，引自张问敏、张卓元、吴敬琏编：《建国以来社会主义商品生产和价值规律论文选》下册，上海人民出版社1979年版，第883~903页。
③ 孙冶方：《社会主义计划经济管理体制中的利润指标》《千规律，万规律，价值规律第一条》，引自孙冶方：《社会主义经济的若干理论问题》，人民出版社1979年版，第258~276页，第371~376页。

点的分论点有①：首先，再生产过程中的流通、生产领域，以及商品在第一部门还是第二部门的转换，都是一个完整的循环系统，若言价值规律只在流通环节而不在生产环节起调节作用将不合逻辑；其次，所有社会主义制度下的所有制经济中都存在着一定的价值关系，而有价值关系的地方，价值规律都会发挥作用，即交换关系都会依照价值遵循等价交换的原则。于光远特别强调，凡加入交换的产品都是商品，都要依据等量劳动交换的原则进行；② 最后，针对有些人以国家优先发展利润极低的重工业作为价值规律不能调节生产环节的案例，有学者也指出这并非典型例证，因为优先发展重工业并不是从利润着眼，而是先考虑国家需要和劳动就业这两大前提，再考虑价值、资金积累的方面。

第三，价值规律对社会主义经济具有积极的促进作用，但也要抑制其负面影响。郑经青指出国家计划制定要按照价值规律办事，但计划一旦制定就要严格服从执行，任何不守国家计划和合同、自行成交、自行变动价格的行为都是对价值规律的无限制运用，会容易造成经济危害。③ 关梦觉也认为，虽然价值规律可为社会主义服务，但它长期与资本主义制度结合，"自发地对生产和流通起调解作用，成为生产无政府状态的杠杆"，而今其虽然被置于生产资料公有制基础上，但若不加以控制，仍将影响经济运转。④ 陈豹隐也持类似主张。⑤

以上观点作为对价值规律的认识，很多都从不同角度为价值规律进行了辩护。但是在此时期，仍有一些学者依旧对价值规律的作用和地位并不十分认同。如许涤新始终将计划经济和价值规律视作互斥关系，"随着国

---

① 王亚南：《充分发挥价值规律在我国社会主义经济中的积极作用》，载于《人民日报》1959年5月15日第7版；王思华：《我对社会主义制度下商品生产和价值法则的几个问题的一些看法》，载于《经济研究》1959年第1期；于凤村：《试论有计划按比例发展规律和价值规律的关系》，载于《学术研究》1962年第5期。
② 于光远：《关于社会主义制度下商品生产问题的讨论》，载于《经济研究》1959年第7期。
③ 郑经青：《对于社会主义制度下价值规律问题的几点意见》，载于《经济研究》1959年第4期。
④ 关梦觉：《关于当前的商品生产和价值规律的若干问题》，载于《经济研究》1959年第2期。
⑤ 陈豹隐认为，"因人们的计划在短时期不能够完全周到完美，所以自发的调解作用还会一时的发生，这需要随时掌握情况，避免副作用。"参见陈豹隐：《我对社会主义制度下的商品生产和价值规律的看法》，载于《财经科学》1959年第4期。

民经济计划化的加强和工农生产事业计划化的扩大,价值规律的自发性的调节作用,就逐步地在缩小"。① 田继滢也认为,价值规律仅能作为国家计划的补充工具。② 张继光甚至将价值规律与有计划按比例规律的选择,上升到经济战线上资本主义和社会主义两条道路的选择。③ 而蒋家骏指出,价值规律只是一种历史范畴,"随着商品生产的消亡,价值规律及与其相联系的各种价值形式,必然要退出历史舞台",即连作为核算与计算工具的意义也不具备。④ 可见在20世纪50年代末至60年代,虽然很多学者对价值规律的积极作用开始表示认同,但反对的呼声仍然强烈,致使价值规律无法在广泛的经济认知中取得重要地位。

(三) 陈云"三个主体、三个补充"的经济思想

值得一提的是,在决策层中,陈云的思想事实上非常强调价值规律的作用,而且他更为直接地,是运用"自由市场""自由生产"的表述对市场的调解机制进行辩护。其在1956年《社会主义改造基本完成以后的新问题》中总结的"三个主体、三个补充"思想最有代表性,可谓对国家计划和市场调节关系的前瞻性描述。他指出,我国的社会主义经济在经营方面,可凭借国家经营与集体经营为主,个体经营为辅;生产计划方面,主要部分可依照计划生产,一定部分可依照市场自由生产;而在市场方面,"在社会主义的统一市场里,国家市场是它的主体,但是附有一定范围内国家领导的自由市场。这种自由市场,是在国家领导之下,作为国家市场的补充,因此它是社会主义统一市场的组成部分",⑤ 即肯定了市场与计划共同存在的可能性与必要意义。陈云的思想在中国产业发展的第一

---

① 许涤新:《论农村人民公社化后的商品生产和价值规律》,载于《经济研究》1959年第1期。
② 田继滢:《价值规律在社会主义经济中的作用》,载于《浙江学刊》1964年第1期。
③ 张继光:《价值规律与国民经济有计划按比例发展的相互关系——与蒋明同志商榷》,载于《学术月刊》1964年第10期。
④ 蒋家骏:《价值规律是社会主义商品生产与流通的调解者吗——与蒋明同志商榷》,载于《学术月刊》1964年第11期,引自张问敏、张卓元、吴敬琏编:《建国以来社会主义商品生产和价值规律论文选》下册,上海人民出版社1979年版,第924~941页。
⑤ 陈云:《社会主义改造基本完成以后的新问题》(1956年9月20日),中共中央文献研究室编:《建国以来重要文献选编》第9册,中央文献出版社1994年版,第234~245页。

阶段并未被选择，不过为中国产业发展第二阶段所经历的经济体制改革提供了重要思路。

关于计划经济与价值规律之间关系的博弈论证，是中华人民共和国成立以来经济理论界的一个重大课题，有学者称，社会主义价值规律的问题，是发表文章最多、讨论的最为热烈的理论之一。① 该问题何以备受关注？一个可能的主要原因在于，当时学者愈加观察到，国民经济在一个完全由政府掌控资源配置的机制下会产生诸多弊病，因而试图去探究经济运行中价值规律所能扮演的角色。不过由于经济学范式的影响及社会主义国家苏联的示范作用，更加之计划经济体制的客观确立和宣传，② 中国经济学界始终未能认同市场是资源配置的有效方式。计划为主、市场为辅，或许是该时期能到达的最远边界。不过结合现实情况，该时期将重工业确立为产业发展的首要目标，如若是着重发挥市场在资源配置中的作用而作为宏观配套制度，那么这一目标的实现也将变得遥不可及。

三、国营体制及所有制两权分离的思想初发

在完成目标产业、宏观体制的选择后，随即要解决的问题就是确定产业发展的行动主体，即探讨重工业企业的微观经营机制是选择国营、私营还是其他的经营及组织方式。不过，在当时的思想背景及经济战略下，选择国营作为重工业企业的经营体制是大势所趋，具体而言：首先，从经济思想史的角度出发，中国在解决生产与经济关系的问题上选择的是政治经济学体系，实行的是社会主义制度。该制度以生产资料公有制和按劳分配为基础，与资本主义制度的生产资料私有化特征形成鲜明对立，甚至根据苏联的观点，如《政治经济学教科书》中称，"国有企业中的社会主义的

---

① 张问敏：《中国政治经济学史大纲：1899~1992》，中共中央党校出版社1994年版，第518页。

② 1952年《人民日报》社论中指出："为了顺利地进行国家的经济建设，我们需要作很多的准备工作。首先必须加强国家经济的计划性。对于经济建设有计划的领导，乃是新民主主义和社会主义国家经济优越性的集中表现。我们必须根据计划经济的原则，来组织我们的生产。"参见《加强国家工作的集中性，迎接大规模经济建设》，载于《人民日报》1952年11月17日第1版。

第三章 经济自主时期产业发展路径选择的经济思想：1949～1978 年

生产关系是最成熟、最彻底的"①，因此，企业的私有及私营很难成为主流。其次，从中华人民共和国成立以来的经济史角度出发，中国在 1952 年开始推行打击不法资本家的"五反"运动，对民族资本家及私营经济中存在的一些违法经济行为进行查处，但其最终的结果，是很多民族资本家丧失或基本丧失了对企业的掌控。最后，从经济学的角度出发，产业发展路径在做出了重工业优先发展、同时依托计划经济体制调拨资源的选择后，重工业生产部门被赋予了极大的资源倾斜和获取巨大积累率的可能。这些资源和积累必须用于国家的战略物资生产和产业定向发展上，但这在相当一段时期内都可能属于非经济的行为，②如若交由个人经营，这种局面将造成国家战略期望与个人寻求利润最大化的激励不相容。因此为了规避这种委托代理的风险，为重工业企业选择国营的微观经营机制成为必然。另外，选择国营也更容易在生产、调配、收购、流通等领域与指令性的计划经济体制达成配合。

正因如此，虽然 1950 年毛泽东在《对待民族资产阶级和私营工商业政策问题的批语》中表明，对于民族资产阶级应该保持合作团结的关系，在私营工商业困难时期要给予扶植；而且，目前阶段不应无限制地发展国营经济，同时也应该利用私人资本。③ 然而，在"一五"计划启动后，大规模经济建设的推进在诸多环节上暴露出协调不一致的紧张状况，加快推进资本主义工商业改造势在必行。④ 1953 年中共中央提出过渡时期总路线的实质是改变生产关系，解决生产资料所有制问题。1956 年 2 月《中共中央关于资本主义工商业改造问题的决议》进一步指出，"五反"运动的成功推行使得"我们国家有可能完全控制资本主义工商业""社会主义经济成分对于资本主义经济成分取得了决定性的优势地位"，因此要"在一

---

① 苏联社会科学院经济研究所编，中央马克思恩格斯列宁斯大林著作编译局译：《政治经济学教科书》，人民出版社 1955 年版，第 428 页。
② 林毅夫、蔡昉、李周：《中国的奇迹：发展战略与经济改革》，上海三联书店、上海人民出版社 1999 年版，第 49～52 页；赵凌云：《1949～2008 年间中国传统计划经济体制产生、演变与转变的内生逻辑》，载于《中国经济史研究》2009 年第 3 期。
③ 毛泽东：《对待民族资产阶级和私营工商业政策问题的批语》（1950 年 4 月），中共中央文献研究室编：《建国以来重要文献选编》第 1 册，中央文献出版社 1992 年版，第 214～216 页。
④ 薄一波：《若干重大决策和事件的回顾》下，中共中央党校出版社 1991 年版，第 410～418 页。

切重要的行业中分别在各地区实行全部或大部公私合营""从原来主要的是国家资本主义的初级形式推进到主要的是国家资本主义的高级形式"。① 1955年，我国个体工业的年产值为81.1亿元，1956年迅速降至8.3亿元，1958年直至改革开放则完全没有了关于个体工业年产值的记载。② 国营经济的扩大、私营经济的衰落，成为大规模社会主义工商业改造的直接后果。在这种客观条件下，经济学界的讨论已无需展开采取私营还是国营的辩论，或对国营体制展开进一步的论证，或对公私合营引发的问题进行思考，或在肯定国有和国营的基础上进行一些其他讨论，成为这一时段相关经济思想的主体。正因了解了相关背景，经济思想探讨内容的相对简单化、同向化，相对而言缺乏选择、争辩的思想过程，就变得不那么难理解。

一种支持国营经济、认为国营经济有极大优越性的代表性观点论述了以下四方面的内容：第一，国营经济符合人民根本利益。"国营企业生产和经营活动的根本目的，只能是为了满足整个社会日益增长的物质文化生活的需要，而不是像资本主义企业那样，为了牟取高额利润。"第二，国营经济有利于统一调配。"国家就有可能根据整个社会的利益，最充分最合理地利用全国的人力、物力和财力，并且按照统一的计划，指导各个企业的生产和经营活动，保证国民经济有计划、按比例的发展，避免资本主义经济所特有的竞争和生产无政府状态"。第三，国营经济可建立全体劳动者的生产资料相互合作。"国营企业的产品在扣除补偿生产资料的消耗部分以外，一部分由国家用于社会扩大再生产和满足其他社会需要，另一方面根据各尽所能、按劳分配的原则分配给职工"，既满足人民长远利益，又满足人民目前需求。第四，国营经济的生产关系适合现代工业生产力性质。"社会主义国营经济优越性的集中表现，就是它能够迅速和不断地提高劳动生产率。"③

---

① 《中共中央关于资本主义工商业改造问题的决议》（1956年2月24日），中共中央文献研究室编：《建国以来重要文献选编》第8册，中央文献出版社1994年版，第148~149页。
② 按照1952年不变价格计算，《中国工业经济统计年鉴》（1949—1984），国家统计局。
③ 薛暮桥、苏星、林子力等：《中国国民经济的社会主义改造》，人民出版社1959年版，第21~22页；另外，许涤新认为，在我国过渡时期的条件下，将资本主义工业纳入中级形式的国家资本主义，有其客观必然性。参见许涤新：《社会主义基本经济法则在我国过渡时期对资本主义和国家资本主义经济的影响和作用》，载于《经济研究》1955年第2期。

第三章 经济自主时期产业发展路径选择的经济思想：1949~1978年

还有观点总结了社会主义工商业改造后的公私合营出现的六个矛盾，具体包括：公与私在发展协调、权职、税收等五个方面的矛盾，劳资在改善经营管理与增产节约方面的矛盾，供、产、销不平衡的矛盾，利润与利息方面的矛盾，社会主义改造和资本主义经营管理之间的矛盾，以及在计划与落实步骤方面的矛盾。马寅初对这六个矛盾运用大量一手统计数据进行了详细分析，并探讨了解决办法。其基本思想是，政府既然承认民族资产阶级为"四友之一"，因此在方针上要"一视同仁"；但在企业改造的过程中也应重视民族资产阶级的两面性，因此在方法上要"有所不同"。这一文稿在呈递时任副总理的陈云看过后，将该说法调整为"既要有所不同，又要在一些方面一视同仁"①。

特别值得注意的，是这一时期的一些学者已触及了所有制改革的早期内容，即开始涉及了企业所有权与经营权的两权分离，虽然当时学者多把所有制分解为所有、占有、使用和支配四个方面。孙冶方指出，"在全民所有制下，占有、使用和支配权是一个主题，而所有权是另一个主题。国营组织，只是根据他们的活动目的和财产的用途对固定给他们的国家财产行使占有、使用和支配之权。而这些财政的所有者是国家。"这样一来，则肯定了国家所有，维护了生产资料归属国家的根本，但为企业开拓了一定的经营支配自主的可能。孙冶方还指出，"财经管理体制的中心问题是作为独立核算单位的企业权利、责任和它们同国家的关系问题，也即是企业的经营管理权问题。至于体制中的其他问题，如中央与地方的关系、条条与块块的关系等，在企业的职权问题解决以后，是容易解决的。"② 此即道出了解决企业的经营管理权问题对于国家宏观经济管理的重要意义，也肯定了企业作为经济行为主体在经济中的主观能动地位。苏绍智在这一立场上论述得更为透彻，他指出，"生产资料所有制所回答的问题，首先是生产资料归谁所有的问题（也就是生产资料的所有权），此外，还包括生产资料由谁占有（即占有权）、归谁支配（即支配权）和归谁使用（即

---

① 马寅初：《我国资本主义工业的社会主义改造》，载于《北京大学学报》（人文科学）1957年第3期。
② 孙冶方：《关于全民经济所有制经济内部的财经体制问题（研究报告）》（1961年6月2日），引自孙冶方：《社会主义经济的若干理论问题》，人民出版社1979年版，第138~151页。

使用权）的问题""在生产资料所有制已经确定的限度内，所有权、占有权、支配权和使用权（企业的所有权和企业的经营管理权）又不是完全不可分的""中央高度的集中同一领导，并不意味着一切事情都由中央部门来直接管理""一个企业的经济活动是极其复杂的，包括生产、流通、财务等多方面的活动。尽管国营企业的生产资料和产品都归以国家为代表的全民所有，国家管理机关却不可能对企业的所有这些活动直接进行管理，必须把一部分管理权下放给企业，给予每一个企业以相对的独立性"。① 以上一系列论述不仅拓宽了所有制的内涵，还提出了企业所有权与经营权分离的诉求，对改革开放以后论证所有制改革理论具有很大的先行作用。

四、重工业优先与农业基础建设的矛盾整合

虽然经济理论界方面并未与制度设计达成高度一致，但在第一阶段，中国产业发展基本选择了以重工业为优先对象、以计划经济为制度保障、以国营经济为推行机制的路径指向。而在产业内外的管理协调方面，目前的路径选择所导致的产业之间的矛盾，即以重工业为代表的工业与农业之间的协调矛盾尤为凸显。原因在于，为了满足重工业优先发展的期望，国家政策在向重工业倾斜的同时，长期未能给予农业以足够重视。特别是，农业部门的剩余还需计划性地被转移到工业部门，为工业资本的积累而服务。这种产业发展方式牺牲了农业的提升空间，致使农业生产力长期处于低水平状态，不仅严重影响了国民经济，也相应地制约了重工业的发展。

（一）毛泽东的农业与工业并重的经济思想

决策层对这一问题具有经济思想层面的突出贡献。② 1955年毛泽东、刘少奇等中央领导开始广泛听取汇报并从事调查，就中华人民共和国成立以来直至"一五"计划结束的经济建设情况进行了解。在此期间，决策层的一个基本判断就是中国的经济发展"照抄外国的经验""在建设方面我

---

① 苏绍智：《试论生产资料的所有权、占有权和使用权》，载于《学术月刊》1962年第6期。
② 本段引用和数据如无特殊说明，均出自薄一波：《若干重大决策和事件的回顾》下，中共中央党校出版社1991年版，第466~475页。

第三章 经济自主时期产业发展路径选择的经济思想：1949~1978 年

们自己创造的比较少""工业（特别是重工业）……基本是照搬苏联的"；然而，苏联的发展经验已然暴露出一些问题，那么"以苏为鉴""从我国国情出发，总结自己的经验，探索一条适合中国情况的社会主义建设道路"，成为中国发展到一定阶段的理论进化必然。这亦可视为我国决策层对开辟产业发展独立路径、进行产业发展经验总结的诉求体现。在此问题上，中国的农业、轻工业、重工业产业比例结构失调成为决策层的重点关注对象。原因在于，1949 年以来，我国的重工业增长最为突出，而且在国家全部基本建设投资中，用于重工业的比例逐年增大，农业的比例逐年被压缩。1955 年，重工业部门基本投资占全部投资的 47.3%，而农业仅占 5.2%。我国作为一个农业大国，过分忽视农业发展、忽视农村建设，一味仿照苏联努力开发重工业，必将造成产业关系的严重失衡和供求关系的捉襟见肘。在这种情况下，1956 年毛泽东在《论十大关系》中提出了"以工业为主导，以农业为基础"的思想。他具体指出：第一，农业若不能发展，重工业必将受到制约。"必须优先发展生产资料的生产，这是已经定了的。但是绝不可以因此忽视生活资料尤其是粮食的发展。如果没有足够的粮食和其他生活必需品，首先就不能养活工人，还谈什么发展重工业？"；第二，农业的稳健发展，有利于重工业的长期建设。毛泽东指出要加重轻工业和农业的投资比例，因为"加重的结果，一可以更好地供给人民生活的需要，二可以更快地增加资金的积累，因而可以更多更好地发展重工业。"[①] 这主要是把农业作为重工业发展的供给支持。1957 年，毛泽东在《正确处理人民内部矛盾的问题》中，进一步分析了农业对重工业的需求拉动，"随着农业的技术改革逐步发展，农业的日益现代化，为农业服务的机械、肥料、水利建设、电力建设、运输建设、民用燃料、民用建筑材料等将日益增多，重工业以农业为重要市场的情况，将会易于为人们所理解"，"农业和轻工业发展了，重工业有了市场，有了资金，它就会更快地发展。"[②] 以上思想是对农业、轻工业、重工业发展关系较为系统和精辟的论述，是中国产业发展路径选择思想方面的一个实践经验和智慧创建，

---

① 毛泽东：《论十大关系》（1956 年 4 月 25 日），引自中共中央文献研究室编：《建国以来重要文献选编》第 8 册，中央文献出版社 1994 年版，第 243~266 页。
② 毛泽东：《正确处理人民内部矛盾的问题》（1957 年 2 月 27 日），人民出版社 1960 年版。

"以工业为主导，以农业为基础"的思想应可作为一个产业发展的能动性指导，对与中国有类似禀赋基础的后发国家具有很大的参考价值与重要启示。

（二）学术界关于如何实现农工并重的经济思想

决策层的这一思想动向激发了学术界的百家争鸣，自20世纪50年代末至60年代，中国经济学界涌现出大量关于工业与农业发展关系的研究。很多学者围绕农业在国民经济中的基础作用、农业之于重工业的重要意义、农轻重三个产业的相互关系等展开了详尽探讨，虽然其在个别用词、表述和细节方面有所分歧，但基本能达成的共识是，以工业为主导、以农业为基础的产业发展方针符合我国的客观国情，符合经济的发展规律，有利于产业持续健康的长期发展。① 所以，此方面的具体观点不做细表，更值得论述的，是应如何贯彻落实这一产业发展方针。比较有代表性的观点有：

第一，要确保农业与（重）工业在发展目标和发展水平上相互协调。汪旭庄认为，一方面，工业生产和建设的速度与规模，必须依据农业所能提供的原料、资金、劳力和市场的可能限度来安排；另一方面，工业生产和建设的目标，也要考虑到农业技术改革和农村生产力提高的发展方向。② 杨坚白进一步指出，重工业优先发展的关键是要考虑其优先发展的界限，具体包括以下三点：（1）要考虑重工业生产力的实际水平；（2）要考虑农业等其他产业对重工业的供给能力和需求程度；（3）要考虑全社会劳动资源和物质资源，特别是积累方面的规模。③ 罗季荣更是制定了一个产业发展综合平衡表作为农轻重产业平衡的方法论实践。该表包括了农轻重三个产业的发展速度、交通运输、商品流转、劳动力、积累基金、国家财政

---

① 房维中：《论工业和农业同时并举》，载于《经济研究》1958年第7期；俞明仁：《论农业、轻工业和重工业的相互关系》，载于《经济研究》1960年第2期；亦农：《农业是国民经济发展的基础》，载于《经济研究》1960年第6期；许涤新：《农业在国民经济中的地位和作用》，载于《人民日报》1962年8月28日第5版；中黄：《以农业为基础发展工业》，载于《经济研究》1963年第2期；韦克普：《农业在国民经济发展中的重大作用》，载于《学术月刊》1963年第2期，等等。另外在一些学术观点的回顾上亦可参见金学：《关于农业是国民经济发展的基础问题的讨论》，载于《学术月刊》1960年第9期。
② 汪旭庄：《论社会主义制度下工业和农业相互结合的规律》，载于《经济研究》1963年第6期。
③ 杨坚白：《试论农业、轻工业、重工业比例和消费、积累比例之间的内在联系（下）》，载于《经济研究》1962年第1期。

第三章　经济自主时期产业发展路径选择的经济思想：1949～1978年

收入与支出等诸多项目，要求详尽规划三个产业在每一项目上的发展水平（即增长率）。更为关键的是，这个表中所计划的增长率，应能反映出三个产业在扩大再生产过程中相互制约、彼此协调的关系。比如，农轻重三个产业的总产值要合乎比重，生产资料和消费资料间要彼此依存，农业所提供的轻工业原料的增长速度要和农产品商品的流转增长速度相适应，重工业为农业提供的生产资料的增长速度要和重工业货运量的增长速度相适应，农业与轻工业的生产增长速度、提供的积累基金增长速度、提供的财政收入增长速度，都应与重工业的基本建设投资速度保持一定的比例关系，等等。① 总而言之，该表通过细致的数值显示而建立起不同产业的各项指标在发展过程中的内在联系，是一种非常详尽的体现产业发展综合平衡思想的方式。

第二，主张农业机械化。该思想的代表之一是许涤新，他指出，一方面，"工业对于农业的主导作用，就在于农业的技术改造离不开工业"；另一方面，要使得农业能够跟上工业发展的脚步，"就必须实现农业的机械化、电气化、化学化""到了农业实现技术改造之后，或者说到了农业实现工业化的时候，人类在农业生产方面，对于自然力的支配和利用，有可能逐步赶上或接近工业方面的水平。"② 类似地，孙冶方也指出，只有实现农业的机械化、电气化，才能节约大量的劳动力，才能更大地实现经济效果，才能最终巩固集体经济。③ 以上观点均具有长远的发展视角。的确，实现农业的机械化是工业化与现代化发展进程中的必要一环，也是能促使农业大幅度提升生产力水平的主要途径。而且，在20世纪60～70年代，我国也颁布了一系列推行农业机械化的产业政策文件，如1966年的《关于农业机械化的几个问题》、1971年的《全国农业机械化发展规划（草案）》、1977年的《关于1980年基本上实现农业机械化的报告》④ 等。不

---

① 罗季荣：《农业、轻工业、重工业综合平衡方法论的初步探讨》，载于《中国经济问题》1960年第2期。
② 许涤新：《论农业在国民经济中的地位和发展农业生产的关键》，载于《经济研究》1962年第12期。
③ 方青（实为孙冶方）：《关于经济研究工作如何为农业服务的问题》，载于《经济研究》1963年第5期。
④ 徐棣华等编：《中华人民共和国国民经济和社会发展计划大事辑要》，红旗出版社1987年版，第247、313、378页。

过也需指出,农业机械化是一个长期过程,多发生在国家工业化已发展到相当程度,有技术能力对农业生产方式进行优化改造,有资本积累推动农业生产工业化的基础上。从这个角度,农业的机械化和国家的工业化演进相辅相成,是产业结构发展到一定水平的必然要求。因此这种思想的提出具有较高的理论认识,但后续的产业政策,如在1980年基本完成农业机械化,要求在工业化的启动初期就企图大规模推进农业机械化,客观而言并不实际。

经济学界对于农工并重的探讨,在客观上形成了对重工业优先发展的制度设计选择的理论修正。能够认识到农业在国民经济运行中的基础性地位,平衡农业与工业之间的发展关系,是后发农业大国的产业发展得以长期稳步运行的重要理论保障。然而,该思想的落实在中国当时的客观环境下存在巨大障碍。针对一些学术观点提出的何以实现工农业并举的思路,其中一点即要求工业发展以农业和农村市场为导向,但如前面所言,当时中国选择重工业为产业发展目标,主要就是为了国土安全和民族独立,因此,转向为农业服务的重工业发展路径并不实际;一些观点还提到,要加强农业投资,但当时用于工业的投资已然是通过压缩消费、转移农业剩余而勉强达成,所以分配较大投资用于农业建设在短期内亦难实现;另外关于农业机械化的观点,前面已有分析。总而言之,农业和(重)工业的共同进步,很大程度上需要(重)工业相应地放缓发展速度,使这两大产业在长期合作、协调互助的基础上同步提升,而中国在备战局势下必须要求重工业的极速发展,因此这种产业协调思想在当时的情况下,只能更多地作为理论贡献而存在。

第三节 经济自主时期产业发展路径选择的制度设计:以钢铁产业为案例

前面的经济认知考察中,大致展示了第一阶段中国经济学界如何认识经济运行的基本规律。但这只是意识形态层面的构想,产业发展路径选择的真实形态最终要落实在制度设计层面,即政府所制定和推行的一系列具体的产业政策、条例、部署和长期行为上。这是该时期产业发展路径选择

第三章　经济自主时期产业发展路径选择的经济思想：1949~1978年

的最后一个环节，既可能体现出实践对于不同学术观点的选定，也可能体现出实践之于学术观点的反馈、延续、丰富，甚至一定程度的偏离。当然如前面所言，由于第一阶段特殊的时代背景和发展目标的确立，中国经济学术领域未能围绕政策实践产生观点各异的思想争鸣，使得制度之于思想的"选择"过程相对而言不够突出——可这亦是第一阶段产业发展路径选择思想史的一个特点；另外，该时期正处于我国产业经济建设的初始摸索阶段，而经济学界探讨的更多的是理论层面的内容，所以，制度实践应构成学术探索在应用领域的经济思想补充。从这个意义上，第一阶段的产业发展制度设计具有非常重要的考察价值。更为具体的，本书选择了钢铁产业这一重工业中的突出代表作为研究对象，其间也可能会涉及某些具体的钢铁企业作为研究典型。

一、优先发展钢铁产业的产业规划思想

制度设计中所体现的钢铁业优先发展的产业规划思想，必然建立在决策层肯定重工业优先发展的基础上，而值得寻味的是，不同于学术界大多未将马克思、列宁的理论同重工业优先发展直接建立因果关系，决策层和一些重要社论却显示出了一种截然相反的态度，即将经典理论直接当作重工业优先发展政策的行动依据。如1955年李富春在总结第一个五年计划中指出，"我国第一个五年计划规定重工业投资的比重特别大，而且比苏联第一个五年计划重工业投资的比重还要大……这是否适当呢？……大家知道，轻重工业的投资的比例关系，必须根据生产资料优先增长的原理来决定……我国现在的情况是：原有的重工业的基础特别薄弱，需要我们积极地、长期地去扩大重工业的基础以促进国民经济的全面发展……因此，我们认为第一个五年计划关于轻重工业的投资比例的规定是适当的。"① 事实上早在1954年，一篇名为《学习苏联编制第一个五年计划的经验》的社论就指出，苏联经济计划的中心环节，就是"根据马克思列宁主义关

---

① 李富春：《关于发展国民经济的第一个五年计划的报告（节录）》（1955年7月5日、6日），引自中共中央文献研究室编：《建国以来重要文献选编》第6册，中央文献出版社1993年版，第309~310页。

于生产资料优先增长的原理……编制计划应从重工业开始,以它为核心,来确定其他一系列与之联系的指标。"① 而我国在 20 世纪 50 年代也的确学习苏联,采取着以钢产量为核心,计算相关产业产量及其他指标,从而推算一整套经济计划的制定方法。② 1955 年,另一篇名为《必须优先发展重工业》的社论更为直接地表明,列宁对于马克思主义理论的一个重要贡献,就是论证了技术进步条件下的"生产资料优先增长的规律""列宁制定的并为苏联共产党胜利实现了的优先发展重工业的原则,是中国共产党建设社会主义的行动指南""所有这一切,都足以说明以重工业建设为第一个五年计划的重点,是绝对正确的"。③ 而客观来说,从前面考察的该时期经济学界对这一理论的探讨中不难发现,这种思想事实上是一种对经典理论的片面解读。但这种观点通过决策层的重要文件和重要社论的途径传播,必然在社会上造成广泛影响。

(一) 政策部署中的钢铁产业优先发展思想

在主流观点大多赞同优先发展重工业的思想趋势下,钢铁产业被选为重工业中的目标产业之一,大量决策层的政策导向和实际行为均表明了这一点。1950 年 9 月周恩来在中华人民共和国成立一周年庆祝大会上讲道:"中国的经济事业现在还只是处在恢复的阶段。我们还缺少发展工业的资金……在这三五年内,我们应当集中力量于几个重点的发展,这种发展,应当是有利于为工业化准备基本条件……因此,中央人民政府的经济投资……用在一切工业所首先需要的燃料工业、钢铁工业和化学工业方面。"④ 此即表明了在有限的资源禀赋下,中国的产业建设将选择有所倾斜的发展路径。1951 年,李富春在第一次全国工业会议上总结:"必须是

---

① 李津恒:《学习苏联编制第一个五年计划的经验》,载于《人民日报》1954 年 5 月 27 日第 3 版。
② 这种方法直到 1964 年推行"三线建设"后才有所改变。毛泽东将此前的计划方法表述为:"过去制定计划的方法基本上是学苏联的,先定下多少钢,然后根据它来计算要多少煤炭、电力和运输力量,再计算要增加多少城镇人口、多少福利;钢的产量变小,别的也跟着削减。"引自薄一波:《若干重大决策与事件的回顾》下,中共中央党校出版社 1991 年版,第 1199 页。
③ 陈翰伯:《必须优先发展重工业》,载于《人民日报》1955 年 7 月 17 日第 3 版。
④ 周恩来:《统一财政和恢复经济》,引自《周恩来选集》下,人民出版社 1984 年版,第 45~46 页。

第三章 经济自主时期产业发展路径选择的经济思想：1949~1978年

从全国布局着眼，从发展国民经济与巩固国防的需要出发，有计划、有重点地采取分工合作、稳步前进的方针，首先集中力量搞好几件国防和民生最需要的基本建设工程，积累经验，并为今后的长期建设准备必要的条件。"因此，其修改了1952年的经济工作计划，将重工业在各类工业部门的投资分配比例调整至52.2%，其中钢铁产业所占比例高达32.9%。① 1953年，周恩来在有关过渡时期的总路线中指出，"第一个五年建设计划的基本任务是：首先集中主要力量发展重工业，建立国家工业化和国防现代化的基础，""国防工业是要在重工业的基础上发展的。我们现在还不能制造坦克、飞机、汽车、拖拉机和高级的炮。"② 正因如此，第一个五年计划的主要核心之一就是完成苏联援建的156项重点工程，而其中有8项就是钢铁项目，具体包括武钢、北满钢厂、吉林铁合金厂、吉林碳素厂、热河钒铁厂（即后来的承德钢铁厂）的新建，鞍钢、本钢等大型钢厂的改扩建，以及20多个其他钢铁企业的改扩建。③ 李富春还特别强调，"最重要的是，要在第一个五年计划期间，基本上完成以鞍山钢铁联合企业为中心的东北工业基地建设"。④ 1955年，周恩来在《关于发展国民经济的第二个五年计划的建议的报告》中继续主张，"冶金工业是重工业的基础，如果没有强大的冶金工业，机械制造工业的发展也是困难的。……努力发展冶金工业，是今后工业建设的另一个重点。"⑤ 此则进一步肯定了钢铁产业在重工业部门中的基础性作用和优先发展地位。由此，钢铁产业优先发展的政策导向逐步形成了中国第一阶段产业发展路径选择的制度惯例。就投资指标来看，据统计，全国全部基建投资用于钢铁产业的比例，在"一五"时期为6.9%，"二五"时期为11.1%，1963~1965年为5.1%，

---

① 李富春：《在第一次全国工业会议上的结论》（1951年3月6日），引自中共中央文献研究室编：《建国以来重要文献选编》第2册，中央文献出版社1992年版，第303~321页。
② 周恩来：《过渡时期的总路线》（1953年9月8日），引自中共中央文献研究室编：《建国以来重要文献选编》第4册，中央文献出版社1993年版，第353~354页。
③ 张训毅：《中国的钢铁》，冶金工业出版社2012年版，第91页。
④ 毕昭平主编：《发奋图强的业绩，鞍钢"三大工程"纪实》，辽宁人民出版社2000年版，第199页。
⑤ 周恩来：《关于发展国民经济的第二个五年计划的建议的报告》（1955年9月16日），引自中共中央文献研究室编：《建国以来重要文献选编》第9册，中央文献出版社1994年版，第189~190页。

"三五"时期为9.0%,"四五"时期为8.5%,1952~1979年全时段平均为8.6%,占工业部门投资的14.5%,明显超出煤炭、电力、化工、器械、建材等其他工业部门的投资水平。① 另外,从以上一系列增加投资、恢复和扩建、开展大规模生产的政府行为等,也不难发现,第一阶段钢铁产业的建设带有鲜明的外延式发展特征,即主要以要素投入和规模的扩大实现产业的发展。

(二) 非平衡式产业发展的经济学分析

中国第一阶段钢铁产业制度设计中最为核心的经济思想,实际上体现了一种非平衡发展(unbalanced development)的路径选择,即通过重点培育某一主导产业(leading industry),引发其他经济部门的跟随成长和经济整体的结构化演进。支持该发展方式的代表有赫希曼(Albert Otto Hirschman)和罗斯托(Rostow)等。不同于罗丹(P. N. Rosenstein-rodan)的大推进理论(The theory of the big-push)所主张的,发展中国家应该对国民经济的各个部门同时进行大规模投资以促进其平衡增长,非平衡增长理论认为,应选择具有较高的产业关联度(industrial relevancy)的产业优先发展。从这个角度,钢铁产业具备的产业关联的确十分广泛,产业关联链明显较轻工业要长,在其他重工业间亦属重要,同时该产业产生的大量生产消耗也能为其他产业创造庞大需求,因此选择钢铁产业优先发展存在着一定的经济学理论依据。然而,这种非平衡发展方式的关键就是要发挥主导产业的关联作用,而非使其与其他经济部门脱节。然而,1958年开始进行的"大跃进"大炼钢铁运动,就是单方面追求钢铁产量,穷竭其他产业部门资源的做法,不仅未能引发其他产业部门的跟随发展,反而造成了严重的经济危机。因此,在1961年决策层制定了"调整、巩固、充实、提高"的方针,其中一个重要修正就是要加强发挥重工业的产业关联效应,正如薄一波在《红旗》杂志发表文章称,"我们优先发展重工业,不是为了别的,只是为了给国民经济的技术改造创造必要的物质条件,为了给农业、轻工业、交通运输业等经济部门提供现代化设备,推动它们更快地发展",

---

① 《冶金工业统计资料汇编》(1949—1979),冶金工业部计划司1980年版。

第三章　经济自主时期产业发展路径选择的经济思想：1949~1978年

"重工业的发展，不仅应当考虑到本身的需要，而且应当全面地考虑到其他经济部门特别是农业部门的需要，应当更多地考虑到如何为其他经济部门特别是农业的技术改造服务"①。从一定程度上，这种思想可谓从产业关联的角度，对优先发展重工业政策进行了偏误的纠正。

二、内外源并向的钢铁产业人才开发思想

我国钢铁产业发展所需的资源在早期主要依靠苏联援助，在后期则依靠全国基于计划经济体制的调配供给，但除去实物资源，人力资源同样是现代产业发展，特别是在当时而言技术高度密集的钢铁产业发展中最为重要的资源之一。技术人才与管理人才的会集、开发与利用是钢铁产业生产力建设的关键基础，然而，人力资源不足、技术人员奇缺，科研、设计、教育等机构部门尚属空白，是中华人民共和国成立初期钢铁产业的客观劣势，严重制约着钢铁产业的发展。我国决策层在进行钢铁产业制度设计时对这一问题表达了高度重视。李富春在指导1951年我国工业发展的工作时就曾指出，"工业建设需要弄清资源，需要大量的资金、先进的技术和一批技术人才，但是这些条件我们还很缺乏。"② 1952年他围绕中华人民共和国成立三年以来我国工业的恢复与发展状况进一步提出，"必须培养干部，培养大批新的技术人员，以适应大规模工业建设的需要。必须继续改造旧技术人员，使他们能全心全意地为人民服务。要学习苏联的先进经验，采取苏联的技术标准。"③ 此即为产业发展的人才获取途径做出了大致规划。在钢铁产业的发展实践中，我国的决策层探索出了多重获取人力资源的制度设计，从国家外部及内部集合了大批钢铁产业的优秀人才，体现了较为丰富的人才开发思想。但必须要指出，该时期的人才开发思想主要是通过强大的行政能力计划性地支配人才流动，符合当时的主流价值观

---

　　① 薄一波：《争取我国工业建设的新胜利》，载于《红旗》1961年第3~4期。
　　② 李富春：《一九五一年工业发展中的几个问题》（1951年3月6日），引自《李富春选集》，中国计划出版社1992年版，第82页。
　　③ 李富春：《三年来我国工业的恢复与发展》（1952年10月），引自《李富春选集》，中国计划出版社1992年版，第102~103页。

和宏观政策背景,但没有具有内在激励的人才流动配置机制,存在一定的时代局限性。该思想具体而言有以下两方面:

第一,外源式的人才开发思想。中国作为一个转型国家,在产业发展领域匮乏人力资源是普遍现象,完全依靠国内自行培养人才会极大地损失现代化产业的发展效率。因此,我国当时采取了三重制度设计来从国家外部获取具有较高知识技术储备的人才:其一,是留用、改造一部分日本的技术人员。① 其二,是聘请苏联专家来华指导钢铁生产。毛泽东、李富春在1949年出访苏联时,都与苏联代表就中国钢铁产业的发展问题进行过充分协商,因此1950年中苏签订了《关于恢复和改建鞍钢技术援助议定书》②,规定苏联派遣26名专家前去鞍钢收集资料,而后在具体工作中苏联派遣人数增至42名。1952年后,苏联还陆续派遣了340名专家到鞍钢指导重建和生产工作,③ 对鞍钢的启动和发展起到了巨大的推动作用。其三,是派遣本国人员奔赴苏联和其他东欧社会主义国家学习钢铁的生产知识与管理经验。据统计,1951年东北工业部曾派出了40多名干部去苏联冶金工厂和矿山进修学习,④ 而在1952年中国和苏联就鞍钢建设进一步达成协议后,中国相继对苏联选派了600余名干部、工人和技术人员进行交流访问,⑤ 为钢铁产业发展凝聚了强大的外生动力。

第二,内源式的人才开发思想。在依靠外源力量供给人力资源的同时,我国决策层也非常重视国内钢铁产业的人才培育。1950年毛泽东就曾表示:"鞍钢出了钢材,还要出人才"⑥,后来他在中共中央第八届中央委员会扩大的第三次全体会议中也指出:"无产阶级没有自己的庞大的技术队伍和理论队伍,社会主义是不能建成的。"⑦ 因此,该时期的制度设计

---

①④　张训毅:《中国的钢铁》,冶金工业出版社2012年版,第88页。
②　这也是苏联的斯大林时代对我国技术援助的第一个协定书。引自王鹤寿、吕东:《毛泽东同志对我国钢铁工业的战略指导》,引自中共中央文献研究室组织编:《缅怀毛泽东》上,中央文献出版社1993年版,第60~85页。
③⑤　涂尧师编:《话说鞍山》,《中国大众实用年鉴》编辑部1999年版,第50页。
⑥　王鹤寿、吕东:《毛泽东同志对我国钢铁工业的战略指导》,引自中共中央文献研究室组织编:《缅怀毛泽东》上,中央文献出版社1993年版,第60~85页。
⑦　毛泽东:《做革命的促进派》(1957年10月7日),引自《毛泽东选集》第5卷,人民出版社1977年版,第466~479页。

也包含了一定的内源式人才开发思想,具体包括:(1)人才储备的经济思想。早在20世纪50年代初,我国政府就抓紧筹建采矿、冶金等专业技术学校用以服务钢铁产业,而后,逐步兴办各类有关钢铁产业的大专院校。据统计,直至20世纪80年代末,我国的冶金普通高等院校已建成16所,职工大学52所,中等专业学校28所,职工中专54所,这些教育机构在30余年的时间为我国输送了34万多名相关人才。①(2)人才调配的经济思想。我国决策层凭借高度集中的计划调度能力,曾在全国不同区域内筹集相关人员,很大程度上为钢铁产业弥补了人力缺口。"全国支援鞍钢"的口号就是这一思想的突出例证。1951年鞍钢开始启动"三大工程"建设时,李富春曾上交《关于从全国各方面动员力量帮助鞍钢建设三大工程的报告》,毛泽东对给出的批示是"完全同意,应大力组织施行"②。在这一指示下,据记载,鞍钢建设项目共吸收了来自东北各地和华北地区的500余名县地级干部,来自中南、华东地区的500余名工程技术人员,以及来自北京大学、清华大学、燕京大学、南开大学等多所高等院校的毕业生——而在全国的大专相关专业毕业生中,90%都被分配到了鞍钢的基本建设部门,成为"三大工程"技术骨干。③正是"全国支援鞍钢"的思想,在人力资源较为匮乏的时期保证了钢铁产业人才在区域间的大规模流通,为钢铁产业的优先发展给予了有力保障。

三、阶梯式结构设计的钢铁产业组织思想

在第一阶段,中国钢铁产业的经营以全民所有制下的国营体制为绝对主导,但在此基础上,如何部署产业组织成为一个亟待思索的问题,特别是钢铁产业在经历社会主义改造后,我国政府事实上获得了极高的产业规划权限。钢铁产业需要较高的前期资本投入作为启动,而建构初期我国

---

① 张训毅:《中国的钢铁》,冶金工业出版社2012年版,第89页。
② 引自王鹤寿、吕东:《回顾毛泽东与中国钢铁工业》(1991年2月),读秀学术数据库(http://www.duxiu.com/)线上资料,具体出版信息不详。
③ 毕昭平主编:《发奋图强的业绩,鞍钢"三大工程"纪实》,辽宁人民出版社2000年版,第200~202页。

的资本积累非常的有限；另外，在技术改造方面，现代化生产技术的革新具有投资不可分割的特征（见图 3-1），投资水平的不充分将导致生产力停滞在低水平的均衡状态（即 E_1），不利于产业的转型与长期发展。所以，钢铁产业的经济特性加之中华人民共和国成立初期资本匮乏的禀赋制约，导致了该产业在发展初期必然以数量相对有限的大型国营钢铁企业构成产业的主要组织形式，而我国决策层在这样的理论前提下，制定出"三大、五中、十八小"的产业组织部署，展现出产业组织实践对于经济思想的进一步丰富。

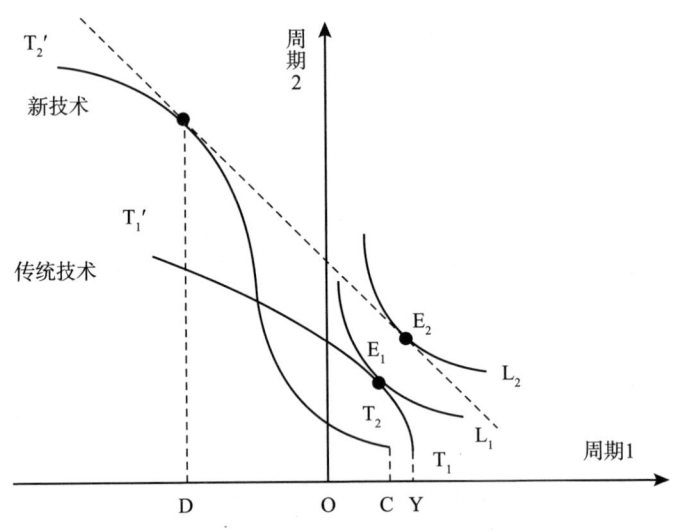

图 3-1 选择新技术与传统技术的关系示意

注：图 3-1 是一个两周期的费雪图形，用于解释两周期的投资与消费的分配。T_1T_1' 是传统技术，T_2T_2' 是新技术，若采用新技术，除了要进行沉没成本 YC 的投入外，由于具有规模效应，要追加投入 CD，使得生产集和无差异消费曲线达到均衡点 E_2，即一个较高的生产和消费水准。而若没有外来投资，企业家便没有激励改善生产技术，进而使其生产和消费锁定在 E_1。该图援引自麦金农著，陈昕等译：《经济发展中的货币与资本》，上海人民出版社 1997 年版，第 22 页。

我国钢铁产业建设中的组织思想在中华人民共和国成立初期主要表现为主张建立单一的大型国有企业，具体内容包括两部分，第一是整合原有产业，第二是集中发展大型国企。从经济的角度，我国通过社会主义改造

第三章　经济自主时期产业发展路径选择的经济思想：1949~1978 年

的方式的确在很大程度上改善了私营钢铁企业生产分散、效率低下的状态，而当时的决策层也非常肯定产业整合的重要意义，如李富春曾指出，一些同志"看不起原有的企业，不注意利用现有的企业"，是存在重大认识错误的①。中华人民共和国成立以前，我国民族资本钢铁产业具有厂矿数量众多、规模小、实力弱、设备落后的特征，一些小厂还停留在手工作坊阶段，甚至某些地区的私营厂坊还只能用土法炼制生铁。对于这些私营小厂和作坊，国家采取了归并、改组与赎买的改造对策，加之对其他官僚资本钢铁厂矿的没收与接管，在 1952 年我国钢铁产业中国营已占 85.5%，公私合营占 13.4%，私营占 4%，而 1957 年我国钢铁产业已基本转变为单一的全民所有制。② 在整合产业的同时，我国开始重点建立若干个大规模国有企业支撑整个钢铁产业。正如周恩来所表示的"我们应当集中力量于几个重点的发展"③，"一五"计划期间，苏联援建我国的 8 个钢铁项目全部是以大规模国有企业的形式存在，而单一发展大型钢铁国有企业的产业组织发展路径也是苏联所采用的。不过，李富春在 1953 年已间接表达了要突破单一大型国企的产业组织思想，他指出，除了规模巨大的企业外，我国要在可能的条件下，建设一定数量的中、小型企业；只是这些建设计划要"符合经济发展规律和我国实际情况"，不能因不了解发展的艰巨性就把新的企业建设计划提得过大。④

第一个五年计划结束后，我国已初步建立若干大型钢铁企业，在此基础上，钢铁产业的组织思想开始表现为主张探索中国的独特道路，要求建立大、中、小相结合的产业组织形式。该思想最初源于 1956 年毛泽东的《论十大关系》。毛泽东在该文中指出，"中央要发展工业，地方也要发展工业""有中央和地方两个积极性，比只有一个积极性要好得多""沿海的工业基地必须充分利用，但是，为了平衡工业发展的布局，内地工业必

---

① 李富春：《中华人民共和国怎样发展工业建设》（1953 年 11 月），引自《李富春选集》，中国计划出版社 1992 年版，第 114 页。
② 以上相关参见张训毅：《中国的钢铁》，冶金工业出版社 2012 年版，第 82~83 页。
③ 周恩来：《统一财政和恢复经济》，引自《周恩来选集》下，人民出版社 1984 年版，第 45~46 页。
④ 李富春：《中华人民共和国怎样发展工业建设》（1953 年 11 月），引自《李富春选集》，中国计划出版社 1992 年版，第 113 页。

须大力发展"，总之，"要把国内外一切积极因素调动起来，为社会主义事业服务"。① 1957年，毛泽东突破单一大型钢铁企业的产业组织思想更为明确，他表示，不能一味地照搬苏联模式，而要摸索中国自己发展钢铁产业的道路："我看那个年产三五万吨的钢厂，七八万吨的钢厂要多开，很有用处。再有中等的，三四十万吨的钢厂，也要开。"② 这些思想给予在当时主要负责钢铁产业发展工作的王鹤寿（也是冶金工业部第一任部长）以很大启示，他据此详细地将中国钢铁产业的独特禀赋条件总结为六点：（1）中国劳动力资源非常丰富；（2）中国在大规模建设时期，创造了巨大的钢材市场需求；（3）中国具备丰富的钢铁产业生产资源；（4）中国钢材产业的人才储备规模发展迅速；（5）中国目前已具备了制造中、小型设备的制造力量；（6）最为重要的，是以往主要把精力放在建设大型企业上，如果能注意调动地方企业积极性，多建中小型钢铁企业，就能调动地方也投入人力、物力、财力，"由一家独办变成大家都办"。由此，王鹤寿最终得出的结论是，中国当前有能力而且有需要去拓展现有的钢铁产业组织，"中国钢铁工业发展道路，应是大、中、小相结合，而不是苏联式的，只搞大的，不搞中、小的。"③ "不能完全照抄苏联钢铁企业由中央主管部门'一家独办'，越大越好。要量力而行，充分发挥中央和地方两个办钢铁企业的积极性。"④

王鹤寿关于中国钢铁产业组织改革的构想得到了决策层的一致认可，因此1957年初，冶金工业部出台了《第一个五年计划总结与第二个五年计划建设安排（草案）》，提出在"二五"计划期间，中国的钢铁产业要构建"三大、五中、十八小"的产业组织格局。其中"三大"即为原有的鞍钢、武钢、包钢三大建设工程；"五中"即为选择发展五个较具前景的中型企业进行扩建和新建，具体而言，扩建的企业包括太钢、重钢、马

---

① 毛泽东：《论十大关系》（1956年4月25日），引自中共中央文献研究室编：《建国以来重要文献选编》第8册，中央文献出版社1994年版，第243、246、251页。
② 毛泽东：《做革命的促进派》（1957年10月7日），引自《毛泽东选集》第5卷，人民出版社1977年版，第466～479页。
③ 此段以上相关均参见王鹤寿、吕东：《回顾毛泽东与中国钢铁工业》（1991年2月），读秀学术数据库（http：//www.duxiu.com/）线上资料，具体出版信息不详。
④ 王鹤寿、吕东：《毛泽东同志对我国钢铁工业的战略指导》，引自中共中央文献研究室组织编：《缅怀毛泽东》上，中央文献出版社1993年版，第60～85页。

钢和石景山钢铁厂，新建的则是湘潭钢铁厂；至于"十八小"，则是规划在18省、自治区建立小型钢铁厂。这种大、中、小相结合的产业组织思想后来得到了广泛肯定，薄一波甚至主张应将这种产业组织广泛推广到整个工业产业的建设中①。也正是这种产业组织思想，为第一阶段中国的钢铁产业发展注入了活力，一方面提升了钢铁产业的整体实力与发展速度，另一方面还在很大程度上调动了地方经济建设的积极性。

四、"鞍钢宪法"中的钢铁产业企业管理思想

建立合理的微观激励机制，充分发挥人的主观能动作用，是引发产业的活力与潜能，进而实现发展与创新的关键所在。因此，在钢铁产业基本的资源供给、制度配置大致完成后，企业管理的制度设计成为产业发展路径中随即需要解决的一环。我国决策层在革命与生产中非常重视人的因素，讲求团结动员、走群众路线。然而，面向现代化企业建立管理制度对我国而言未有先例，较为系统的相关思想与理论探索也尚属空白，因此在最初只能选择学习苏联建立一长责任制。但随着这种制度在实践中不断暴露出管理与协调的弊端，我国决策层随即选择自行探索适合本国国情的国有企业管理制度，该探索最终以《鞍钢宪法》的成果出现，并推动了《国营工业企业工作条例》（以下简称工业七十条）的出台，成为中华人民共和国成立初期企业管理领域的重要思想创新。

（一）一长制与厂长制的推行及其弊端思想论述

1950年《人民日报》发表社论《学习管理企业》，提出要建立"统一

---

① 薄一波认为，一提起办工业，心中只有大工业，少有中型工业，更没有小型工业是不对的，认为中小型企业对工业化事业没什么大作用也是不对的。如果只建设有限的大企业，等于只能动员大城市的少数人，不能使工业遍地开花、争放异彩，其结果就是必然限制工业的高速度发展。参见薄一波：《打破办工业的神秘观点》，载于《红旗》1958年第3期。

的、合理的、科学的制度"的号召①,得到了中共中央的高度重视②。自此,以"马钢宪法"为代表的管理思想被广泛引进我国。所谓"马钢宪法",是苏联最大的钢铁冶金联合企业——马格尼托哥尔斯克钢铁公司（Magnitogorsk Iron and Steel Work）探索出的一整套管理制度。该制度核心在于,依靠专家制定细致且标准化的规章制度,强调经济核算、科层管理与物质激励,重视技术但只认同专业精英。特别是,该法要求由国家经济机关委派厂长负责企业具体的生产行政工作,厂长拥有企业相关事宜的最终决定权,企业的党组织则主要负责思想政治领导,对生产行政工作仅起到监督作用,即"一长制"（system of one-head leadership）。后来,为了强调党组织在企业中的领导作用,1956年中国共产党第八次全国代表大会决议对一长制进行改良,建立党组织领导下的厂长责任制（以下简称厂长制）,即要求以党委为核心,与个人负责相结合。这种制度的优越性在于,能保障国家在企业国营体制的基础上,通过国家直接委任最高负责人,进一步落实其对企业在发展方向、经营品种、利润剩余等方面的支配权,建立高度集中、服从全局的管理体系,有利于国家宏观战略的实现。与此同时,坚持党组织的领导也能保证执政思想的贯彻与政治路线的正确。然而,无论是一长制还是厂长制,本质上都是少数人负责的层级式管理,在生产和经营中暴露出现诸多弊端,因此引发了决策层相关人士的思考和讨论。

李富春较早地指出,即便在现有设备和技术条件下,改善企业管理,调动员工积极性,也能很大程度地挖掘生产潜能。他在企业领导方面表示,"许多部门和厂矿的领导人,只是浮在表面做一些政治鼓动性的工作,没有深入到实际业务中";而在员工方面则认为,"必须通过民主改革,打破旧的生产关系,建立新的生产关系"③。1953年中央财政经济委员会向中共中央提交《关于国营工矿企业管理问题的报告》,同样表明工矿企业

---

① 《学会管理企业》,载于《人民日报》1950年2月6日第1版。
② 《中共中央关于讨论和执行人民日报〈学会管理企业〉的社论的指示》（1959年2月20日）,引自中共中央文献研究室编：《建国以来重要文献选编》第1册,中央文献出版社1992年版,第107页。
③ 李富春：《深入改革企业经营管理,充分发挥现有设备潜力》（1951年9月26日）,载于《李富春选集》,中国计划出版社1992年版,第94~95页。

第三章　经济自主时期产业发展路径选择的经济思想：1949~1978年

普遍存在的问题之一就是管理落后，领导钻研业务的少，官僚主义的多。正如工矿员工所形容的，"生产发展了，管理跟不上""群众进步了，领导跟不上"①。同年中共中央转批的一篇《关于厂矿领导问题座谈会的报告》，则重点指出工业生产中由于层级设置，领导各把一口，"厂长命令不能一贯到底""有百分之五十贯彻不下去，致生产计划经常完不成"②。另外，薄一波更加强调工业生产中人的因素，他指出，"只见物，不见人，把物质技术条件的作用绝对化，认为人只能受他的支配，看不见或者不承认人是生产中最活跃的因素，忽视人的主观能动性，这是一种右倾保守主义的错误。"③ 从以上论述中可见，当时决策层针对工业企业的管理制度主要提出了以下三方面的弊端：第一，管理者生产业务知识欠缺，导致管理表面化和非专业化；第二，层级制的设计导致信息流通的非对称和管理的非及时；第三，管理机制扭曲下的员工得不到有效指导，缺乏工作动力。与之相对的是，在整个20世纪50年代，毛泽东对钢铁产业有着较高要求，总希望中国的钢铁能够发展得更快一点。④ 显然，现有的企业管理思想亟待改进。

（二）"鞍钢宪法"的主要内容与管理思想

在决策层的强烈要求下，钢铁产业内部关于企业管理体制的研究总结随即展开，特别是毛泽东在《论十大关系》中指出的不能僵化学习苏联、要探索中国自己的社会主义道路的思想，给予企业管理者以重要启示。鞍钢作为钢铁产业的重要代表，同时也是在1949年复工后一直套用"马钢宪法"的企业，在尝试推行新的企业管理方法后，将改革成果和经验总结形成《鞍山市委关于工业战线上的技术革新和技术革命运动开展情况的报告》，于1960年3月上报中央。

---

① 《中共中央同意中财委〈关于国营工矿企业管理问题的报告〉》（1953年4月19日），引自中共中央文献研究室编：《建国以来重要文献选编》第4册，中央文献出版社1993年版，第131~140页。
② 《中共中央转批中央第三办公室〈关于厂矿领导问题座谈会的报告〉》（1955年10月14日），引自中共中央文献研究室编：《建国以来重要文献选编》第7册，中央文献出版社1993年版，第328~341页。
③ 薄一波：《一九五九年工业战线的任务》，载于《红旗》1959年第1期，第6~10页。
④ 王鹤寿、吕东：《探索中国钢铁工业的发展道路》，引自鞍山市史志办公室编：《鞍钢宪法的产生及其影响》，中共党史出版社2001年版，第73~86页。

该报告总结了鞍钢企业管理改革的以下几个要点：（1）必须不断进行思想革命，坚持政治挂帅，破除迷信，解放思想；（2）放手发动群众，一切经过试验。关于落实这一点的具体方式就是搞大宣传、大动员、大总结、大检查、大评比与大展览；（3）全面规划、狠抓生产实践。这主要是指在生产的关键或攻坚环节，鞍钢采取党委书记挂帅，工人、技术人员以及设计院、钢铁学院、中央实验室等单位相集中，通过大鸣大放大辩论，统一思想，解决难题；（4）自力更生和大协作相结合；（5）开展技术革命和大搞技术表演比赛相结合。[①] 由此可见，改良后的鞍钢企业管理制度除去强调政治路线正确与技术创新外，还具有组织成员互动充分、信息对称、管理扁平且高效以及员工激励充分（主要通过参与决策和竞赛）的特征，较好地克服了原有制度的三大弊端。所以该报告在当月即得到中共中央的批复，将鞍钢所进行的企业管理改革运动称为"鞍钢宪法"，认为其是管理制度上冲破"马钢宪法"的重要思想创新，并将其主要内容总结为：加强党的领导、坚持政治挂帅、大搞群众运动、两参一改三结合[②]、开展技术革新和技术革命[③]。

得到中央肯定的"鞍钢宪法"立刻引起了社会各界的广泛关注，被看作是办好现代化冶金工业企业的根本道路，[④]而且该法因其制度设计具备科学性与进步性，在当前仍被很多学者认作是企业治理与改革中可被借鉴的对象。甚至，来自日本、欧洲和美国的工业管理学家对"鞍钢宪法"给予了更高的赞赏，其认为"鞍钢宪法"的精神实质是"后福特主义"（post-fordism），即以扁平化管理（flat-styled management）与团队协作（team work），对福特的僵化的、以垂直命令为核心的企业内分工理论形

---

① 中国鞍山市委员会：《鞍山市委关于工业战线上的技术革新和技术革命运动开展情况的报告》（1960年3月11日），引自鞍山市史志办公室编：《鞍钢宪法的产生及其影响》，中央党史出版社2001年版，第386～398页。
② 即干部参与生产、工人参与管理；改革不合理企业制度；干部、技术员工、工人三结合解决技术改革。
③ 《中央转批鞍山市委关于工业战线上的技术革新和技术革命运动开展情况的报告》（1960年3月20日），引自鞍山市史志办公室编：《鞍钢宪法的产生及其影响》，中央党史出版社2001年版，第384～395页。
④ 冶金工业部党组：《"鞍钢宪法"是办好现代化冶金工业企业的根本道路》（1960年7月4日），引自鞍山市史志办公室编：《鞍钢宪法的产生及其影响》，中央党史出版社2001年版，第465～477页。

成巨大挑战，而麻省理工教授罗伯特·托马斯（Robert Thomas）更是指出，"鞍钢宪法"所包含的经济民主思想，恰是增进企业效率的关键之一。①

（三）"鞍钢宪法"思想的理论评析：以参与式管理理论模型为参照

根据图3-2所示，"鞍钢宪法"与其改革的基础"马钢宪法"相比，在主要思想的三个层面上都存在差异。其中，"鞍钢宪法"在战略导向层面坚持党的领导，体现了中国特色社会主义建设的重要特征，而技术导向层面鼓励技术革新和技术革命，无疑是更为进步的。那么，其在管理模式又是否具有优越性呢？而且事实上，管理模式可以说是"鞍钢宪法"最具特色、流传最广，也是与"马钢宪法"最为不同的部分，是创新的关键内容。因此这里有必要展开详细的分析论述。

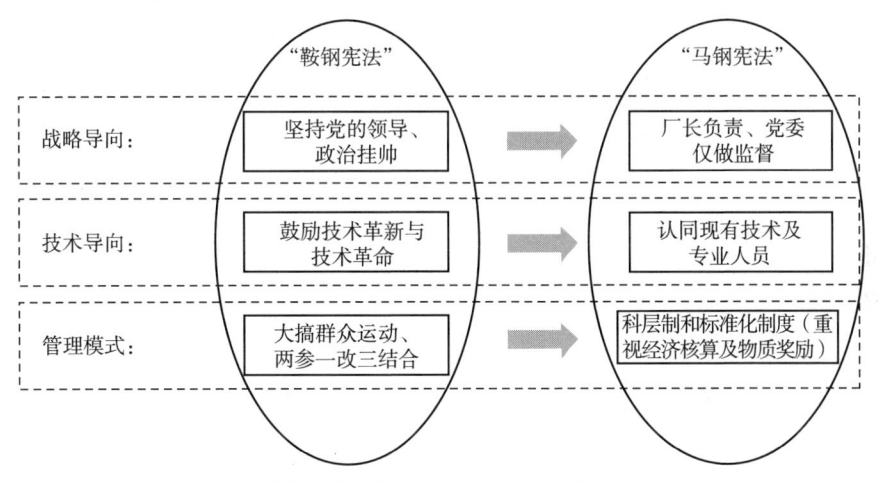

	"鞍钢宪法"		"马钢宪法"
战略导向：	坚持党的领导、政治挂帅	→	厂长负责、党委仅做监督
技术导向：	鼓励技术革新与技术革命	→	认同现有技术及专业人员
管理模式：	大搞群众运动、两参一改三结合	→	科层制和标准化制度（重视经济核算及物质奖励）

图3-2 "鞍钢宪法"与"马钢宪法"的主要思想比较

本书认为，有关"鞍钢宪法"管理模式的分析可引入参与式管理理论。参与式管理（involvement management）是20世纪70~80年代在管理

---

① 崔之元：《"鞍钢宪法"与后福特主义》，载于《读书》1996年第3期。

学界兴起的一种思潮，① 至今已积淀了较为丰富的理论观点和实证检验。爱德华·劳勒（Edward E. Lawler）在该领域做出了较大贡献②，其提出的一些理论和框架与"鞍钢宪法"的管理思想非常贴合，适宜借用而展开分析。首先，从管理思想分类上，劳勒指出，现代管理体系中存在两种基本方法，一种是控制导向方法（control-oriented approach），该法起源于泰勒的科学管理理论，而后被马克思·韦伯（Max Weber）的官僚组织理论发展并完善，其主要采用命令指挥与他人监督的层级式管理模式，以工作的专业化、标准化和简单化来实现生产的高效。另一种则是参与导向方法（involvement-oriented approach），该法更依赖员工的自我控制与自我管理，通过让员工不同程度地参与组织的决策过程及各级管理工作，激发员工责任感，提高工作效率。从这种定义出发，"马钢宪法"应为典型的控制导向方法，而"鞍钢宪法"应属于参与导向方法。在二法的比较中，劳勒认为，控制导向方法适用于工艺较为简单、流程已进入稳定阶段的生产过程，而参与导向方法适合需要进行创新的企业。就鞍钢当时情况而言，其生产环节并非处于稳定状态，产品、技术、生产流程等皆处于不断摸索与进步的过程中，正如当时政府向企业号召的"技术革新和技术革命"以及要求钢铁产品的"高、大、精、尖、新"。③ 所以从这个角度，中华人民共和国成立初期的钢铁产业的确更适合采用参与导向管理方法。另外，劳勒还指出，控制导向法虽然在运行初期能较为显著地提高效率，但因该工作本身不具备激励和满足感，在后期生产效率会逐渐降低；相反，参与式管理强调较少科级、无缝组织、横向的工作关系和集体责任心，有利于降低信息成本并激发组织活力，更易于提升效率与产品品质。④ 因此，我国的钢铁企业采用"鞍钢宪法"，不失为一种能有效激励组织、提高效率并实现创新的合理选择。

---

① 陈万思、余彦儒：《国外参与式管理研究述评》，载于《管理评论》2014年第4期。
② Lawler, Edward, E., *High-involvement Management*, San Francisco, Calif.: Jossey–Bass, 1986.
③ 《中共鞍山市委转批市总工会党组关于全市开展技术革新和技术革命运动的报告》（1960年2月12日），引自鞍山市史志办公室编：《鞍钢宪法的产生及其影响》，中央党史出版社2001年版，第352~358页。
④ [美] 爱德华·E. 劳勒三世著，高茜译：《最终竞争力》，机械工业出版社2005年版。

其次，在管理机制上，参与式管理的理论模型还可用于检验"鞍钢宪法"是否是标准有效地参与导向方法。劳勒将参与式管理分解为四个维度（见图3-3），具体而言：

图3-3 参与式管理的四维构成

1. 信息分享（information sharing）：组织成员（包括员工和管理者）在一定程度上共同分享生产的程序、质量、反馈和经营成果等信息；

2. 知识培训（knowledge development and training）：保证组织成员都能获取生产及整个工作体系的知识；

3. 权力分享（power sharing）：组织成员获得行动以及在所有方面决策的权力；

4. 报酬认同（rewards and recognition system）：保证组织成员获得与经营成果以及能力和贡献的增长相挂钩的报酬，不限于但重点体现在经济方面。

以上四维组成缺一不可，一项企业管理制度只有完整地具备以上四项内容，才具备参与式管理的价值。换言之，一个参与式管理模式的有效性可表示为①：

$$参与程度 = 信息 \times 知识 \times 权力 \times 报酬 \qquad (3.1)$$

由此考察"鞍钢宪法"，可以称，"大搞群众运动"和"两参一改三

---

① Lawler, E. E., *The Ultimate Advantage: Creating the High - Involvement Organization*, San Francisco, Calif: Jossey - Bass, 1992.

结合"恰恰较为完整地提供了参与式管理的四个维度。具体而言,"两参一改"的"干部参与生产、工人参与管理、改革不合理企业制度",等同于提供了生产与管理等环节的信息共享与权力共享。同时,"三结合"即"干部、技术员工、工人三结合解决技术改革",除了也有信息共享和权力共享的含义外,客观上也提供了一定的知识培训条件。如"三结合"小组是通过"大鸣大放大辩论"的互动共同解决了技术难题,而"三结合"人员还可发挥协作功能,前往被支援单位部门教育和培训员工。① 须补充的是,技术导向层面的"开展技术革新和技术革命"也包括了开展技术表演竞赛从而推广和熟练技能,并且举办技术训练班的做法②。可见,该法已具备公式(3.1)中的前三维要素。除了管理形式外,第四维的"报酬认同"为员工提供的是最为根本的内在激励。但是,"鞍钢宪法"并不通过经济物质激励实现报酬,而是以"大搞群众运动"的思想政治激励作为替代。所谓"大搞群众运动",一方面,通过各种会议"讲形势、指方向、定规划、教方法",向工人和家属做深入细致的思想工作,使推广革新工作深入人心。③ 另一方面,鞍钢还重点开发了前面提到的"开展技术表演竞赛",借由既表演又竞赛的多种集体活动,有效宣传为社会主义奋斗的主题,以荣誉和使命感激发广大工人的斗志,也在协作互助中发扬共产主义的风格。④ 以上做法皆呈现出具有时代背景的内在激励。在假定该种激励是有效的前提下,可以认为,"鞍钢宪法"在参与式管理的逻辑上是完整和自洽的,其有效性可表示为公式(3.2):

$$参与程度 = 信息 \times 知识 \times 权力 \times 思想政治激励 \quad (3.2)$$

由此可见,"鞍钢宪法"与当前的参与式管理最大的不同,来自它寻

---

① 《中央转批鞍山市委关于工业战线上的技术革新和技术革命运动开展情况的报告》(1960年3月22日),引自鞍山市史志办公室编:《鞍钢宪法的产生及其影响》,中央党史出版社2001年版,第392~394页。

② 《中央转批鞍山市委关于工业战线上的技术革新和技术革命运动开展情况的报告》(1960年3月22日),引自鞍山市史志办公室编:《鞍钢宪法的产生及其影响》,中央党史出版社2001年版,第393、398页。

③ 中共鞍山市委员会:《中共鞍山市委转批市总工会党组关于全市开展技术革新和技术革命运动的报告》(1960年2月12日),引自鞍山市史志办公室编:《鞍钢宪法的产生及其影响》,中央党史出版社2001年版,第355、358页。

④ 中共鞍山市委员会:《关于鞍钢开展技术表演竞赛的总结》(1960年1月13日),引自鞍山市史志办公室编:《鞍钢宪法的产生及其影响》,中央党史出版社2001年版,第334~351页。

求内在激励的方法上,或者更为直接的,是来自对人性的差异化假设上。以报酬收益为个人激励机制的参与式管理,是以"经济人"为假设(hypothesis of economic man),以个人牟利获取效用最大化为行动动机;而"鞍钢宪法"是以"社会人"为假设(hypothesis of social man),不讲个人得失,注重在社会集体中的贡献和作用,这与毛泽东所强调的"我们历来提倡艰苦奋斗,反对把个人物质利益看得高于一切"① 的为社会主义奋斗的精神相一致。必须承认,这种人性假设在中华人民共和国成立初期颇具可行性,因为中国刚摆脱战争与侵略,正处于谋求民族独立的过程中,个体的确容易普遍产生一种为国家奉献服务的战略观。但这种观念的单一作用很难能永远带来个人激励,特别是在工人工资水平低下、多年没有增长致使生活贫困②的状况下,生产上号召"劳动不计报酬,工作不讲条件,夜以继日地苦干、实干"③,可能存在对个人要求过高的问题。所以,"鞍钢宪法"有时代合理性与逻辑自洽性,但随着历史推进,其在个人激励方面的缺陷会最终影响其效率提升。

五、从平衡部署到纵深建设的钢铁产业区位思想

在发展钢铁产业的实践过程中,会遭遇诸多在理论界未能充分涉及的具体问题,钢铁产业的区位分布即为其中的一项。我国决策层在钢铁产业区位的经济思想上经历了两个阶段:第一阶段的政策主张主要是平衡沿海和内地的钢铁产业布局,体现了产业均衡的区位思想;第二阶段主要是围绕"三线"备战,展开钢铁产业在西南地区的纵深建设,体现了产业推移的区位思想。

---

① 毛泽东:《论十大关系》(1956年4月25日),引自中共中央文献研究室编:《建国以来重要文献选编》第8册,中央文献出版社1994年版,第248页。
② 《中共中央转批中央第三办公室〈关于厂矿领导问题座谈会的报告〉》(1955年10月14日),引自中共中央文献研究室编:《建国以来重要文献选编》第7册,中央文献出版社1993年版,第328~341页。
③ 《鞍钢运输部党委关于深入学习和贯彻党中央毛主席批示情况的报告》(1960年4月1日),引自鞍山市史志办公室编:《鞍钢宪法的产生及其影响》,中央党史出版社2001年版,第399~405页。

（一）"一五""二五"期间的钢铁产业区位均衡思想

中华人民共和国成立初期，我国决策层格外注重通过协调钢铁产业的布局，均衡生产力在全国各地的分布。"一五"计划期间，决策层就有意对中华人民共和国成立以前钢铁产业在沿海、内地城市分布不均的情况进行修正（所谓沿海，是指长春以南、京汉、粤汉线以东，包括广东全省及广西和北京至郑州的一段铁路沿线的各城市）。据统计，1952年我国钢铁产业主要集中在以辽宁鞍山为代表的沿海城市，其产值高达80%，而内蒙古、西南、华北和华中等地区虽然矿产资源丰富，但现代化钢铁产业的建设却十分薄弱。为了改善这种不合理的产业布局，在"一五"计划期间，我国的决策层除了继续建设鞍钢外，还力主发展宝钢和武钢这两个内地的钢铁产业基地[①]。1955年李富春在对"一五"计划进行总结时称，应该"逐步地改变旧中国遗留下来的这种不合理的状态，在全国各地区适当地分布工业的生产力，使工业接近原料、燃料的产区和消费地区，并使工业的分布适合于巩固国防的条件，逐步地提高落后地区的经济水平"[②]。可见，李富春认为产业布局具备三层含义：第一，是通过就近原材料和市场这两大影响因子，扩大产业的区位优势；第二，是通过产业布局在达到经济目的的同时还达成国防战略目的；第三，是通过分散产业区位，人为地均衡生产力布局，振兴区域经济。

在随后的发展中，第三层含义得到了进一步的强调。正如毛泽东在《论十大关系》中指出，"沿海的工业基地必须充分利用，但是，为了平衡工业发展的布局，内地工业必须大力发展""中央要发展工业，地方也要发展工业"[③]。为此，王鹤寿组织冶金工业部制订了"三大、五中、十八小"的钢铁产业规划方案。该方案不仅是一次产业组织的变更，也是一次产业区位的调整，正是发展中小型钢铁企业的政策推动，使得钢铁产业

---

① 薄一波：《若干重大决策和事件的回顾》下，中共中央党校出版社1991年版，第475~476页。
② 李富春：《关于发展我国经济的第一个五年计划的报告》（1955年7月5日、6日），引自中共中央文献研究室编：《建国以来重要文献选编》第6册，中央文献出版社1993年版，第311页。
③ 毛泽东：《论十大关系》（1956年4月25日），引自中共中央文献研究室编：《建国以来重要文献选编》第8册，中央文献出版社1994年版，第246、251页。

的生产力在华南、西北、华中等全国不同区域得到了很大程度的推广。毛泽东对此方案所包含的产业区位均衡思想大加赞许，甚至从中西比较的角度，指出中国综合国力的不发展正是由于产业的生产力过于集中，在区域间不够均衡。他称，"为什么不把钢铁厂散布到全国！中国历来是统一的时候比较多，因此地方不大发展。西欧就不同，卢森堡只有一个地委专区那么大，法国和一个省差不多大。我们要注意发展地方，为什么我们不能一个省有一个钢铁厂、两个钢铁厂，各个部应该有60%的力量去帮助各省搞钢铁厂"①。但由此亦可见，当时的决策层在对待钢铁产业布局时，更多地将其看作是均衡生产力、动员振兴地方经济的途径之一，并不侧重强调依据钢铁产业的发展所需，进行合理区位的选择。

正因如此，钢铁产业的区位均衡思想虽然有利于平衡区域经济，但对钢铁产业自身而言，却不一定具有正面作用。根据经典的产业区位理论（location theory），一个产业的合理选址应综合考虑自然禀赋因素、劳动力供给因素、运输因素、市场因素、集聚因素和社会政治因素六个方面，以成本最小、经济效益最高为原则进行区位选址。在全国各地广泛设厂，特别是毛泽东提出的在每个省都建立若干个钢铁厂的设想，从产业区位理论的角度很容易造成选址的不经济，同时过度分散原本有限的资源及资本，与钢铁产业的经济特性相违背。总而言之，如若不考虑钢铁产业的区位特征，单方面地鼓励各地建厂的产业政策是对均衡生产力分布的过犹不及。这也能从一个层面进一步理解，1958年后在全国各区域间广泛设立中小型钢铁厂的"大跃进"运动，在经济效益上的取得方面严重缺乏理论依据。

（二）三线建设中的钢铁产业区位推移思想

钢铁产业布局中的区位均衡思想在1964年后发生了转变。1964年以来，我国的经济情况在三年调整过后有了一定好转，而此间来自美国、印度、日本和苏联等国的战争威胁却不断加剧，决策层因此决定将建设重点

---

① 王鹤寿、吕东：《回顾毛泽东与中国钢铁工业》（1991年2月），读秀学术数据库（http://www.duxiu.com/）线上资料，具体出版信息不详。

从维护国民经济运行转移到备战运动上来。同年，军委参谋部作战部上交一份报告，对经济建设之于敌人突袭的防备能力进行了分析，其指出一个重要问题，就是当时我国的重工业产业过于集中，全国 14 个百万人口以上的城市，就集中了约 60% 的主要民用机械和 52% 的国防工业①。以毛泽东为代表的决策层决议，必须要将重要产业（主要是重工业，特别是钢铁产业）内迁，一则是避免在战争期间使国民支柱产业暴露在沿海领域和几大城市，二则要在相对安全的战略后方巩固产业实力，以保证战争期间的军事供给。因此，调整一线，建设三线，加强备战，产业推移，成为我国 20 世纪 60 年代钢铁产业区位思想的主旨。

所谓三线，即根据地理所在从备战角度提出的具有不同建设内容和侧重的区域划分。一线地处以东南沿海为代表的战略前沿，二线是指一线地区与京广铁路之间的省份区域，三线则为西南、西北等地的战略后方。三线建设中，钢铁产业的内迁是一个重点。事实上早在 1958 年王鹤寿进一步规划"三大、五中、十八小"时就注意到攀枝花的矿产丰富，因此主张在西南地区成立攀枝花钢铁公司筹备处，并开展攀枝花磁铁矿的选矿和炼铁科研工作。该提议在当时得到决策层的一致认同，只是在不久后遭遇了"大跃进"运动的工业调整因而暂遭搁浅。② 三线建设开展后，毛泽东非常重视再次启动攀钢建设，甚至表示："我们的工业建设，要有纵深配置，把攀枝花钢铁厂建起来。建不起来，我睡不好觉"，"攀枝花钢铁厂还是要搞，不搞我总不放心"③。在这种极力推动下，国家计委立刻组织 80 余人的工作组赶赴西南地区考察。而此期间又涉及新厂的区位选址问题，在考察中形成的一种意见是攀枝花地区虽然铁矿、煤矿、水源储备丰富，靠近林区，但交通不便、人烟稀少、农业生产基础差；另一备选地点乐山的九里虽不富产资源，但地势平坦、靠近工业城市。在综合考量区位影响因素后，毛泽东认为钢铁自然资源是最为重要的区位影响因子，"乐山地址虽

---

① 薄一波：《若干重大决策与事件的回顾》下，中共中央党校出版社 1991 年版，第 1199 页。
② 王鹤寿、吕东：《毛泽东同志对我国钢铁工业的战略指导》，引自中共中央文献研究室组织编：《缅怀毛泽东》上，中央文献出版社 1993 年版，第 60～85 页。
③ 王鹤寿、吕东：《回顾毛泽东与中国钢铁工业》（1991 年 2 月），读秀学术数据库（http://www.duxiu.com/）线上资料，具体出版信息不详。

第三章 经济自主时期产业发展路径选择的经济思想:1949~1978年

宽,但无铁无煤,如何搞钢铁?攀枝花有铁有煤,为什么不在那建厂?"①进而将三线建设中钢铁产业的推移目标正式确立为攀枝花。

由此,全国调动了大量的人力和物资开展攀枝花大规模钢铁基地的建设,在1965年已初见成效。该基地的投建,的确对全国的钢铁总产量做出可观贡献,同时也成为我国西南地区现代化产业发展的重要助推器。不过,从经济学的角度,三线建设中的钢铁产业区位推移思想更符合国家的备战策略,而不符合产业空间扩散的客观规律。根据梯度推移理论(gradient-transfer theory)的一般理解,产业的空间推移一般发生在区域产业的梯度中。具有较高技术水平、较优经济结构且其主导产业处于创新和拓展阶段的地区往往形成高梯度区域,在受到内在动力、外在市场压力和周边地缘对扩散的需求引力后,高梯度区域的产业会遵循生命周期阶段的更替次序,逐渐向低梯度区域推移扩散。在扩散过程中,产业逐渐在不同区域间推移,区域间的经济水平差距也因此被缩短,最终达到相对均衡的状态。因此,合理选择产业区位,加大投入培育经济技术水平,从而塑造高梯度产业区,使其自然向周边扩散,不失为一种较为经济的做法。而中国钢铁产业在20世纪60年代发生的区位推移显然并不符合由高梯度区域向低梯度区域的自然扩散的特征,其长距离、大规模的内迁完全属于人为的选择,而这种出于非经济初衷的选择也很容易造成非经济的结果,即三线建设在投入大量配置后,由于基础设施和配套设施的不健全和不同步,难以发挥其相应的辐射效应。同时,人为的大规模产业迁徙也造成了经济规划与投资的巨大负担,冶金工业部副部长吕东就曾指出,三线钢铁产业的建设工作存在诸多重大矛盾,即一线产业要保证最低的填平补齐,三线钢铁产品又要求小而全,但二线为了衔接过度又必须保证一定的钢铁产品品种和水平,这样投资有困难,协调有冲突,"如果不采取措施,将来会拖住国民经济大尾巴调不动"②。

---

① 薄一波:《若干重大决策与事件的回顾》下,中共中央党校出版社1991年版,第1204页。
② 吕东:《认真总结经验,搞好三线建设》(1964年8月13日),引自《吕东经济文选》,人民出版社1999年版,第112~116页。

第四节 经济自主时期产业发展路径选择的思想特征与理论评述

1949~1978年,我国由于国际政治关系的不利因素以及既定的战略目标和经济学范式的影响,在产业发展路径选择过程中未能取得丰富的思想借鉴及实证参照,甚至如今在产业经济学中广泛使用的一些规范性分析术语、工具等在当时也尚未习得。即便如此,经济学界及决策层人士仍结合中国国情,运用政治经济学体系,完成了一整套经济自主框架下的产业发展路径选择,其间也发育了丰富的经济思想。虽然某些时期政策制定的失恰使得国民经济付出了巨大代价,但该时期产业发展的目标可被认为基本达成,且该时期的经济认知、制度设计中所暴露的问题也带来了诸多借鉴,更为下一阶段产业发展路径选择提供了改革的初始点,可谓"提供了宝贵经验、理论准备、物质基础"[①]。

一、经济自主时期产业发展路径选择经济思想的竞争式特征解析

中华人民共和国成立至改革开放期间,产业发展路径选择经济思想所面临的最大自变量是该时期的结构性条件,一方面经济的封锁使得中国只能采取独立自主、自力更生的产业发展模式,另一方面政治的对立也导致中国树立了以备战、强国为核心的战略观而取代了对国民经济健康持续发展的优先重视。在这种前提下,中国选择了塑造内生优势的竞争式产业发展策略,而重工业作为其(早在近代)认定的内生产业优势来源,成为产业发展的必然对象,在很大程度上也奠定了随后产业发展路径的连环选择。

---

① 胡锦涛:《坚定不移沿着中国特色社会主义道路前进,为全面建成小康社会而奋斗》,引自中共中央文献研究室:《十八大以来重要文献选编》上,中央文献出版社2014年版,第8页。

第三章　经济自主时期产业发展路径选择的经济思想：1949~1978年

就该时期所作的选择来看，作为提供并反映经济认知的主要来源，经济学界在特殊的社会背景以及战略目标确定的情况下，大多围绕着既定前提展开而进行理论层面的深入探讨，相对而言未能形成激烈的争辩而凸显"多中选一"。而当时经济思想生成的重要背景，一个是近代遗留的思想奠基，另一个就是苏联政治经济思想的移植，这两个来源的思想倾向与当时的政策导向也在很大程度上存在一致，因而在整套路径选择过程中呈现出经济认知与制度设计之间时而契合、时而偏离的现象。

具体而言，特定社会背景与历史记忆中的中国社会各界的确有着发展重工业的行动偏好，然而以通过何种方式达到最优，经济学界从理论上并未充分且较为一致地支持重工业的优先发展，但这却成为制度设计上的明确选择，并集中体现在了钢铁产业方面。重工业具有资本技术高度密集的特征，与中国客观的禀赋条件严重不符，"又好又快"的政策导向进一步加剧了扭曲，使得重工业优先发展从纯经济学角度来看成为非理性行为，因而无法通过市场机制完成资源配置，只能以高度集中的计划经济体制统一协调。经济学界由于理论体系的限定，在很大程度上同样认为计划经济因具备高度理性，因而是达成目标的最有效方式，但在实践与观察中，也逐渐试图为计划与市场寻找结合点。然而这一点很难被制度设计所吸纳，因为一旦引入市场机制，便会对政策目标与客观禀赋之间的扭曲形成修正，阻碍发展目标的实现。正因如此，钢铁产业在通过计划经济体制获取了资本积累与资源供给后，在人才开发思想方面仍带有很强的计划指令性与行政支配性特征。

在产业内部管理方面，国营体制是政治经济学及苏联模式中提供的思想范式，成为主流经济认知，且从经济角度，享有巨大政策倾斜的重工业企业也必须同时配备确保国家政策执行的管理机制，否则理性的企业代理个体会倾向于享用优惠的同时，却选择更为经济的生产和利润分配模式。所以，虽然理论界的部分人士也注意到了国家专有与专营的弊端，并产生了所有权与经营权分离的思想萌芽，但建立重工业企业的国营管理体制，成为最大程度降低风险的制度选择。可随之而来的问题是，国营体制计划性与指令性过于突出的特征容易抑制组织的创新与活力，因此钢铁产业作为代表，在实践中摸索出了强调信息分享、权力分享与知识分享的管理模式，且该模式的本质特征是运用社会人假设进行微观个体内在激励，很大程度上符合当时社会的主流价值观。在产业外部管理方面，第一阶段的重点在于重工业与农业之间的矛盾调和，"以工业为主导，以农业为基础"成为理论界与决策层的一致折中观点，这也是理论界对重工业是否应优先发展的重要表态。不过该思想在具体的制度设计上颇难落实。另外，由于第一阶段经济学界的知识储备局限，其探讨多在于理论层面而缺乏应用领域的具体指导，有关组织设计和区位布局的经济思想则在钢铁产业的实践经验中得到了扩充，而且也体现了根据现实需要，摒弃仿照苏联模式而自主创新的重新选择过程。这相较于近代时期否定欧美、选择苏联而言又是进一步的思想扬弃。

以上便是中国以钢铁产业为代表的竞争式产业发展路径选择经济思想的完成过程，其在有限的条件下，选择了宏观计划经济体制、微观国营管理体制、政治激励动员、阶梯式的产业组织部署和区位均衡的产业布局原则，实现了以发展重工业为内生优势来源的产业竞争发展目标。

二、产业自主建设和重工业培育成果的产业发展绩效测度

从历史的角度，在产业发展绩效的取得上，应侧重从当时产业发展设定的目标，即实现民族独立、产业自主和重工业发展的完成度上进行考察，才更符合逻辑。当然，这绝不等同于否认某些非恰当的发展方式对国民经济带来的巨大波动和严重侵害，但也不能因此对第一阶段产业发展的绩效进行全盘否定。

首先，1949～1978年我国的国家自主与民族独立得到了史实性的检验，在产业发展作为重要后盾之一的支撑下，我国经历抵御了多次战争威胁，巩固了主权完整，为日后国际关系的扭转缓和奠定了强大资本。

其次，在产业自主建设方面，作为中国产业薄弱环节的现代化工业自中华人民共和国成立以来发展迅速，按照80年不变价格计算，1952年工业总产值仅为343亿元，1957年"一五"计划后快速发展为704亿元，1965年三年国民经济调整后为1394亿元，1978年第一阶段结束后则为

4231亿元,①而且无论是轻工业产品、部分家用工业产品（如家用电冰箱、洗衣机），还是重工业产品等均能实现自主生产,②基本满足国民经济的运行需求。特别是，我国的重工业发展颇为显著，1949年重工业总产值仅占工业总产值的26.4%，至1978年已发展成57.3%。③同时，全国主要重工业产品产量均有较为可观的年平均增长速度（见表3-1）。

表3-1　　　　全国主要重工业产品产量年平均增长速度　　　单位：%

	"一五"时期	"二五"时期	1963~1965年	"三五"时期	"四五"时期	1950~1979年
钢	31.5	4.5	22.4	7.8	6.1	19.7
生铁	25.2	6.3	10.2	9.6	7.5	18.1
成品钢材	31.0	1.5	24.0	6.4	5.8	18.9
铁矿石	35.2	5.9	6.9	15.3	8.6	19.3
机焦	20.1	12.7	6.0	9.8	7.4	14.9
十种有色金属	23.7	4.0	21.0	9.0	2.6	16.0
原煤	14.7	10.9	1.8	8.8	6.4	10.5
发电量	21.5	18.9	13.9	11.4	11.0	15.0
原油	27.1	31.2	25.3	22.1	20.3	25.4
天然气	54.3	76.8	-3.1	21.1	25.3	29.0
水泥	19.1	-2.7	39.6	9.5	12.4	17.0
矿山设备	96.6	-8.2	5.1	19.2	15.3	21.9
冶金设备	133.2	10.0	-7.0	33.0	2.5	—
发电设备	101.2	-5.2	65.0	33.7	11.2	—

资料来源：《冶金工业统计资料汇编》（1949—1979），冶金工业部计划司1980年版。

最后，作为中国产业发展路径选择第一阶段的重要目标产业之一，钢铁产业也取得了长足的进步。从产量来看，1949年我国的钢产量仅为15.8万吨，生铁25万吨，成品钢材14万吨，1978年，这三种产品产量

---

①　《冶金工业统计资料汇编》（1949—1979），冶金工业部计划司1980年版。
②　《中国工业经济统计年鉴》（1949—1984），国家统计局。
③　资料来源：《中国工业经济统计年鉴》（1949—1984）。其中1949年的比重是按1952年不变价格计算的绝对数进行计算，1978年的比重是按1970年不变价格计算的绝对数进行计算。

分别发展至 3178 万吨、3479 万吨和 2208 万吨。除了能生产炼钢生铁、铸造生铁、普通钢材外，我国还能自主生产碳素结构钢、碳素工具钢、合金结构钢、高速工具钢、不锈钢等优质钢材，且优质钢材在钢材总产量比例上不断攀升，1949 年该比例仅为 10.7%，1978 年则明显增高至 28.9%。①另外，产业政策所大力扶植的国有大型钢铁企业得到了较好建设，成为我国钢铁产业的中流砥柱。仅就鞍钢、武钢和包钢这"三大"国有钢铁企业而言，其产量就长年超过全国钢铁产业总产量的 1/3（见图 3-4）。而在 1984 年统计的年产 100 万吨以上钢铁厂，绝大部分都属于"三大、五中、十八小"的范畴，②可见第一阶段我国对于钢铁产业重点企业的扶植为日后的产业发展也奠定了雄厚基础。除了生产环节方面的发展，截至 1979 年我国的钢材产业还创办了多所直属和地属研究院，如钢铁研究总院、矿冶研究总院、四川冶金研究所、上海钢铁研究所，等等，另外还有北京钢铁学院、鞍山钢铁学院、武汉钢铁学院、马鞍山钢铁学院等多家直属高等学校和中专学校，初步搭建起钢铁产业生产、教学与科研的独立体系。③

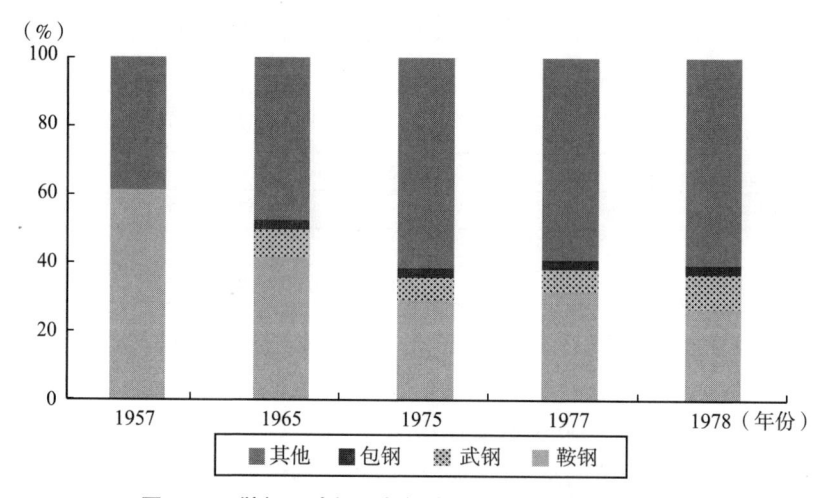

图 3-4 鞍钢、武钢、包钢产量所占全行业产业比例

资料来源：《冶金工业统计资料汇编》（1949—1979），冶金工业部计划司 1989 年版。

---

① 以上数据均参见《冶金工业统计资料汇编》（1949—1979），冶金工业部计划司 1980 年版。
② 《中国工业经济统计年鉴》（1949—1984），国家统计局。
③ 《冶金工业统计资料汇编》（1949—1979），冶金工业部计划司 1980 年版。

但是，以上考察都是针对钢铁产业本身进行的考察，在我国经济基础较为薄弱的情况下大力发展重工业，本身会对农业、轻工业造成严重的资源挤占，进而会影响经济效益和人民生活。这主要体现在以下几方面：

第一，投资结构的失衡。据统计，在全国投资总额中重工业所占的比重，"一五"期间是36.1%，"三五"期间是51.1%，"四五"期间是49.6%。就工农业总产值而言，1966～1976年，重工业所占比例由32.7%上升到38.9%，而农业则由35.9%下降到30.4%，轻工业也由31.4%下降到30.7%。① 在这种情况下，农业、轻工业的发展自然相对滞后，进而造成了产业结构的失衡。另外，大规模的重工业投资也与我国失衡的积累—消费比例密切关联，据统计，1976年我国积累消费比已高达30.9∶69.1，而其中生产性积累和非生产性积累比更高达79.3∶20.7。②

第二，经济效益的降低。这种降低不仅是由于产业结构失衡，也是由于重工业的优先发展超过了其演化的限度，只能依靠要素的不断追加投入而维持运转，最终导致了低效率生产的恶性循环。"一五"期间，我国每100元积累所增加的国民收入为35元，"三五"期间减少为26元，"四五"期间仅为16元。在工业方面，每100元实现的利润税金，1966年是34.5元，1976年减少为19.3元。在商业方面，每100元资金获得的利润，1957年为20元，1976年为9.7元。在基本建设方面，固定资产的交付使用率，"一五"期间为83.7%，"三五"期间为59.5%，"四五"期间为61.4%。③ 在设备利用率上，以钢铁产业为例，1976年我国的炼钢能力据估算应能达到3000万吨左右，可实际炼钢量仅为2046万吨，④ 如此悬殊的产量在很大程度上也反映出现实生产中的效率低下。

第三，人民生活长期处于较低水平。1966～1976年，全民所有制各部门低收入职工仅在1971年调整过一次工资，调资面为28%。由于取消了

---

① 苏星：《新中国经济史》，中共中央党校出版社2007年版，第473页。
② 《中国统计年鉴》（1984），国家统计局。
③ 苏星：《新中国经济史》，中共中央党校出版社2007年版，第474页。
④ 李德彬：《中华人民共和国经济史简编》（1949—1985），湖南人民出版社1987年版，第480～490页。

奖金制度，新增职工工资低，10 年间城市职工平均工资降低了 4.9%。[①]
而从农村看，人民公社内人均收入 1965 年为 52.3 元，1976 年仅为 62.8
元，平均每年增长不足 1 元。[②] 另外在生活消费品上，1966～1976 年城乡
居民平均每人生活消费量在粮食、猪肉、各种布等方面只有极为微小的增
加，此三项分别为从 189.57 斤到 190.28 斤、从 7.04 斤到 7.38 斤和从
6.63 斤到 7.85 斤，而食用植物油、煤炭上还有所减少。[③] 因此其生活之
困难可想而知，换言之，该阶段产业的发展并未让人民受益，反而因其遭
受了侵害。

另外，该时期宏观国民经济体系还存在着产业布局不合理、基本建设
落后、分配制度和管理制度不合理等诸多问题。由以上基于其他经济层面
的考察来看，虽然单就钢铁产业而言，取得了相当可观的绩效，但对其他
产业乃至宏观经济、国民生活而言存在巨大的隐患，这也预示着这样的产
业发展路径选择难以长期持续。

三、经济自主时期产业发展路径选择的理论缺陷：微观层面激励缺位

在评价中国经济自主时期的产业发展路径选择经济思想方面，本书主
张区别地看待"产业发展目标"与"产业发展方式"。基于国家维度，完
全依照经济思维去制定产业发展的目标既不客观，也不应被提倡。[④] 因此，
经济思想史的研究可以探讨某阶段的产业发展目标在多大程度上符合经济
原则，但不能全然抛弃其时代与背景限定；从尊重历史与现实的角度出
发，探讨产业目标执行的过程是否反映较高的经济效率将更具启示意义。

首先，在产业发展目标的考察上，树立重工业为中华人民共和国成立
初期的产业发展路径选择，客观而言有助于建立独立的产业体系，有助于

---

① 苏星：《新中国经济史》，中共中央党校出版社 2007 年版，第 474 页。
② 赵德馨：《中华人民共和国经济史》（1967—1984），河南人民出版社 1989 年版，第 278 页。
③ 《中国统计年鉴》（1984），国家统计局。
④ 林毅夫主张按照现时段禀赋结构确定产业发展战略，这等同于否定了竞争式的产业发展
路径选择。引自林毅夫著，苏剑译：《新结构经济学：反思经济发展与政策的理论框架》，北京大
学出版社 2012 年版。

推动中国经济与社会的现代化进程,有助于巩固国土安全与民族独立,因此具备历史与战略的双重合理性。① 但是,在具体目标(如发展速度与产能产量)的设置方面,第一阶段的确存在着经济计划不切实际、目标设置脱离国民经济能承受的能力极限的情况。1953年和1956年经济建设出现两次"冒进",1958~1960年又产生的经济建设"大跃进",都是造成中国产业发展第一阶段经济波动剧烈、加剧重工业发展与国民经济稳定矛盾的重要原因之一。从经济学的角度,这也显示出政府制订经济计划的有限信息和有限理性。这是经济运行中依靠单一个体进行决策的重要弊端。

其次,在产业发展方式的考察上,结合中国产业发展第一阶段的经济史与思想史背景,重工业发展战略下的计划经济体制和政治激励动员是完整的逻辑自生过程,这一点被很多学者所认同。② 但这种自生逻辑,也形成了显著弊端,即产业发展的效率低下。有学者测算,1957~1978年中国工业部门物质消耗、劳动力投入、总投入及其净产出年均增长率分别为8.0638%、6.234%、7.8923%和7.1673%,即工业部门净产出年平均增长速度明显低于其投入的增长速度。③ 造成效率低下的原因,很大程度上可归咎于产业发展的实现方式过于压制行动个体在经济方面的内在激励。这种压制是通过割裂产业运作的各个环节与市场的关系而完成。企业全部收归国有、生产和流通依从国家指令、企业内部依靠政治动员调动生产,完全否定了个人逐利的本性假设,使得决策层的目标函数、企业管理者的目标函数以及职工个体的目标函数产生重大差异,同时造成"搭便车""磨洋工"、生产浪费等现象层出不穷。对于人类价值理性重要性的漠视,是计划经济体制的重要缺陷;反之,市场经济却是尊重个体逐利本性,通

---

① 当前很多学者都认同中华人民共和国成立初期发展重工业的合理性。如剧锦文:《新中国工业化模式导入的经济史考察》,载于《中国经济史研究》1994年第2期;董志凯:《中国工业化60年——路径与建树(1949—2009)》,载于《中国经济史研究》2009年第3期;武力:《略论新中国60年经济发展与制度变迁的互动》,载于《中国经济史研究》2009年第3期,等等。另外还有学者提出适当贴补重工业,使其发挥外部性,符合经济学的逻辑。参见姚洋、郑东雅:《重工业和经济发展:计划经济时代再考察》,载于《经济研究》2008年第4期。
② 陈甬军:《中国为什么在50年代选择了计划经济体制》,载于《中国经济史研究》2004年第3期;赵凌云:《1949—2008年鉴中国传统计划经济体制产生、演变与转变的内生逻辑》,载于《中国经济史研究》2009年第3期,等等。
③ 瞿商:《我国计划经济体制的绩效(1957—1978)——基于投入产出效益比较的分析》,载于《中国经济史研究》2008年第1期。

过自由竞争符合价值要求，进而提升个体行动激励与效率的一种路径选择,① 很大程度上成为一个能改善中国产业发展效率低下、产业发展与国民经济发展不同步的解决方案。这正是计划经济体制向市场经济体制过渡的一个内在动机，也成为中国产业发展路径选择经济思想第二阶段探索的重要着力点。另外，是否存在选择竞争式产业发展路径的前提下，仍可通过市场机制高效率地实现目标的产业发展新常态，也应成为后续研究关注的主要问题。

---

① 钟祥财：《计划经济的技术和市场经济的价值》，载于《学术月刊》2014年第4期。

第四章

经济外向时期产业发展路径选择的经济思想（上）：1979~2003年

1979年是中国当代产业发展史上划时代的一年。第一阶段的产业发展路径选择已完成了其在经济自主条件下巩固国家与民族独立的历史任务，而随后结构性条件的逆转也促使中国从封闭走向开放，进而为产业发展带来了更为广阔的路径选择空间。开放局势下，经济思想演变的时代背景之一是西方经济理论再次传入，这改变了以往的以政治经济学作为中国经济研究单一理论范式的学术旧貌；时代背景之二则是经济体制伴随着经济发展与产业发展的导向调整而启动改革，搭建与以上背景相适应的且完整的产业发展路径成为经济思想探索的巨大牵引，促使中国第二阶段产业发展路径选择的经济思想迅速发展，呈现出远超出第一阶段的蓬勃景象。

第一节 局势转变下的经济外向发展模式：经济建设为核心

20世纪70年代末，来自国际方面的结构性条件开始显露出对我国产业发展的有利境况，战争威胁的远离及国际经济秩序的重建为中国创造了步入世界贸易体系的良好前提，突破独立自主的产业格局，利用全球范围内的贸易及资本、技术、劳动力等要素的流转而为产业建设服务，最终实现经济的高速增长，成为第二阶段中国产业发展的相宜选择。这一系列的选择变更从本质上是外在结构性条件变动所引致的结果，因此回溯该时期的时空背景特征并明确我国决策层对于外来信息的识别和判断，应作为第二阶段中国产业发展路径选择经济思想的研究起点。

一、国际局势的缓和与面向国际经济体系的选择开启

在深刻影响新一轮产业发展路径选择经济思想的因素方面，第二阶段的如下几个变革颇值得关注：第一，恢复正常外交关系，极大地消除战争危机。此转折缘起于1972年美国总统尼克松（Richard Milhous Nixon）访

第四章 经济外向时期产业发展路径选择的经济思想（上）：1979~2003 年

华。1971 年中国恢复联合国席位并位列五大常任理事国，初步结束了被主流国际社会孤立的局面。而为了使美国脱离越南战系纠葛，并在远东地区的对抗中获得中国支持，尼克松将对华的主动行动和建立外交视作是其任职期间的重要使命，[1] 这一点也得到了中国决策层的大力认同。1972 年中美最高领导人首次会晤，共同表达了两国关系走向正常化、减少国际军事冲突、维护世界和平的意愿。1979 年中美正式建交，决议建立两国大使级外交关系，美国因此不惜承认中国立场并在中国台湾地区问题上遵循"中美建交三原则"[2]，而且在邓小平访美期间还签署了有关贸易、科技、教育、文化等多方面的合作协定。在美国的率先表态和国际政治环境重建的驱动下，中国积极的外交策略也收获了多国回应，截至 1978 年底中国已同世界 116 个国家建立外交关系，[3] 至 1987 年进一步增加至 135 个，[4] 其中包含了日本、西欧、东南亚、非洲及一些中国周边国家。外交关系的渐入正轨破除了自中华人民共和国成立后一直面临的严酷战争与军事威胁，因此封闭、备战式的战略对策不再是中国发展产业唯一且被动的路径选择；相反，与他国合作特别是向产业发达国家寻求援助，成为中国产业发展路径选择自第二阶段的重要可能。

第二，新一轮全球化开始复苏，维护发展中国家的国际贸易新秩序得以构筑。全球化（globalization）是描述世界广泛领域文化与经济相互影响、彼此整合的首要指征。卡尔·波兰尼（Karl Polanyi）认为，全球化在扩张与收敛之间往返而显示出的钟摆过程来自"双向运动"（double movement）：市场化力量释放对全球化的推动；社会组织保护力量兴起对全球

---

[1] 如尼克松在 1970 年表示，"如果说我在死以前有什么事情想做的话，那就是到中国去。如果我去不了，我要我的孩子们去。"1971 年他在一个向新闻机构介绍政府政策的大型会议上也指出，"我觉得本届政府必须采取最初的步骤以结束中国大陆孤立于国际大家庭之外的情况。"［美］理查德·尼克松著，董乐山等译：《尼克松回忆录》中，世界知识出版社 2001 年版，第 655、663 页。

[2] 即美国政府必须断绝同中国台湾地区的所谓外交关系，撤走美国在中国台湾地区和台湾海峡地区的一切武装力量和军事设施，废除美国同中国台湾地区所谓的"共同防御条约"。引自当代中国研究所：《中华人民共和国史稿》第四卷，人民出版社 2012 年版，第 34 页。

[3] 当代中国研究所：《中华人民共和国史稿》第四卷，人民出版社 2012 年版，第 32 页。

[4] 武友国：《中华人民共和国国史》（1977—1991），人民出版社 2010 年版，第 274 页。

化的逆转。① 20世纪上半叶第二次世界大战的爆发是全球化收敛的直接表现，而第二次世界大战结束后，技术革命提供的强大驱动，连同国际经济联合组织——国际货币基金组织（International Monetary Fund）、世界银行（World Bank）和关贸总协定（General Agreement on Tariffs and Trade）——的组建及其规则体系所提供的制度保障，为经济全球化创造了实质性的促进作用。② 进一步地，有学者指出在布雷登森林体系（Bretton Woods Agreements）垮台后，各国均呈现出显著的市场力量释放趋势，③ 大规模生产要素、信息和科技的跨国自由流动以及贸易合作在世界范围内的迅速蔓延，使得国际经济体系正式进入全球化的扩张轨道。而且，不同于以往霸权国家对经济全球化的规则主导，发展中国家的政治力量强化与团结协作对国际新秩序的建立起到了决定性作用。④ 1973~1974年联合国先后通过了《建立国际经济秩序宣言》《建立国际经济新秩序行动纲领》《各国经济权利与义务宪章》三大纲领性文件，规定所有国家应在平等互助的原则上充分而有效地参与有关共同利益的世界问题解决，规定在国际经济合作的所有领域应向发展中国家提供优惠和非互惠待遇，规定国际社会与国际金融体系改革均应致力于对发展中国家的援助，等等⑤。发展中国家因此在国际市场大获裨益，以衡量一国贸易盈利能力的指标——贸易条件指数（terms-of-trade，TOT）来看，1990年发达国家为109.1，而发展中国家仅为60.4，1980年这一组指数则扭转为88.7和114.9，1991年仍基本保持在101.5和99.1。⑥ 总而言之，20世纪70年代以来国际经济体系在市场化与全球化双重推进的过程中为发展中国家搭建了较为稳定而开放的上升平台，中国恰逢此时机进入世界市场，选择以何种对策充分把握全球化的有利时机，应是产业发展路径选择经济思想所要解决的关键问题。

---

① ［英］卡尔·波兰尼著，冯钢、刘阳译：《大转型：我们时代的政治和经济起源》，浙江人民出版社2007年版。
② 舒建中：《国际经济新秩序：历史与现实》，南京大学出版社2013年版，第37页。
③ 高柏：《全球化与中国经济发展模式的结构性风险》，载于《社会学研究》2005年第4期。
④ Gardner, Richard N., The United Nations Conference on Trade and Development, *International Organization*, 1968, 22 (1): 99–130.
⑤ 舒建中：《国际经济新秩序：历史与现实》，南京大学出版社2013年版，第10~20页。
⑥ 资料来源：《国际贸易统计年鉴》（1995），以1990年为100进行计算。

第四章　经济外向时期产业发展路径选择的经济思想（上）：1979~2003年

第三，冷战结束，大国对峙与国际政治长期紧张的局势从此瓦解。1989年柏林墙的倒塌和1991年苏联的解体标志着第二次世界大战后长达近半个世纪的冷战彻底终结。在此之前，美国与苏联两大超级大国全面对峙，双方以大量资金投入军备竞赛，造成了世界长期处于核武器阴影、国际政治关系紧张，也在一定程度上削弱了主流方面对民生经济建设的关注。冷战的结束为世界发展带来诸多契机，包括：（1）全球进入和平共处时期，世界面向多极化发展；（2）经济在政治、外交中占据越来越重要的位置，经济建设进一步成为世界主要国家和地区的发展主题，新自由主义（neoliberalism）在各国间广泛兴起，正如我国决策层所感知的，"无论是为了赚钱或者为了摆脱经济陷入萧条和危机，资本主义国家都愿意发展同我国的经济交往"[①]；（3）不同意识形态，特别是资本主义与社会主义之间的对立与差异逐渐被淡化，中国充分吸收并融合西方国家的理论与思想也不再设有观念上的屏障。

以上可见，建立外交、被世界政治及经济体系所接纳、国际关系呈现广泛的友好和平局势、国际经济贸易进入上升期等一系列因素共同促成了中国产业发展与前一阶段截然不同的良好机遇，加之国内已结束对"林彪、江青集团"的斗争，产业发展战略对策的相机调整正逢此时。

二、迎合全球化扩张趋势的经济外向发展模式选择

中国决策层主要制定了以下三项与产业发展有关的基本战略用以迎合全球化的扩张：首先，将产业发展的目标从军事备战转移到经济建设上，要求"以经济建设为中心"。这符合战争威胁消退的客观条件，也符合全球积极发展经济的普遍趋势，因此是诸多决策层代表的共同意愿[②]。1978

[①] 胡耀邦：《关于对外经济关系问题》（1982年1月14日），中共中央文献研究室编：《三中全会以来重要文献选编》下，中央文献出版社2011年版，第409页。
[②] 1978年9月邓小平在东北提出了全党工作着重点转移的号召，同年中共十一届三中全会前的中央工作会议上华国锋也提出，应根据国内国际形势需要将工作重点转移到经济建设上来，而胡乔木进一步补充，不应仅强调是根据"形势的需要"，而是要将解放和发展生产力的斗争长期坚持。引自朱佳木：《我所知道的十一届三中全会》，当代中国出版社2008年版，第21~25页。

年具有历史意义的纲领性文件——《中国共产党第十一届中央委员会第三次全体会议公报》指出，"现在就应当适应国内外形势的发展……把全党工作的着重点和全国人民的注意力转移到社会主义现代化建设上来"①。当然，"转移"在此处更为精准的含义是指从阶级斗争转移到现代化建设，但在产业发展的层面，此"转移"更应视作对第一阶段的以战略备战为核心的经济观的转变，从此产业发展面向经济建设服务，与国民经济的进步合二为一。1980年邓小平在中央召集的干部会议上，进一步将"现代化建设"归结为经济建设："要加紧经济建设，就是加紧四个现代化建设。四个现代化，集中起来讲就是经济建设。"② 而且，决策层还相应地提出了"按经济规律办事"的经济发展观。邓小平指出，"要学会用经济方法管理经济"③。胡乔木在《人民日报》发表社论进一步指出④，应杜绝以政府意志、长官意志指挥经济的"政治统帅经济"，应尊重客观的经济规律，即"要遵守有计划按比例的规律""要遵守价值规律"，要"保证国家、企业和个人利益的统一"。⑤ 这三点要求以经济学的语言表述即为：应改善目标制定对于禀赋条件的严重扭曲，加强市场的配置作用以及减少对行动个体逐利特征的漠视。这些主张对纠正以往产业发展路径制度选择之于经济原理的偏差具有重要的指向性作用。

其次，实行对外开放，将中国的产业发展置于全球产业体系。这是对国际经济循环趋势的直接迎合。1979~1980年我国先后创办了五个经济特区作为对外开放的试点，随后该政策成为我国一项基本国策。1981年《政府工作报告》详细规划了有关对外开放的具体途径，包括以下五个方

---

① 《中国共产党第十一届中央委员会第三次全体会议公报》（1978年12月22日），引自中共中央文献研究室编：《三中全会以来重要文献选编》上，中央文献出版社2011年版，第3~4页。

② 邓小平：《目前的形势和任务》（1980年1月16日），引自中共中央文献研究室编：《三中全会以来重要文献选编》上，中央文献出版社2011年版，第265~266页。

③ 邓小平：《解放思想，实事求是，团结一致向前看》（1978年12月13日），引自中共中央文献研究室编：《三中全会以来重要文献选编》上，中央文献出版社2011年版，第26页。

④ 胡乔木在国务院研究室提交了一篇《要按客观的经济规律办事》的文章，该文是胡乔木、于光远、马洪三人合作完成。其中关于要按照社会主义基本经济规律办事、要明确认识生产的目的是满足社会的需要、不是为生产而生产这部分是于光远执笔的，关于规律的可观性质是采用于光远一本书中的观点，商品价值规律这一部分是马洪写的。引自于光远：《1978 我亲历的那次历史大转折》，中央编译出版社2008年版，第55页。

⑤ 胡乔木：《按照经济规律办事，加快实现四个现代化》，载于《人民日报》1978年10月6日第1版。

第四章　经济外向时期产业发展路径选择的经济思想（上）：1979~2003年

面：(1) 加强对外贸易，利用自然资源丰富、人工技艺精湛、加工工业可靠的优势，争取高出口率以拉动经济增长；(2) 加强从国外引进技术和进口设备，加强对外技术的交流；(3) 尽量多利用外资加快经济建设，特别是低息、条件比较优惠的贷款，在使用外资上应该更加放手一点；(4) 在坚持平等互利原则基础上，欢迎外国投资者联合开矿、办厂及经营其他事业；(5) 加强学习国外管理经济与对外贸易的本领，培养对外经济贸易专家、技术干部和销售人员。总而言之，"我国被封闭的时代已经过去了""应当审时度势，积极做好工作，不断扩大和加强同一切愿意和我们在互利基础上进行经济技术交往的认识的联系和合作"[①]。可见，这是通过开放门户，以经济贸易为手段，加强资本、技术、商品、劳动力甚至知识的跨境流动，使自身融入全球经济体系。而且，以上论述中已经有了非常明确的发挥比较优势的产业发展路径选择思想特征。随后，我国逐步开放了沿海港口城市，规划了沿海经济开发区并进一步开放了沿江及内陆和沿边城市，逐渐建立起层层开放的地理格局。

最后，启动以市场化为导向的经济体制改革，配合全球化释放市场力量的趋势。对外开放和市场化改革是一个互相促进的逻辑整体，市场化可加大对外开放的力度，充分发挥我国产业的固有优势，并且加快吸收国外要素对我国产业短缺环节的补给；而对外开放，则可以赋予市场化发展以面向国际的更为广阔的空间。邓小平就曾在各种场合大力宣传对外要实行开放政策，对内要进行经济管理体制改革的思想。[②] 在结合决策层的讨论与重要指示后，赵紫阳于1981年对经济体制改革进行了初步规划，包括三个层面：第一，在微观体制改革方面，逐步实施政企分工，扩大企业自主权，使企业成为相对独立的经济单位；同时整顿企业管理，杜绝以往的平均主义，努力提升企业的经济效益。第二，在宏观体制改革方面，要求"在坚持实行社会主义计划经济的前提下，发挥市场调节的辅助作用"，除了关系国家命脉的骨干企业或关系国计民生的主要产品可按国家指令生产

[①] 赵紫阳：《当前的经济形势和今后经济建设的方针》(1981年11月30日、12月1日)，引自中共中央文献研究室编：《三中全会以来重要文献选编》下，中央文献出版社2011年版，第305~353页。

[②] 朱佳木：《我所知道的十一届三中全会》，当代中国出版社2008年版，第29~30页。

外，广泛的由中小企业生产的商品可由市场进行调节；同时"大力发展社会主义的商品生产和商品交换"，努力建成多渠道、少环节、开放的商品流通市场。第三，在其他宏观配套制度方面，应推行统计、财政、税收、价格、银行、商业、物资、外贸、劳动工资等一系列的改革。另外，决策层还提到要发展多种形式的商业联合、行业组织，以大中城市为依托，形成各类经济中心、组织经济网络等①。这是我国启动市场化改革的一个初始，随着改革的推进与探索的深入，我国的决策层连同理论界在所有制问题、企业管理制度问题、社会主义市场化问题等多方面都逐渐展开了更为深刻而详尽的论述。但作为第二阶段初期决策层所指明的关于产业发展的基本战略，以上内容对于扭转前一阶段的意识形态、推动新阶段的经济思想发展均发挥了重要作用。

由以上可见，我国面向全球化扩张趋势而选择的产业发展基本战略，具有显著的外向型经济特征，其主要形式是通过市场秩序的建设，积极参与国际分工，以经济管理手段促进国内外经济交流活动，并以国际市场为导向，创造外汇并拉动国内经济增长，进而与第一时期被动选择的经济自主发展路径截然不同。

三、比较优势发展路径下的国际市场分工的定位选择

产业经济外向发展模式依照路径分野的角度，在理论内涵上符合发挥比较优势的路径选择特征。从逻辑顺序上，该模式所呈现的主要措施都是为了发挥外生比较优势而服务；从逻辑逆序上，依据该时点的外生比较优势而加入国际分工体系，也是一国取得经济效益的有效途径，与经济外向发展模式的目标相一致。所以，按照发挥比较优势的路径选择，第二阶段侧重发展的目标产业可以通过识别该阶段的禀赋结构而随之明确：20世纪80年代，我国虽然经历了第一阶段的重工业化产业建设，但仍旧存在着产业技术匮乏、产业发展资本短缺、产业盈利能力低下等问题，据此，

---

① 赵紫阳：《当前的经济形势和今后经济建设的方针》（1981年11月30日、12月1日），引自中共中央文献研究室编：《三中全会以来重要文献选编》下，中央文献出版社2011年版，第305~353页。

第四章 经济外向时期产业发展路径选择的经济思想（上）：1979~2003年

我国决策层将产业发展的国际分工定位为初级环节，即主要出口初级产品、初级制造业产成品，并在技术与资本上依靠产业发达国家拉动。这种思想在1982年胡耀邦的《关于对外经济问题》中就有集中体现，[①] 体现了我国决策层对产业发展路径的双层面并行的具体设计：

第一，是利用现存禀赋中劳动力与自然资源丰裕的优势，以国际市场为导向，发展初级加工产业，即发挥外生比较优势。胡耀邦总结了我国产业发展存在的四点问题，其中两点即为"资源丰富是一个优势，但许多资源实际上还埋在地下睡大觉"，以及"劳动资源虽然丰富，但是还缺乏充分发挥的条件"。这是对我国当时产业发展背景的准确评价。对于这一问题，胡耀邦指出解决方法一是快速发展农村多种经营，二是面向全世界，积极发展国际劳务合作，特别是发展国际劳务合作，因为"今后相当长时期内，我们在国际上最有竞争力的，还是工资低廉的劳动力"。其具体可包括三方面：（1）来料、来样、来图加工。这就是改革开放初期我国发展产业著名的以及"三来一补"思想中的"三来"；（2）到国外开设企业；（3）大力发展旅游业。考虑到可行性，发展"三来"最切实际，因此胡耀邦主张"来料加工，要指导沿海各省市大力开展"，进而以国际市场为导向的初级加工业成为我国第二阶段产业优先发展的对象选择之一。

第二，从产业发达国家引进现存禀赋中稀缺的技术与资本，通过国际合作，发展相应的工业产业，即克服外生比较劣势。胡耀邦将我国产业发展的另外两点问题总结为，"我们的装备、工艺、技术队伍和经营管理的水平，毕竟还很落后，同世界先进水平还有不小的距离"，以及"国内资金缺乏的状况，相当长时期内不可能有很大改变"。对此形成的对策是"借助国外资金和先进技术尽快地发展我们的民族工业"。在吸引外资上，胡耀邦具体指出，应加强吸引直接投资，如合资经营、合作经营、合作开发、补偿贸易与加工装配等，加强国际提供的各种中长期中低利率贷款，加强一般商业贷款。而在技术合作上，则应加强引进设备，引进新型的优

---

① 胡耀邦：《关于对外经济关系问题》（1982年1月14日），引自中共中央文献研究室编：《三中全会以来重要文献选编》下，中央文献出版社2011年版，第406~425页。

质材料,引进先进的科学技术知识和经营管理方法。由此,通过国际合作的方式,发展我国产业结构中较为匮乏的资本与技术密集工业产业,成为优先发展的另一选择对象。

第二节 发挥劳动要素比较优势的经济认知

在结构性条件和战略导向的双重转变下,1979年以来中国社会开启了对产业发展经济认知的系统重建,这一方面表现为对第一阶段产业发展路径选择经济思想的批判反思,另一方面则表现为对面向新形势与新目标的从传统逻辑到新生逻辑的探索构筑。特别是第二个方面,其本质,是改变以往通过宏观上的计划经济体制和微观上激励缺位的制度设计,从而实现产业发展的竞争式目标,转为选择遵循经济客观规律,尝试激发行动个体在市场作用不断提升的经济体制中发挥比较优势进而振兴产业;其形式,是改变以往政治经济学占绝对支配地位的单一范式框架,转为选择开放引进现代经济学说,积极吸收各种经济理论。这种学术范式的转移,与社会意识形态从封闭到开放具有直接关联,但更为内在的,是现代经济学说在研究微观经济运行方面优势的凸显,与1979年以来中国社会要求改善经济效率低下的主要矛盾更为契合,不同于中华人民共和国成立初期要求解放生产力、建立适应性生产关系的作用需要,所以体现了学术选择的逻辑必然。①

鉴于决策层做出了双层面并行的产业发展路径规划,其相应的经济思想和理论依据也有所区别,所以将分成两章处理。本章所要探讨的,是关于发挥劳动要素的外生比较优势、发展以国际市场为导向的初级加工产业的经济思想。且有必要明确,第二阶段的经济思想是一个在认知转型基础

---

① 张问敏指出,五四运动以来政治经济学说逐渐在中国占据主导,正因其注重研究生产关系和定性分析方法,适应了当时的革命需要;反之西方经济学着重研究微观经济运营问题,虽然也是旧中国需要解决的重要问题,却因主要矛盾表现为生产关系束缚生产力发展,使西方经济学的研究居于次要地位。引自张问敏:《中国政治经济学史大纲》(1899—1992),中共中央党校出版社1994年版,前言第1~2页。

第四章 经济外向时期产业发展路径选择的经济思想（上）：1979~2003年

上的"摸着石头过河"的系统改革工程，因此有关产业发展的经济认知涉及了诸多对基本经济问题的理解和讨论。由此引发的结果是，该部分的认知未能如同第一阶段，在产业发展的优先次序、要素来源、行动主体和协调管理上呈现出非常清晰的讨论界限，但在总体上同样完成了对产业发展路径选择经济认知的清晰构化。

一、基于经典理论反思的产业发展次序再推导

此阶段经济认知的第一个重要转变是调整了产业发展的优先次序。但在发挥比较优势的过程中，优先发展何种产业并非路径选择的初始逻辑点，因为其结果已为所处时点下的禀赋条件所决定。而且，正如第二章的论述，塑造竞争优势路径侧重明确应优先塑造何种内生优势，而发挥比较优势路径侧重探究应如何充分施展外生优势。即便如此，第二阶段的研究并非另起炉灶，其经历的思想转型与路径切换是从对以往认知的反思中逐渐生成的，而对于第二阶段优先发展的目标选择，也是在对第一阶段生产资料优先增长理论的批判中得以显现。所以，回溯这段历史，而非直接介绍现代经济学说传播后的境况颇有价值。20世纪70年代末至80年代中期，我国学术界再次掀起有关扩大再生产理论的热议，其中很大一部分是对生产资料优先增长理论进行反思。该反思的集中出现，一方面是由于重工业优先发展被看作是导致第一阶段产业发展问题的根本要害；另一方面，这也是国内学者对于前一阶段思想积累的进一步深化，即如上一章所显示，当时国内学者在理论上并未给予重工业优先发展政策以充分支持，甚至还提出了两部类应平衡发展的观点。这些观点在改革开放后"尊重客观的经济规律"的导向下，获得了更为广阔的发展空间，进而形成了反思的热潮。此次热潮中的探讨可被归纳为以下四个方面：

第一，马克思是否提出了生产资料优先增长？刘国光等指出，当前一个流行观点认为生产资料优先增长理论出自《资本论》第二卷第三篇，但事实上马克思"既没有提出，也没有讨论两大部类产品的增长谁快谁慢的

问题",第一个提出该理论的是列宁,但列宁也强调其使用存在一定条件。① 鲁从明也是该类观点的支持者,他更进一步明确,将该规律作为一个普遍原理,最早是见于斯大林的著作。② 事实上,这种对于马克思真实观点的辨析在 60 年代就出现过。③ 不过在此阶段,仍有观点坚持认为④,马克思在《资本论》的原文已指出第一部类应为本部类制造更多的不变成本,暗含了生产资料优先增长的原理,因此认定该原理由马克思提出应不存在疑问。

第二,"生产资料优先增长"是否是扩大再生产的客观规律?鲁济典和鲁从明是对该问题做出探讨的重要代表。鲁济典指出,虽然在一般理解上,生产资料的产量除了能补偿已消耗掉的部分并有所剩余,是扩大再生产必须具备的物质条件,但生产资料优先增长不能同生产资料存有剩余画等号。特别是,在某些条件下即便生产资料优先增长,也未必能创造产品剩余;而某些条件下消费资料优先增长,却一样能具备扩大再生产的物质条件。经典理论中给出的计算公式,是凭借人为夸大第一部类的增长量并缩小第二部类的增长量,同时使两大部类追加的不变资本在一年内全部消耗才得到的。另外,该公式还未能考虑活劳动的利用以及对外贸易、物质储备等现实经济中不可避免的因素,因此所谓生产资料生产的优先增长不能当作扩大再生产必然经历的客观规律。鲁济典还批判了"积累率由第一部类可能的产量来确定"的经济计划方法,指出应从社会需要多少消费资料、第二部类可提供多少消费资料、有多大可能性进行积累来计划,否则将会损害经济发展与人民生活。⑤

鲁从明则进一步加强了"生产资料优先增长原理是基于一系列严格限

---

① 刘国光等:《马克思的社会再生产理论》,中国社会科学出版社 1981 年版,第 121、123 页。
② 鲁从明:《两大部类生产增长速度快慢是不断交替的过程》,载于《经济研究》1980 年第 5 期。
③ 关梦觉:《关于社会主义扩大再生产的几个问题》,吉林人民出版社 1963 年版,第 6~7 页。
④ 田祥璋、周成启、李善明:《马克思主义的再生产理论》,贵州人民出版社 1980 年版,第 53~54 页。
⑤ 鲁济典:《生产资料生产优先增长是一个客观规律吗?》,载于《经济研究》1979 年第 11 期。

定条件"的论点,指出除了人为设定积累率、一次性转移不变资本外的不现实假设外,还有两个很强的思维推导:其一,资本有机构成提高必然导致第一部类增长更快。但这一现象的产生也要以两部类的协调发展为前提。其二,生产技术进步必然导致资本有机构成提高。但鲁从明认为技术进步会引致生产资料节约化,因此未必造成资本有机构成提高,其最终的结论是,在技术不断进步的扩大再生产中,两大部类生产速度是不断交替的过程,不会长期表现为生产资料增长更快。另外他补充,生产资料固然重要,但"从国民经济中的序列结构来看,归根到底还是消费资料的生产决定生产资料生产的发展,消费资料生产是生产资料生产发展的出发点和归宿"。①

也有学者坚持认为生产资料优先增长是客观规律,② 但其论述并未对另一派的观点给予正面反击,而是强调理论的建立必然经历一定的抽象过程,不能因高度提炼而否定了分析的科学价值。

第三,"生产资料优先增长"是否是社会主义条件下的客观规律?有观点认为,生产资料优先增长并不来自技术进步,而是来自资本家出于逐利本性把更多积累投向第一部类,因此扩大再生产中生产资料优先增长取决于资本主义经济的特性,社会主义经济因遵循有计划按比例增长的规律因而不会产生该现象。③ 此观点遭到反对④,反对意见主要为,生产资料优先增长原理同社会主义经济性质并不矛盾,因为高技术基础有利于为满足社会物质文化需求服务;同时,生产资料优先增长原理同有计划按比例规律并不对立,关键在于保证第一部类优先增长的同时平衡好其他部门发展,不能因重工业优先发展政策导致经济失调就对原理决然否定。

第四,"生产资料优先增长"在经济建设中的实现条件?该讨论同第二类的差别是,仍然坚持生产资料优先增长的原理是科学的,认为只要满足两部类保持均衡发展的条件,就能顺利实现扩大再生产。持此观点的不

---

① 鲁从明:《两大部类生产速度快慢是不断交替的过程》,载于《经济研究》1980年第5期。

②④ 马镔:《技术进步条件下生产资料的优先增长不能否定——与鲁济典、朱家桢同志商榷》,载于《经济研究》1980年第3期。

③ 朱家桢:《生产资料生产优先增长是适用于社会主义经济的规律吗?》,载于《经济研究》1979年第12期。

在少数，一些学者主要从积累角度强调消费资料增长的必要意义。刘恩钊认为，剩余产品创造积累，而剩余产品从广泛历史来看首先是在消费资料中出现的，因此必须加强第二部类的生产使之有充足的商品与第一部类进行交换。① 另一些学者从经典公式中推导出扩大再生产的补充公式。如欧阳胜将马克思理论中的扩大再生产原理模型化为：

$$Ⅰ(V+m) > Ⅱc \qquad (4.1)$$

$$Ⅰ(V+m/x) > Ⅱ(c+m-m/x) \qquad (4.2)$$

其中，m/x 为资本家个人消费的部分，因而公式（4.1）代表生产资料在实际消耗补偿后仍有剩余，公式（4.2）代表消费资料在完成实际消耗后，还能相应地为生产资料剩余投入生产而提供补充。② 这种思想在第一阶段也曾出现，只是未能获得如此热烈的呼应。另外还有一种扩大化的平衡思想，即叶大绰提出的，扩大再生产中的产需平衡不仅是总量的产需平衡，更是其所包括的各个品种的产需平衡。③ 总而言之，该类思想均认为我国当前第一部类与第二部类发展严重失调，因此强烈主张发展消费资料的生产。这对第二阶段优先发展具有劳动力密集特征的轻工业产业具有直接的理论推动作用。

纵观两阶段的讨论，第二阶段相较第一阶段最主要的突破即为不将经典理论看作神圣不可动摇的"真理"，能够更加直接且深刻地探讨生产资料优先增长的适用边界，从而破除了重工业优先发展产业政策凭借经典理论"支持"的科学合理性基础，从理论角度对以往产业发展路径选择的偏差进行了陈述。而且这种思想，也等同于否定了将塑造竞争优势看作中国产业发展的唯一路径的观念，为发挥比较优势的路径选择开辟了可能。同样可就此判定的是，即便从政治经济学的体系（在当时尚未有现代经济理论的集中传入），也能推导出在一味地推行重工业优先发展产业政策存在逻辑漏洞，不能将政治经济学同重工业优先发展政策画等号。20世纪80年代中后期，随着现代经济学说的传入，扩大再生产的范畴逐渐被"经济增长"研究替代，而两大部类的争论也开始走向"产业结构研究"的轨

---

① 刘恩钊：《两大部类关系和生产资料生产优先增长》，载于《经济研究》1980年第2期。
② 欧阳胜：《论生产资料和消费资料的平衡》，载于《经济研究》1979年第6期。
③ 叶大绰：《社会再生产实现条件及其特点》，载于《中国社会科学》1985年第3期。

道。政治经济学框架下的产业发展路径选择思想退出历史主流,但这一反思式的讨论仍为随后轻工业、民用工业的优先发展储备了充足的认知基础。

二、西方比较成本学说传播下的产业模式论争

现代国际贸易理论的传入是第二阶段中国经济认知的一个重大变动。此前中国处于封闭状态,贸易思想并不发达,特别是 1966~1978 年国际贸易思想出现了停滞甚至倒退,[①] 因此我国学术界对此方面了解极少,有人评论 1979 年前该领域几属空白。[②] 改革开放以来,在第二阶段推行经济外向的产业发展路径选择背景下,大批国际贸易理论被引进中国,图 4-1 正是以全国国际贸易经济类图书出版情况为例显示出该类研究发展的规模与速度。同时,也有很多学者以文章形式呼吁重视对外贸易对我国经济发展的有益作用。[③] 在此过程中,比较成本学说是一个传播重点,很多学者向国内引介该理论,并将其看作是中国新时期产业发展的未来趋势。然而,也有不少学者仍受第一阶段竞争式经济认知的影响,对比较成本学说抱有较高警惕,组成了持相反意见的学术阵营,并由此展开了中华人民共和国成立以来学术史上第一次的关于"发挥比较优势还是塑造竞争优势"的产业发展路径选择争论。最终,由于全球化客观趋势及对外开放政策导向,第一种认知选择明显占据了上风,其不仅为经济开放模式夯实了理论根基,也为产业发展路径选择中"优先次序""资源获取"等问题提供了一定的解答参考。

[①] 胡寄窗、谈敏主编:《新中国经济思想史纲要》(1949—1989),上海财经大学出版社 1997 年版,第 287 页。
[②] 张卓元主编:《论争与发展:中国经济理论 50 年》,云南人民出版社 1999 年版,第 26 页。
[③] 这一类研究在 20 世纪 80 年代逐渐兴起,越来越多的学者为贸易辩护,主张发展对外贸易。如赵穗生:《试论对外贸易与经济发展的关系》,载于《世界经济》1982 年第 2 期;袁文祺、王建民:《重新认识和评价对外贸易在我国国民经济发展中的作用和地位》,载于《国际贸易》1982 年第 1 期;王林生:《试论社会主义对外贸易的地位和作用问题》,载于《国际贸易》1982 年第 2 期;陈德照、谈世中:《实行对外开放是我国坚定不移的战略方针》,载于《国际贸易》1983 年第 5 期,等等。

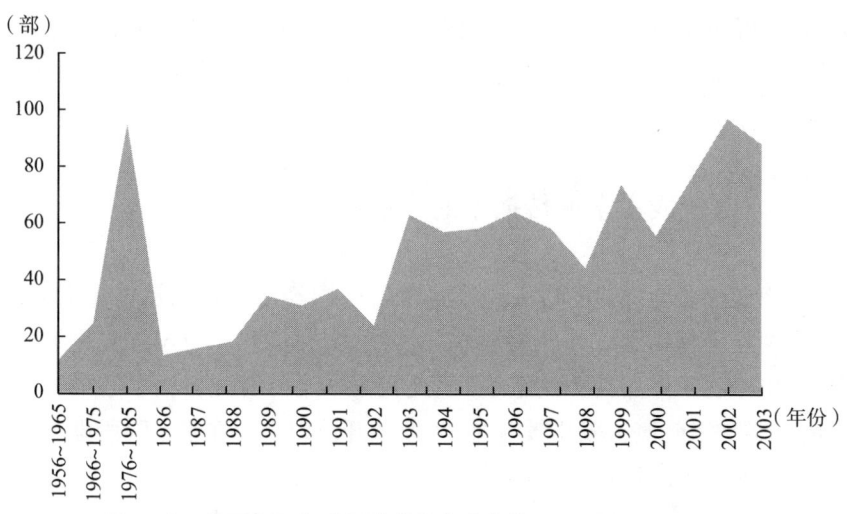

图4-1　全国国际贸易经济类图书出版情况（1956~2003年）

资料来源：读秀学术数据库（http：//www.duxiu.com/）以"国际贸易"为主题，在"经济"类目下搜索，并按年份统计。

（一）引介比较成本学说，支持产业发展遵循比较优势

关于比较成本学说的引介主要围绕李嘉图的理论展开。在介绍该理论的基础上，此类学者认为选择发挥比较优势的产业发展路径有如下四方面的益处：第一，发挥比较优势可增加使用价值的总量，提高经济效益。朱国兴、王绍熙指出，由于国内市场和国际市场存在不同的价值尺度，同种物品完全可能在他国市场上获得更多的相对于本国的使用价值[①]。鹿世明也认为，同等商品在不同市场的价格差异，有赖于不同市场所具有的不同供求关系、生产能力和社会因素，这是贸易双方都能获得价值增值的理论机制，因此比较成本学说仍符合劳动价值论[②]。这种观点是对于国内早期出现的认为比较成本学说不符合价值交换规律的看法的驳斥。第二，发挥比较优势可节约劳动，获得类似于生产效率的提高。陈琦伟认为，依据比

[①] 朱国兴、王绍熙：《关于马克思对李嘉图"比较成本说"的评价问题》，载于《国际贸易问题》1981年第3期。

[②] 鹿世明：《一个提高经济效益的外贸模式——试评"比较成本规律"》，载于《国际贸易问题》1985年第6期。

较成本学说进行贸易可使双方在取得相同的使用价值量时节约国内劳动,从这个意义上,贸易会导致有形的和无形的生产劳动率的提高[1]。朱钟棣对该论断也表示支持[2]。第三,发挥比较优势可迅速实现一国的经济繁荣。王和平认为,由于各国经济发展程度与禀赋情况存在梯度差异,那么扬长避短,共同谋求利益是明智的做法,世界经济发展史已经印证了这一点,特别是比较优势可扩大对外贸易,而对外贸易又能拉动国内就业与生产,进而带动国内经济迅速增长。[3] 朱立南也认为,适当地遵循比较成本学说在宏观上可为国内提供更多的物质产品、提高人民生活水平,在微观上则可推动企业自发参与国际分工、积极生产。[4] 第四,发挥比较优势在长期还能提升产业结构。鹿世明指出,国际分工可使各国专注于发展其具有比较优势的产业,因此有助于不断提高生产效率、降低生产成本,推动产业结构优化。[5] 这种观点带有动态比较优势理论的意味。不过本书认为,该观点未能充分涉及发挥比较优势可潜在推动产业结构升级的本质。分工的确有利于工艺水平与生产效率的提高,这是亚当·斯密分工学说的主要观点。然而,产业结构升级本质上意味着产业从低级化向高级化的过渡,例如产业附加值从低到高,产业要素构成从资源、劳动密集到资本、技术密集,等等。仅强调专注于某一产业并提升本产业的生产效率,可以实现该产业自身的优化,但在逻辑上并不具备导致产业结构高级化演变的必然趋势。从比较优势学说推导产业结构升级,应更多地从贸易积累下资本结构及技术结构的变动进行相应的论证。

总而言之,以上四类观点在向国内学界介绍比较成本学说的同时,还宣扬了其对中国产业发展的益处。这对推行经济开放模式特别是遵循中国禀赋条件,发展具有劳动力比较优势的初级加工产业提供了重要的理论支持。

---

[1] 陈琦伟:《比较利益论的科学内核》,载于《世界经济》1981年第3期。
[2] 朱钟棣:《比较成本说的理论缺陷》,载于《世界经济》1981年第11期。
[3] 王和平:《比较成本学说可以作为我国对外经贸理论的基础》,载于《当代财经》1988年第11期。
[4] 朱立南:《比较利益的性质及其在国际贸易中的意义》,载于《国际贸易问题》1992年第12期。
[5] 鹿世明:《试论比较成本规律与产业结构的优化》,载于《国际贸易问题》1989年第Z1期。

另外，还有学者在此基础上进一步对中国产业发展路径做出了选择与设计。此方面应重点提及王健的"国际大循环"理论，因为这是一个运用国际贸易，在推行比较优势的同时致力于拉动中国产业现代化发展的全盘性路径规划，与全球化扩张所带来的要素与资本加速跨境流动相互呼应，非常具有代表意义。王健认为，我国的产业现状处于重工业发达与农业落后并存的二元结构，单纯对内发展轻工业并利用对外开放引进外资与技术，难以快速填补二元结构的沟壑；反之，如若加大沿海地区对外开放力度，通过加强"出口导向"的劳动力密集型产业建设，通过国际市场的转换机制，大量换取外汇并供给于资本、技术密集型产业以及具有高附加值的产业，最终反馈于农业，就可较快的沟通农业与重工业的循环关系并实现产业升级。① 王健所设定的"劳动密集型产业→基础工业和基础设施，资金密集型产业→附加价值高的重加工业→农业"的发展顺序，能够较为深刻地体现比较成本学说提升一国产业结构的动态可能，即"发挥比较优势→换取资本积累→弥补比较劣势→全面提升禀赋结构→经济增长与产业升级"。该理论引起学界的诸多探讨②，并最终得到决策层的重视，其不仅确立了中国发展劳动力密集产业的优先次序，也对进一步实现产业结构高级化所需的资料来源进行了说明，因而具备较为完善的逻辑体系和较高的实现可能。

（二）质疑比较成本学说，强调产业发展塑造竞争优势

中国学界对于比较成本学说的传入并非全盘接受，特别是一些学者受国内长期以来塑造内生比较优势、进而争取国际分工主动地位的思想影响，对比较成本学说支持的发挥外生比较优势、顺势确立国际分工的思想并不认同。早期的批判根据主要来自传统政治经济学说和现代贸易理论的冲突，认为比较成本学说违反劳动价值论，不过这种观点很快被驳斥。而

---

① 王建：《选择正确的长期发展战略——关于"国际大循环"经济发展战略的构想》，载于《经济日报》1988年1月5日。
② 基本赞成该理论的如石水：《国际大循环与沿海发展战略》，载于《教学参考》1988年第2期；夏申：《论中国外向型经济发展的战略选择——兼评"国际大循环"战略构想》，载于《财贸经济》1988年第9期，等等；持反对意见的如梁桂全：《不合国情的"国际大循环"构想》，载于《学术研究》1988年第4期；齐建国：《产业发展序列及其选择》，载于《技术经济》1988年第Z1期；蔡文祥：《也谈国际大循环》，载于《对外经贸大学学报》1989年第3期，等等。

第四章 经济外向时期产业发展路径选择的经济思想（上）：1979～2003年

后，一些学者开始围绕该学说自身存在的漏洞及局限性进行探讨，主要观点可总结为以下四个方面：第一，依据比较成本进行的贸易并不会使发展中国家获得均等收益。杨鲁军、张颂豪指出，进行贸易的两国生产率差异越大，分工利益越会不均，造成富者更富、贫者更贫。[①] 郭万清进一步说明，即便比较成本贸易会创造分工利益，但交换需求的强弱会决定利益的归属，发展中国家对于发达国家制成品的需要一般远远高于发达国家对初级产品的需要，因此分工利益大多被发达国家独占。[②] 第二，长期专注于比较成本分工会陷入"比较优势陷阱"，丧失在国际上的竞争能力。高鸿业坚决反对运用比较成本学说指导我国贸易，认为安于已有禀赋而组织产业建设，从长期来看技术水平和工业基础均将难以得到发展。[③] 朱晓红也指出，生产并出口初级产品或劳动力密集产品的一方相对而言总是处于不利地位，这种不利未必会因贸易的持续而有所改善，反而可能得到强化。[④] 第三，比较成本学说需要以自由贸易为必要前提，但这种前提在现实中难以实现。薛荣久指出，现实经济中的贸易并非如李嘉图所言一般和谐，事实上各国通常采取贸易保护手段来提升本国产品的竞争能力。[⑤] 姚曾荫同样表示，国际贸易中的现实常态是发达国家都不愿放弃贸易保护，而大多数发展中国家也需要竞争式的产业发展建设规划。[⑥] 第四，支持迈克尔·波特的竞争优势理论。这种趋势主要从20世纪90年代开始，其为反对发挥比较优势产业发展路径的学者寻得了理论依据。陶然[⑦]、洪银兴[⑧]、王

[①] 杨鲁军、张颂豪：《关于"比较成本说"的若干问题》，载于《经济问题探索》1983年第3期。
[②] 郭万清：《论比较优势理论在不同条件下的适用性》，载于《中国工业经济研究》1990年第3期。
[③] 高鸿业：《比较成本学说不应构成我国外贸发展战略的理论基础》，载于《经济问题探索》1982年第4期。
[④] 朱晓红：《关于比较成本理论的若干质疑》，载于《国际经济探索》2001年第1期。
[⑤] 薛荣久：《李嘉图"比较成本说"不能指导我国对外贸易》，载于《经济科学》1982年第2期。
[⑥] 姚曾荫：《关于我国对外贸易几个理论问题的探讨》，载于《人民日报》1987年7月13日第5版。
[⑦] 陶然、周巨泰：《从比较优势到竞争优势——国际经济理论的新视角》，载于《国际贸易问题》1996年第3期。
[⑧] 洪银兴：《从比较优势到竞争优势——兼论国际贸易的比较利益理论的缺陷》，载于《经济研究》1997年第6期。

子先①等一批学者都先后呼吁中国的产业发展应从比较优势走向竞争优势，但这些讨论的兴起是中国经历了 30 余年的外向型经济，已完成一定积累并暴露一定问题后才提出的，同时也为第三阶段产业发展路径的重新选择讨论掀开了序幕，因此这一内容将在随后详细探讨。

总而言之，虽然比较成本学说所代表的发挥比较优势产业发展路径存在一定的弊端和限定，但这些限定在全球化扩张、各国都渴望进行要素流转、迅速发展经济的形势下被相当程度的弱化。我国选择以发展劳动力比较优势，带动产业面向国际市场发展，可谓在当时历史情境下的大势所趋。

三、对市场机制之于产业发展意义的渐进洞悉

如果说更替产业发展次序的理论争鸣及关于产业发展模式的辨析探讨都是第二阶段的思想准备，那么宏观层面上的市场化改革思想以及微观层面上的所有制改革思想便是启动 1979 年后中国产业发展路径切换的理论主体。西方经济学说的引入对市场机制及相关思想的传播有重要推广作用，但市场经济思想的深入发展及制度性落实，有赖于决策层在经济管理体制上的重大思想突破。中国共产党第十一届中央委员会第三次全体会议决定在计划经济中引入市场机制，中国共产党第十二届中央委员会第三次全体会议明确社会主义经济是有计划的商品经济，再到中国共产党第十四届中央委员会第三次全体会议确定社会主义市场经济体制的基本框架，均逐步地为学术研究开辟了宽广空间；相应地，学术界对于市场机制认识的不断演进也为决策层的思想转变提供了一定的探索铺垫。从启动市场化转型到确立社会主义市场经济理论，其间的学术成果不计其数且辩论颇为激烈，本书也无意对这一问题进行系统爬梳。更值得关注的是，当时学者认为市场化改革何以促进产业发展，以及为何要选择市场化作为该时期产业发展路径的组成部分。从这一角度考察，经济学术的思想演变大致经历了

---

① 王子先：《以竞争优势为导向——我国比较优势变化与外贸长期发展的思考》，载于《国际贸易》2000 年第 1 期。

三个阶段：探讨引入市场机制从而促进产业发展的阶段，探讨确立以市场机制为改革导向从而促进产业发展的阶段，探讨深化社会主义市场经济体制改革从而促进产业发展的阶段。这一思想的阶段性演变体现了中国经济研究领域对于市场机制不断加深理解、不断重视的渐进过程。

（一）引入市场机制对于产业发展的必要性认识

第一阶段中国的经济学术界曾有不少为价值规律正名的论述，但这些思想既不够深刻揭示市场机制对于产业发展的重要意义，在实践中也难以成为主流，因而最终未能被选择。中国共产党第十一届中央委员会第三次全体会议决议在经济管理中引入市场机制后，学术界再次掀起关于价值规律的探讨，使得部分地借助市场手段而发展产业成为广泛学者的共同选择。之所以称之为部分地，是因为当时的讨论还主要在计划经济体制的框架下。这种特征在1979年4月的全国第二次经济理论讨论会上较为突出。薛暮桥、刘国光、孙尚清、张卓元等知名学者均参加了会谈，并对市场机制之于产业发展的必要性形成以下三方面的探讨：

第一，高度计划经济体制的有限理性易阻碍产业发展。有学者指出，片面强调计划管理会造成生产与需要脱节、计划价格脱离实际、资金分配抑制企业经济效果、产业内部企业缺乏梯队发展而普遍存在"大而全""小而全"等问题，因此必须强调市场与计划的相互结合，否定市场与计划的"排斥论"、计划被市场替代的"替代论"、市场只能作为核算工具的"工具论"。[①] 类似的，也有观点指出，经济活动涉及诸多方面、瞬息万变，越完全依靠计划规定越难以保证活动的平衡。[②]

第二，市场机制能在调解生产与分配方面具有强大优势，因此有助于产业健康发展。有学者表示，社会生产中的按比例发展需要通过市场才能较为灵活、及时地将社会生产与社会需要紧密联系，促使社会生产能够在

[①] 刘国光、赵人伟：《论社会主义经济中计划与市场的关系》，引自中共社会科学院经济研究所资料室、国家计委经济研究所资料室、江苏省哲学社会科学研究所资料室编：《社会主义经济中计划与市场的关系》上，中国社会科学出版社1979年版，第53~73页。

[②] 薛暮桥：《社会主义经济的计划管理》，引自中共社会科学院经济研究所资料室、国家计委经济研究所资料室、江苏省哲学社会科学研究所资料室编：《社会主义经济中计划与市场的关系》上，中国社会科学出版社1979年版，第15~43页。

经常性的自动调解中保持必要比例。中国的钢铁产业正是因为违反价值规律而制定了过高指标,挤兑了农业和轻工业,最终才造成了国民经济无法按比例发展的不利局面。①

第三,市场机制能将企业置于竞争之中,从而促进产业的健康发展。有学者分析,在市场中经营管理好、技术水平高的企业会获得超额利润,随后也将进一步实现生产水平和产业素质的提高;相反经济效益差的企业将在竞争中被淘汰。② 这种市场中的优胜劣汰是值得被鼓励的,即为了经济发展,不应恐惧企业之间的正当竞争,只要国家调控得当,竞争将极大地增强企业的灵敏度和生产积极性,进而提升产业发展活力。③

在经济体制改革的背景下,我国主流经济学界明确摒弃了限制市场机制的备选项,而认为市场与计划可以统一,产业发展正在此过程中受益。但在此时,计划经济仍占据主导,为市场经济辩护的主旨也主要是围绕如何更好地制订并实现计划经济,即计划经济的合理化与科学化而展开。如其中有学者仍主张在主要产业产品上继续实行统销统购而开放次要产业产品流通,主张以产定销制订经济计划等,带有浓厚的计划经济色彩。不过,以上探索总体上实现了一定程度的理论突破,对产业发展体制从计划经济向社会主义市场经济的过渡提供了重要的思想基础。

(二) 市场导向改革之于产业发展的必要性认识

20世纪80年代以来,经济学界要求加大市场化改革力度的呼声愈加强烈,甚至提出了"有计划的商品经济"④,使得产业发展也被进一步嵌入到商品经济的框架下。然而,仍有一种观点认为经济体制改革不能走上

---

① 孙尚清、陈吉元、张卓元:《社会主义经济的计划性与市场性相结合的几个理论问题》,载于中共社会科学院经济研究所资料室、国家计委经济研究所资料室、江苏省哲学社会科学研究所资料室编:《社会主义经济中计划与市场的关系》上,中国社会科学出版社1979年版,第96~125页。

② 刘恩钊:《对价值规律在计划经济中的作用再认识》,引自中共社会科学院经济研究所资料室、国家计委经济研究所资料室、江苏省哲学社会科学研究所资料室编:《社会主义经济中计划与市场的关系》下,中国社会科学出版社1979年版,第541~559页。

③ 刘成瑞、胡乃武、余广华:《计划与市场相结合是我国经济管理的基本途径》,引自中共社会科学院经济研究所资料室、国家计委经济研究所资料室、江苏省哲学社会科学研究所资料室编:《社会主义经济中计划与市场的关系》上,中国社会科学出版社1979年版,第215~235页。

④ 刘国光:《坚持经济体制的改革方向》,载于《人民日报》1982年9月6日第5版。

市场化的道路，若不坚持计划经济，社会主义经济与资本主义经济之间的本质界限将会变得模糊。① 这两种备选意见很快迎来了选择的结果，1984年马洪组织周叔莲、张卓元对社会主义制度下的商品经济进行了深入探讨，得到了决策层的认可。决策层的观点是，"计划经济为主、市场调节为辅"的构想已不足以满足改革需求，必须要加大市场机制在经济活动中的调解作用。这一思想最终被写进《中共中央关于经济体制改革的决定》②，进而推动了学术领域的发展，在有关产业发展方面形成了更为丰富的观点。具体而言：

第一，深化有计划的商品经济理论，为产业发展夯实市场化背景。吴敬琏是该时期商品经济理论的重要支持者，他甚至进一步主张，应更为准确地使用"市场经济"这一新名词。他与胡季在1988年《人民日报》上发表《社会主义商品经济也是一种市场经济》，指出市场经济并不等同于资本主义经济，有计划的商品经济也是一种市场经济，其主要通过市场机制配置资源，符合当前经济发展的客观形势，因此应通过经济改革建立"国家调节市场、市场引导企业"的新的经济运行机制。③ 另外，吴敬琏还在20世纪80年代末完成了一系列专著与论文集，对市场机制之于经济、产业发展的重要作用进行了充分阐释。④ 马洪指出，社会主义商品经济建立在公有制基础上而且是有计划地进行，发展商品经济不与我国的社会主义性质相违背，而且，为了促进社会生产力迅速发展，应逐渐缩小指令性产品生产和产品分配的范围，更多地运用经济手段和价值杠杆来进行经济调节。⑤ 林子力也从经济与交换演进的历史分析角度，指出商品经济本质上是一种社会化的生产方式，虽然商品经济替代自然经济是首先在资

---

① 房维中：《一条不可动摇的基本准则》，载于《计划经济研究》1982年第11期。
② 谢明干：《〈中共中央关于经济体制改革的决定〉诞生前后》，引自欧阳淞、高永中主编：《改革开放口述史》，中国人民大学出版社2014年版，第218~237页。
③ 吴敬琏、胡季：《社会主义商品经济也是一种市场经济》，载于《人民日报》1988年7月15日第5版。
④ 吴敬琏：《经济体制改革问题探索》，中国展望出版社1987年版；吴敬琏：《中国经济改革的整体设计》，中国展望出版社1988年版；吴敬琏、胡季主编：《中国经济的动态分析和对策研究》，中国人民大学出版社1988年版；雷朴实、吴敬琏主编，王忠民等译：《论中国经济体制改革的进程：美国阿登豪斯国际研讨会论文集》，经济科学出版社1988年版。
⑤ 马洪：《关于社会主义制度下我国商品经济的再探索》，载于《经济研究》1984年第12期。

本主义制度下演化而成的，但这并不代表社会主义就不能发展商品经济。①于祖尧同样提出，否认交换在社会化生产中的重要机能，只会重复"工业报喜、商业发愁、滞销积压、财政虚收"的逻辑，最终导致产业发展与经济发展的不协调。②

第二，通过价格机制作为调整产业发展的信号。张卓元是支持价格改革、运用价格机制调解经济的倡导者，其在20世纪80年代末出版了一系列著作，③并在1990年出版其代表成果《中国价格模式转换的理论与实践》④，全面评述了我国自1979年来价格改革的正反经验教训，并对价格模式的转换起因、理论基础、方式与环境等进行了系统分析，为进一步的价格体制改革厘清了理论框架。具体在产业发展的问题上，袁木强调，仅放开物资供给远远不够，如若不进行价格体系改革，就会造成价格既不反映价值，也不反映市场供求关系的情况，因而不仅不能反映和评价企业的绩效，还不能激发企业展开有益竞争。⑤薛暮桥甚至表示，价格体系改革是经济体制改革成败的关键，以纺织产业为例，此前国家严格控制化纤布价格来以此填补棉布亏损，造成了化纤布销量萎缩；而国家计划于是压缩化纤生产，使整个纺织业陷入萎靡；1983年国家提高化纤价格，从限制生产转为放手发展生产，化纤布的收益反而大增。因此，只有建立市场化的价格体系，才能真正发挥市场调节作用，保证国民经济有计划按比例生产。⑥

第三，加强市场化的分配制度改革，激发产业发展活力。张问敏指出，长期以来我国的产品只要被计划性地生产出来，无论质量好坏或者需要与否，所有产业内生产产品的劳动者均凭按劳分配的原则领取报酬，可

---

① 林子力：《论社会主义商品经济》，引自段若飞编：《经济体制改革理论问题探讨》，北京工业学院出版社1985年版，第163~233页。
② 于祖尧：《社会主义商品经济论》，载于《经济研究》1984年第11期。
③ 张卓元：《社会主义商品价格学》，中国展望出版社1986年版；张卓元：《价格学》，中央广播电视大学出版社1987年版；张卓元：《社会主义价格理论与价格改革》，中国社会科学出版社1987年版；张卓元等：《中国价格架构研究》，山西人民出版社1988年版。
④ 张卓元主编：《中国价格模式转换的理论与实践》，中国社会科学出版社1990年版。
⑤ 袁木：《我国经济体制改革的纲领》，引自段若飞编：《经济体制改革理论问题探讨》，北京工业学院出版社1985年版，第1~138页。
⑥ 薛暮桥：《关于价格体系改革的几个问题》，引自段若飞编：《经济体制改革理论问题探讨》，北京工业学院出版社1985年版，第330~338页。

见这种"吃大锅饭"的行为并不适应生产力的发展。① 谷书堂、常修泽进一步对马克思按劳分配理论的前提条件进行了总结,指出,劳动者在全社会范围内平等占有生产资料、每个劳动从一开始就直接成为社会劳动、整个社会实行单一的计划调解是马克思按劳分配理论的三项必要条件,与我国当前经济发展阶段不符。因此,要在市场充分发挥调解作用的领域内,依据等价交换的原则对劳动者的"劳动贡献"进行分配,这样便可减少"吃大锅饭"的行为并激发劳动者的生产动力,减少产业生产浪费。②

从以上可见,不同于20世纪70年代末主要将市场机制作为计划经济的动态修正与补充,80年代初期的理论诉求更强调发挥市场经济的主导作用。其主要观点——以价格信号调解产业资源配置,以经济激励个体生产动机,已触及市场经济的实质。特别是后一点,对于第一阶段产业发展路径选择中微观层面激励缺位的理论偏差构成了直接的修正。

(三) 市场经济发展对于产业发展的必要性认识

随着市场化改革的不断深入,我国的商品经济愈加蓬勃,越来越多的产品进入了流通领域,产业发展也因市场机制发挥的调解作用而得到了资源的优化配置。然而,由于改革初期,经济与社会上产生了一定波动,有部分学者对市场经济表示出怀疑,甚至将计划与市场的取舍上升到社会主义经济制度的存废,进而再次提出了回归"计划取向"的改革选项。③ 对此,我国经济学界主流的意见还是选择深化"市场取向"的经济体制改革。这两派观点的辩论在20世纪90年代初期尤为激烈,④ 不久后邓小平

---

① 张问敏:《关于按劳分配理论的思考》,载于《中国劳动》1987年第5期。
② 谷书堂、常修泽:《社会主义与商品经济论纲》,载于《经济研究》1990年第6期。
③ 许毅称,有些同志把"市场调节"和"市场经济"相混淆,殊不知只有资本主义生产方式条件下的商品经济才是市场经济,这种导向致使资本主义增值机制替代社会主义经济责任机制的错误方向不断发生。为了扭转国民经济中的混乱现象,必须从市场经济回归到计划经济的轨道上来。参见许毅:《治理整顿必须克服思想混乱,坚持社会主义方向》,载于《改革》1991年第1期。
④ 1990年中共中央政治局委员会就召集经济学家展开探讨会议,薛暮桥、刘国光、苏星、袁木、许毅、吴敬琏等参加了会议,就改革的计划取向和市场取向展开了激烈争论。引自薛暮桥:《薛暮桥回忆录》,天津人民出版社1996年版,第430~432页。

在几次讲话中提出，市场和计划都是手段，都可以为社会主义服务①，坚定了市场经济改革派的理论选择。1992 年中国共产党第十四届中央委员会第三次会议通过《中共中央关于建立社会主义市场经济体制若干问题的决定》，在市场经济、所有制、分配制度、政府职能等问题上共同构筑了社会主义市场经济体制的基本框架，为学者的深入探讨提供了制度基础，从而在产业发展领域形成了以下几方面的探索：

第一，健全劳动要素市场，促进产业发展市场化运作。我国的产业发展在经历前两轮改革后，已在大体上逐步实现了物资流转的自主掌控和对供求信号的有效识别。这有赖于市场化改革对物资体系和价格体系管制的放松。但是，我国的要素市场仍不健全，阻碍了市场机制更深层次地发挥资源配置的作用。因此，经济学界出现了要求健全要素市场特别是健全劳动力市场的呼吁。董辅礽②、简新华③认为，劳动力也属于一种商品，必须让劳动力进入市场才能充分地发挥资源配置功效。蔡昉等指出，中国的户籍制度虽然作为阻碍城乡劳动力市场发育的制度根源之一，但受城市利益集团影响而得以延续，因此撤销户籍制度需要城乡经济与制度一系列相应调整而作为保障。④ 赖德胜则表示，教育在个人收入分配上将发挥日益重要的作用，因此教育平等将是维护劳动力市场收入分配平等的重要因素。⑤

第二，促进政府在产业发展中转变职能。在从计划经济体制到市场经济改革的过程中，政府对于产业发展的直接干预已经有所降低，但由于双轨制和渐进式改革的特征，政府在相当范围内的产业环节上还存有较强的行政指令色彩。对此，诸多学者主张加快政府在产业发展中的职能转变。樊纲认为，政府在经济活动中扮演的主要职能应该是保护产权、维护宏观

---

① 邓小平：《在武昌、深圳、珠海、上海等地的谈话要点》（1992 年 1 月 18 日至 2 月 21 日），《邓小平文选》第三卷，人民出版社 1993 年版，第 370~383 页。
② 董辅礽：《〈劳动力市场与劳动力商品〉序》，载于《经济学动态》1998 年第 4 期。
③ 简新华：《试解劳动力商品与按劳分配的理论难题》，载于《经济学动态》1998 年第 10 期。
④ 蔡昉、都阳、王美艳：《户籍制度与劳动力市场保护》，载于《经济研究》2001 年第 12 期。
⑤ 赖德胜：《教育、劳动力市场与收入分配》，载于《经济研究》1998 年第 5 期。

经济稳定、加强经济基础建设和提供公共服务。① 赵曙明指出，政府在产业发展中应从政策引导、加强信息公开以及发展行业协会来实现从微观控制到宏观调控的职能过渡。② 陈振明从西方公共选择理论角度也分析得出了类似的观点。③ 国家计委宏观经济研究院课题组则认为，对于竞争性行业，政府应该逐渐退出，但对于支柱产业和基础产业，政府还不应过早退出，而应采取扶植政策，促进产业结构与技术结构升级。④

另外，还有学者围绕产业发展与自然垄断、产业发展与过度竞争、产业集中与市场效率等诸多问题进行了探讨。这些探讨已完全在现代经济学的框架下，即运用现代经济学术语与体系对产业发展进行分析。如王俊豪指出，并非所有处于自然垄断地位的产业的所有业务都具有垄断性，因此管制者应从业务上对其进行识别并阻止反交叉行为，实现该产业在市场中的有效竞争。⑤ 曹建海认为，我国产业在市场化推进中所产生的过度竞争，主要是由于体制转轨遗留和新制度设计尚不合理，所以，不应产生所谓"市场失败论"的疑虑。⑥ 此外，戚聿东⑦、殷醒民⑧都认为，一定程度上的产业集中有利于市场发挥更大效率，完善市场秩序、健全法制体系均有利于产业集中度的提升。总而言之，以上探讨显示出我国学者在主张深化市场经济体制改革、促进产业发展方面的日益多元化的思想趋势。而我国众多的经济学者之所以坚持选择市场机制，本质原因是其在产业发展的实践中逐渐深刻地意识到，市场机制的特点是从个体内在需求出发，对于活跃经济、优化资源配置等具有不可替代的低成本和高效率优势，应将其作为侧重于发挥比较优势的产业发展路径选择的配套性制度措施。

---

① 樊纲：《论市场中的政府》，载于《改革》1993年第5期。
② 赵曙明：《市场经济下政府与企业的关系》，载于《生产力研究》1998年第1期。
③ 陈振明：《非市场缺陷的政治经济学分析——公共选择与政策分析学者的政府失败论》，载于《中国社会科学》1998年第6期。
④ 国家计委宏观经济研究院课题组：《竞争性行业市场化与政府职能的转变》，载于《管理世界》1998年第2期。
⑤ 王俊豪：《论自然垄断产业的有效竞争》，载于《经济研究》1998年第8期。
⑥ 曹建海：《对我国工业中过度竞争的实证分析》，载于《改革》1999年第4期。
⑦ 戚聿东：《中国产业集中度与经济绩效关系的实证分析》，载于《管理世界》1998年第4期。
⑧ 殷醒民：《西方产业集中度与市场效率理论评述》，载于《经济学动态》1996年第3期。

四、促进微观主体参与产业发展的所有制理论准备

第二阶段经济认知的第四个重要转变是关于产业发展的行动主体。在第一阶段，传统产业发展路径中政府占据了绝对主导地位，这表现为国有经济在产业建设中发挥了核心作用。在启动第二阶段产业发展路径选择的过程中，市场化改革的推进要求同时提升微观经济个体的自主行动能力，进而为产业发展提出了转换行动主体的改革动因。特别是，第二阶段侧重发展具有比较优势的产业，而这一类产业的突出特征，就是能以较低廉的价格从事生产，从而在市场上获得较大利润。该过程符合一般微观个体的逐利本性，所以充分发挥微观个体的行动能力，使其自发地参与到建设中来，将是一个发展产业的高效方式。但是，行动主体的变更本质上涉及生产资料的使用与支配，而"生产资料属于全体劳动者集体所有"是社会主义经济制度区别于其他社会形态的最主要标志之一。所以，在寻求与社会主义市场经济相适应的所有制形式，和维护社会主义经济的基本特征之间实现理论突破，将更多地凭借理论界对于经济认知的重新塑造。以下四方面的理论准备尤为关键：

（一）全民所有制不应表现国家所有制的单一形式

董辅礽在这一问题上较早地做出突出贡献。他指出，传统观念中一直认为全民所有制必须采取国家所有制这一种形式，这种观念是狭隘的，其使得国家行政组织取代经济组织，造成了经济发展与经济规律的违背。因此，应该更多地开发国家所有制以外的公有制形式，但这并不表示我国的全民所有制形式发生变化，只是从政治经济学的角度，把生产资料所有制看作是现实的生产关系总和。[①] 何伟也表示，我国的全民所有制只存在国家所有制，从现实角度造成了广泛劳动者在生产资料所有权上的丧失，政企不分、条块分割、吃大锅饭等皆因此而起[②]。吉铁肩、林集友强调，全

[①] 董辅礽：《关于我国社会主义所有制形式的问题》，载于《经济研究》1979年第1期；董辅礽：《再论我国社会主义所有制形式问题》，载于《经济研究》1985年第4期。
[②] 何伟：《试论社会主义公有制的发展规律——兼论企业所有制不是集体所有制》，载于《经济研究》1986年第9期。

民所有制应保有劳动者对自己劳动和产品的局部个体所有，应从对立统一的角度理解公有制的内涵。① 杨坚白进一步地回溯了马克思的经典理论，指出，生产资料公有制是由所有劳动者个人对生产资料共同占有的集合，不能把个人同社会、集体对立起来，而要强化社会主义制度下的个人所有制。② 这类研究的贡献在于，在很大程度上破除了社会主义基本性质表现为公有制、进而等同于国家所有制的传统认知，为微观个体成为产业发展行动主体突破理论障碍。但是，此时也存在一定的反对声音，即主张社会主义公有制应始终表现为国家所有制而不可动摇。③

（二）应在公有制基础上发展多种所有制形式

在深化公有制理解的同时，也有一些学者从公有制以外的层面开拓了社会主义所有制的可能形式。薛暮桥早在1980年"中国经济发展研讨会"上就指出，对于我国经济发展不平衡的现状，只发展全民所有制、集体所有制两种经济成分远远不够，而应在公有制占主导的基础上，建立多层次的经济结构，包括公私合营经济、中外合营经济甚至个体经济，作为社会主义经济的重要补充。④ 刘诗白也认为，任何社会形态的所有制都应该是多样性的，我国在"大跃进"时期极端认为社会公有制越"大"越"公"越优越，搞"一刀切"，对生产力发展造成了巨大恶果。多种所有制的并存，事实上是社会不同产业、部门、生产力发展不平衡所决定的，因此在公有制基础上发展个体所有制、中外合资制完全合乎客观规律。⑤ 唐宗焜则从实践的角度指出，我国民族资本主义经济（即主要是工业产业）在生产社会化程度和生产力发展上存在的极端不平衡，这决定了所有制形式的发展不能单一化。分散的工场手工业户在产业中分布广泛，而生产的大规模横纵联合也需要循序渐进，适应生产的发展需要，因此，在公有制占统

---

① 吉铁肩、林集友：《社会主义所有制新探——释"在生产资料共同占有基础上重建个人所有制"》，载于《中国社会科学》1986年第3期。
② 杨坚白：《论社会的个人所有制——关于社会主义所有制的一个理论问题》，载于《中国社会科学》1988年第3期。
③ 蒋学模：《论我国社会主义所有制的性质和形式》，载于《学术月刊》1979年第10期。
④ 薛暮桥：《再论经济结构和管理体制的改革》1980年12月，载于《薛暮桥专集》，山西经济出版社2005年版，第94~110页。
⑤ 刘诗白：《论社会主义社会所有制的多样性》，载于《财经科学》1981年第1期。

治地位的条件下，现阶段在一定范围内实行私有或半私制度具有客观必然性。① 类似的，有林以我国的工商业发展为例强调，是所有制结构的单一化制约了生产者的积极性，实行"国家、集体、个人一起上"的多种所有制方针应作为经济体制改革的重点。② 于光远则具体地指出，对于工业的发展而言，国家应加强对集体所有制的重视和扶植。③

（三）将企业作为产业发展的微观能动主体

这要重点提及蒋一苇在1980年提出的"企业本位论"。20世纪80年代初期，社会上已形成一股关于"下放中央经济管理权限"的普遍认知，但下放权限的对象和边界为何，仍存在一定的认识模糊。例如，有人认为应将权力更多地下放地方，以地方管理带动产业发展。另外，也有学者主张充分发挥企业的自主能动性，如马洪④。这种思想的出现可视为对前一阶段微观主体经营效果不理想的反思和修正探讨。蒋一苇也是该思想的支持者，但他更为明确地指出，国民经济组织不能依靠国家完全掌控，也不能依靠地方治理，"只能以企业（包括工业企业、商业企业、农业企业等）作为基本的经济单位"。同时，企业自身必须是一个充满能动性的有机体，具有独立经营、独立核算的能力，国家职能从外部领导和监督经济组织，不能作为经济组织内部的上层机构直接施以干预，这就是"企业本位论"的核心主张。⑤ 这种思想在经济体制改革初期提出，是非常难能可贵的，对于转变产业发展在行动主体方面的认知具有重大影响。虽然在当时也有一定的反对，反对意见表示，强调企业微观经营的观念会影响我国的公有制。⑥

---

① 唐宗焜：《从实践看我国所有制结构》，载于《经济研究》1981年第3期。
② 有林：《积极发展多种经济形式》，引自段若非主编：《经济体制改革理论问题探讨》，北京工业学院出版社1985年版，第359~373页。
③ 于光远：《发展集体所有制工业是社会主义经济体制改革的一个方向》1983年，引自于光远：《论我国的经济体制改革》，湖南人民出版社1985年版，第150~151页。
④ 马洪：《充分发挥企业的主动性》（1978年9月9日），引自《马洪经济文选》，中国时代经济出版社2010年版，第8~12页。
⑤ 其实该思想的一些内容在1979年就已提出，1980年正式形成并引起轰动。参见蒋一苇：《"企业本位论"刍议——试论社会主义制度下企业的性质及国家与企业的关系》，载于《经济管理》1979年第6期；蒋一苇：《企业本位论》，载于《中国社会科学》1980年第1期。
⑥ 马德安、刘志典：《对〈企业本位论〉的一点质疑》，载于《中国社会科学》1980年第5期。

但是，这种疑虑随着"两权分离"讨论的铺开而在很大程度上得到了解决，并且，此后我国经济体制改革的确是朝着赋予企业更多自主权的方向演进的。也正是企业本位的确立，才有了随后的国有企业改革理论等的发展。这对于中国特色社会主义经济理论体系而言，都是非常重要的丰富和扩充。

（四）以"两权分离"丰富关于企业产权结构的认知

"两权分离"的企业所有制思想早在20世纪60年代就曾出现，但在国营经济占主导的客观背景下未能作为产业发展路径的构成而被选择。80年代后，凭借扩大企业自主权的观念形成，"所有权归国家、经营权归企业"的思想受到关注且被采纳。这在1984年《中共中央关于经济体制改革的决定》、1987年《中国共产党第十三次代表大会报告》及1988年《企业法》中均有体现。该思想作为扩大企业自主权的实现途径，是当时社会对所有制理论认识深化的重要反映，对活跃企业作为产业发展的微观主体也具有切实贡献。然而在经营过程中，理论界也发现简单的"两权分离"具有产权不明晰、制度结构不合理等弊端，因而在20世纪80年代末再次展开探讨，主要包括以下三方面：（1）"两权分离"的含义。吴敬琏主张，传统意义上的"两权分离"是法律所有权与经济所有权的分离，而现代意义上的"两权分离"则是指经济意义上的所有权与经营权的分离，第二种分离应为改革中所坚持。[①] 杨学军也反对传统"两权分离"的看法，但他指出，传统"两权分离"的实质是所有权与占有权、支配权、使用权的分离，但马克思所提及的现代意义的"两权分离"，确切的应该是指占有权与支配权、使用权的分离。深化第二种含义，才能明确借贷资本家持有所有权、产业资本家（即企业法人）持有占有权、产业经营者持有支配权和使用权的企业产权结构。[②]（2）"两权分离"的局限。李平认为，"两权分离"是我国经济改革的产物，但其使得企业不具备所有权，难以承担自负盈亏的实质能力，因而不能成为经济中真正独立的微观主体，无

[①] 吴敬琏：《"两权分离"和"承包制"概念辨析》，载于《经济学动态》1988年第1期。
[②] 杨学军：《对两权分离的再认识》，载于《改革》1990年第3期。

法实现"国家控制市场、市场引导企业"的理想模式。① 胡永明认为,"两权分离"难以得到根本落实,原因在于其必须满足财产所有者(即国家)只追求收益最大化,且资产所有者和经营者(即企业)必须是纯粹的经济契约关系而无强制依附关系,但这显然这不符合经济现实。②（3）"两权分离"存在的委托—代理风险。不同于前面学者强调进一步划分明晰产权,张朝尊认为"两权分离"不应太过彻底,否则企业经营者会逃避责任,在利润的分配与积累方面存在短期行为。③ 杨君昌认为,"两权分离"易造成国家与企业经营者的目标不一致,如在经营权下放的同时解决不好经营者的责任制约,将造成严重的委托—代理风险。总而言之,虽然经济学界对"两权分离"持有一定的疑虑,但其仍是一种改革的基本思路,承包制、租赁制、股份制等皆可看作是由此衍生的具体形式。④ 同时,这一争论所涉及的内容,如明晰产权、划分职责、委托—代理风险等,把所有制问题进一步引向了产权理论的领域,这从一定层面上,也反映出经济认知转变对于经济学术研究的重要影响所在。

第三节　发挥比较优势的产业发展路径选择制度设计：以纺织产业为案例

经历了经济认知的转型后,我国学术领域对于第二阶段的产业发展路径选择,初步形成了在开放背景下,主张运用宏观市场机制与微观经营主体,共同发挥比较优势的思路。虽然学界在某些问题上还存有不同理解,但制度设计在一定程度上做出了现实选择,并在此基础上开辟了

---

① 李平：《对"两权分离"理论的再认识》,载于《探索与争鸣》1989年第2期。
② 胡永明：《试论财产权的分裂与"两权分离"》,载于《经济研究》1987年第6期。
③ 张朝尊：《在两权分离基础上实现两权合一——论承包制的缺陷和前进方向》,载于《经济研究》1990年第11期。
④ 张问敏：《中国政治经济学史大纲：1899—1992》,中共中央党校出版社1994年版,第480页。

第四章 经济外向时期产业发展路径选择的经济思想（上）：1979~2003年

学术研究未能充分涉及的范畴，进一步丰富了产业发展路径选择的经济思想。

本阶段以发挥比较优势的外向型经济代表之一——纺织产业作为研究案例，须进行特别说明。因为在经济体制改革的推动下，我国产业迎来了多元化阶段，该时期诸多的非外向型经济也实现了较大进步，所以发挥比较优势的纺织产业并不能包揽第二阶段中国产业的全部模式与发展特征。但是，其对于本书仍具有重大价值，主要原因是：第一，相较于第一阶段封闭自主的竞争式产业发展路径选择，积极、充分地从国际市场中吸收生产要素并参与国际分工体系，即发挥比较优势，应视作产业发展战略的一个重大转折，这也是该时期产业发展路径选择经济思想不同于以往的标志性转变。第二，从现实层面来看，外向型经济对我国经济成长的贡献颇丰，纺织产业作为外向型经济的代表，表现不可忽视。在出口方面，如表4-1显示，纺织产业长年占有全国出口总额中1/5以上的份额，为我国争取到了大量外汇。纺织产业也一直是我国利用外资的重点行业，其大量的"三资企业"成为我国吸收国际资源、发展本国产业的关键枢纽。纺织产业的外向型发展对于我国经济增长的贡献值得肯定，有相关研究显示，20世纪90年代后除个别年份外，纺织品出口均对GDP产生了直接的拉动作用，如表4-2所示，某些年份该产业的外向型运作对经济的拉动还十分显著。另外，一些研究认为，纺织产业对于其他产业的关联作用较为突出，1981年纺织工业向前联系系数为2.09，居所有产业第一；向后联系系数为1.26，名列第二。至1987年，这两项系数分别增长为2.44和1.36。① 总而言之，这些资料为纺织产业的研究典型性和必要性提供了一定的现实依据。第三，从纺织产业自身特点来看，不仅是密集使用劳动力的、发挥比较优势的典型，更主要的是，该产业受第一阶段路径选择的影响，在改革开放初期存有管理高度集中、经营主体单一、生产能力紧张、长期产销脱节等问题，在第二阶段的产业发展路径切换中较早地被确立为改革对象，成为一个从计划经济体制向市场经济体制过渡的典型案例。同时，其在制度设计上的一些经济思想，如产业结构调整、企业改革、市场

---

① 周民良：《中国主导产业的发展历程与未来趋势》，载于《经济学家》1994年第3期。

化改革等,与当时中国经济学界的研究动向存在较高程度的一致性。因此,虽然以纺织产业为代表的发挥比较优势产业并非是支撑中国经济腾飞的唯一力量,但其为中国产业发展自第二阶段以来非常重要且模式不同于以往的构成之一,是不能被否认的。而纺织产业经历了20世纪80年代以来我国产业发展的诸多关键环节,更能体现出路径选择的现实困境与历史判断,是丰富并完善这一时期经济思想的重要来源,值得被作为案例而进行深入探究。

表4-1　　　　　　　改革开放后纺织业出口表现

年份	纺织品出口总额（亿美元）	占全国出口总额（%）	年份	纺织品出口总额（亿美元）	占全国出口总额（%）
1978	21.5	22.10	1995	379.7	25.52
1989	111.1	25.60	1996	370.9	24.56
1990	124.6	23.90	1997	455.8	24.93
1991	151.8	24.82	1998	428.9	23.34
1992	246.3	28.97	1999	430.6	22.09
1993	260.7	30.69	2000	520.8	20.90
1994	355.0	29.37			

资料来源：由历年《中国纺织工业年鉴》《中国纺织工业发展报告》《中国统计年鉴》整理而得。

表4-2　　　　1990年以来纺织品出口对GDP的直接拉动与贡献

年份	直接拉动度	GDP增速	贡献率	年份	直接拉动度	GDP增速	贡献率
1990	1.21	6.37	8.96	1995	-0.76	6.81	-11.19
1991	1.27	12.73	0.0	1996	-0.55	7.20	-7.57
1992	1.08	15.83	6.8	1997	0.87	6.70	13.01
1993	-0.12	13.36	-0.87	1998	-0.28	6.06	-4.55
1994	2.61	8.80	29.70	1999	0.09	6.24	1.46

第四章　经济外向时期产业发展路径选择的经济思想（上）：1979～2003年

续表

年份	直接拉动度	GDP 增速	贡献率	年份	直接拉动度	GDP 增速	贡献率
2000	0.90	8.59	10.44	2002	0.76	8.96	8.45
2001	0.08	8.02	1.02	2003	1.27	10.28	12.36

资料来源：熊丽娟、黄凯：《我国纺织品出口对经济增长贡献的实证研究》，载于《国际贸易问题》2006年第11期。

一、优先发展纺织产业的产业结构调整思想

（一）政策部署中的纺织产业优先发展思想

在产业发展优先次序选择上，此阶段决策层的制度设计与学术界的主张基本一致，即着重调整重工业发展过快、消费品工业发展过缓的产业结构失衡。这种思想在一系列政策部署中均有突出体现，而纺织产业作为轻工业中的重要组成部分受到政策倾斜的直接影响。1979年4月国务院转批轻工业部《关于轻工业工作着重点转移问题的报告》，指出轻工业具有投资少、见效快、积累多、换汇率高的特点，在当前改善人民生活、加快经济发展的需求下，应开始走"以轻养重、以快养慢"的发展路径，重点加强轻工业建设，对其所需的燃料、动力、原材料等各部门都应予以支持。[①] 同年的政府工作报告上，华国锋在纺织产业方面具体指出，"要使它们的增长速度赶上或略高于重工业的增长速度，使主要轻纺产品的增长大体上同国内购买力的增长相适应，并大量增加出口"，实现市场供需平衡，进而满足"调整、改革、整顿、提高"的发展战略。[②] 这是第二阶段纺织产业优先发展制度设计的初步形成。

---

① 《国务院转批轻工业部〈关于轻工业工作着重点转移问题的报告〉的通知》（1979年4月9日），引自国务院法制局编：《中华人民共和国现行法规汇编1949—1985 工交城建卷》，人民出版社1987年版，第609～611页。
② 华国锋：《政府工作报告》（1979年6月18日），中共中央党校党建教研室、中共中央党校出版社编：《十一届三中全会以来重要文献选编》，中共中央党校出版社1981年版，第243页。

随后，我国产业发展的政策部署中继续出现了一系列具体的相关文件。1979年11月国务院决议对轻工业实现"六个优先"，包括：（1）原材料、燃料、电力供应优先；（2）挖潜、革新、改造措施优先；（3）基本建设优先；（4）银行贷款优先；（5）外汇和引进新技术优先；（6）交通运输优先。① 时任纺织工业部部长吴文英称，此举对纺织原料和纺织生产具有极大的促进作用。② 1981年决策层在对经济形势的总结和未来规划中进一步强调，我国近几年来的经济效益提高、能源节约和产品丰富主要来源于轻重产业结构的调整，因此在未来的经济建设中应加强轻工业，甚至可以终止一批不经济的重工业产品生产，腾出能源保证轻工业的需要。特别指出"今年基本建设投资的重点，首先是放在同人民生活密切相关的轻纺工业上，其次是放在能源、建材、交通运输上"，并在该产业的质量、品种、发展速度、经营方式等多方面提出具体意见③，这种对纺织产业的关注是在我国决策层以往的宏观经济规划中是从未出现的，因此20世纪80年代初纺织产业的基础建设得到巨大发展，大型石油化纤等新型纺织项目得以引进并相继投产，1978～1982年间还新建了一品纺织加工项目，棉纺锭增加457万锭，毛纺锭增加41.1万锭，精梳机、宽幅织机、丝织机、线精纺锭等设备，均增加50%到1倍以上。④ 不过由此也可见，在80年代以前，我国在制度设计上重视纺织产业，更多的是注意到了国内产业结构失衡以及人民生活物资短缺的问题，尚不重点涉及以纺织产业作为重点出口产业作为扶植，且事实上有这种思想的制度设计早在70年代初期就有一定程度的体现，只是未能同改革开放后这样较为密集地在国家重要

---

① 陈新、丛国滋主编：《中国轻工业四十年（1949—1989）》，中国轻工业年鉴出版社1990年版，第246页。
② 吴文英：《历史性的巨变和新的伟大人物——40年中国纺织工业发展变化和展望》（1989年9月21日），引自《中国纺织工业年鉴》编辑委员会编：《中国纺织工业年鉴》（1990），纺织工业出版社1991年版，第1～6页。
③ 赵紫阳：《当前的经济形势和今后经济建设的方针》（1981年11月30日、12月1日），引自中共中央文献研究室编：《三中全会以来重要文献选编》下，中央文献出版社2011年版，第305～353页。
④ 《当代中国的纺织工业》编辑委员会编：《当代中国的纺织工业》，当代中国出版社2009年版，第49～50页。

第四章 经济外向时期产业发展路径选择的经济思想（上）：1979~2003年

政策中出现。①

1983年的政府工作报告延续性地展示出关于农、轻、重协调发展，优先保证轻工业发展，要求轻工业提升质量与产能的政策导向②，因此同年国家科学技术委员会、国家计委和国家经济贸易委员会组织专家，由轻工业部承担，组织纺织、商业等部门参加制定了《消费品工业技术政策》③。而在20世纪80年代中后期，我国纺织产业的发展开始更多地与外向型经济结合在一起。1987年中国共产党第十二次全国代表大会的报告称，要大力发展消费品工业④，因此同年轻工业部制定《轻工业振兴纲要》，筹划了有关促进轻工业发展的14条指导性内容，主要包括：（1）保证轻工业市场有效供给；（2）深化改革加强管理；（3）处理好国内市场与国际市场的关系；（4）科技先行；（5）建立质量监督体系；（6）提高技术装备水平；（7）加速原材料基地建设；（8）建立"联合战线"；（9）推进沿海地区轻工业外向发展；（10）支持优势产业；（11）培养人才；（12）建立法规体系；（13）重视中小企业、集体企业和乡镇企业的作用；（14）建立机关新秩序。⑤ 由"处理好国内市场与国际市场的关系""推进沿海地区轻工业外向发展""支持优势产业"可见，外向型发展的策略已成为中国纺织产业发展较为重要的组成内容。在这种情况下，结合决策层对于轻工业、纺织产业的大力扶植，第二阶段纺织产业获得了较强的制度支持根基。同时也不难发现，这些政策正是当时经济学术界所讨论的调整产业发展次序、建立外向型经济、发挥比较优势和建立多种所有制等认知的综合制度化体现。

---

① 据记载，1971年毛泽东经过上海发现人民购买"的确良"十分困难时，就建议发展化纤解决百姓的穿衣问题，因此上海金山石化、辽宁石油化纤总厂、天津石油化纤厂、四川维尼纶厂被批准建设，这对缓解用布紧张，以及20世纪80年代取消补票都有积极影响。参见《70年代的时尚：关于"的确良"的记忆》，http://www.cnwhtv.cn/show-80042-1.html。
② 赵紫阳：《政府工作报告》（1983年6月6日），引自中共中央文献研究室编：《十二大以来重要文献选编》上，中央文献出版社2011年版，第271~305页。
③ 《中国政府公务百科全书》第3卷，中共中央党校出版社1993年版，第898~899页。
④ 赵紫阳：《沿着有中国特色的社会主义道路前进》（1987年10月25日），引自中共中央文献研究室编：《十三大以来重要文献选编》上，中央文献出版社1991年版，第4~61页。
⑤ 陈新、丛国滋主编：《中国轻工业四十年（1949—1989）》，中国轻工业年鉴出版社1990年版，第240页。

(二) 产业结构调整思想与发展经济学演进的逻辑同步

以上制度设计中的一系列产业结构调整思想，体现了从 20 世纪 50～60 年代强调重工业优先发展的非平衡式思想，发展到 80 年代强调所有产业协调发展的平衡式思想的演变。这种演变与发展经济学的思想演变具有一定的同步性。具体而言，虽然第一阶段的产业发展制度设计对于马克思的扩大再生产理论，以及其所体现的非平衡式发展理论都存在着理解的偏差和应用的极端化，但 50 年代兴起的发展经济学，的确体现出显著的结构主义特征，即重视产业结构、投资—消费结构、进出口结构等国民经济指标。这些理论的产业政策主张大多具有重视工业（特别是重工业）而轻视农业、重视资本的积累而轻视人力资源的开发、重视计划管理而轻视市场机制、重视封闭内向发展而轻视对外贸易开放的特点，① 进而最终导致的结果，是遵循了这一类理论的发展中国家虽然取得了初步的工业化成果，在经济指标上创造了可观表现，但在长远发展领域却存在巨大隐患，且对于人民的生活水平改善甚微。而在这类思潮的广泛推动下，对于中国当时的决策层而言，其虽未必了解 50～60 年代发展经济学的全部内容，但其他发展中国家普遍启动了由政府发动的重工业化道路，不能不说深刻地影响了我国产业发展的路径选择；特别是苏联在工业化早期所取得的巨大成就，似乎使得我国的决策者相信重工业具有自我服务、自我循环的产业特征，进而也更为坚定地选择了重工业优先的产业发展路径。②

然而，在 20 世纪 70 年代中国实行产业结构调整的同时，国际上的发展经济学家也开始对早期的理论进行批判。其主张改变片面化的发展路径，强调协调工业与农业、重工业与轻工业在内的比例关系，从经济规律出发，肯定市场机制与自由贸易对于经济的调配和自然选择，进而兴起了发展经济学的从结构主义到新古典主义复兴热潮。正如奥地利学派经济学家戈特弗里德·哈勃勒（Gottfried Haberler）所主张的，没有所谓的专门

---

① 谭崇台：《怎样认识发展经济学》，载于《经济学动态》2001 年第 1 期。
② 吕政：《论中国工业的比较优势》，载于《中国工业经济》2003 年第 4 期；杨小凯：《杨小凯谈经济》，中国社会科学出版社 2004 年版，第 27 页；林毅夫、蔡昉、李周：《中国的奇迹：发展战略与经济改革》，上海三联书店、上海人民出版社 1999 年版，第 31～32 页。

第四章　经济外向时期产业发展路径选择的经济思想（上）：1979～2003年

适合于发展中国家的"双经济学"（Duoeconomics），而只存在共同适合于发达国家和发展中国家的新古典经济学这一"单经济学"（Monoeconomic），[①] 这就是对国家推动的、跨阶段的优先发展重工业思路的直接否定。当然，这样的激烈批判也未必全然公允，但其主张的维持市场经济、坚持产业结构协调演进的思潮代表了新一轮发展经济学的演变趋势。中国的纺织产业在80年代后迅速发展，并在政策上受到（特别是与以往相比的）较高程度的重视，虽不能说在当时即受此思潮直接影响，但二者在同时期发生，且逻辑转变在大体上是存在一致性的。这种转变反映出，无论在理论还是实践领域，无论在西方国家还是中国，过度强调重工业优先发展的思想弊端已经被广泛地发现，趋向于产业结构平衡且协调发展的思想成为一种共通的诉求。

二、激活微观经营主体的纺织产业组织思想

正如1978年邓小平指出，改革当前最为迫切的就是使每一个企业"能够千方百计地发挥主动精神"[②]，第二阶段我国很早就启动了激活产业组织微观经营主体的制度设计。这是发展市场经济的需要，是快速创造经济效益的需要，也是克服前一阶段微观主体经营效率低下、产业发展缺乏活力的需要。在此过程，纺织产业的制度设计选择采取的是"优化存量、培育增量"的策略，具体可被归纳为以下三方面的思想：一是大力改善已有企业内部管理，提升企业运作效率的思想；二是逐步扩大企业自主权，使企业成为经济活动的能动主体的思想；三是鼓励多种经济成分作为改革增量进入纺织产业，增进产业活力的思想。以上三方面思想共同支撑了纺织产业组织的整体制度架构，促使其从第一阶段国有大型企业所构成的买方垄断形态，逐步过渡成为具有庞大市场规模和参与数量的竞争市场。

---

① ［奥］戈特弗里德·哈勃勒：《自由主义与非自由主义的发展政策》，载于［英］杰拉尔德·M. 迈耶主编，谭崇台等译：《发展经济学的理论先驱》，云南人民出版社1995年版，第61～110页。

② 邓小平：《解放思想，实事求是，团结一致向前看》（1978年12月13日），中共中央文献研究室编：《改革开放三十年重要文献选编》上，中央文献出版社2008年版，第5页。

（一）完善企业内部管理、提升经济利益激励的思想

邓小平在改革初期就指出，当前产业管理的一个严重问题就是企业"名曰集体负责，实际上等于无人负责"①。因此1982年中共中央、国务院开展了《关于国营工业企业进行全面整顿的决定》，旨在健全经济责任制、明确职能划分、加强经济核算、严格执行奖惩制度和增强职工的主人翁精神。② 同年，纺织工业部出台《关于试行〈纺织工业企业生产管理工作暂行条例〉的意见》，指出要把"生产、技术、经济责任逐一落实到各个部门、岗位""各个职能机构既要有明确的分工，又要相互协调配合，建立一定的制度"，特别是"要重视借鉴和吸收在管理现代化试点中已有成效的现代管理技术"③，可视为对决策层要求改革管理制度的直接响应。另外，纺织工业部还进一步规划了"三项建设内容、六好要求标准"，所谓"三项建设内容"是指逐步建设民主与集中相结合的领导体制、逐步建设具有专业技术素养的职工队伍和逐步建设一套科学文明的管理制度；所谓"六好要求标准"则具体涉及六大类二十二条标准，包括了兼顾好国家、企业与个人关系，保证好经济效益和产品质量等。④ 以上制度设计表明了纺织产业在国家要求改善企业管理制度时的有效反馈与制度深化，而且这种制度思想的兴起也是对第一阶段微观经营主体丧失能动性，造成生产效率低下且浪费严重的一个修正举措。

非常值得一提的是，不同于第一阶段否定个体逐利本性的政治激励原则，第二阶段在产业微观主体的激励方面选择的是经济利益办法。邓小平指出，"不讲多劳多得、不重视物质利益，对于少数先进分子可以，对广

---

① 邓小平：《解放思想，实事求是，团结一致向前看》（1978年12月13日），中共中央文献研究室编：《改革开放三十年重要文献选编》上，中央文献出版社2008年版，第30页。
② 《中共中央、国务院关于国营工业企业进行全面整顿的决定》（1982年1月2日），引自《中国纺织工业年鉴》编辑委员会编：《中国纺织工业年鉴》（1983），纺织工业出版社1984年版，第61~64页。
③ 《纺织工业部关于试行〈纺织工业企业生产管理工作暂行条例〉》（1982年3月），引自《中国纺织工业年鉴》编辑委员会编：《中国纺织工业年鉴》（1983），纺织工业出版社1984年版，第128~139页。
④ 《纺织工业企业"三项建设"内容、"六好要求"标准》（1982年7月8日），引自《中国纺织工业年鉴》编辑委员会编：《中国纺织工业年鉴》（1983），纺织工业出版社1984年版，第151~154页。

大群众不行,一段时间可以,长期不行""如果只讲牺牲革命精神,不讲物质利益,那就是唯心论",因此对于企业职工赏罚、职位升降"必须同物质利益相结合"。① 而这一思想,最初正是通过企业利改税的普遍推行而实现的。在缴纳所得税的基础上,企业一定程度上获得了对留成利润的支配权,使其能够在积累部分用于发展生产的基金后,还能有一部分用于提升职工的经济福利。这种改革思路在1984年《关于经济体制改革的决定》(以下简称《决定》)中得到肯定。《决定》指出,"企业职工奖金由企业根据经营状况自行决定……使企业职工的工资和奖金同企业经济效益的提高更好地挂起钩来。"② 因此同年纺织工业部召开全国大会,号召企业改革分配制度,打破"吃大锅饭""把广大职工的社会主义积极性调动起来",而且还鼓励了一些纺织企业试行的结构工资制(包括基本工资、岗位职务工资、年功工资、活工资和特殊岗位津贴)以及浮动工资制。③这些举措对于启动后续市场化背景下的纺织企业制度改革具有重要的奠基意义。

(二)扩大企业自主权、使之成为产业发展主体的思想

重整企业的内部管理只是市场化改革的第一步,且企业仅持有剩余利润的支配权也不足以充分激发其作为产业发展个体的活力。因此,扩大企业在经营、生产、人事和投资等多方面的自主权,使得企业在产业发展中承担主要责任并发挥影响,是第二阶段产业发展路径的另一重要制度选择。邓小平在1978年改革初期就谈到了扩大企业自主权的内容,④ 因此1979年国务院将《关于扩大国营工业企业经营管理自主权的若干规定》等文件交由少数国营企业试点,除了给予企业利润留成的经济支配权外,在管理权力分配上,还下放了一定的生产计划制定权、产品购销权和人事

---

① 邓小平:《解放思想,实事求是,团结一致向前看》(1978年12月13日),中共中央文献研究室编:《改革开放三十年重要文献选编》上,中央文献出版社2008年版,第5、9页。
② 《中共中央关于经济体制改革的决定》(1984年10月20日),中共中央文献研究室编:《改革开放三十年重要文献选编》上,中央文献出版社2008年版,第355页。
③ 《全国纺织服装生产座谈会纪要》(1984年10月16日),引自《中国纺织工业年鉴》编辑委员会编:《中国纺织工业年鉴》(1984—1985),纺织工业出版社1986年版,第186~190页。
④ 邓小平:《解放思想,实事求是,团结一致向前看》(1978年12月13日),中共中央文献研究室编:《改革开放三十年重要文献选编》上,中央文献出版社2008年版,第5页。

处置权等。① 且值得一提的是，该规定所允许的企业在完成国家计划外可以自定产销，正与当时经济学界所探讨的"在计划经济内引入市场机制"相互契合。1980 年国务院批转国家经委《关于扩大企业自主权试点工作情况和今后意见的报告》，肯定了扩大企业自主权的改革方向，认为该举措有利于使企业成为一国具有内在动力的经济单位，因此主张进一步推广并扩大企业在人、财、物、产、供、销等方面的自主权。②

随后，1983 年国务院颁布《国营工业企业暂行条例》（以下简称《暂行条例》），在"企业的权力与责任"部分明确写道，广泛的国营企业均可享有一定的生产、采购、人事、管理等自主权限。所以同年的纺织工业会议上，吴文英提出，纺织企业要主抓"转轨"和"变型"，努力从单纯的生产型企业转变为生产经营型企业。③ 然而，此时国家对于企业的约束仍比较强，《暂行条例》所推行的权限下放多伴随着"按照国家规定""在国家规定范围内"的表述。④ 1984 年，福建地区出现了包括多位纺织企业厂长在内的⑤、55 名国营厂长集体向省委领导去信"伸手要权"的事件。其希望争取的，是国家在人事权、经营权和财权三方面给予企业更多的自主空间。这一事件引起决策层的高度重视，《人民日报》同月就介绍了该信的主要内容。⑥ 在此趋势下，同年 5 月国务院发出《关于进一步扩大国营工业企业自主权的暂行规定》，下放了生产经营计划、产品销售、产品价格、物资设置、人事劳动管理、工资奖金、联合经营等十个方面的

---

① 《国务院〈关于扩大国营工业企业经营管理自主权的若干规定〉》（1979 年 7 月 13 日），引自《现行工商管理法规选编》（一），中国纺织企业管理协会情报中心编印 1985 年版，第 23～29 页。
② 《国务院批转国家经委〈关于扩大企业自主权试点工作情况和今后意见的报告〉》（1980 年 9 月 2 日），引自《中国工业经济法规汇编》第 2 辑，中国社会科学院工业经济研究所情报资料室编印 1986 年版，第 52～58 页。
③ 吴文英：《狠抓"转轨"、"变型"，改善企业素质，为进一步提高纺织工业的经济效益而努力》（1983 年 12 月 26 日），引自《中国纺织工业年鉴》编辑委员会：《中国纺织工业年鉴》（1984—1985），纺织工业出版社 1986 年版，第 174～180 页。
④ 《国营工业企业暂行条例》（1983 年 4 月 1 日），引自《中国纺织工业年鉴》编辑委员会编：《中国纺织工业年鉴》（1984—1985），纺织工业出版社 1986 年版，第 84～88 页。
⑤ 《请给我们"松绑"》，载于《福建日报》1984 年 3 月 24 日第 1 版。
⑥ 《福建省五十五名厂长、经理给省委领导写信：请给我们"松绑"》，载于《人民日报》1984 年 3 月 30 日第 2 版。

第四章　经济外向时期产业发展路径选择的经济思想（上）：1979~2003年

权力。① 3 个月后，纺织工业部也根据规定，第一步下放了生产指标、基建项目审批权、技改项目审批等七项权力。② 规定的出台被视为纺织产业打破计划经济樊篱的一个标志性事件。③

伴随着企业自主权的不断扩大，加之学术界在 20 世纪 80 年代初期就涌现的"企业本位论"主张，1984 年中国共产党第十二届中央委员会第三次全体会议《关于经济体制改革的决定》正式提出，增强企业活力是经济体制改革的中心环节，即"要使企业真正成为相对独立的经济实体，成为自主经营、自负盈亏的社会主义商品生产者和经营者"④。这一点得到了纺织产业的大力响应。⑤ 而 1992 年 7 月颁布的《全民所有制工业企业转换经营机制条例》，进一步对企业权力进行了重新界定，将企业权力表述的前提条件从以往的"按国家规定"等改为"根据国家宏观计划指导和市场需要"，同时追加了企业的物资采购权与进出口权等。⑥ 关于这一点，恰恰是纺织产业早在 1984 年就曾发起的呼吁。⑦ 在该条例颁布的两年后，1994 年经国家经贸委审核同意，全国就已有 618 家各类纺织企业获得自营进出口权，⑧ 可见扩大企业自主权的推广速度十分可观。

---

① 《国务院〈关于进一步扩大国营工业企业自主权的暂行规定〉》（1984 年 5 月 10 日），引自《中国纺织工业年鉴》编辑委员会编：《中国纺织工业年鉴》（1984—1985），纺织工业出版社 1986 年版，第 121~122 页。

② 《纺织工业部关于第一步下放七项权限的通知》（1983 年 8 月 21 日），引自《中国纺织工业年鉴》编辑委员会编：《中国纺织工业年鉴》（1986—1987），纺织工业出版社 1988 年版，第 121~122 页。

③ 《中国纺织工业改革开放 30 年标志性事件》，http：//info.texnet.com.cn/content/2008 - 12 - 26/219724.html。

④ 《中共中央关于经济体制改革的决定》（1984 年 10 月 20 日），中共中央文献研究室编：《改革开放三十年重要文献选编》上，中央文献出版社 2008 年版，第 347~349 页。

⑤ 《纺织工业部关于贯彻〈中共中央关于经济体制改革的决定〉的意见》（1984 年 12 月），引自《中国纺织工业年鉴》编辑委员会编：《中国纺织工业年鉴》（1984—1985），纺织工业出版社 1986 年版，第 197~199 页。

⑥ 《全民所有制工业企业转换经营机制条例》（1996 年 6 月 30 日），引自中共中央文献研究室编：《十三大以来重要文献选编》上，中央文献出版社 1991 年版，第 2097~2120 页。

⑦ 1984 年纺织工业部组织全国会谈时就进一步的政策问题指出"企业要有一定的外贸自主权，有利于直接掌控国际市场信息，扩大出口，搞活经营；企业要有一定的购买原料自主权，以利于降低成本"。引自《全国纺织服装生产座谈会纪要》（1984 年 10 月 16 日），《中国纺织工业年鉴》编辑委员会编：《中国纺织工业年鉴》（1984—1985），纺织工业出版社 1986 年版，第 190 页。

⑧ 《中国纺织工业年鉴》（1995），国家统计局，综述第 6~7 页。

（三）发展纺织产业多种经济成分构成的思想

在培育纺织产业的微观经营主体方面，我国的制度设计不仅选择搞活国有及集体大型纺织企业的"存量"，还选择鼓励非公有制企业的"增量"加入产业发展的市场竞争。自改革伊始，我国经济类重要文献就曾多次呈现发展多种经济成分的思想。如1981年中共中央、国务院《关于广开门路、搞活经济、解决城镇就业问题的若干决定》就指出，以往在所有制问题上"限制集体，打击、取缔个体，城镇集体企业急于向单一的全民所有制过渡，既阻碍了经济建设的发展，又堵塞了劳动就业的多种渠道"[1]。1982年胡耀邦在中国共产党第十二次全国代表大会报告上称，应坚持国营经济的主导地位，并发展多种经济形式[2]。中国共产党第十二届中央委员会第三次全体会议的《中共中央关于经济体制改革的决定》进一步把发展多种经济形式写进经济体制改革中，指出"我国现在的个体经济是和社会主义公有制相联系的，不同于和资本主义私有制相联系的个体经济，它对于发展社会生产、方便人民生活、扩大劳动就业具有不可替代的作用，是社会主义经济必要的有益的补充"[3]，这等同于首次明确地为社会主义制度下的个体经济正名。1992年，江泽民提出在我国建立社会主义市场经济体制，将有关多种经济成分构成列入了我国社会主义新经济体制的主要特征，即"在所有制结构上，坚持以公有制经济为主体，个体经济、私营经济和其他经济成分为补充，多种经济成分共同发展"[4]。而最终在1997年，江泽民在中国共产党第十五次全国代表大会报告上将公有制为主体、多种所有制相结合列为我国社会主义初级阶段的一项基本经济

---

[1] 《中共中央、国务院〈关于广开门路、搞活经济、解决城镇就业问题的若干决定〉》（1981年10月17日），中共中央文献研究室编：《改革开放三十年重要文献选编》上，中央文献出版社2008年版，第223页。

[2] 胡耀邦：《全面开创社会主义现代化建设的新局面》（1982年9月1日），引自中共中央文献研究室编：《改革开放三十年重要文献选编》上，中央文献出版社2008年版，第262~297页。

[3] 《中共中央关于经济体制改革的决定》（1984年10月20日），中共中央文献研究室编：《改革开放三十年重要文献选编》上，中央文献出版社2008年版，第357页。

[4] 江泽民：《关于在我国建立社会主义市场经济体制》（1992年6月9日），中共中央文献研究室编：《改革开放三十年重要文献选编》上，中央文献出版社2008年版，第647页。

制度，并指出，这一基本制度的确立是由我国社会主义性质以及初级阶段的客观国情所决定，且该制度也符合"三个有利于"①。这一论述等同于为非公有制经济形式的存在夯实了理论基础。

得益于政策的肯定与扶植，纺织产业的组织形态变化迅速，在第一阶段纺织产业还以国有大型企业为绝对垄断，截至第二阶段结束，以 2003 年统计的规模以上国有制与非国有制企业为例，我国的纺织产业连同纺织服装、鞋、帽制造业的企业总数达 24580 个，工业总产量达 11151.22 亿元，全部从业人员年平均人数达 788.35 万人/年；而该产业国有及国有控股企业在以上三方面的相关数据分别仅为 1819 个、1311.52 亿元、146.24 万人/年②。可见，至 2003 年我国纺织（及相关）产业的非国有企业已经在企业数量、工业总产量和全部从业人员年平均人数上占据了绝对主导的地位（见图 4-2），并以大量的产业从业者构成了竞争市场的组织形态。

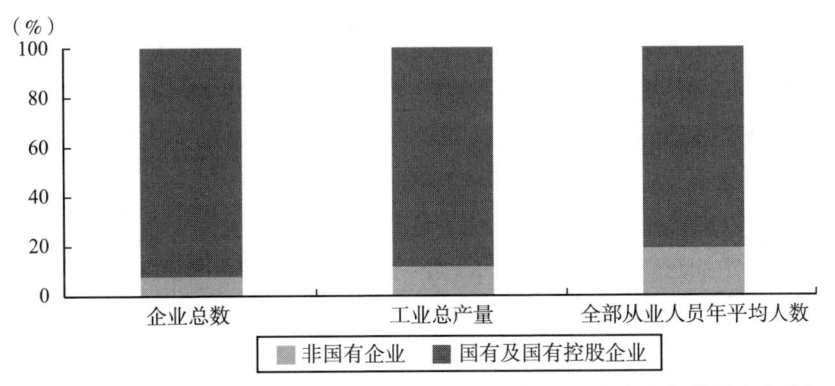

图 4-2　2003 年纺织产业组织分类与主要经济指标（国有企业与非国有企业）

资料来源：《中国统计年鉴》（2004），国家统计局。

综合以上，使国有企业成为追求利益最大化的独立法人参与经营过程，同时使非国有企业能够自由地加入产业内部，从产业组织建设的角

---

① 江泽民：《高举邓小平理论伟大旗帜，把建设有中国特色社会主义事业全面推向二十一世纪》（1997 年 9 月 12 日），中共中央文献研究室编：《改革开放三十年重要文献选编》下，中央文献出版社 2008 年版，第 900 页。

② 《中国统计年鉴》（2004），中国统计出版社 2004 年版。

度,这种改革思想和制度设计确保了纺织产业面向市场化的不断演进。

三、逐步引入市场机制的纺织产业发展思想

纺织产业的发展路径切换不仅选择了改革微观经营主体,更选择了宏观层面的以市场机制代替行政手段的配置资源方式。这种替代是逐步的,从开放市场流通领域,到缩小计划范围和建立价格体系,体现了我国在市场化改革过程中的探索与尝试。甚至可称,在我国宏观经济体制市场化改革的过程中,纺织产业的发展路径切换可谓从计划经济体制向社会主义市场经济体制过渡的一个早期缩影。此过程中的制度思想体现出与经济学界观点的高度契合,并在制度实践中呈现出了更为丰富的、经济体制转轨背景下的产业发展思想,具体包括:

(一)建立纺织产业市场流通体系的思想

运用布票,推行有计划的供给制度是纺织产业在第一阶段实行的产品流通基本模式,这种模式极大地压制了市场需求,使得纺织产业长期呈现出"短缺经济"的形态。自20世纪80年代初,经济学界兴起"引入市场经济而发展产业"的学术讨论,其中很重要的一点即主张以市场机制、发挥价值规律补充并完善计划制订。1982年《关于第六个五年计划的报告》指出,要"积极发挥各种经济杠杆特别是价格的调解作用","价格体系的改革势在必行",但全面改革的条件尚未成熟,因此对于"少数不合理的商品价格,可在确保市场物价总水平基本稳定的前提下,进行一些有升有降的调整"①。1982年末,国家对原计划中化纤织品价格偏高、棉纺织品价格偏低的情况进行了修正,要求合理降低化纤织品对于棉纺织部的比价②。《人民日报》社论指出,这在很大程度改善了以往经济运行中"在

---

① 赵紫阳:《关于第六个五年计划的报告》(1982年11月30日),引自中共中央文献研究室编:《十二大以来重要文献选编》上,中央文献出版社2011年版,第140~183页。
② 《中共中央、国务院关于降低化学纤维品价格和提高棉纺织品价格的通知》(1982年12月31日),引自《中国纺织工业年鉴》编辑委员会编:《中国纺织工业年鉴》(1984—1985),纺织工业出版社1986年版,第190页。

计划上要求限制化纤织品的生产、在现行价格上却鼓励其超产""在计划上要求棉布超产但工厂生产却不积极"的扭曲情况。① 特别在1983年纺织产业还突破了统购包销的传统流通体制,从试行个别省市的企业自销权开始逐步推行,建立产销结合、贸易中心式的"开放式、多渠道、少环节"的流通体制。1983年,化纤产品销量大增,扭转了1982年以来连续11个月生产下降的局面,② 同时对棉纺织品形成了替代,缓解了棉纺织品长期面临的供给困难,也使得社会上形成了一股呼吁取消布票的主张。③ 最终,同年11月,商务部下发《关于全国临时免收布票、絮棉票对棉布、絮棉敞开供应的通告》,宣布取消布票。④ 这是经济体制改革和产业发展路径选择的一个重要突破,从此纺织产业的棉布产品开始步入市场化的商品流通体系阶段。

(二) 建立纺织产业市场价格体系的思想

在搭建流通体系的基础上,纺织产业的发展路径选择进一步延伸到价格体系上。此过程中有两部分思想较为突出。一是提出"按质论价"、主张在纺织商品流通中强化价值规律的思想;二是在逐渐缩小计划领域的过程中加速价格体系建设的思想。以上过程都是渐进发生的,且与20世纪80年代中期学术界兴起的"以市场导向改革而发展产业"的思想选择相互一致。

1983年国家物价局、国家经济委员会提出《关于进一步贯彻工业品按质论价政策的报告》,指出"按质论价、分等定价、优质优价、低质低价"是价格政策的核心原则。⑤ 1984年,国家物价局、纺织工业部与商业

---

① 《调整价格体系的重要一步》,载于《人民日报》1983年1月18日第1版。
② 纺织工业部政策法规司:《中国纺织工业的体制改革》,引自《中国纺织工业年鉴》编辑委员会编,《中国纺织工业年鉴》(1988—1989),纺织工业出版社1989年版,第23~26页。
③ 《还有使用布票的必要吗?》,载于《北京日报》(内参)1983年9月26日。
④ 《商业部〈关于全国临时免收布票、絮棉票对棉布、絮棉敞开供应的通告〉》(1983年11月22日),引自《中国纺织工业年鉴》编辑委员会编:《中国纺织工业年鉴》(1984—1985),纺织工业出版社1986年版,第160页。
⑤ 《国家物价局、国家经济委员会〈关于进一步贯彻工业品按质论价政策〉的报告》(1983年8月20日),引自《中国纺织工业年鉴》编辑委员会编:《中国纺织工业年鉴》(1984—1985),纺织工业出版社1986年版,第103~104页。

部进一步对纺织品的按质论价政策进行了规定,指出不同产品质量要不同定价,对获得国家金质奖的产品可进行加价,幅度不超过15%,银质奖不超过10%,优质产品不超过5%。同时为了鼓励纺织企业开发新品种,对于花色新颖、市场畅销的品种,规定在价格可向上浮动;对于花色陈旧、市场滞销的品种,价格可向下浮动,以上幅度均不能超过10%。另外,对于改进新产品、实行新工艺等情况,在价格方面可再报物价部门和业务主管部门备案。① 这种指导性的按质论价制度虽然还带有很强的计划评判性质,但是原有计划经济背景下,却是逐步引入价值规律的一个重要尝试和有效过渡,并且有利于降低价格放开初期物价波动的经济风险。

在初步开放价格体系的同时,纺织产业还被赋予了更为灵活的生产计划调解能力。在《纺织工业部关于第一步下放七项权限的通知》中,纺织产业的指令性计划指标由过去的18个减为化纤用聚合物、化学纤维和纱3个,其他国家和部管计划产品,如布、印染布、呢绒、毛线、麻袋等均作为指导性计划,小商品则实行市场调节。对于指令性计划的商品,纺织产业必须严格按计划生产,但对于指导性计划产品,地方和企业则可结合市场需要和原材料情况安排生产。② 1989年指令性计划产品进一步缩减,除极少量产品(如化纤、部分棉纱和军工军需产品)外,绝大多数产品都实行指导性计划管理。③ 这种政策逐步地将企业置于市场体系,使其根据市场情况调整生产,对于日后进一步放开定价要求、完善价格体系发挥了促进作用。

在20世纪80年代中期,纺织产业已能基本满足国内市场需要,因而在80年代后期开始面向国际市场发展,进一步跨入全球化的市场体系。并且,在90年代初,随着我国社会主义市场经济体制的确立,纺织产业已基本完成了市场化的产业发展路径选择。纵观这一过程,无论是纺织产

---

① 《国家物价局、纺织工业部、商业部下达〈关于进一步贯彻纺织品按质论价政策的暂行规定〉的通知》(1984年3月23日),引自《中国纺织工业年鉴》编辑委员会编:《中国纺织工业年鉴》(1984—1985),纺织工业出版社1986年版,第164~166页。

② 《纺织工业部关于第一步下放七项权限的通知》(1983年8月21日),引自《中国纺织工业年鉴》编辑委员会编:《中国纺织工业年鉴》(1986—1987),纺织工业出版社1988年版,第121~122页。

③ 纺织工业部政策法规司:《中国纺织工业的体制改革》,引自《中国纺织工业年鉴》编委员会编:《中国纺织工业年鉴》(1988—1989),纺织工业出版社1989年版,第23~26页。

业的市场化改革还是上一部分探讨的所有制改革,都充分体现出我国第二阶段产业发展路径切换的渐进式特征。这些路径都是在经济学界要求进行市场化导向建设的基础上,在产业发展的实践摸索中得出的。不同于苏联经济体制改革选择的"一揽子改革计划",我国的产业发展路径变迁体现出对社会和经济稳定的极大重视,所以在旧路径之于新路径的演变过程中,选择做出了阶段性的制度安排。即,无论是企业所有权的逐步下放、非国有经济的逐渐加入、按质定价的幅度设置还是指令计划产品的初步缩减,都是过渡性的制度设计,而这正是降低路径变迁成本的关键所在。这样的过渡性设计一方面确保了存量范围内的利益分配均衡;另一方面又保证了增量范围的影响中性,使得路径变迁的主体和非主体在帕累托改进的过程中都有激励去推动进程;[1] 同时,渐进式的改革做法也为修正措施预留了足够的实施空间。这样的改革思想为经济学术也提供了有关过渡经济学(或称转轨经济学)的研究课题,是发展实践馈赠理论研究的典型案例。

四、促进出口贸易导向的纺织产业扶植思想

在纺织产业能基本满足国内市场需要后,我国决策层开始强化其面向国际市场的贸易发展路线。事实上早在20世纪80年代初期,时任轻工业部学术委员会副主任委员戎文佐就多次提出要发展劳动密集型产品出口的主张。他指出,发展劳动力密集型产业适合我国现阶段的资源禀赋结构,"以较少的投资安排较多的劳动力,为国家加速资金和外汇积累,正是为了加强技术引进的能力,更好地促进资金密集行业的发展",[2] 而且"在技术先进和技术落后的国家之间,互相交换技术密集型产品和劳动密集型产品,对双方都是有利的",不会使我国置于发达国家的经济从属地位。[3]

---

[1] 盛洪:《追求改革的稳定形式》,盛洪主编:《中国的过渡经济学》,格致出版社2009年版,第20页。
[2] 戎文佐:《论发展劳动密集行业》,载于《人民日报》1980年6月2日第5版。
[3] 戎文佐:《大力发展劳动密集行业产品出口——从李嘉图的比较成本学说谈起》,载于《人民日报》1980年10月17日第5版。

这一思想与当时学术界兴起的发挥比较优势特别是"国际大循环思想"不谋而合。1986年，国务院召开的116次常务会议上，决策层正式提出"我国的对外贸易在一定时期内要靠纺织"的要求，①因此中央书记处候补书记、书记处书记，原纺织工业部部长郝建秀在全国纺织工业厅局长会议上，明确提出了"以扩大纺织品出口创汇为目标，带动我国纺织工业的全面振兴"的纺织产业战略转移。②同年年底，国务院界定将服装和丝绸两个行业归口纺织工业部管理，进一步形成"大纺织"的格局，为出口创汇做好准备。这样的思想在"七五"计划中也有体现。《关于第七个五年计划的报告》指出，"努力增加出口，创造更多的外汇，是更大规模扩展对外经济贸易与技术交流的基础和关键"③。可见，在学术界就发挥比较优势和坚持树立竞争优势的学术辩论中，前一种发展路径最终为决策层所选择。

决策层设计了多种制度以促进纺织产业出口，主要体现的产业扶植思想为：

第一，鼓励发展"三来一补"加工贸易业的思想。早在1979年，国务院就颁布《关于开展对外加工装配和中小型补偿贸易办法》，指出其所需原材料（包括辅料和包装物料）、零部件、设备的进口，一律免征关税工商税，也不实行加成作价。同时这类业务在开展初期、暂时在收入上不足以抵消实际费用或成本的，可在两年内给予一定补贴。④该政策对纺织产业中的服装纺织业出口有极大的推进作用。

第二，采用多种间接干预政策进行产业扶植的思想。不同于计划经济体制下，政府对于产业发展进行调配物资、设定价格的直接干预，在纺织

---

① 刘志芳、张军胜：《中国纺织工业的对外贸易》，引自《中国纺织工业年鉴》编辑委员会编：《中国纺织工业年鉴》（1988—1989），纺织工业出版社1989年版，第27~30页。
② 《郝建秀同志在全国纺织工业厅局长会议上的讲话（节录）》，1986年12月23日，引自《中国纺织工业年鉴》编辑委员会编：《中国纺织工业年鉴》（1986—1987），纺织工业出版社1988年版，第167~169页。
③ 赵紫阳：《关于第七个五年计划的报告》（1986年3月25日），引自中共中央文献研究室编：《十二大以来重要文献选编》中，中央文献出版社2011年版，第364~403页。
④ 《国务院关于开展对外加工装配和中小型补偿贸易方法》（1979年9月3日），引自向阳主编：《中华人民共和国对外经济法律法规汇编》上，中国对外经济贸易出版社2001年版，第241~244页。

产业促进出口的问题上，制度设计更侧重采用相对间接的扶植办法，如出口奖励、贴息贷款、设立发展基金、出口退税等。1986 年，国务院颁布《关于鼓励出口商品生产扩大出口创汇的通知》，提出要对生产企业实行出口奖励制度。具体是以 1985 年出口创汇的实际成绩为基础，在基数内每实现出口创汇一美元，奖励人民币三分；超过基数出口创汇一美元，奖励人民币一角，一定三年不变。另外国家再拨少量资金作为外贸的出口奖励金，用于创收外汇成绩显著的外贸企业和在开发新产品、提高商品质量上成绩显著的企业。[1]

同年，国务院办公厅针对纺织产业，进一步下发《国务院关于扩大沿海地区纺织出口有关政策措施和减轻纺织行业税收负担意见的通知》，该通知的主要内容为：(1) 在 12 个沿海城市建立纺织品重点出口企业的发展基金，用于出口企业提高产品质量、增加加工产品的技术改造；(2) 强化创汇与奖励挂钩，将同年制订的原计划奖励由基数内每创汇一美元奖励人民币三分提高到平均四分；(3) 为纺织机械（器材）行业创立新产品研制开发基金；(4) 增加贴息贷款；(5) 减轻纺织企业的增值税（共计 13.5 亿元人民币），减免纺织企业调节税。[2] 特别是最后一点，出口退税，后来逐渐演变成为我国扶植纺织产业的主要政策手段。20 世纪 80 年代我国实行的出口退税政策，主要是退还产品税、增值税和消费税。1994 年我国实行税制改革，将原有政策改为以新的增值税、消费税制度为基础的退税办法。自此以后，纺织产业的退税税率经过了多次调整，在 1998 年以前主要是降低退税税率，用以缓解中央的财政紧张；但 1998 年至 21 世纪初逐步提高了退税税率，以此抵御亚洲金融危机，并保持贸易平衡和出口规模。[3] 以上措施在纺织产业促进产品出口、扩大贸易规模的进程中发挥

---

[1] 《国务院关于鼓励出口商品生产扩大出口创汇的通知》（1986 年 2 月 6 日），引自《对外经济贸易实用政策汇编》下，本溪市对外经济贸易委员会编印 1988 年版，第 48~49 页。

[2] 《国务院办公厅转发国家计委等部门关于扩大沿海地区纺织出口有关政策和减轻防止产业税收负担意见的通知》（1986 年 12 月 18 日），引自《对外经济贸易实用政策汇编》下，本溪市对外经济贸易委员会编印 1988 年版，第 89~93 页。

[3] 历次税率调整政策文件参见中华人民共和国财政部税政司编著：《出口退税政策与管理》，中国财政经济出版社 2006 年版。

了巨大的正面作用。①

  为何出口退税演变成为我国扶植纺织产业的主要办法？当然，世界贸易组织颁发的《纺织品与服装协议》（Agreement on Textilesand Clothing，ATC）反对进行出口补贴而造成的国际贸易不公正，但却认可出口退税，这直接决定了我国在对接国际贸易市场中的政策选择。但这样的规定也的确具有经济原理的内在依据。主张出口退税的思想很早就已出现，法国重农学派代表布阿吉尔贝尔（P. L. P. Boishuillebert）指出，国家的进口税税额应保持现状，"至于出口税，则丝毫不应轻饶，而应全部取消，因为这是国王和王国前所未有的最大敌人"②。亚当·斯密也指出，"在各种奖励中，所谓退税，似乎是最合理的了"，因为出口退税不会扰乱资本与劳动分配的自然平衡，特别是能保证这部分资本不会转移到其他用途中去③，这主要是从维护自由贸易的视角进行阐述。而发展到李嘉图，已经能较为清晰地解释出口商品的税负转嫁问题，他指出，如若一国对出口产品征税，税收将最终由进口国的国民支付；除非一国闭关自守、不与他国通商，税负才无法转嫁他国。④ 事实上，正是因为出口商品在进口国内还会被征收相应税负，因而如果在出口国本国内已然被征税，就等同于接收了"双重征税"。这种税收不公平会导致商品在进口国市场内失去竞争力，即在等同于受到税收的替代效应而抑制了消费者的消费偏好（见图4-3），最终造成国际贸易的根本初衷——发挥各国比较优势使各方收益的原则受到侵害。而且不同于出口补贴这种可能直接影响商品在国际市场上的价格的做法，出口退税是为了还原商品本身具有的比较优势，因此得到了国际贸易组织的肯定，成为国际上通行的扶植外向型产业发展的政策措施。

---

  ① 对我国出口政策进行实证研究，并给出积极评价的文献例如隆国强：《调整出口退税政策的效应分析》，载于《国际贸易》1998年第7期；陈平、黄健梅：《我国出口退税效应分析：理论与实证》，载于《管理世界》2003年第12期；董皓、陈飞翔：《我国出口退税政策的鼓励效应》，载于《国际贸易问题》2004年第7期，等等。
  ② ［法］布阿吉尔贝尔著，伍纯武、梁守锵译：《布阿吉尔贝尔选集》，商务印书馆2011年版，第360页。
  ③ ［英］亚当·斯密著，郭大力、王亚南译：《国民财富的性质和原因的研究》下，商务印书馆2009年版，第74页。
  ④ ［英］大卫·李嘉图著，郭大力、王亚南译：《政治经济学及赋税原理》，译林出版社2011年版，第88页。

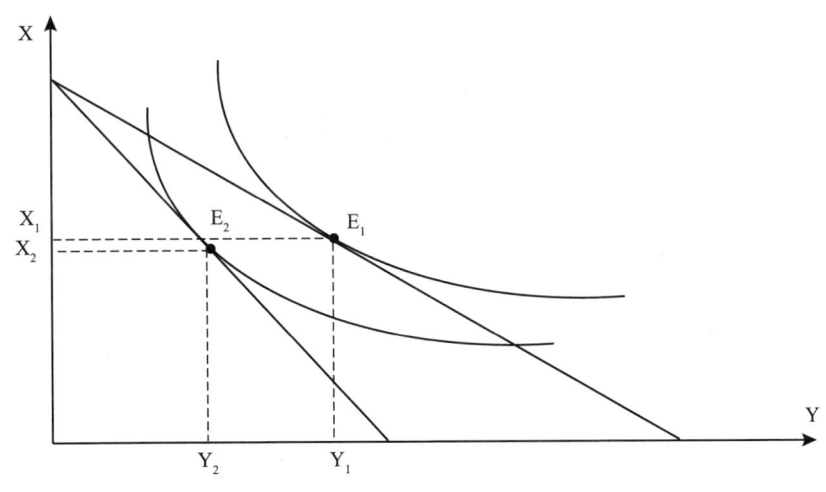

图 4 – 3 税收的替代效应示意图

注：在原有预算集和无差异曲线相交于 E_1 后，决定了消费者的消费束为 (X_1, Y_1)。然而，若商品 Y 在出口国和进口国都被征税，等同于相较 X 商品被征收了更多的税。在此将其简化为只对于 Y 征税，因此消费者新的预算集与无差异曲线相交于 E_2，相应的消费束变为 (X_2, Y_2)，Y 商品的购买数量被显著降低。

五、调整产能与改革国有企业的纺织产业规制思想

纺织产业作为我国第二阶段优先发展的对象，经历了企业自主权的下放、多种经济成分的加入、市场化的改革及出口贸易的促进，极大地实现了产能的提升。然而，作为一个正在经历发展路径转轨的产业，以优化存量、扩大增量为主的改革方式难以长期保证产业的稳定持续发展，不可避免的，是最终在实践领域表现出存量与增量之间的摩擦与冲突。1994 年纺织产业调查时就称，国有企业经营困难、其他经济类型企业发展较快是纺织产业发展的一个主要矛盾。纯国有纺织企业（不包括国有控股纺织企业）的问题主要来自改制过程中，国有企业将创造效益最佳的生产部门规划为股份公司，将困难的部分留下，因此造成了负债过重、人员冗余和亏损负担重三大困难。[①] 这种历史遗留问题本质上是渐进式路径转型始终保

---

① 《中国纺织工业年鉴》（1995），纺织工业出版社 1995 年版。

留了部分领域未能深入触及。为了维护社会与经济稳定，转型自开始便不能对计划经济体制的弊端进行全盘否定，进而在纺织产业领域最终表现的，是国有企业经营不善而导致的自1993年开始连续5年亏损，而纺织产业也因此成为国有工业产业中困难最突出、亏损最严重的部门。虽然此前已有学者捕捉了到这一问题，提出了"衰退产业"的概念并主张促进技术创新以实现产业再发展，[①] 但产业升级是一个漫长过程，20世纪90年代末纺织产业的困难已迫在眉睫。因此，决策层选择了不同于渐进式路径转型的、较为激进的产业规制思想，其中有两部分思想最为突出，为中国在进行后续的转型产业规制中提供了一定借鉴。主要包括：

（一）解决产能过剩，要求纺织企业压锭减产的产业规制思想

在理想的市场状态下，厂商可根据市场需求自行调解产能，最终达到市场出清效果。但中国的纺织产业所处市场环境难以确保厂商准确根据市场情况制定供给，且国有大型企业须考虑就业等社会问题，无法因产能过剩或市场竞争执行优胜劣汰的自然退出机制。在这种情况下，市场表现为失灵而产生了"过度竞争"（excessive competition），众多企业持续处于低利润率甚至负利润率的状态，却仍不退出市场。这种情况下，政府若不对产业的结构性产能过剩进行调整，将进一步损害公共利益。在当时，已有学者如江小涓提出应通过政府"收购报废"的方式促进企业退出和转产。[②] 这一思路被制度设计所吸收并丰富。1998年我国政府正式决议对纺织产业实施直接的行政干预。吴邦国在全国纺织工业深化改革调整结构工作会议上提出，要"以纺织产业作为突破口推动国有企业改革解困"，其原因不仅在于纺织产业问题最严重，原因最清晰，更在于改革解困的路线最为明确，即"压锭、减人、增效"。吴邦国指出，所谓压锭和减人，是以政府援助的方式，对纺织过剩设备进行收购压锭，并对调整中的失业者提供补助和就业培训支持。这是运

---

① 李农：《试论我国的衰退产业和衰退产业政策——以黄麻纺织工业为案例的分析和研究》，载于《中国工业经济研究》1991年第5期。

② 江小涓：《国有企业严重亏损的非体制因素探讨》，载于《中国工业经济》1995年第1期；江小涓：《国有企业陷入亏损困境的结构因素及其调整政策》，载于《中国工业经济》1995年第5期。

用政府和社会力量，以较短时间、较少代价提升纺织产业生产效率、加速纺织产业结构升级、最终实现国际竞争力提升的有效办法。吴邦国指出，关于纺织产业解困的主要工作目标，一是在三年内淘汰 1000 万落后棉纺锭，二是妥善解决压锭下岗员工，三是在三年内使大多数国有大中型亏损企业摆脱亏损困境。① 因此在 1997~1998 年间，中国纺织总会、国家计委、国家经贸委多次下发了关于棉纺压锭的通知，如《关于认真做好棉纺压锭规划的通知》《关于成立中国纺织总会压锭调整扭亏工作领导小组及工作办公室的通知》《关于纺织工业深化改革调整结构解困扭亏工作有关问题的通知》，等等。以上政策均屡次强调必须执行压缩淘汰落后棉纺锭，可见此一轮产业政策对于纺织产业采取规制手段的坚定态度。

（二）深化国有企业改革，整顿产业发展行动主体的产业规制思想

淘汰落后产能，人为提升纺织产业结构是制度设计所体现的应激性产业规制思想，但其并未触及纺织产业问题的根本，即国有企业固有体制所带来的效率与效益双重低下。在这种情况下，深化国有企业制度改革，是建立纺织产业健康发展长效机制的必经途径，因而也为此阶段的制度设计所选择。1998 年，国家经贸委印发《关于 1998 年国有企业改革和发展工作的意见》的通知，正式提出将纺织产业作为深化改革、调整结构、解困扭亏的突破口，并在国有企业改革方面具体规划为以下思路：（1）建立健全国有大中型企业的现代企业制度，进行"产权清晰、权责明确、政企分开、管理科学"的逐步改制。这一政策思想可谓经济学界从"两权分离"出发的所有制与企业制度研究所最终形成的制度化表现。（2）从战略上调整国有经济布局，优化国有大型企业，同时以改组、联合、兼并、租赁、承包经营、股份合作制、出售等形式转换国有小型的经营机制。这种"抓大放小"的国有经济整顿思想符合市场经济建设中的以多种所有制形式，共同激发产业活力的战略规划。（3）妥善解决国有企业下岗职工的流转与

---

① 《吴邦国副总理在全国纺织工业深化改革调整结构工业深化改革调整结构工作会议上的讲话》（1997 年 12 月 26 日），引自《中国纺织工业年鉴》编辑委员会编：《中国纺织工业年鉴》（1997—1999），纺织工业出版社 2000 年版，第 173~178 页。

安顿。这是在发展路径转轨中必须要支付的"改革成本",必然成为产业规制中的重要内容。(4)鼓励产业进行技术创新。这里主要是运用间接促进的方法,一方面加大企业在投资决策方面的自主权;另一方面由政府在宏观上强化创新环境的搭建。(5)提高企业经营管理水平、提高管理者业务素质。可见,以上国有改革制度设计的思想基本与经济学界的主张相一致。而且这一政策也推动了1999年《中共中央关于国有企业改革和发展若干重大问题的决定》出台,对解决产业发展路径转轨的遗留问题、进一步推动产业发展产生了深远的积极影响。

第四节 发挥比较优势产业发展路径选择的经济思想整理与绩效评议

1979~2003年,我国在国际关系与贸易体系的有利条件下,开辟了产业发展开放的环境。开放的环境塑造了开放的思维,此时的经济思想在反思过往并且学习西方经济理论的基础上,逐步探索出依靠劳动要素比较优势发展产业的路径选择,进而提供了一条从封闭到开放、从计划到市场、从塑造竞争优势到发挥比较优势的产业发展路径切换的逻辑体系,同时对中国的经济增长和外汇积累形成了巨大推动。

一、发挥劳动比较优势的产业发展经济思想逻辑搭建

改变1979年以来中国产业发展路径选择的根本原因,是该时期结构性条件的大规模更替。与以美国为代表的发达国家及部分周边国家恢复外交,使中国能够在较长一段时期摆脱战争威胁,将发展重心回归到国民经济的维护和建设上;同时,新一轮全球化扩张的开启提升了各国加速生产要素流转的意愿,进而搭建起发展中国家友好的国际贸易秩序,为中国提供了面向世界的产业发展契机。中国适时地把握住了这次契机,选择将此前的战略性产业发展观念调整到"以经济建设为中心"的思路上来,同时辅以对外开放和市场化改革两

第四章　经济外向时期产业发展路径选择的经济思想（上）：1979～2003年

项基本策略，搭建起以发挥比较优势为内涵的产业发展路径选择。

与之相应的新一轮经济思想演化则始于对原有认知的反思。学术界对扩大再生产理论的集中批驳推翻了由此"推衍"的重工业优先发展政策，也否定了塑造竞争优势之于中国产业发展的唯一与必然。具有劳动密集型特征的产业，如纺织产业，则开始作为产业发展的另一可能，即发挥比较优势，在制度设计中被明确地选择。这不仅是对于中国前一阶段国民经济结构中生活产品严重匮乏的矛盾修正，更是中国在全球化扩张时期迅速加入国际体系、获取市场效益进而实现经济增长的最有效方式。

发挥比较优势的产业本质上具有很强的盈利特征，符合广泛个体的逐利本性，因此在资源获取和行动主体上，无须同第一阶段一样，依靠国家行政干预来调配人力、物资并支配经营；更为适宜的，是选择在宏观领域推行市场化改革，与此同时在微观领域增强个体的自主能动性，从而使更多要素和主体自发地进入经济循环，共同提升产业发展的效能。然而，该过程面临第一阶段路径选择的既定基础，在如何实现的问题上，我国选择的是通过渐进方式推动变革。以纺织产业为例，其宏观制度设计是以放宽生产、放宽供给、放宽价格等措施逐步建立起市场体系，这与经济学界经历地从引入市场机制、到市场导向改革、再到完善市场经济发展的取向及渐进过程相一致。在微观层面，纺织产业针对前一阶段行动主体经营效率低下的弊端，在制度设计上注重改善存量企业的内部管理、有步骤地下放企业自主权，同时还鼓励多种经济成分进行增量参与，这也与经济学界主张的企业本位制、完善企业产权、调整所有制结构等论题相呼应。因此，第二阶段产业发展路径选择经济思想的一个突出表现，是经济认知与制度设计的较高一致性。促成该现象的直接原因是决策层在战略对策上主张"按照经济规律办事"，但更为内在的是该时期的结构性条件赋予了以经济方式实现产业发展的客观前提。

在满足国内市场的基础上，纺织产业很快启动了面向国际市场的运作，即遵循"国际大循环"的理论构思，承担起运用自身优势换取外汇、为国内资本与技术密集型产业进行积累的职责。这种发挥比较优势的思想与西方贸易理论的传播有直接关系。在具体落实的过程中，制度设计选择了多种办法促进纺织品出口，其中出口退税最为经济学理所肯定，因为该法符合维护公平贸易的准则。在纺织产业的管理与协调方面，第二阶段最突出的矛盾是渐进式改革进入一定阶段而面临的市场失灵，因此，制度设计采取了强硬的纺织压锭来调整产能，同时推动国有企业改革来深化市场建设，以政府的直接干预维护了市场平衡，进而通过实践丰富了经济思想在产业发展路径切换方面的经验。

总而言之，以纺织产业为代表的、发挥劳动要素比较优势的产业发展路径选择经济思想，在国际形势变化中抓住了有利机遇，选择了渐进式的市场化改革、微观个体的放权与利益激励、出口导向和在改革攻坚时期的政府干预，实现了输出比较优势的产业发展与国民经济的高速增长。

二、外向型产业建设与经济效益取得的产业发展评估

我国自改革开放以来产业发展的成效有目共睹。首先从纺织产业自身来看，各种产品产量自改革开放后均有显著提升。以最主要的三类产品，化学纤维、纱和布为例，由图4-4可见，以上三类产品在20世纪80年代前增速十分缓慢，但在此后呈现增加迹象，特别在90年代后增速逐年激增。同时从产品结构来看，80年代以前纺织产品主要以棉布为主导，化纤产品的产量十分低下；但自80年代后化纤产品增速最快，至第二阶段末在产量上已显著超过布和纱。产品结构的变化来自生产技术的变化，而在生产技术的测度上，1952年纺纱职工平均每天产纱0.18万吨，1978年0.65万吨，1990年攀升至1.27万吨，2002年则翻倍为2.33万吨；丝织品平均每天的产量测度变化更为惊人，1952年为17.8万米，1978年为167.4万米，1990年为469.1万米，2002年为1463.4万米，是中华人民共和国成立初期的近百倍，改革开放初期的近十倍[①]。而且从要素密集度来看，纺织产业较为充分地利用了我国劳动力丰裕的条件。如图4-5所示，纺织产业的职工人数在1978年后开始激增，之后大体保持了增长趋势，并在1994～1995年达到顶峰。虽然，1997年后由于纺织压锭和国有企业改革，就业人数有一定减少，但就纺织产业就业人数占全国劳动者总人数的比例来看，1952年为8%，1978年为7.3%，1990年为

---

① 《中国工业经济统计年鉴》（2003），中国统计出版社2003年版。

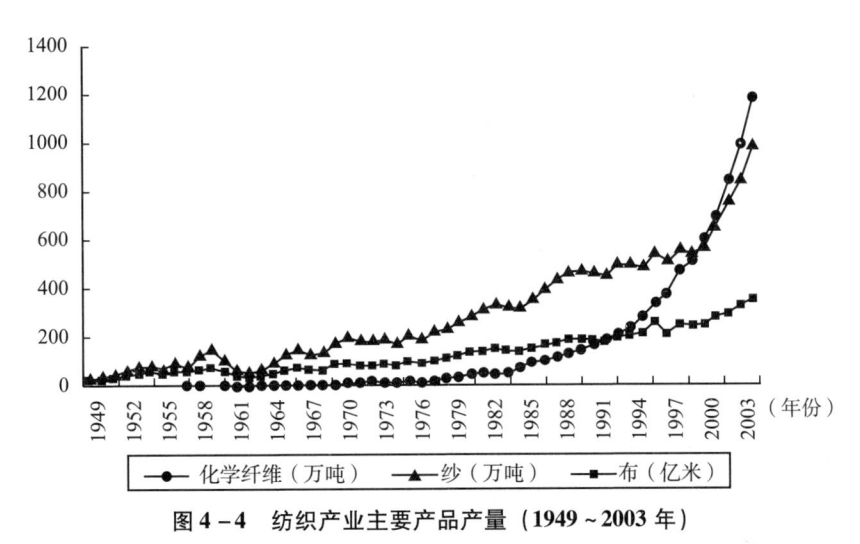

第四章 经济外向时期产业发展路径选择的经济思想（上）：1979~2003年

图4-4 纺织产业主要产品产量（1949~2003年）

资料来源：根据历年《中国纺织工业年鉴》和《中国纺织工业发展报告》相关数据统计而得。

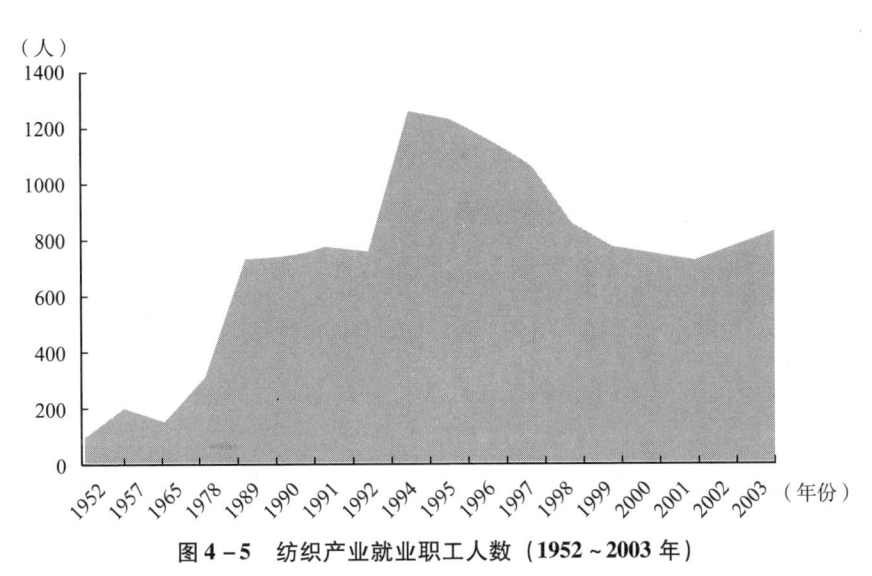

图4-5 纺织产业就业职工人数（1952~2003年）

资料来源：根据历年《中国纺织工业年鉴》和《中国纺织工业发展报告》相关数据统计而得。

9.74%，2000年为13.72%，[1] 可见是吸纳劳动人口、解决就业问题的重要领域。

更值得一提的是纺织产业在国民经济中所发挥的促进作用。首先，从纺织产业的总产值来看，该产业产值长期占据全国工业总产值的10%左右，即1978年年产值529.1亿元，占全国工业总产值的10.8%（按照1980年不变价），1995年飙升至7035亿元，占14.55%（按照1990年不变价），2000年经过调整后为7071.96亿元，占9.56%（按照2000年不变价），可见纺织产业已成为我国工业部门的重要组成。从税收角度来看，纺织产业常年能为国家财政贡献4%左右的份额，1989年该产业提供税利157.47亿元，占全国财政收入5.39%，1995年为266亿元，占5.27%，1999年经过压锭调整，仍提供398.7亿元，占3.48%[2]。纺织产业海外出口、换取外汇的能力也十分瞩目。在20世纪90年代，纺织产业曾多年成为出口份额第一的行业，直至2003年，根据海关进出口货物商品分类，名列第十一类的"纺织原料及纺织制品"出口金额高达733.46亿美元[3]，占中国当年出口总额的16.7%，名列第二，因此可称纺织产业发挥比较优势，面向国际市场实行外向策略的路径选择基本达到了预期目标。

以纺织产业为例的劳动要素比较优势产业发展也存在显著弊端，具体包括：过度依赖外贸、受国际市场波动影响明显；中小企业竞争激烈，重复建设和低水平扩展较为普遍；特别是这一类产业长期停留在劳动要素密集的产业发展阶段上，一方面缺乏技术与自主品牌，在产业链中位居下游，因而在投入大量劳动力和自然资源后只能换取相对微薄的利润；另一方面，21世纪后中国的禀赋结构逐渐发生变化，人口红利带来的劳动要素比较优势不再突出，进而也降低了中国纺织产品在国际上的受欢迎程度。正是这些弊端，很大程度上推动了第三阶段产业发展路径选择的再次切换。

---

[1] 《中国纺织工业发展报告》（2001），纺织工业出版社2001年版。
[2] 《中国纺织工业年鉴》（1991）、《中国纺织工业年鉴》（1995）和《中国纺织工业发展报告》（2001）。
[3] 资料来源：国家统计局，http://data.stats.gov.cn/。

第五章

经济外向时期产业发展路径选择的经济思想（下）：1979~2003年

经济外向时期，虽然获取经济效益、实现经济增长是中国产业发展的主要任务，在此情况下，输出劳动力与资源比较优势、积极参与国际分工并换取外汇也成为达成该目标的最有效路径。但是，中国并非一个资源禀赋单一、人口数量少且面积狭小的国家，产业的发展内容可以有多样选择。特别是，中国须巩固国际政治经济地位，完全发展中低端产业会将我国置于国际产业与贸易的不利地位，延缓产业发展增速。因此，在对外开放的情境下探讨如何克服比较劣势、发展资本与技术密集型产业，是并列于发展比较优势产业的另一个重要选择，而且这种国际间生产要素的流转与组合的过程也符合该时期国际经济演进的大趋势。经济思想围绕这一主题衍生出一系列内容，且因此阶段经济学术逐渐完善，已从以往的、非常基础而理论化的经济认知转变为具体的、面向应用领域的探讨，对经济实践的反馈也更加及时。另外，制度设计与经济认知同时发展，衍生出了不完全遵从经济理论的相关思想，呈现出值得探讨与品评的历史内容。

第一节　克服资本技术比较劣势的经济认知

虽然主张从国际市场吸收资本与技术的产业发展思想在改革开放初就已形成，但20世纪80年代前期我国经济学界经历的主要为理论范式与思想路线的转变，反思以往政策、构思市场化改革是其重点研究对象。如何利用国际资源克服比较劣势，从而实现产业发展，在80年代中后期才逐渐形成贯穿90年代的研究热潮。而该时期恰是中国产业经济学领域发生重要变革的阶段，即西方产业经济理论正式被引入中国。[①] 一些产业经济学的经典著作，如库兹涅茨的《各国的经济增长——总产值与生产结

---

① 江小涓：《理论、实践、借鉴与中国经济学的发展——以产业结构理论研究为例》，载于《中国社会科学》1999年第6期。

第五章　经济外向时期产业发展路径选择的经济思想（下）：1979~2003年

构》①、罗斯托的《经济成长的阶段》②、钱纳里等的《工业化和经济增长的比较研究》③ 先后发行了中译本，同时国内也开始出现了国人自撰的西方产业经济理论引介著述。杨治的《产业经济学导论》被认为是该类著述中最突出的早期代表，对具有奠基作用的西方产业结构理论、产业组织理论、产业布局理论和产业关联理论等进行了介绍，对中国学者的研究范式转换产生了较大影响。④ 在这样的背景下，有关产业发展路径选择的经济研究不再选用"两大部类""农、轻、重"等相对模糊的范畴，转而开始使用"产业""三次产业""产业结构""产业组织"等与国际接轨的现代经济学术语。同时，该类经济思想在研究方法上也融合了更多的西方经济理论及数量模型，加之其与发挥比较优势的经济思想存有不同的运作目标与作用重点，因此呈现两条各自完整的经济认知体系，用以支撑两条相互补充但截然不同的产业发展路径选择。

一、基于目标产业锁定的产业选择思想争鸣

在西方产业经济理论的影响下，我国经济学者逐渐对"产业"概念建立起基本认知，萌发出以个别产业部门带动全体产业乃至国民经济发展的思想。这种思想可称为"主导产业部门战略"（leading sector strategy）思想，在发展中国家实现工业化的过程中普遍出现。而且，不同于第一阶段的重工业优先发展思想，此时的探讨已不再围绕单一的理论依据，采用"重工业""轻工业""农业"这样较为宽泛的、表象的范畴作为备选对象。新一轮的认知构建，是试图对可能选择的目标产业应该承担的职能、具备的特性、筛选的方式等具体问题进行深入探讨，且因不同的侧重与理

---

① ［美］库兹涅茨著，常勋等译：《各国的经济增长——总产值与生产结构》，商务出版社1985年版。
② 江小涓提到的罗斯托《经济成长的阶段》中译本为商务印书馆1985年版，事实上早在1962年该书就有中译本，不过是反面教材，仅供内部少数人士进行批判。引自［美］罗斯托著，国际关系研究所编辑室译：《成长的阶段——非共产党宣言》，商务印书馆1962年版。另外1988年罗斯托的另一本著作《从起飞进入持续增长的经济学》也在1988年有中译本。引自［美］罗斯托著，贺力平等译：《从起飞进入持续增长的经济学》，四川人民出版社1988年版。
③ ［美］钱纳里等著，吴奇等译：《工业化和经济增长的比较研究》，上海三联书店1989年版。
④ 杨治：《产业经济学导论》，中国人民大学出版社1985年版。

论参照而产生观点争鸣。

（一）目标产业概念的多样化定义

有关产业选择的思想争鸣始于对所谓目标产业的范畴界定。20 世纪 80 年代中后期至 90 年代初，我国学者较多地用自行创造的词汇来刻画目标产业的概念。周叔莲、斐书平提出了"新兴产业"，其含义为随着新技术的应用而出现的新的产业部门，因此在当前而言主要指第二次世界大战以来兴起的信息技术、生物技术、新材料技术、新能源技术和空间技术等产业。[①] 现在看来，其所谓的新兴产业即为技术高度密集型产业，所以该主张也很有前瞻性，不过，客观而言，这种较高的技术密集要求与我国80年代中期的禀赋条件不够相符。李京文等提出了"优先发展产业""基础产业""出口创汇产业""一般产业"。其中，优先发展产业意指其他产业对它的依赖度高、较长时期紧缺且难以替代、具有较高综合效益的产业。[②] 但这样的定义略过于全面，即将产业关联性、结构需求性和重要性全部包含在内。韩永文、宁吉喆、刘鲁军提出了"带头产业"，其含义为能通过自身发展带动横向与纵向的产业同样快速发展的部门。[③] 王震东也同样使用带头产业的提法。[④] 王忠民等[⑤]、许长新[⑥]使用的是"主导产业"的提法，该提法较为强调某一产业对其他产业的带动与关联度。谢伏瞻等采用的是"战略产业"，其含义大致看来是对未来产业发展战略有决定或主要作用的产业。[⑦] 齐建国较早地注意到了提法过多造成的名词混乱，因此总

[①] 周叔莲、裴叔平：《试论新兴产业和传统产业的关系》，载于《经济研究》1984 年第 8 期。
[②] 李京文、郑友敬：《我国产业的发展模式和发展序列》，载于《中国社会科学》1988 年第 6 期；李京文、郑友敬、齐建国：《技术进步与产业结构问题研究》，载于《科学学研究》1988 年第 4 期。
[③] 韩永文、宁吉喆、刘鲁军：《对 90 年代我国带头产业选择与发展途径的探讨》，载于《计划经济研究》1992 年第 7 期。
[④] 王震东：《九十年代的带头产业——电子和汽车工业》，载于《经济工作通讯》1992 年第 14 期。
[⑤] 王忠民、朱争鸣、邵崇：《我国产业结构中的主导产业问题探讨》，载于《管理世界》1988 年第 1 期。
[⑥] 许长新：《产业结构调整定量化初探——关于主导产业的一项定量研究》，载于《财经研究》1989 年第 7 期。
[⑦] 谢伏瞻、李培育、仝允桓：《产业结构调整的战略选择》，载于《管理世界》1990 年第 4 期。

第五章 经济外向时期产业发展路径选择的经济思想（下）：1979~2003年

结道，"主导产业""带头产业""领衔产业"的含义基本相同，指在产业结构中具有较大比重，能拉动其他产业乃至整个经济发展的中心系统产业；"优先发展产业"指因性质或地位决定必须优先发展的或者正经历瓶颈期而需要加快发展的产业；"支柱产业"指在国民经济中占较大比重、是国民经济收入的主要来源之一的产业；"基础产业"则指在产业发展链中处于上游，为其他产业提供发展条件的产业；另外所谓"创汇产业""战略产业""重点产业""新兴产业"等，则无确实含义，应须根据具体情况具体辨析。① 本书认为，该梳理已将可能选取的目标产业概念做出了较为清晰的区分与界定，而且这样侧重单一方面的定义会更突出目标导向，相较混合多种目标设定的产业选择更具有现实参考价值。

20世纪90年代中期，经济学界已经普遍采用"主导产业""支柱产业""基础产业"这三个概念进行研讨，但在认知上也并非完全一致。例如，周民良②、中国社科院经济学科片《1991—2010年经济发展思路》课题组（以下简称课题组）③将主导产业同时定义为有支柱作用，且对其他产业有较大关联的产业，即将主导产业与支柱产业这两个概念结合到了一起。另外，王积业强调"先导产业"和支柱产业的关系和替换，即支柱产业支撑经济近期增长，为先导产业提供物质技术条件；先导产业可拉动支柱产业技术升级；另外不同时期先导产业会变成新的支柱产业。④ 王家新也有类似的看法⑤，等等。总而言之，虽然观点差异仍然存在，但我国学界已基本形成对目标产业的三个界定视角，即关联拉动视角、国民经济贡献视角和基础作用视角，而且学界在大体上也认为存在着这样一种目标产业，对整个产业乃至经济具有重要作用，所以，审慎选择并重点扶植这样的产业系统"触发器"，将有可能在产业发展上实现合理的"捷径"突破。不过周耀东、课题组均认为，所谓主导产业是自发形成的，不能被人

---

① 齐建国：《产业发展序列及其选择》，载于《技术经济》1988年第Z1期。
② 周民良：《中国主导产业的发展历程与未来趋势》，载于《经济学家》1994年第3期。
③ 中国社科院经济学科片《1991~2010年经济发展思路》课题组：《中国经济进入21世纪的理论思考与政策选择》，载于《经济研究》1994年第8期。
④ 王积业：《按照现代产业序列推动产业结构升级》，载于《经济导刊》1994年第4期。
⑤ 王家新：《论支柱产业的概念、选择及作用机理》，载于《江苏社会科学》1995年第4期。

为地选择，政府的作用应在于为产业成长创造条件，即所谓通过个别产业发动整个产业发展的捷径并不存在。

（二）早期对选择基准及发展次序的差异化方案

正因学术界基本认定所谓目标产业的存在事实，所以目标产业的选择标准成为热议焦点。当时国际上较为通行的为赫希曼的"产业关联度标准"，筱原三代平（Shinohara Miyohei）的"需求收入弹性标准"和"生产率上升标准"。所谓产业关联度标准，是指某一产业与消耗其产品的产业部门，或与向该产业提供产品的产业部门之间的联系，这两种联系分别称为该产业前向联系和后向联系。因此，有较大消耗或供给能力的产业对其他部门更易产生连带的促进作用。所谓需求收入弹性标准，是指该产品的市场需求增长应快于人均收入的增长，而生产率上升基准，则指该产业部门中综合生产要素（特别是由科技进步因素带动的）呈上升趋势。可见，有较大需求收入弹性和较高生产率上升的产业部门能随着人均收入的提高而扩大市场份额，同时因生产率的提高促进国民收入。另外还有一些流行的辅助性标准为"产业升级能力基准""出口创汇能力标准"等，我国学者的探讨很多就是围绕以上标准展开。杨沐根据国际上通行的选择基准，对我国多个产业进行了具体分析，指出我国产业发展的相宜次序应为：（1）农业及食品加工业，轻纺工业为代表的劳动密集出口工业，现有机械工业的技术改造；（2）家电、交通设备和工业设备工业，建筑业和服务业；（3）小汽车和钢铁、化工等原材料工业；（4）高技术工业[①]。王震东则主要根据产业关联度，指出我国自20世纪90年代应该重点发展汽车产业和电子产业。[②] 类似的，韩永文等提出我国在90年代应该重点发展汽车、电子、石化、建筑产业，而且国际经验表明，以上产业收入弹性大、生产率上升快、关联度高，在诸多国家的产业升级过程中均发挥过重要作用。[③] 王

[①] 杨沐：《产业政策研究》，三联书店上海分店1989年版，第316~317页。
[②] 王震东：《九十年代的带头产业——电子和汽车工业》，载于《经济工作通讯》1992年第14期。
[③] 韩永文、宁吉喆、刘鲁军：《对90年代我国带头产业选择与发展途径的探讨》，载于《计划经济研究》1992年第7期。

第五章 经济外向时期产业发展路径选择的经济思想（下）：1979~2003 年

家新依据产业关联度，分析了世界多国的发展经验，指出，支柱产业发展一般存在着从纺织产业、食品产业，向汽车产业、家电产业的转化。① 周民良则运用产业关联度进行了不同行业的具体测算，据此表示，我国中华人民共和国成立以来的主导产业主要是钢铁产业，在改革开放后演变为纺织产业，但随后化学工业、电子及通信设备制造业和交通运输设备制造业应发挥重要作用。②

20 世纪 80 年代末至 90 年代中期，运用统计资料与计量模型进行探讨，已成为产业经济研究的普遍趋势。一些学者尝试为选择标准提供具体的测量方式。如许长新，对产业连锁度、就业水平连锁度、收入创造连锁度、成本利税率、收入弹性系数、技术进步水平和相对出口绩效都分别给出了计算公式，③ 有类似做法的还有严素静。④ 一些学者增加了更多的辅助选择标准。如钟阳胜，他另外提出了产业协调状态最佳准则、充分发挥后发优势准则和增长后劲最大准则，⑤ 不过该标准只是以描述形式出现，未能给出具体的测度方法。一些学者强调应根据经济发展的不同阶段确定主导产业。齐建国表示，我国尚处工业化前期阶段，应大力发展基础产业，包括农业、能源工业，而后再侧重产业高度化，确立优先发展产业，包括交通运输业、邮电业、电力工业和电子工业，同时辅以出口创汇产业，如纺织产业和机械电子产业，⑥ 不同于其他学者更强调从资本技术密集度较高的产业启动发展的选择。类似的，吴仁洪也表示我国经济发展仍处于准备条件阶段，应集中大力发展电力、交通、通信等基础产业。⑦ 杨云龙认为，我国正面临产业优势从第一产业向第二、第三产业的转移，考虑到这种趋势并结合国情，应选择机械制造、交通运输、电子、冶金、能

---

① 王家新：《论支柱产业的概念、选择及作用机理》，载于《江苏社会科学》1995 年第 4 期。
② 周民良：《中国主导产业的发展历程与未来趋势》，载于《经济学家》1994 年第 3 期。
③ 许长新：《产业结构调整定量化初探——关于主导产业的一项定量研究》，载于《财经研究》1989 年第 7 期。
④ 严素静：《主导产业选择的方法》，载于《工业技术经济》1988 年第 6 期。
⑤ 钟阳胜：《正确选择和建设主导产业的若干问题》，载于《管理世界》1996 年第 4 期。
⑥ 齐建国：《产业发展序列及其选择》，载于《技术经济》1988 年第 Z1 期。
⑦ 吴仁洪：《经济发展与产业结构转变——兼论我国经济当前的发展阶段及其使命》，载于《经济研究》1987 年第 10 期。

源和交通邮电产业作为主导产业群①。

另外，还有学者不主张采用国际上通行的判断标准，强调依据我国现阶段的国情与发展目标制定策略。谢伏瞻等称，产业发展必须考虑现阶段发展条件以及历史沿革造成的既定格局，我国产业当前已进入高度加工化阶段，但也要为中华人民共和国成立初期结构超前转换进行"补课"。我国在今后的 10 年内（即 1990～2000 年间）产业发展应该以结构的合理化、出口导向及进口替代、总体效益提高兼顾区域协调发展为出发点，因此能源产业、原材料产业、交通与通信业、关键工业交通设备制造业、纺织产业、微电子工业应是近中期的重点发展对象。②李京文等认为我国不能单一地专注个别产业，也不能全盘推进，最适宜的办法是协调—倾斜式发展，有主有次，层次分明。具体而言，在 2000 年以前优先发展交通邮电业、电力工业和电子工业，兼顾农业、原材料的基础产业，重视纺织、轻工和机械制造的创汇产业，同时均衡其他一般产业。③王忠民等认为我国在"六五"后产业呈轻型化发展，从国际贸易角度容易成为产业发达国家附属，不利于长期发展。因此，该观点主张，注重吸纳劳动力且提升劳动力生产率、符合国内市场实际需求且有一定技术密集程度的产业应被选择，而住宅建筑业和汽车制造业最符合上述条件。④黄一乂从协调需求结构和禀赋结构之间的矛盾出发，认为应先发展劳动密集的加工出口产业、基础设施产业，而后发展为以上产业配套的原材料、零部件和设备制造业，最后发展潜在出口产业。⑤杨沐为我国产业顺序制定了四个阶段：第一是农业、食品加工、电力和运输通信等基础设施，轻纺出口产业等；第二是家用电器、交通设备工业、工业设备工业、建筑业、服务业；第三是

---

① 杨云龙：《论我国经济的结构发展模型》，载于《经济研究》1988 年第 3 期。
② 谢伏瞻、李培育、仝允桓：《产业结构调整的战略选择》，载于《管理世界》1990 年第 4 期。
③ 李京文、郑友敬：《我国产业的发展模式和发展序列》，载于《中国社会科学》1988 年第 6 期；李京文、郑友敬、齐建国：《技术进步与产业结构问题研究》，载于《科学学研究》1988 年第 4 期。
④ 王忠民、朱争鸣、邵崇：《我国产业结构中的主导产业问题探讨》，载于《管理世界》1988 年第 1 期。
⑤ 黄一乂：《论本世纪我国产业优先顺序的选择》，载于《管理世界》1988 年第 3 期。

汽车工业、钢铁和化工工业；第四是高技术工业。① 类似的，蒋晓泉也提出了产业发展次序的三阶段论，不过第一阶段就是从机械、钢铁和纺织产业开始的。② 曾新群、王至元强调我国产业的二元结构，指出主导产业也应相应地分为两类：一类是能带动现代部门的产业，如机械和钢铁产业；另一类是能带动传统部门的产业，如纺织和建筑产业。③ 李长明运用国家统计局编制的1987年我国投入—产出表，通过感应度系数、影响力系数和最终需求生产诱发系数，从产业关联度考虑，认为我国的支柱产业应该为化学工业、机械工业、交通运输设备制造业、建筑业和通信设备制造业。④

由此可见，20世纪80年代末至90年代中期，中国学界掀起了一股非常热烈的目标产业选择探索。各类主张百花齐放，特别是即便有着类似的出发点，但最终选择的目标产业可谓多种多样。但这样的不断完善也呈现出一种发散的趋势，即各种准则都有其合理之处而不能被忽视，因此数十种产业都有可能成为重点发展的目标产业。不过在这其中也能发现，汽车产业、机械制造产业和电子产业是被学者提及较多的对象。

（三）20世纪90年代后期对产业技术创新的侧重探讨

20世纪90年代中后期直至21世纪初，探讨目标产业及其选择标准的热潮已明显褪去，很多学者已不再提及重点发展某一产业部门。最有可能的原因，正如课题组曾给出的建议，经济学界越来越主张弱化政府在重点产业部门的直接干预，因此不再对产业进行具体指明。如江小涓表示，无论原有产业结构升级，还是转产进入新产业，都要保证市场机制发挥主导作用。⑤ 即便如此，众多学者的言论也多展露出对产业发展的一种共同趋势的认可，即技术的进步。

李京文等对我国未来50年产业发展进行了预测并指出，现代信息化、

---

① 杨沐：《关于优化我国产业结构问题的研究》，载于《中国社会科学》1988年第6期。
② 蒋晓泉：《主导产业规划政策研究》，载于《经济研究》1994年第5期。
③ 曾新群、王至元：《双重经济中的两类主导部门》，载于《中国社会科学》1988年第6期。
④ 李长明：《产业结构与宏观调控》，载于《数量经济技术经济研究》1994年第12期。
⑤ 江小涓：《我国产业结构及其政策选择》，载于《中国工业经济》1999年第6期。

多层次的技术进步将对产业发展发挥重要作用，同时新增就业对知识化程度的要求也越来越高，因此支柱产业均将逐步经历面向技术密集型的转变。① 吕铁、周叔莲认为，按照产业经济理论和工业化国家的实践，工业结构通常要经历重化工业化、高加工度化和技术集约化三个阶段。我国在20世纪90年代已经经历了非常明显的高加工度化趋势，而后技术集约将是工业高质量增长的重要推动力。② 周叔莲、王伟光特别强调，"十五"期间我国产业发展已不再是"补短"和"平衡"，而是要将战略调整为产业升级，在此过程中，科技创新将是产业升级的动力。③ 另外，还有一类研究开始强调加快第三产业的建设，如郭克莎④，而第三产业中技术部门也是其重要组成。对于以上思想，可视作对80年代盛行的政府发动"主导产业部门战略"的调整演变，同时也是向产业发展路径选择的第三阶段，即以自主创新为核心的经济思想的理论过渡。

综上所述，虽然第二阶段我国学界关于目标产业的探讨意见纷繁，但在大体上看，除有少数学者坚持倡导以劳动资源密集产业作为主导，大多学者均强调资本技术密集产业对于整个产业体系建设及经济长远发展的重要作用。而这也引出一个现实窘境，即我国在当时历史背景下的资本及技术匮乏，很难在短时期内凭借自身的禀赋结构发展这类产业。因此如何解决要素获取问题，成为产业发展路径选择经济思想必须破解的关键之一。

二、外资与技术引进的追踪考察与认知流变

中华人民共和国成立初期，我国在封闭条件下针对技术与外资引进的探索少之又少，与此相关的经济认知是在改革开放后才逐渐形成并丰富完

---

① 李京文、齐建国、汪同三：《我国未来各阶段经济发展特征与支柱产业选择》，载于《管理世界》1998年第2期。
② 吕铁、周叔莲：《中国的产业结构升级与经济增长方式转变》，载于《管理世界》1999年第1期。
③ 周叔莲、王伟光：《科技创新与产业结构优化升级》，载于《管理世界》2001年第5期。
④ 郭克莎：《总量问题还是结构问题？——产业结构偏差对我国经济增长的制约及调整思路》，载于《经济研究》1999年第9期；郭克莎：《中国工业化的进程、问题与出路》，载于《中国社会科学》2000年第3期。

第五章　经济外向时期产业发展路径选择的经济思想（下）：1979~2003年

善的。但是，该探讨更多单独地围绕"外资引进"而被提出。原因在于，中国当时的技术引进主要分为购入成套设备、引进关键设备、许可贸易型技术引进以及非贸易型技术引进四种。其中，购入成套设备带有较强的援助特征，需要技术输出国与我国保持高度的政治友好关系。① 除此之外，技术输出方出于盈利或战略目的，大多以合资合营的形式共同参与技术在我国的运作，因此外资与技术往往结合在一起。当然，如若采取资本的广义概念，技术也是资本的一种构成。在对外开放政策号召下，引进外资与技术得到了我国经济学界的普遍认同。如林树众指出，经济国际化可加速社会主义国家经济发展，而利用外资则是实现经济全球国际化的重要环节。② 另外一种观点是，在国际贸易彼此发挥各自比较优势的过程中，一国把资本投入到另一国与其优势结合，将会建立更为强大的优势，使双方都受益，而除了实物设备和货币资金外，知识产权也是资本输出的形态之一。③ 薛宝龙总结了利用外资的几点益处，包括：（1）弥补国内资金不足；（2）促进新兴产业；（3）加快进口替代部门发展；（4）扩大出口能力；（5）学习国外管理经验；（6）扩大就业。④ 类似的论述还有很多，不一一列举。在这种思潮下，20世纪80年代我国经济学界主要对外资引进的概念、原则、形式等进行基本的介绍，顺应该时期对外开放的政策导向；90年代开始对此前引进外资之于产业发展的情况进行初步总结；90年代末则展开较激烈争论，对引进外资背景下，产业发展的效果、问题及未来发展取向等方面进行分析。以上经济认知的阶段性推进，体现了该时期经济思想发展与制度设计及实践绩效演变的同步性与及时性。

（一）20世纪80年代对有关外资技术引进的初步介绍

20世纪80年代学术界对外资与技术引进并未形成深层次的学术争鸣，专题研究的文献也不丰富。出现该现象的原因，可能是由于技术外资引进

---

① 康荣平、杨英辰：《新中国技术引进40年述评》，载于《管理世界》1991年第6期。
② 林树众：《利用外资与发展外向型经济》，中信出版社1990年版，第16页。
③ 初宝泰：《中国利用外资的基本思想和主要方向》，引自中国国际经济咨询公司编著：《中国利用外资的集中模式和主要程序》，中国展望出版社1987年版，第1~16页。
④ 薛宝龙：《利用外资概论》，东北财经大学出版社1989年版，第7页。

在我国尚属新鲜事物,而国际也少有经典且系统的既定理论可供直接参考。因此,就当时出现的专著来看,大多为基础知识的引介读物。例如1981年陶湘、李春的《利用外资知识》,是一本较早的关于外资的知识手册,介绍了关于什么是外资、外资的范围、利用外资有哪些方式、什么是出口信贷和卖方信贷,其各自的利弊是什么,等等。[1] 方晓邱主编的《利用外资的理论和实践》,探讨了外资引进的重要作用,利用外资的基本原则和优惠政策,利用外资的渠道、方式,技术引进,利用外资的可行性研究、谈判、合同、管理与还款等,是一本教学性与实务性兼备的专著。[2] 龙楚才主编的《利用外资概论》除了介绍有关外资的基本概念和工作需要外,还介绍了资本主义发达国家、发展中国家、苏联东欧等国家的外资引进情况。[3] 叶彩文编写的《我国利用外资方式》则专注于介绍引进外资的主要渠道,包括外国政府信贷、国际金融组织贷款、出口信贷、银行信贷、外国债券等。[4] 另外,刘向东主编的《利用外资知识手册》[5]、陈彪如主编的《利用外资的实务和政策》[6]、郭振英主编的《利用外资理论与实践》[7]、薛宝龙撰写的《利用外资概论》[8] 等书也均是这一类著作。

在为数不多的文献领域,该时期研究的一个焦点在于改善投资环境。林森木、徐立指出,虽然改革开放后外资引进取得长足进步,但其多集中在消费品工业领域和非生产性领域,与我国意图推动的产业结构高级化建设相悖。而造成先进技术和优质资本难以引进的原因,从短期来看是由于我国推行了紧缩政策,从中期来看是我国20世纪80年代经济频繁波动,从长期上,则是我国进口替代战略与引进外资战略逻辑相悖。具体而言,进口替代需要配合实行结构性的保护政策,然而进一步吸引外资又需要清

---

[1] 陶湘、李春《利用外资知识》,人民出版社1981年版。
[2] 方晓邱主编:《利用外资的理论和实践》,福建人民出版社1984年版。
[3] 龙楚才主编:《利用外资概论》,中国对外经济贸易出版社1985年版。
[4] 叶彩文编:《我国利用外资方式》,对外贸易教育出版社1985年版。
[5] 刘向东主编:《利用外资知识手册》,世界知识出版社1986年版。
[6] 陈彪如主编:《利用外资的实务和政策》,上海人民出版社1987年版。
[7] 郭振英主编:《利用外资理论与实践》,南开大学出版社1988年版。
[8] 薛宝龙:《利用外资概论》,东北财经大学出版社1989年版。

除各种制度障碍，所以两种战略本质矛盾难以调和。① 韩经纶、陈炳富认为，中国投资环境与外国资本要求存在一定差距，其主要集中在价格体系、要素市场、行政干预、管理体制和社会配套服务上，因此改善投资环境，重点应在于巩固和发展开放格局、扩大开放政策及覆盖地区、扩大地方审批外资自主权、鼓励运用中外合资合作方式改革已有企业，等等。② 可见该时期学者大多是鼓励外资与技术引进的。

如果说上述思想是在一般理解上支持引进外资，那么虞关涛介绍的钱纳里与斯特劳斯（A. M. Strauss）的"双缺口理论"（two-gap theory）则是在经济理论角度对外资引进给予支持。其介绍道，在开放经济环境下，根据国民经济核算理论，总供给 Y 等于总消费 C、总储蓄 S 与进口总额 M 之和，即：

$$Y = C + S + M \tag{5.1}$$

另外，总需求则等于总消费、总投资 I 与出口总额 X 之和，即：

$$Y = C + I + X \tag{5.2}$$

在均衡条件下，总需求等于总供给，因此链接式（5.1）（5.2），得：

$$C + S + M = C + I + X \tag{5.3}$$

除去同类项，最终整理得到：

$$M - X = I - S \tag{5.4}$$

公式（5.4）的左边含义是进出口总额之差，即外汇缺口；右边含义为投资与储蓄之差，即国内储蓄缺口。该公式说明了在经济均衡的条件下，外汇缺口等于国内储蓄缺口。这对于发展中国家而言，是经常存在的"双缺口"状态。为了弥补缺口，引进外资并用其购置国外设备或其他生产物资，将是一项有效措施。原因在于，获得外资后将其用于进口，等同于在无须出口换取外汇的情况下便产生了一项进口，解决了外汇缺口；同时，在没有增加储蓄的情况下，增加了一笔投资，也解决了国内储蓄不足缺口。所以虞关涛主张，发展中国家应该依据"双缺口理论"争取外资、用好外资。③

---

① 林森木、徐立：《政策和制度因素对引进外资的影响》，载于《经济研究》1986 年第 12 期。
② 韩经纶、陈炳富：《论中国的投资环境》，载于《南开经济研究》1989 年第 5 期。
③ 虞关涛：《"双缺口"理论》，载于《国际金融研究》1989 年第 9 期。

（二）20世纪90年代早期对外资技术引进的阶段性反思

我国外资技术引进至20世纪90年代已逐渐形成了一定规模，因此很多学者对此前的成果、特点等进行了探讨。康荣平、杨英辰认为，中华人民共和国成立以来的技术引进可分为两个阶段，第一阶段是集中在50年代的"苏联模式"，其以重工业、国家统管、行政计划为特征，造成了企业低能、科技与生产脱节和消化不力等一系列问题；改革开放后的时期是第二阶段，该阶段通过"行政放权式"的制度改组，极大地提高了地方政府与企业的积极性，同时也产生了盲目引进和产业结构低级化等弊端。① 郭克莎、李海舰侧重我国的外资结构分析，指出国际证券筹资比重小、外商直接投资（FDI）主要来自中国港澳台地区、外资流向区域分布不均衡、外资流向产业结构不均衡、FDI规模趋小化，是未来引进工作必须重视的问题。② 裴长洪③、黄健④对此也持类似看法，但黄健更侧重以实证方式，直观地展示我国外资引进的数量特征。他指出，目前外资企业主要集中在工业领域，其份额为65.4%，而这其中多为一般加工业和劳动密集型产业，如缝纫业，其使用外资额占工业外资总额的11.6%，电子通信制造业占10.1%，纺织业占9.1%。因此黄健主张，引导外资走向技术密集型产业，提高外资企业档次，同时适当控制一般加工工业发展，克服地方引进外资互相攀比、重复引进的现象，将有利于我国利用外资的效率及效益。江小涓表示，劳动要素重要性下降、高级人力资本重要性上升是国际投资环境的未来趋势，这种趋势会促使外资流转集中在产业发达国家之间。即便如此，中国因具有投资环境好、市场潜力大、劳动力素质较高等优势，在一段时间内还会成为吸引外资的主要经济体。但在未来发展中，中国应一方面将引资重点从追求规模转移到提升水平上；另一方面避免过

---

① 康荣平、杨英辰：《新中国技术引进40年述评》，载于《管理世界》1991年第6期。
② 郭克莎、李海舰：《改革开放以来我国利用外资结构分析》，载于《财贸经济》1994年第7期。
③ 裴长洪：《中国吸收外商直接投资的特征》，载于《国际贸易》1995年第5期。
④ 黄健：《我国外商投资的实证分析》，载于《管理世界》1994年第1期。

多优惠政策阻碍市场机制发挥作用。① 总体而言，虽然该时期的学者多给出了改进建议，但其对外资技术引进取得的成就多持肯定态度。

（三）20世纪90年代末至21世纪初对外资技术引进的质疑

不同于20世纪90年代中期以前学界对外资技术引进的普遍肯定，第二阶段末，更多学者开始辩证地审视其对产业发展的真实影响。原因在于，90年代以来我国外资利用规模连续扩大，1994年已成为仅次于美国的外资吸收第二大国，至2002年，实际利用外资已跃居美国成为世界第一。如此庞大的外资规模构成了我国经济及产业发展的重要组成，不能不引起国内学者的高度关注。特别是，外资与技术引进是否对我国持续产生正面效应而无危害？未来发展中我国是否还应继续大规模地引进外资？如何客观评价外资技术引进的绩效？诸如此类的一系列问题，引发了广泛学者的质疑和争鸣。

第一，争论当前外资是否引进过量。质疑外资规模方面，陈炳才是突出代表。他指出，吸收外资有三个重要原因：一是弥补国内资本不足的短缺；二是提高技术与设备水平；三是促进中国产品占领国际市场。但以上目的在实际引资中已经模糊。具体而言，中国在20世纪90年代已经拥有较高储蓄率，按照罗斯托的经济起飞理论已不存在资本不足的问题。长期表现的所谓"资本不足"关键在于资本使用效率过低，浪费过大。技术方面，中国外资来源主要是中国港澳台地区，但该地区并没有很高的或我们迫切需要的技术，而大量的非高级技术设备引进，反而加速了国内市场的重复分散化竞争，加剧社会负担。对于少数的高级技术，如第二汽车制造厂合资汽车的零部件图纸，外资人员对我国绝对保密，在长期上难以对我国产业升级做出实质贡献。另外从外资对产品出口的贡献上，我国产品出口并非因为技术与设备具有竞争力，而是因为价格和汇率较为低廉，这在三资企业出口结构方面非常明显。陈炳才指出，目前中国引进外资规模已经过大，在未来发展中，我国已经不需要大规模外资尤其是300亿元以上

---

① 江小涓：《90年代国际直接投资趋势和我国对策建议》，载于《国际贸易》1993年第10期。

的；应压缩港澳台地区资本流入，鼓励欧美等地的高技术资本进入；应再次明确引用外资资本，以提高产品竞争力为目标；应不再给予外商过多优惠，等等。① 王曦以数量模型方式，给出了 FDI 的最佳规模预测算法：先找出我国实际内资总量和就业量随时间变化的规律，在 GDP 不同增长速度的假定下，求出实际内资总量和就业量的预测数，得出实际外资总量的人民币预测数。基于这个思路，他估计了 1996~2000 年间 GDP 增长率为 8%~12% 的不同可能性下我国所需的 FDI 美元数，就此得出了我国当前 FDI 的确规模偏大的结论。②

对于这样的观点，有些学者直接进行了否定。胡鞍钢认为，中国吸收外资规模虽然巨大，但与人口比例相比仍然偏低，中国发展基础设施还需要巨额资金，因此吸收外资必须成为中国经济发展的基本策略。另外"反对外资者"最为担心的一是外商窃取经济增长成果，但目前来看，国家和国内消费者成为外资引进的最大受益者；二是民族产业的发展，但民族产业的发展不能靠保护而要靠竞争，政府也不应保护生产者，而应保护消费者。③ 沈坤荣、耿强甚至认为，FDI 对我国经济增长贡献和产业结构升级贡献极大，未来我国应进一步开放外商投资领域，让渡部分国内市场，使外资在我国经济发展中发挥更大作用。④ 类似的，赵晋平通过实证检验指出，外资工业企业对我国产业结构升级发挥了重要作用，在 21 世纪初的几年，我国吸收 FDI 的规模还应持续扩大。⑤

第二，探讨外资引进是否威胁产业安全。所谓产业安全，主要是指两方面：一是产业是否能长期平稳、健康的持续发展；二是在开放条件下能否保证一国对本国产业的控制和协调。随着外资引进规模的不断扩大，产业安全是否遭受威胁引起我国学者关注。李海舰认为，FDI 已经在我国形成了一定的控制局面，在行业上主要体现在轻工产业、机电产业的部分领

---

① 陈炳才：《论我国利用外资战略的转变》，载于《管理世界》1995 年第 6 期；陈炳才：《自主自强还是作仆依附？——利用外资战略若干问题的再研究》，载于《中国软科学》1997 年第 2 期；陈炳才：《外商直接投资与中国技术进步的关系——兼谈如何实现"以市场换技术"》，载于《国际贸易问题》1998 年第 1 期。
② 王曦：《论我国外商直接投资的规模管理》，载于《经济研究》1998 年第 5 期。
③ 胡鞍钢：《中国吸引外资规模是否过大》，载于《国际经济评论》1997 年第 Z6 期。
④ 沈坤荣、耿强：《外国直接投资的外溢效应分析》，载于《金融研究》2000 年第 3 期。
⑤ 赵晋平：《我国吸收外资的产业政策研究》，载于《管理世界》2002 年第 9 期。

第五章 经济外向时期产业发展路径选择的经济思想（下）：1979~2003 年

域，而区域上则主要体现在经济特区和沿海城市。虽然从整体上 FDI 对国民经济的控制程度不高，但应建立包括市场占有率、品牌占有率、技术控制率和外资控股率四方面的评价体系，用以监控 FDI 对产业安全造成的影响。① 夏兴园、王瑛进一步指出，FDI 在技术上有较强控制，而且在一定程度上加剧了我国产业结构不合理、降低了国家宏观调控能力，因此主张适度保持民族工业，实施大企业集团战略，同时制定适当的产业倾斜政策引导外资流向。② 方芳对此也持类似的观点。③ 另外程恩富分析道，吸引外资所谓的正面效应，如弥补资本不足、引进技术、提高产品、增加就业等，其实具有相当的不确定性，要根据具体情况审视判断，才能更好地维护产业安全。④

另有一类学者认为外资没有侵害我国的产业安全。如张志宏认为，关系国计民生的重要产业在总体上仍由国家控制，具有安全保障；一些幼稚及新型产业的安全威胁来自进口产品和走私产品冲击，可以通过相应的措施加以保护；另外，劳动密集型产业的安全则须强化控制外资产品内销比例。⑤ 何维达、何昌运用产业国际竞争力、产业对外依存、产业控制力三方面的多个评价指标，测算得出，我国制造业、交通运输仓储和邮电通信业、服务业、农业等主要产业都处于安全和基本安全状态，金融保险业则不安全。⑥

第三，外资之于我国产业发展的实际绩效。关于外资引进的实际成效，很多学者选择以实证检验进行说明。江小涓对外资引进施以正面评价，指出在 2001 年外资工业企业对 GDP 的贡献率为 20.3%，外资第三产业企业的贡献率为 5.9%。另外，高新技术也逐渐成为外资投入目标，促

---

① 李海舰：《外资进入与国家经济安全》，载于《中国工业经济》1997 年第 8 期。
② 夏兴园、王瑛：《国际投资自由化对我国产业安全的影响》，载于《中南财经大学学报》2001 年第 3 期。
③ 方芳：《外商直接投资对我国产业安全的威胁及对策》，载于《上海经济研究》1997 年第 8 期。
④ 程恩富：《外商直接投资与民族产业安全》，载于《财经研究》1998 年第 8 期。
⑤ 张志宏：《利用外资与我国产业安全若干问题的深入思考》，载于《中国工业经济》1998 年第 3 期。
⑥ 何维达、何昌：《当前中国三大产业安全的初步估算》，载于《中国工业经济》2002 年第 2 期。

进了我国出口产品的升级。据统计，2001 年外资企业出口的高新技术产品占我国全部高新技术产品额的 82%。① 郭克莎则对此持正反两方面评价，经他总结测算，一方面，外资集中投入在第二产业，加深了我国产业结构偏差，助长了我国消费品工业过度扩张；另一方面，外资带来了资金、技术和管理经验，优化了国内产业的资源配置，因此在加速我国工业结构高度加工化及技术密集产业的发展方面，也有正面影响。② 另外，王洛林等通过对全球 500 家最大跨国公司在华投资企业进行研究，指出跨国在华投资公司是一种提升我国技术和产业结构的良好形式。③

第四，外资的外溢效应对于我国产业发展的影响。所谓外溢效应 (spillover effect)，是指 FDI 包含连同人力资本、研究与开发（R&D）一同进入，导致了生产率提升的非自愿扩散，进而对东道国的经济发展做出贡献，却使得跨国公司的子公司无法获得相应的收益。"有意的"引进技术却不够理想，"无意的"扩散效应却促进了生产率提升，这种现象引起了我国学者的关注。张雪倩以汽车产业为例，通过实证分析指出，跨国公司在中国汽车产业的投资对促进国内技术升级和提升产业结构具有显著的外溢效应，而且该作用不仅限于汽车产业，其上下游产业均受到有利影响。④ 陈涛涛运用我国制造业 84 个行业的数据进行经验研究，指出当内资企业的能力差距较小时，外溢效应更容易生效。⑤ 张建华、欧阳轶雯对 1997~1999 年广东省 39 个行业 21 个城市的数据进行了实证分析，结果显示，FDI 在广东的示范—模仿效应和联系效应较强，对该地区的产业形成了一定的聚集，而不同城市的经济技术水平和政策因素强烈影响着 FDI 的外溢

---

① 江小涓：《中国的外资经济对增长、结构升级和竞争力的贡献》，载于《中国社会科学》2002 年第 2 期。
② 郭克莎：《外商直接投资对我国产业结构的影响研究》，载于《管理世界》2000 年第 2 期。
③ 王洛林、江小涓、卢圣亮：《大型跨国公司投资对中国产业结构、技术进步和经济国际化的影响（上）——以全球 500 强在华投资项目为主的分析》，载于《中国工业经济》2000 年第 4 期。
④ 张雪倩：《跨国公司在中国的技术溢出效应分析：以汽车工业为例》，载于《世界经济研究》2003 年第 4 期。
⑤ 陈涛涛：《影响中国外商直接投资溢出效应的行业特征》，载于《中国社会科学》2003 年第 4 期。

效果。① 王子君、张伟则认为,对于发展中国家而言,技术许可比 FDI 带来的技术外溢更为显著。②

三、产业政策理论的学习导入与观念演化

第二阶段另一重要认知就是关于产业政策。改革开放前,我国虽无"产业政策"的提法,但对重工业的优先发展、人力物资调配、价格控制等,等同于推行了事实的产业政策,不过此时的政策手段多以缺乏弹性的直接干预为主。20 世纪 70~80 年代,日本依靠产业政策获得了产业升级与经济增长的巨大成功,引起世界瞩目。1985 年,中国、日本、东南亚、美洲、大洋洲等数十位学者,以"环太平洋地区经济成长及产业政策问题"为论题,在日本东京召开了第 15 届太平洋自由与发展会议(PAFTAD),将"产业政策"的概念正式推广至世界。20 世纪 80 年代末,大批有关产业政策的著述开始在我国发行,如周叔莲、杨沐主编《国外产业政策研究》,③ 金明善主编《战后日本产业政策》,④ 杨沐著《产业政策研究》,⑤ 王慧炯等主编《中国部门产业政策研究》,⑥ 周叔莲等主编《中国产业政策研究》⑦ 和《中国地区产业政策研究》⑧,等等。这些著述的出版,将产业政策这一经济概念带入国人视野,也为政府将其能动意愿作用于产业实践提供了一个重要途径。当然,具体关于产业政策的具体内容林林总总,这里更侧重于考察在国人的意识形态中,产业政策的定位谓何,政府应当在产业发展中承担怎样的职能,以及主要的战略方向是什么。

---

① 张建华、欧阳轶雯:《外商直接投资、技术外溢与经济增长——对广东数据的实证分析》,载于《经济学(季刊)》2003 年第 3 期。
② 王子君、张伟:《外国直接投资、技术许可与技术创新》,载于《经济研究》2002 年第 3 期。
③ 周叔莲、杨沐:《国外产业政策研究》,经济管理出版社 1988 年版。
④ 金明善:《战后日本产业政策》,航空工业出版社 1988 年版。
⑤ 杨沐:《产业政策研究》,三联书店上海分店 1989 年版。
⑥ 王慧炯等主编:《中国部门产业政策研究》,中国财政经济出版社 1989 年版。
⑦ 周叔莲等主编:《中国产业政策研究》,经济管理出版社 1990 年版。
⑧ 周叔莲等主编:《中国地区产业政策研究》,中国经济出版社 1990 年版。

(一) 强调政府发挥能动作用的产业政策思想

对产业政策理论的学习导入始于对这一范畴的界定,较早出版的一系列著作在很大程度上代表了该时期我国理论界对于产业政策的理解。周叔莲指出,"产业政策是对于一定时期内产业结构变化趋势和目标的设想,同时规定各个产业部门在社会经济发展中的地位和作用,并提出实现这些设想的政策措施"①,具体而言,产业政策应包含产业结构调整、战略重点产业的选择与扶植、纠正市场机制失灵等。另外,周叔莲还认为社会主义国家的产业政策应当同其经济政策一样,坚持有计划按比例的原则②。

王慧炯认为,产业政策在不同国家的实践中分为三种类型:一种是针对日本及一些西欧国家,"产业政策是根据某一目标或某些目标而对产业结构的全局或过程及其各组成部分所实施的,为扶植具有将出现优势的产业,或扶植在进入市场竞争前可能获得成功的某些新技术的政策";而对于实行指令性计划的国家,"产业政策相当于计划及其实施";对于一些发展中国家,"产业政策相当于计划及其实施"③。显然,中国属于发展中国家的范畴,但这样的定义若仅围绕工业化则略显狭隘。杨沐总结了常见的对于产业政策的五种认识:(1) 政府有关产业的一切政策的总和;(2) 政府对外来产业结构变动方向的计划和干预;(3) 为了弥补市场机制可能造成的失误;(4) 产业政策是后进国家在努力赶超发达国家时所采取的政策总称;(5) 加强本国产品的国际竞争力的政策。杨沐总结道,以上的定义显然分为宽、窄两派。按此形容,所谓宽派应指围绕产业的全部政策,而窄派则指直接针对产业的政策。杨沐认为应该采取宽派的看法,④ 持此意见的国内学者不在少数。⑤ 总之就以上定义来看,我国学者普遍强调产业政策之于产业发展的能动作用,认为其

---

① 周叔莲、杨沐:《国外产业政策研究》,经济管理出版社1988年版,第4页。
② 周叔莲、杨沐:《国外产业政策研究》,经济管理出版社1988年版,第6页。
③ 王慧炯等主编:《中国部门产业政策研究》,中国财政经济出版社1989年版,第9~10页。
④ 杨沐:《产业政策研究》,三联书店上海分店1989年版,第1~5页。
⑤ 周林、杨云龙、刘伟认为,产业政策就是政府将宏观管理深入到社会再生产过程之内,对以市场机制为基础的产业结构变化进行定向干予的一系列政策的总称。章新华认为,产业政策就是为了促进产业发展所采取的各种政策。参见周林、杨云龙、刘伟:《用产业政策推进发展与改革——关于设计现阶段我国产业政策的研究报告》,载于《经济研究》1987年第3期;章新华:《产业政策的有效性及条件优化》,载于《财经研究》1994年第2期。

第五章 经济外向时期产业发展路径选择的经济思想（下）：1979~2003 年

主要目标是为了增强产业实力进而对国民经济做出贡献，且因国内的市场机制尚不健全，因此并不着重强调产业政策对市场的辅助作用。

20 世纪 80 年代至 90 年代前期，我国学者将产业政策的内容主要锁定在三方面：第一，要求选定目标产业并进行扶植。杨沐指出，发展中国家能否选择和实现效益较高的产业发展，是决定其能否加速实现工业化的关键因素之一，因此"正确确定我国产业发展重点的顺序是当前研究制定我国产业政策的重要内容"①。这种思想符合大多数中国经济学者的观念。正如前文梳理的产业选择思想，无论具体主张为何，大多数学者均认同由政府人为确立产业发展次序的合理性。第二，进行产业组织重建。这是和当时的企业自主权下放、发展微观经营主体的思想及改革趋势相配套的，即，我国是从计划经济向市场经济过渡的经济体，所以并非同产业发达国家一样，在产业组织的问题上，致力于解决产业内企业的规模经济效应与企业之间的竞争活力的冲突。我国的改革目标，是"使企业能够通过追求自己利益的活动不断地使产业组织结构向效益更高的经济结构转化"②。第三，促进产业的外向型发展。这包括了促进产品出口和扩大外资及技术引进两方面，前文的论述也多有介绍。

强调政府在产业发展方面的能动性，是产业政策思想早期的一个重要特点。该思想和第一阶段的行政式干预的主要差异，在于学者多强调产业政策要以市场经济为基础，以价值规律为参照。江小涓强调市场作用的观点最为突出。她表明，政府决策层和行政执行系统在产业政策的制定与执行行为，是一种典型的非市场决策问题。用公共选择理论来看，该过程中的个体均以政治利益衡量得失，这就扭曲了政府对于产业政策的意愿、能力、成本以及结果合理性，这是造成产业政策实施效果不够理想的主要原因。因此她主张，一方面产业结构失衡和市场"失灵"不一定作为产业政策必然推行的依据，另一方面产业政策实施的最终目标是保证产业在市场经济的基础上有所发展。③ 这一思想对后期学界大多主张引导式的产业政

---

① 杨沐：《产业政策研究》，三联书店上海分店 1989 年版，第 296 页。
② 杨沐：《产业政策研究》，三联书店上海分店 1989 年版，第 332~333 页。
③ 江小涓：《中国推行产业政策中的公共选择问题》，载于《经济研究》1993 年第 6 期；江小涓：《市场竞争应该成为我国产业结构调整的基本途径》，载于《财经问题研究》1995 年第 8 期。

策思想具有重要的先行和启示意义。

（二）主张政府引导产业发展的产业政策思想

如前所述，进入20世纪90年代中后期，无论在目标产业选择上，还是在外资技术引进上，学术界开始愈加强调市场机制在资源配置方面的积极作用。这种思想演变趋势与市场化改革的方向相互一致。由此，产业政策的内涵愈加"宽派"，即主张政府通过多种政策组合引导产业发展。吕铁、周叔莲的观点在于，为改善我国产业结构对经济增长方式转变的难以适应，应一方面扩大企业的设备投资，另一方面推进企业的技术进步，而这两点本质上有赖于经济政策的引导，即建立现代企业制度、深化国有企业改革，同时加快市场经济体制的建设。[1] 郭克莎认为，我国三次产业结构间的调整变动要依靠产业之间、各种所有制企业之间的社会资源流动，因此，应采取政策消除产业之间的体制障碍，并保证各种所有制经济的协调发展。[2] 武剑指出，吸收外资的投资效率差异，而非投资规模差异，是形成区域经济差异的主要原因，因此为提升投入产出比，地区产业必须加速升级，提高产业使用资金效率，同时应加大落后地区的基础教育投入，全面提高劳动力素质。[3] 刘志彪也表示，强化知识资本和人力资本对产业结构升级具有重要意义，因此需以政策使之强化。[4] 可见，该时期产业政策的思想主张虽更加丰富，但其大致方向是按照维护市场秩序、深化体制改革、提升人力资本等的内涵式发展方向演进。

此阶段也有强调政府职能的产业政策思想，即产业技术创新的扶植思想。原因在于，技术创新是一项有溢出效应的"公共产品"（public goods），而企业大多面临融资困难且创新风险大的问题，因此普遍缺乏创新激励。所以，周叔莲、王伟光主张政府应制定以下的科技创新政策：（1）直接提

---

[1] 吕铁、周叔莲：《中国的产业结构升级与经济增长方式转变》，载于《管理世界》1999年第1期。
[2] 郭克莎：《我国产业结构变动趋势及政策研究》，载于《管理世界》1999年第5期。
[3] 武剑：《外国直接投资的区域分布及其经济增长的效应》，载于《经济研究》2002年第4期。
[4] 刘志彪：《产业升级的发展效应及其动因分析》，载于《南京师大学报（社会科学版）》2000年第2期。

供创新津贴；（2）税收政策上对创新企业予以优惠减免；（3）强化专利保护政策；（4）实施阶段性的政府采购政策；（5）开发其他有利于科技创新的制度安排。①

另外，此时产业政策思想的一个重要内容是从产业发展战略出发，探讨中国未来发展应采取竞争优势策略还是比较优势策略。但是，该内容涉及第三阶段产业发展路径选择的主要环节，所以将放在第三部分一同探讨。

第二节 克服比较劣势的产业发展路径选择制度设计：以汽车产业为案例

基于经济学界的讨论，克服比较劣势的经济认知基本形成了在优先次序上发展所谓的主导产业，在要素获取上侧重依靠外资技术引进，在协调管理上遵循国家产业政策的思想框架。这些思想在具体主张上存在一定纷争，制度设计则做出了现实的选择，并且在思想未能论及之处进行了实践的探索。汽车产业作为被选择的主导产业之一而成为研究案例，不仅是由于汽车产业在第二阶段对我国的国内生产总值（GDP）、国内就业和国民生活水平提高做出了重要贡献，而且，汽车产业是典型的资本技术密集型产业，在发展中建立了紧密的外向经济联系，是克服比较劣势的典型；此外，围绕汽车产业做出的制度设计和政策制定也较为丰富，适宜作为经济认知深化过程中的经济思想考察对象。须要说明，因汽车产业在20世纪80年代后主要将轿车（即小型民用汽车）作为绝对核心的发展内容，制度文件史料中也多将汽车、轿车混用，所以在提及汽车产业时，更多地是指轿车。

---

① 周叔莲、王伟光：《科技创新与产业结构优化升级》，载于《管理世界》2001年第5期。

一、确立汽车产业战略地位的产业主导思想

中国汽车产业的启动最初依靠20世纪50年代的苏联援建,但受资源限制和政策轻视,我国的汽车企业规模弱小、产能低下,同时在产品上存在车型老旧,质量较差、品种单一、管理落后等一系列问题,① 但最突出的,是卡车生产优先于轿车生产的出现,不同于世界其他国家通常呈现的先轿车、后卡车的一般规律。出现该现象的原因,与我国先重工业、后轻工业的发展顺序一样,是由于在第一阶段我国注重优先生产资料的生产。② 而轿车的匮乏,引发了市场上的供不应求、走私猖獗,以及由此形成的大量外汇流失。改革开放后,汽车产业响应经济体制变革号召,经历了企业自主权下放和政企分离。在这种情况下,汽车产业被注入了一定活力,并且是否要将汽车产业作为我国未来重点发展的对象,开始作为一个广泛疑问在社会普遍兴起。

(一) 面向国内市场需求的汽车产业战略思想

1984年的北戴河会议是汽车产业发展史上的重要事件,国务院在此期间召开了各方面领导讨论小型民用汽车的产业发展,其形成的基本共识是,随着国民经济稳步发展,小型民用汽车的市场需求量会不断攀升,汽车工业的规划和发展必须考虑到这种趋势,大力发展质量好、成本低的经济型用车。③ 这是20世纪80年代中国汽车产业大战略的初步形成,不过就此时的经济思想来看,其更侧重对国内市场需求的适应性"补短",这与该时期经济导向上的"调整、改革、整顿、提高"要求相一致,相对而言并未深入谈及汽车产业的主导作用。

随后的探讨在很大程度上延续了这一思想,并在此基础上展开了对产

---

① 中国汽车工业协会编著:《中国汽车工业改革开放30周年回顾与展望》,中国物资出版社2009年版,第2页。
② 陈祖涛:《〈我的汽车生涯〉之六——中国轿车扬帆起航》,载于《时代汽车》2005年第12期。
③ 徐秉金、欧阳敏:《中国轿车风云1953~2000》,企业管理出版社2012年版,第78页。

第五章 经济外向时期产业发展路径选择的经济思想(下):1979~2003年

业发展的进一步构化。时任国家经济委员会主任的吕东在1984年全国汽车行业工作会议的开幕式上,对"七五"时期的规划进行了说明。他指出,未来汽车产业要着重以下六方面的工作:(1)对原有企业进行技术改造和改建扩建,提高经济效益;(2)通过技贸和中外合作,使生产水平保持较高水准;(3)充分发挥大型骨干企业作用,扩大企业自主权;(4)走专业化协作、联合的道路,不搞"大而全""小而全";(5)合理估计市场形势;(6)着重研究汽车的发展战略。① 这些思想基本奠定了汽车产业制度设计的大致走向。

在向决策层积极游说、推动汽车产业发展方面,时任中国汽车工业总公司总工程师、中国汽车联合会理事长的陈祖涛发挥了历史性的作用。他在1984年末,曾向包括李鹏、姚依林、万里副总理和其他国务院主要领导去信,全面阐述了对中国汽车产业发展的建议。他指出,我国汽车产业以仿造为主,缺乏开发能力和竞争能力是基本事实,其作为资金、技术和劳动密集型工业,必须结合国情,制定正确的发展道路。陈祖涛的政策思想在大体上与吕东的主张相一致,总结起来即为"高起点、大批量、专业化",② 但他通过细致而详尽的论述,为决策层树立汽车产业为优先发展对象提供了一定的理论与事实依据。

1986年以"转制""提速"为内涵的《中华人民共和国国民经济和社会发展第七个五年计划(1986~1990)》正式出台,该计划是我国产业发展路径选择经济思想的一个里程碑,首次使用了"产业"的表述,并将汽车产业确立为唯一的支柱产业。③ 1987年,国务院经济社会发展研究中心在湖北十堰发起"中国汽车工业发展战略讨论会",重点探讨中国是否应该发展轿车。会后形成的《关于发展我国汽车工业的建议》总结了重要选择汽车产业进行发展的重要意义,具体包括:第一,国内汽车需求与供给

---

① 《吕东同志在全国汽车行业工作会议开幕式上的讲话》(摘要)(1984年11月24日),引自中国汽车工业公司编:《中国汽车工业年鉴1986》,机械工业出版社1986年版,第3~4页。

② 陈祖涛:《〈我的汽车生涯〉之六——中国轿车扬帆起航》,载于《时代汽车》2005年第12期。

③ 其具体表述为,"把汽车制造业作为重要的支柱产业"。引自《中华人民共和国国民经济和社会发展第七个五年计划》(1986—1990),载于中共中央文献研究室编:《十二大以来重要文献选编》中,中央文献出版社2011年版,第409~463页。

能力的矛盾日益显著；第二，汽车产业与世界水平差距扩大；第三，国内正在兴起"办汽车热"。可见这三点都是针对产业部门本身来分析，未能提到产业部门以外的，包括支柱贡献或者主导关联的作用。不过，该建议随后提到，汽车产业需要钢铁、有色金属、石油化工、电子等诸多产业部门的配合，关系到国民经济的产业、运输、外贸、就业、消费、城乡等多重结构，因此具有活跃商品经济、带动国民经济发展、满足人民生活需要等多方面的重大功能。以上论述倒是带有些现代意义上的"主导（支柱）产业部门战略"的认知意味。但是，这种思想显然在建议书中并未被看作是优先发展汽车产业的首要初衷。① 另外，《发展轿车工业、促进经济振兴》重点强调了"轿车紧缺已构成较严重的经济社会问题"，进而明确了我国要着重进行小型民用汽车生产的产业内部结构选择，并指出，这一选择有利于促进我国产业结构的合理化转变。②

另外值得注意的是，以上两个文件都提到了出口导向的产业发展目标，充满了"面向国际、国内两个市场""要以打入国际市场为目标""代替进口，进而形成出口创汇产业"等相关表述。③ 由此可见，虽然发展汽车产业的最初依据是面向国内需求、形成进口替代，但其后期也展示出一定的出口导向思想。客观而言，该思想的出现体现了当时我国社会上普遍的努力寻求建设经济、发展产业、积累外汇、扭转贸易弱势国地位等的一系列思潮，但其与我国尚处于起步发展阶段的产业基础与禀赋结构严重不符，因此在一定程度上变成了汽车产业的发展负累。

（二）选择汽车为战略产业的思想原因分析

从上述产业战略思想来看，无论是对国内汽车市场需求的形势判断，还是对汽车产业实现出口创汇的未来憧憬，与其说制度设计对于汽车产业的选择是出于"主导（支柱）产业部门战略"的经济学原理，毋宁说是

---

① 《国务院决策咨询协调小组关于发展我国汽车工业的建议》（1987年7月16日），引自中国汽车工业公司编：《中国汽车工业年鉴》（1988），机械工业出版社1988年版，第3~6页。
② 《发展轿车工业、促进经济振兴》（1987年7月），引自中国汽车工业公司编：《中国汽车工业年鉴》（1988），机械工业出版社1988年版，第7~11页。
③ 以上引用出自前文的《国务院决策咨询协调小组关于发展我国汽车工业的建议》和《发展轿车工业、促进经济振兴》。

第五章 经济外向时期产业发展路径选择的经济思想（下）：1979~2003年

出于国人对汽车产业自身发展的强烈渴望。这种渴望，本质上应来源于发达国家的示范效应。20世纪以来，美国、日本及欧洲多国都选择发展汽车产业，其仅提升了本国人民的物质生活，推动了产业升级，更通过设立跨国公司将产品销往世界各地，创造了巨额的外汇收入，在全球产业发展史上留下重要一笔。这种历史经验不可能不感染着国人。如李鹏在全国汽车行业工作会议上指出，"资本主义国家经济发展有三大支柱，钢铁是一个支柱，建筑是一大支柱，汽车工业也是一大支柱"①。马洪在"中国汽车工业发展战略讨论会"上更为直接地表示，"从许多国家的历史看，在经济发展到一定水平时，它们几乎无一例外地走上了汽车化的道路。汽车化成为现代化的一个标志。"② 自20世纪80年代末，学术界出现了纷繁多样的产业发展次序主张，但汽车产业始终被制度设计所选择，③ 甚有可能是受到该观念的影响。

同样由于这一观念，我国在随后的汽车产业发展制度设计中，总是直接瞄准国外已然成熟的先进水平和经营规模，④ 对本国企业提出了"高水平、大批量、专业化"的生产要求，肯定其出口创汇的发展可能，相对而言，并不侧重强化其在市场经济体制下作为主导产业的关联作用。所以，汽车产业战略思想在形成之初，不够充分尊重产业发展的自发演进秩序和我国客观的禀赋基础，具有一定的超前特征。虽然随着产业选择思想的学术演进，汽车产业的战略地位从"主导（支柱）产业部门战略"的学理角度得到了夯实，然而，经济学术的滞后及有限影响，使得超前的汽车产业战略思想更早地被落实为制度设计，并促成了其他制度设计的连环选择，在很大程度上影响了制度设计的目标实现。

---

① 《李鹏副总理在全国汽车行业工作会议上的讲话（摘要）》（1985年12月26日），引自中国汽车工业公司编：《中国汽车工业年鉴》（1986），机械工业出版社1986年版，第25页。
② 马洪：《探讨具有中国特色的汽车工业发展战略》（1987年5月25日），引自中国汽车工业公司编：《中国汽车工业年鉴》（1988），机械工业出版社1988年版，第12~15页。
③ 关于汽车产业的主导地位，在"八五""九五"乃至"十五"的发展计划中都有提到。
④ 这种瞄准包括生产技术和生产规模两方面，如在生产技术方面，陈祖涛在1985年轿车产业尚未发展的时候，就表达了希望我国汽车产品坚持高起点，瞄准世界20世纪80年代水平的意愿。这种强调生产技术水平的思想在汽车产业的重要人士论述、文件乃至产业政策中屡见不鲜。另外，强调生产必须保证联合化和大规模的思想，几乎在所有相关文件中都有强调。陈祖涛：《组织起来，为实现汽车工业"七五"发展目标而奋斗》1985年12月21日，引自中国汽车工业公司编：《中国汽车工业年鉴》（1986），机械工业出版社1986年版，第26~29页。

二、基于国内外资源整合的产业技术发展思想

汽车产业的要素获取关键在于资本与技术，这是该产业的密集要素，也是我国禀赋结构中的比较劣势要素。相较于资本的匮乏，技术的落后可谓我国汽车产业发展的更大难题，而主客观的一系列原因致使我国改善技术的困难进一步加剧：首先，我国汽车产业发展的战略目标是"高起点、大批量、专业化"，如若凭借我国自有的技术水平和研发实力，实现这一发展目标可谓任重道远。因此，从国外引进先进技术成为我国汽车产业发展的必然选择，而且，只有较大规模、较为完整的技术引进才能达成快速发展的战略要求。其次，20世纪80年代学术界关于引进外资和技术的思想研究方兴未艾，且其更注重探讨资本引进，相对而言，技术引进尚缺乏系统的理论指导。最后，我国在改革开放初期外汇匮乏，不足以支付大规模的技术购置成本，虽然发挥比较优势的产业发展思想选择了"国际大循环"的经济战略作为积累外汇的来源，但这一战略是在20世纪80年代中后期才被确立的，待其形成一定规模并足以克服比较劣势需要一定周期。因此，在快速发展、理论缺位、外汇有限的条件下，制度设计必须先行于经济学术，尝试寻找外国技术引进的可行性方案。

（一）"以市场换技术"制度思想的形成

在最初探索技术引进的路径时，我国曾较为单纯地要求向外方吸收最新技术，并将发展目标设立为出口导向，但该制度设计本质上与外方的内在激励不相容。具体而言，外方出于逐利本性，最希望得到的是销售产品并获得利润，因此投资技术往往会优于出售技术。然而，当时的制度设计严格控制产品内销，且20世纪80年代初期国内的生产要素市场、管理和配套设施均较为落后，不构成足以吸引外方出让技术、在华设厂的巨大激励。因此，挖掘技术引进与发展本国产业的内在激励契合点，是汽车产业获取技术的唯一出路。

国家经济委员会在1984年提出"技贸结合"是尝试寻找的第一个契合点。该方案指出，我国每年从国外进口大量汽车以及其他产品，对外国

而言是一个巨大的"筹码",应该充分利用这个有利条件,"利用汽车引进技术,或引进技术结合进口汽车"。在对外洽谈进出口贸易时,"都应当把外商是否愿意同时提供技术作为择优交易的一项重要内容"①。总而言之,该策略是将技术引进和进口贸易结合在一起。不过从现实层面,第一,凭借有限外汇储备能力上的有限进口,向外方争取到能对我国汽车产业形成巨大改善的核心技术,存在相当难度;第二,我国当前需要的不仅是汽车产品,更是汽车的本土化生产,以进口产品为渠道换取技术将严重滞后我国现代化汽车生产的建设速度。

为此,我国的制度设计提出了第二个契合点,即"以市场换技术"。其具体表述为,"把对外商品贸易与引进技术结合起来,实行技贸结合,用我们的一部分市场换取国外的先进技术,这是加速我国技术进步的一项重大方针"②。此制度内涵与简单的"技贸结合"存在很大不同,其是通过让渡国内部分市场空间,使得本国潜在的市场需求对外方形成巨大吸引,其规模远大于我国以有限外汇能够进口的产品规模,进而极大地加重"筹码",最终换取国外的先进适用技术而弥补本国生产线的技术欠缺。这种思想符合外方的内在激励,且被落实为制度设计,即为汽车产业的合资生产模式。该模式也迎合了邓小平早在1982年就批示的"轿车可以合资"重要思想。③ 在对方激励与我方意愿的双重肯定下,"以市场换技术"提出的同年,北京吉普汽车有限公司、上海大众汽车有限公司、广州标致汽车有限公司即刻成立。随后,我国又颁布了其他的配套性政策,如1986年《国务院关于鼓励外商投资的规定》,将基于特别优惠的扶植对象规定为产品出口型企业和先进技术企业,并对其给予了在费用、信贷、税收、外汇、自主权等方面的优惠。④ 在此政策推动下,合资企业成为我国小型

---

① 《国家经济委员会关于做好技贸结合和旧设备选购工作的报告》(1984年3月1日),引自《中华人民共和国经济法规选编(1984)》上,中国社会科学院法学研究所1986年版,第490~496页。

② 《国务院转批国家经委关于做好技贸结合和旧设备选购工作的报告的通知》(1984年3月22日),引自《中华人民共和国经济法规选编(1984)》上,中国社会科学院法学研究所1986年版,第489页。

③ 李岚清:《突围——国门初开的岁月》,中央文献出版社2008年版,第213页。

④ 《国务院关于鼓励外商投资的规定》(1986年10月11日),引自中共中央文献研究室编:《十二大以来重要文献选编》上,中央文献出版社2011年版,第136~139页。

民用汽车生产经营的主要形式。据统计，从20世纪80年代中期到2002年底，世界汽车巨头已在中国累计合资创办了46家汽车企业，① 在中国汽车生产本土化的进程上迈出了重要的一步。

对"以市场换技术"思想进行考察，可以发现，其确为基于现实条件束缚的妥协之选，是汽车行业所要迅速发展而必然付出的代价，并且存在着高端技术能否被系统、全面地引进，以及能否将引进成果成功消化、吸收的不确定风险；但与此同时，该思想的提出也有不可否认的历史合理性，即其在第二阶段我国的外向型产业发展路径选择背景下，通过市场共享和优势互补，能够以较低的成本获得综合技术水平的提升，在短期内弥补我国在技术及资本方面的比较劣势，解决我国产业发展的阶段性问题，所以是符合经济发展规律的，尽管在具体落实的过程中存在着一些问题。

（二）业内人士的技术发展思想及理论评价

我国选择引进外国的先进技术，不仅是出于汽车生产本土化的需要，更是出于发展本国生产技术、在未来创造出口产品的意图。因此，在推行"以市场换技术"的最初，我国汽车产业业内人士就体现了非常强烈的、以自主研发为核心的产业技术发展思想。被誉为"中国汽车工业奠基人"的饶斌在1987年"中国汽车工业发展战略讨论会"特别提醒道，"合资要以我为主，不管怎么样，我们要有自己的要求、愿望，但要真正地去学习，就要很好地向人家求教，要千方百计地认知学技术、学管理"②。时任中国汽车联合会理事长的陈祖涛也称，吸收国外先进技术是一条我国汽车产业发展的捷径，但如果不走"引进——消化吸收——创新"的道路，不能依靠自身开发技术与新产品，只能永远落在他国之后。因此，在积极引进国外产品、技术、管理和资金的同时，"更要把重点放在加速已引进技术的消化、吸收、改进和创新上来"③。第二汽车制造厂总厂厂长、东

---

① 葛伟民、曹祎遐、徐振宁等编著：《欧美汽车企业拓展海外市场对中国（上海）汽车企业发展的启示》，上海社会科学院出版社2012年版，第102页。
② 《饶斌同志在中国企业工业发展战略讨论会上的讲话》（1987年5月29日），引自中国汽车工业公司编：《中国汽车工业年鉴》（1988），机械工业出版社1988年版，第18页。
③ 陈祖涛：《为实现汽车工业成为支柱产业而奋斗》（1987年5月），引自中国汽车工业公司编：《中国汽车工业年鉴》（1988），机械工业出版社1988年版，第21～25页。

第五章　经济外向时期产业发展路径选择的经济思想（下）：1979~2003年

风汽车工业联合公司董事长、总经理陈清泰提出了"自主开放"的汽车发展模式，并指出，为达到国际汽车产业水平并进入国际市场，"关键是否能自立、自主"，而"最重要的是培植自己的优势和自主的实力"①。最终，会后形成的《发展轿车工业、促进经济振兴》在设计轿车发展的九条基本方针时，就将"引进先进技术，强化自我开发，形成自行开发设计能力"作为基本方针的第六点。② 同时，国务院决策咨询协调小组在给出汽车产业的发展建议时，也将汽车产业的发展模式确立为"自主开放型"，强调自主与开发相互结合。③

因此就体现的意识形态来看，相关人士很早就意识到了技术引进的最终目的是提升国内的自主研发能力，然而就最终的效果，社会各界普遍认为"以市场换技术"未能实现这一目标。造成该结果的原因有：首先，我国采用的是发挥比较优势的发展路径，即通过外国在技术方面的比较优势，结合我国在资源、劳动力，特别是巨大国内市场潜力方面的比较优势，共同促成了汽车产量的大幅度提升和利润获取，这是比较优势的资源整合内涵。换言之，合资共创企业未必会带来技术让渡。特别是，按照熊彼特的创新理论，技术及创新乃是企业获得利润并在经济周期中立于不败的关键，所以外方企业可以合资生产，但却难以真正分享核心技术。其次，从我国汽车产业的条件来看，技术吸收是建立自主研发能力的重要环节，但这不是一个自发过程，即人员的培育、设施的准备、关键环节的攻坚、研发应用与发展，等等，都需要企业作为能动个体去筹备经营。这不仅要投入大量的物资、人力与时间，且还会面临巨大的风险和外部性。在合资企业设立阶段，一方面要攻克汽车的本土化生产难关，另一方面还要占有国内市场的巨大获利空间，很难有激励去促成技术的吸收过程。另外，制度设计对于产业组织结构的不合理选择，也会使其丧失技术研发的动机，这一点在后文将进行详细探讨。总而言之，在开放环境、市场存有

---

① 陈清泰：《振兴我国轿车工业的重要抉择》，引自何世耕主编：《汽车工业的战略抉择》，中国经济出版社1989年版，第143~154页。
② 《发展轿车工业、促进经济振兴》（1987年7月），引自中国汽车工业公司编：《中国汽车工业年鉴》（1988），机械工业出版社1988年版，第7~11页。
③ 《国务院决策咨询协调小组关于发展我国汽车工业的建议》（1987年7月16日），引自中国汽车工业公司编：《中国汽车工业年鉴》（1988），机械工业出版社1988年版，第3~6页。

利润空间、特别是以快速发展经济效益为目标的社会环境下，提升国内的自主研发能力若以企业作为能动个体，将最终流于意识形态的美好意愿。而且，由于产业发展"高起点、大批量、专业化"的目标设定在很大程度上脱离了我国的技术条件以及资本积累，汽车产业在"以市场换技术"的过程中，只能更多地依赖外资及技术，在出让国内市场空间的同时丧失对企业主体的控制，威胁到产业安全。不过，该思想作为在客观局限条件下最为有效的促成汽车产业发展的手段，其历史贡献作用不应被轻易抹杀。

三、强调构建规模经济的汽车产业组织思想

产业发展的行动主体方面，汽车产业同样选择了企业本位的观点，这符合经济认知趋向于市场经济的观念转变。然而具体如何规划产业组织结构，是经济学界尚未解决的问题。特别是，20世纪80年代的经济学者更多地将注意力放在了西方的产业结构理论上，对产业组织理论的学习是到90年代以后才逐渐发展起来的。① 另外，由于我国尚处于市场经济建设的进程中，产业组织演化的不充分也促使学者更关注产业结构。因此，制度设计仅能根据经验和实践，尝试性地构建设计了汽车的产业组织。特别是，当时的决策层和业内人士都将产业组织结构设计看作是实现汽车产业发展目标的重要路径，且大多认为，建立数量有限的大规模企业是经济而高效的选择。

（一）"三大三小"的汽车产业组织思想

在决议发展汽车产业之初，汽车产业的诸多人士都赞同要搞数量少、规模大、专业化的大型汽车企业。如陈祖涛在提出建议时就称，集中力量建设大型骨干企业是使汽车工业成为支柱产业的关键，坚决不搞"小而全"的低水平生产。② 在1987年湖北十堰会议上，代表第一汽车制造厂（以下简称一汽）、第二汽车制造厂（以下简称二汽）的耿绍杰、

---

① 张卓元主编：《中国经济学60年》，中国社会科学出版社2009年版，第259页。
② 陈祖涛：《〈我的汽车生涯〉之六——中国轿车扬帆起航》，载于《时代汽车》2005年12期。

陈清泰也都支持发展少数大型企业的做法。耿邵杰认为，"大企业集团有发展大批量轿车生产的技术基础和优势"，因此应该"扶植'一、二汽'，使其成为初具国际竞争实力的民族汽车工业集团"①。同时，陈清泰也指出，"比较合理可行的做法是在国家强有力的产业政策支持下，在行业规划指导下，以骨干企业生产为主体，建设两、三个轿车工业集团"，这样既有利于集中巨额资金与技术实力，又有利于形成竞争竞赛的格局。②

有此想法的不止汽车产业内部人士，时任国务院经济技术社会发展研究中心总干事的马洪也指出，轿车发展不是一个单纯的产业问题，而是涉及中国宏观经济发展的重要问题，因此有两方面必须引起注意：（1）从产业安全方面考虑，"投资分散化趋势与轿车工业投资密集的特点相矛盾，把轿车工业全部挤到中外合资经营的狭路上"。考虑到轿车产业的资本与技术密集特征，国家应在资金上重点予以扶植。然而，如若开办网点过多，国内投资分散化而造成力度不足，必然导致轿车项目以合资方式寻求支援，进而很容易造成大量汽车企业受制于外资掌控，丧失产业安全。（2）从生产联合和规模经济考虑，"几个轿车项目同时起步，同时消化吸收，我国现有工业基础难以支撑"。马洪认为，如果开发多个项目，其在产品标准、规范、零配件、生产体系上都不一致，在我国有限的技术实力和投资水平基础上，将很容易无法摆脱散装件组装的局面。③应该说，马洪对未来问题的捕捉是较为高瞻远瞩的，而且其指出的"外资控制我国市场""轿车技术难以吸收，无法摆脱散装件组装的局面"，日后的确成为汽车产业发展的重大难题。

在相关人士从下至上的一致认可下，1987年7月的国务院振兴汽车工业协调小组会议上，我国汽车产业的组织结构被首次正式确立，其主要精神是集中化、大规模、近期档次不重复、长远可以适当交叉，具体包括：

"一汽主要生产排量1.8升以上中级和中高级轿车3万辆（包括少量

---

① 耿绍杰：《关于中国轿车工业战略起步和战略发展问题》，引自何世耕主编：《汽车工业的战略抉择》，中国经济出版社1989年版，第129~142页。
② 陈清泰：《振兴我国轿车工业的重要抉择》，引自何世耕主编：《汽车工业的战略抉择》，中国经济出版社1989年版，第143~154页。
③ 马洪：《关于发展轿车工业的若干政策建议》（1988年7月9日），引自徐秉金、欧阳敏：《中国轿车风云1953—2000》，企业管理出版社2012年版，第81~83页。

'红旗'），然后依靠'滚雪球'方式发展到15万辆。"

"二汽生产排量1~1.6升的普通型轿车30万辆，其中2/3争取出口。"

"上海大众汽车公司生产桑塔纳轿车，在加速零部件国产化基础上，尽快形成3万辆生产能力。"

另外，北京吉普、天津夏利和广州标致已经引进外资建立的汽车企业，在已经引进的微型车和吉普车基础上，还可适当生产一部分变形轿车和民用吉普。① 这三家企业即为轿车产业组织中的"三小"，连同一汽、二汽和上海大众，共同组成了"三大三小"汽车组织结构思想的制度化落实。

如若对以上制度设计进行提炼，"三大三小"的经济思想可被概括为，在有限的资源条件下，选择优先扶植大型企业，使其在大规模的运作中优化生产，即可实现产业实力的增强与产业安全的维护。这种认知非常较为贴近经济学上的"规模经济效应"。但是，按照经济学原理的一般理解，是生产专业化水平的提升导致了随着生产规模扩大而出现的长期平均成本递减的现象——这是规模经济的定义。但是，该过程的反向逆推是否成立，即大规模的生产是否会带来生产专业化水平的提升，则需要进一步的经济学分析。

（二）基于S-C-P模型的思想偏误分析

搭建少数的大规模企业是否能提升产业水平，可采用贝恩（J. S. Bain）、谢勒（F. M. Scherer）等人提出的"市场结构—市场行为—市场绩效"（structure-conduct-performance，S-C-P）模型进行理论推断。该模型的核心思想是产业的市场绩效直接由其内部的企业市场行为决定，而企业的市场行为在很大程度上受到市场结构的制约。这是一套系统分析产业表现的因果效应框架，但须说明，此处并非采用实际的市场绩效去作为评判标准，因为在汽车产业的发展中，大量地方中小型企业持续涌入市场，破坏了"三大三小"的最初构想。但这并不妨碍采用该模型对"三大三小"

---

① 徐秉金、欧阳敏：《中国轿车风云1953—2000》，企业管理出版社2012年版，第87页。

制度设计下汽车企业的可能行为做出合理推断,进而为评价其制度思想提供参考。

首先,从市场结构来看。"三大三小"是一个典型的寡头垄断模式。该模式特点有:(1)产业集中度较高。这一点在汽车产业中完全符合,因为其生产就集中在"三大三小",特别是"三大"上。(2)产品基本不同质或差别较大。按照汽车产业组织发展的设定,一汽、二汽和上海大众无论在车型还是车的档次上具有非常明显的差距,产品可认为显著不同质。(3)进入和退出壁垒较高。这一点在汽车行业内是毋庸置疑的,除了汽车生产本身具备较高的规模效应,因而形成规模经济壁垒外,经济政策施加的壁垒也很严重。早在1987年湖北十堰会议上给出的政策决议就是"在全国范围内不再安排新的轿车生产点",[①] 随后1988年国务院又下达《关于严格控制轿车生产点的通知》,其主要内容是:第一,未经国务院批准,各地区部门企业不得擅自安排任何形式的轿车生产、加工和合作事宜;第二,对于未经批准而已经投资建设的项目,一律清理、停建、检查清理情况上报;第三,为了防止变相生产轿车,其他小型汽车也一律由国家计委审批。[②] 这一内容随后还在《人民日报》上被正式宣传。[③] 可见,政府运用行政审批权,设置了极为严格的汽车产业准入门槛,这无疑加剧了产业组织的寡头垄断化。

其次,从市场行为来看。市场行为包含诸多内容,包括定价策略、营销策略、R&D策略、兼并策略,等等,其中定价策略可谓一个核心行为。如若按照市场结构出发,政策设立了严格的准入壁垒,而产业内的几个寡头产品又非同质化,因此其应该占有较强的定价能力,特别是在我国轿车市场日益显露出重大需求的情况下。然而20世纪80年代末期我国的汽车产业是没有定价能力的。1989年2月,国务院印发《关于加强小轿车销售管理的实施办法》的通知,其主要内容是,一方面限制小轿车的经营单

[①] 徐秉金、欧阳敏:《中国轿车风云1953—2000》,企业管理出版社2012年版,第87页。
[②] 《国务院关于严格控制交涉生产点的通知(节录)》(1988年12月4日),引自国家计委产业政策司编:《产业政策手册》,经济管理出版社1990年版,第176~177页。
[③] 林钢:《国务院最近发出通知不得擅自再安排轿车生产线》,载于《人民日报》1989年1月9日第2版。

位和经营范围,另一方面,严格设定各种小轿车(包括不同型号)在计划内、计划外的价格。① 当然,这种做法可在一定程度上可以避免垄断企业获取利润而带来的社会福利损失,但剥夺定价的策略会很大程度上丧失汽车企业生产的主观能动性,使得该产业在限定设厂、限定定价的情况下,仍然带有很强的计划经济色彩。

最后,可推断市场绩效。在20世纪80年代末汽车产业组织结构的最初设计下,所谓"三大三小"一方面受到政策保护,在其设想的理想情况下不会遭受其他竞争者的冲击压迫;另一方面被剥夺了自主定价权,使其丧失了根据市场需求调解生产的激励。在这种情况下,汽车企业无论在生产还是创新方面都缺乏活力,长此以往很容易造成如钢铁产业一样的效率低下、浪费严重。因此,若持续强调"三大三小"的产业组织思想,会有碍汽车产业的绩效表现。换言之,企业竞争力的提升,很难依靠人为地扩大企业的生产规模并限定组织结构来实现,大规模生产只是规模经济效应的必要条件而非充分条件。

那么,什么才是提升企业竞争力的关键?按照当前经济学的理解,塑造竞争意识、提高管理水平、强化人力资本、加大科研投入等都是提升企业实力的有效手段,而这些环节本质上都要依靠市场经济下的竞争来实现。然而,"三大三小"体现出了割裂企业之于市场的思想倾向,阻断了企业萌生自发改造激励、发挥规模经济效应的可能,极易造成规模庞大但企业实力难以提升的"规模不经济",因此该思想可谓汽车产业制度设计的一个经济理解偏误。

四、计划指令特征突出的汽车产业政策思想

20世纪80年代末我国学术界兴起了有关产业政策理论的研究,汽车产业的制度设计也有了同样的要求,甚至出现得更早。1984年吕东对

---

① 《国务院印发〈关于加强小轿车销售管理的实施办法〉的通知》(1989年3月16日),引自国家纪委办公厅编:《计划经济工作文件汇编1989》,中国计划出版社1990年版,第225~232页。

第五章　经济外向时期产业发展路径选择的经济思想（下）：1979～2003年

"七五"计划进行规划说明时，就提出了研究汽车产业发展战略的主张。[①] 1987年该思想更是被写进了一系列的汽车产业重要文件，如国务院决策咨询协调小组在《关于发展我国汽车工业的建议》中指出，"为使汽车工业成为国民经济的支柱产业，根据国外的经验，需要有一个保证和促进汽车工业发展的完整的法规"[②]。《发展轿车工业、促进经济振兴》也提议尽快研究制定全国统一的轿车工业发展政策和规划，并称，"在发展轿车工业的过程中，需要得到金融、投资、税收、外贸、外汇、生产、组织、技术、开发、人才等多方面长期的稳定的支持，同时要制定车型系列、生产布局、发展进度、市场销售等方面切实可行的发展规划，以及分阶段的实施目标和措施"[③]。

在多方的积极筹备下，1994年国家正式颁布《汽车工业产业政策》（以下简称《政策》）。然而，不同于学界已然兴起的强调市场机制的产业政策思潮，《政策》的主要内容大多通过行政审批对资源配置施以直接干预，以政府意志代替市场调节，体现了非常显著的计划指令特征。出现该特征的原因主要是新政策的制定保持了一贯的制度设计导向，即试图通过所谓的规模经济效应，实现超前的产业发展目标。这种对经济原理的理解偏误和对客观技术及禀赋结构的违背，自然是与市场机制相冲突的。

《政策》中的经济主张主要包含以下几方面内容[④]：

第一，快速实现汽车生产的高水平。这是汽车产业战略思想形成之初就提出的设想，最终得到了产业政策上的落实。所谓生产的高水平包含了两方面内容：（1）发展目标的高水平。《政策》指出，要"努力扩展和开拓国内国际市场，采取大批量多品种生产方式发展。2000年汽车总产量要满足国内市场90%以上的需要，轿车产量要达到总产量一半以上，并基本

[①] 《吕东同志在全国汽车行业工作会议开幕式上的讲话》（摘要）（1984年11月24日），引自中国汽车工业公司编：《中国汽车工业年鉴》（1986），机械工业出版社1986年版，第3～4页。
[②] 《国务院决策咨询协调小组关于发展我国汽车工业的建议》（1987年7月16日），引自中国汽车工业公司编：《中国汽车工业年鉴》（1988），机械工业出版社1988年版，第6页。
[③] 《发展轿车工业、促进经济振兴》（1987年7月），引自中国汽车工业公司编：《中国汽车工业年鉴》（1988），机械工业出版社1988年版，第10页。
[④] 以下内容除特别说明，均出自《汽车工业产业政策》（1994年2月19日），引自中国汽车工业公司编：《中国汽车工业年鉴》（1995），机械工业出版社1995年版，第12～15页。

满足进入家庭的需要",而且"汽车工业企业应把扩大出口参与国际竞争作为企业的发展目标"。这就是要求汽车产业短时间内,迅速实现高比例的进口替代,最终为出口导向做准备。(2)生产技术的高水平。《政策》指出,现有汽车项目"对原有产品的改进和自我开发的产品要达到国际90年代初期水平,引进技术的产品要达到国际90年代同期水平",等于直接要求我国汽车产业与国际水平保持同步。以上产业目标都有一定的超前特征,未能充分考虑我国的产业基础和研发实力,很有可能导致的结果,是国内企业一方面只能依靠外资与技术引进填补发展能力的断层,另一方面缺乏吸收、转换国外技术的能力,进而对国外资本的造成严重依赖,危害产业安全。

第二,快速实现汽车生产的大批量。这也是汽车产业战略思想初期就提出的内容,具体包括两方面:(1)鼓励现有企业向大规模发展。中央财经领导小组在汽车工业发展指示中称,"国家一定要统筹规划,支持大企业"①。因此《政策》根据年生产量、市场占有率、技术开发资金投入比,细致地规定了7种类型的汽车生产企业,支持其向指定的更大规模扩张。(2)以生产规模作为新企业入门的审批标准。《政策》指出,在国家批准新项目时,原则上应按照以下规模建设:"发动机排量在1600cc以下的轿车项目,不低于年产15万辆""轻型货车项目不低于年产10万辆""轻型客车项目不低于年产5万辆",等等。然而如前所言,企业的规模经济效应在企业竞争力提升的过程中实现,是产业演进的自然发育结果,依照生产规模设立准入标准则是本末倒置的做法。

第三,整治产业内的分散投资。这是《政策》的一个重要内容,因为地方自行引资建厂,造成生产上所谓的"散、小、差、乱"被认为是汽车产业的主要问题。②1992年朱镕基在听取全国汽车工业工作会议准备情况的汇报后,也特别指出,"目前,点布得太多,规模太大",因此"现在

---

① 《中央财经领导小组对企业工业发展的指示(要点)》,引自中国汽车工业公司编:《中国汽车工业年鉴》(1995),机械工业出版社1995年版,第11页。
② 《中央财经领导小组对汽车工业发展的指示(要点)》,引自中国汽车工业公司编:《中国汽车工业年鉴》(1995),机械工业出版社1995年版,第11~12页。

第五章　经济外向时期产业发展路径选择的经济思想（下）：1979~2003 年

汽车工业必须严格地进行总量控制"①。重点扶植个别企业、支持企业规模定向扩大、对市场准入进行严格行政审批，是《政策》清理整顿汽车产业组织散乱的主要方式。但须注意，汽车产业的总量控制与纺织产业在 20 世纪 90 年代末的产量控制存在本质区别。纺织产业的压锭改造，是在经历市场化进程、进入经济体制改革攻坚阶段后，产业阶段性地丧失了自我协调能力，不能根据市场信号自行调节产能，只能依靠外来力量介入调控。而汽车产业刚处于起步期，人为地对产业组织规模进行限制，是对资源配置的行政干预。而且，这样的做法从逻辑上也难以实现其政策目标。原因在于，90 年代初社会主义市场经济体制已经确立，让市场调解发挥主导作用，同时向地方、企业个体下放自主权是该时期的主要趋势，而汽车产业作为地方创造 GDP 的有效选择，与政策上的严格审批形成冲突，但中央政府已不能同计划经济时期一样，对产业发展形成全盘掌控，因此必然造成政策目标与施政结果的扭曲。

第四，培育、强化产业组织的寡头垄断。这是轿车产业发展中的一个重要的经济原理理解偏误，即认为生产的高水平与大批量可依靠人为创造大规模生产而实现。一方面《政策》指出，"在本世纪内，支持 2~3 家汽车生产企业（企业集团）迅速成长为具有相当实力的大型企业，6~7 家汽车生产企业（企业集团）成为国内的骨干企业"，该举措的本质是培育寡头垄断的产业组织结构。另一方面，《政策》对符合指定规模的企业实行税收、金融、贷款、外资等方面的一系列优惠，这是对寡头垄断企业进行维护和强化。如前文分析，培育、强化垄断不仅不能进企业自主创新、增强企业竞争力，反而会使企业丧失改进激励。在增强企业竞争力方面，可参考波特的"钻石模型"，通过提升生产要素、提供正向需求、促进产业集群、保持市场竞争活力的方式来达成。而这些内容，《政策》中尚无体现，显示了对企业竞争力来源的理解欠缺。

另外，《政策》中还有一系列的扶植与限制政策，但大多是以细致而

---

① 《朱镕基副总理在听取 1992 年全国汽车工业工作会议准备情况汇报后的讲话（节录）》（1992 年 1 月 14 日），引自中国汽车工业公司编：《中国汽车工业年鉴》（1995），机械工业出版社 1995 年版，第 4~5 页。

直接的干预形式对以上内容进行强化。总而言之，《政策》中体现的思想并非突然出现，而是对20世纪80年代中期以来相关人士的经济思想进行总结和落实，具有很强的思想连贯性。这一系列思想的最大不足是不尊重客观经济规律，其实施结果的不理想也多由此引发。

第三节 克服比较劣势产业发展路径选择的思想述评与成果核定

在第二阶段，克服比较劣势的经济思想是与发挥比较优势的经济思想并行的重要内容，其主要任务是以开放的国际体系与市场化的经济体制为背景，充分调动国内外各种生产要素，克服国内资本与技术不足的比较劣势，以较快速度和较低成本实现高级化产业的建设，进而拉动其他产业部门的发展并促进国内产业经济结构升级。在此方面经济学术与制度设计的探索几乎同时开始，甚至制度设计的探索更早一点，但因后者对前者的转化不完全，造成了一定程度的偏误。经济学术虽然略晚于制度设计，但在西方经济学传播和各种观点争鸣、演化的过程中，呈现出丰富的思想内容，为本阶段的政策反思和下一阶段的政策调整提供了重要的理论基础。

一、克服比较劣势的产业发展经济思想生成轨迹

在"以经济建设为核心"的产业发展过程中，中国作为一个人口众多、幅员辽阔且坚持独立的亚洲大国，不能单一地选择劳动密集型比较优势产业作为发展的全部内容。无论是考虑国内市场的潜在需求，还是出于产业结构高级化的实现期望，合理地发展资本与技术密集度较高的战略产业是值得肯定的。汽车产业因此在20世纪80年代中期被制度设计所选择，略早于产业选择经济思想的兴起。经济理论的滞后，使得该选择的本质初衷，更多地凭借了相关人士在发达国家的示范效应下，普遍对汽车产

业萌生的强烈发展意愿,并非如经济研究的一般理解,即通过选择汽车产业为主导产业,形成对其他部门的促进与带动。这种发展意愿,一方面使得汽车产业在面临经济学界随后的多种发展次序主张时,始终被选择为优先发展的对象,另一方面则因其未经过经济理论的系统论证,对发展水平与建设规模提出了超前要求,脱离了产业发展的客观规律与现时点下的禀赋基础,对产业发展后续的路径选择及结果造成了一定的负面影响。

资源获取方面,汽车产业的发展与纺织产业存在巨大差异。纺织产业虽然也吸收大量外资,但其最为密集使用的是中国禀赋结构中最为充沛的劳动要素。所以,对外开放的同时进行市场化改革,启动要素流转,就可实现纺织产业的要素供给。然而,汽车产业密集使用的是中国最为匮乏的资本与技术,特别是技术,是外方极为珍视的关键要素,我国只能选择让渡部分利益空间才能换取技术的引进,"以市场换技术"的思想就在这种情况下形成。该思想的本质,同样符合发挥比较优势的路径选择内涵,即通过整合国内外各自的优势禀赋,共同促进产业发展。但该选择的直接结果,是"换来"了技术,即实现了汽车生产的本土化,从这一角度,"以市场换技术"无疑是成功的。然而,在决策层及汽车业内人士的认知中,让渡国内部分市场的最终结果应是使我国真正地拥有技术,尽快实现产业自主并创造能输向国际市场的优质产品。这种诉求,实为从顺应外生比较优势到培育内生比较优势的复杂过渡,难以依靠简单的要素组合来实现。经济研究对此问题也尚未给出更多的理论参考,其重点更多地放在资金而非技术的引进上。不过,研究成果肯定了外资引进在汽车产业中的外溢效应,也提醒了过度引用外资对产业安全可能造成的危害。该问题在汽车领域的确存在。由于制度设计的超前要求,国内企业在一定时期内只能更多地依赖外资填补技术水平不足。

行动主体方面,汽车产业的选择符合国内经济思想的主流趋势,即以企业作为产业发展的能动个体。但产业的组织结构,却被决策层和业内相关人士看作是实现汽车生产高水平与大批量的着力点。其思想的构设,是集中力量扶植和维护寡头垄断企业,以期通过规模经济效应,实现技术的攻坚与层次的突破。但这一选择存在经济原理的理解偏误,即大规模只是规模经济的必要条件而非充分条件,特别对于存有庞大利润空间的企业而言,创新激励的不足只会更多地造成"规模不经济"。当时的产业组织制度设计未能意识到,专业化水平的提升和长期平均成本的递减更多的是依靠企业在市场竞争中的自发改造,强行限制市场准入与资源配置只会割裂企业的竞争激励来源,影响产业绩效表现。

管理协调方面,汽车产业在西方经济理论的影响下,选择以产业政策的形式施以规制影响。该领域的经济研讨经历了一个演变过程,即初期着重明确政府对产业可能施加的作用与方式,后期更为强调政府在市场调解的基础上对产业加以引导。然而这种思想在国家正式出台的《汽车工业发展政策》中未能体现。该政策更多的是落实以往的制度思想,强调汽车产业发展的高起点、大规模、专业化,进而体现了显著的计划指令特征,在市场经济深化的历史局势下难以实现其政策目标。

总而言之,在克服资本与技术的比较劣势方面,产业发展的路径选择经济思想选择了经过世界产业发展史检验的、同时具备潜在主导与支柱作用的汽车产业,通过国内外要素整合弥补劣势,以大规模生产集中力量,以计划指令性产业政策施以规制,一方面基本实现了汽车生产的本土化,很大程度上丰富了国内市场需求,另一方面存在与市场经济的诸多冲突,留下了一定的改革空间。

二、基于生产与自主研发的双重产业发展成果核定

作为克服比较劣势产业的一类代表,汽车产业的发展绩效应从两方面加以考察。首先,从生产的本土化方面,汽车产业的发展是成功的。从图5-1来看,1980年前我国生产轿车数量甚至可以忽略不计;从20世纪80年代中期开始,轿车产量大体上呈现上涨态势,这应与树立汽车为优先发展的战略产业有关;90年代后,大量外资进入国内,激发了汽车生产的增长,自此年产量基本保持正向增幅。生产扩大所实现的市场供给很大程度上丰富了国民出行汽车使用要求,据统计,"一五"时期我国民用汽车保有量(包括所有类型汽车)只有51.3万辆,其中轿车和轻型客

车只有9.7万辆;"六五"计划初期,即1981年民用汽车保有量也仅为187.3万辆;至第二阶段末的2003年,民用汽车拥有量总数已经高达2382.93万辆,在20年的时间增长10余倍。① 这种表现一方面依靠进口,另一方面也与国内汽车生产扩大有直接关联。

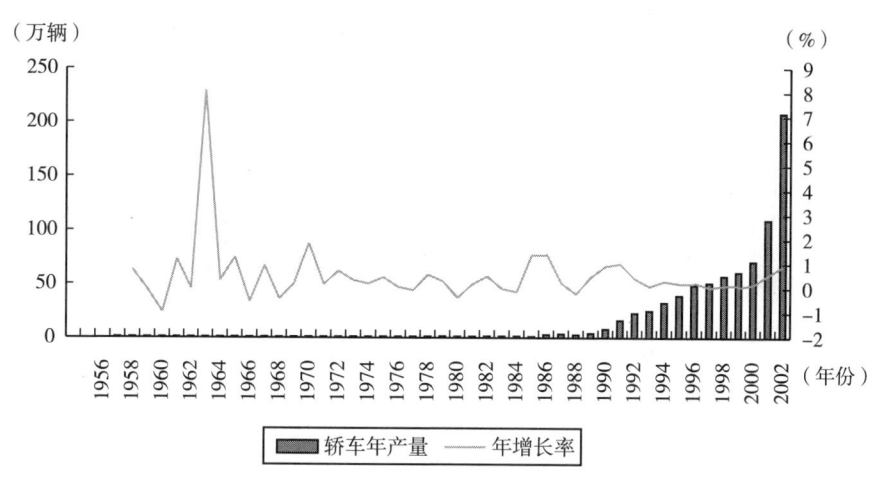

图 5-1 我国轿车年产量及年增长率(1955~2003年)

资料来源:1955~1998年数据来自《中国汽车工业年鉴》(1999),1999~2003年数据来自中经网产业数据库 http://cyk.cei.cn/page/Default.aspx。

在国民经济中,汽车产业也逐渐发挥出一定影响。1955年我国全部汽车工业企业的总产值(按当年不变价)仅为0.55亿元,1981年发展成为72.23亿元,已经非常可观,而如图5-2,按照1990年不变价,汽车工业总产值至1996年已经快速发展至2333.2亿元,在第二阶段的尾声,即2003年,进一步发展到9308.9亿元,占全国工业总产值的比例也从2.35%上升至5.91%,为国民经济总产值做出巨大贡献。另外,汽车产业为大量劳动力提供了就业,自20世纪80年代初期,汽车产业年末职工总

---

① "一五""六五"时期数据引自《中国汽车工业年鉴》(1999),所用名词为"民用汽车保有量",2003年数据来自中经网产业数据库 http://cyk.cei.cn/page/Default.aspx,所用名词为"民用汽车拥有量"。

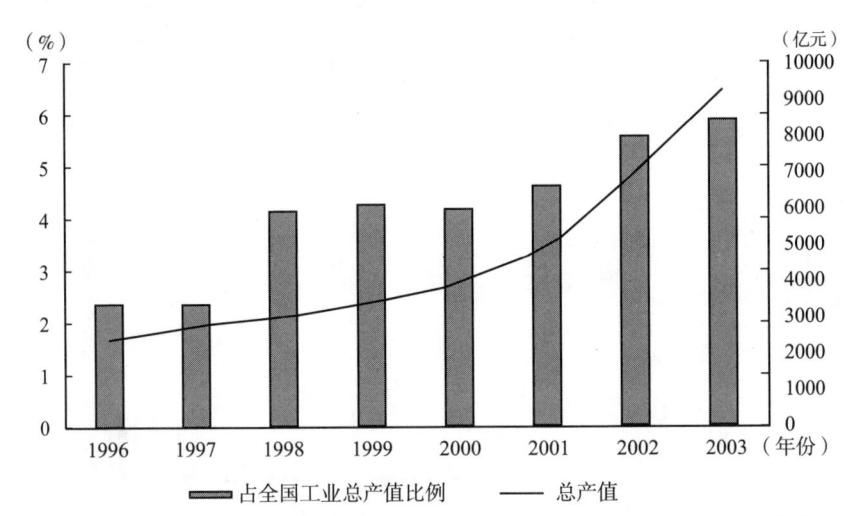

人数就高达百万，而进入20世纪90年代，已接近二百万①。

图 5-2 我国汽车工业总产值及占全国工业总产值比例（1996~2003年）

资料来源：《中国汽车工业年鉴》（2004），国家统计局。

但是，如果从最初的产业战略制定及《汽车工业产业政策》的角度出发，汽车产业最终应实现的两个目标——自主生产和出口导向则达成的不尽如人意。自20世纪80年代中期开始吸收外资，在近20年的发展过程中，合资企业仍旧是国内市场绝对主导。在长期的合作中，我国的汽车企业未能在合资过程中掌握核心技术，形成独立；与此同时，中资企业在市场内的份额仍相对有限。据统计，由上海大众、一汽大众、上海通用、天津一汽夏利等17家合资企业在1998年国内市场占有率高达98.71%，至2003年略有下降，但仍为86.02%，而奇瑞汽车、浙江吉利、一汽轿车、哈飞汽车等9家中资企业，在1998年的市场占有率仅为1.29%，在2003年升至13.98%②。从国产轿车出口数量变化来看，直至第二阶段结束，中国的汽车进口量常年高于出口量。图5-3则可清晰地体现这一发展趋

---

① 除特别说明，以上相关数据出自《中国汽车工业年鉴》（1999）。
② 上海汽车工业（集团）总公司董事会战略委员会课题组编著：《中国企业工业发展研究》，上海科学技术出版社2005年版，第307页。

势,即虽然进入20世纪90年代,我国的汽车进出口数据逐渐在缩短差距,但是出口增长非常缓慢。另外就《汽车工业产业政策》制定的其他目标而言,扶植有限数量的大规模企业而控制所谓"散、小、差、乱"的政策效果并未奏效,大量地方汽车企业融入市场,且多以小规模、小产量、低水平为特征,产业聚集度交叉;"高起点"的生产目标也未能达成,这主要针对出口产品而言,中国出口的汽车从大体上仍以低端汽车为主;另外,在攻克技术核心、取得独立自主地位上,政策扶植的大型企业表现得不够理想,反而政策以外的中资独资企业却在中低端领域拥有了一定的市场份额。

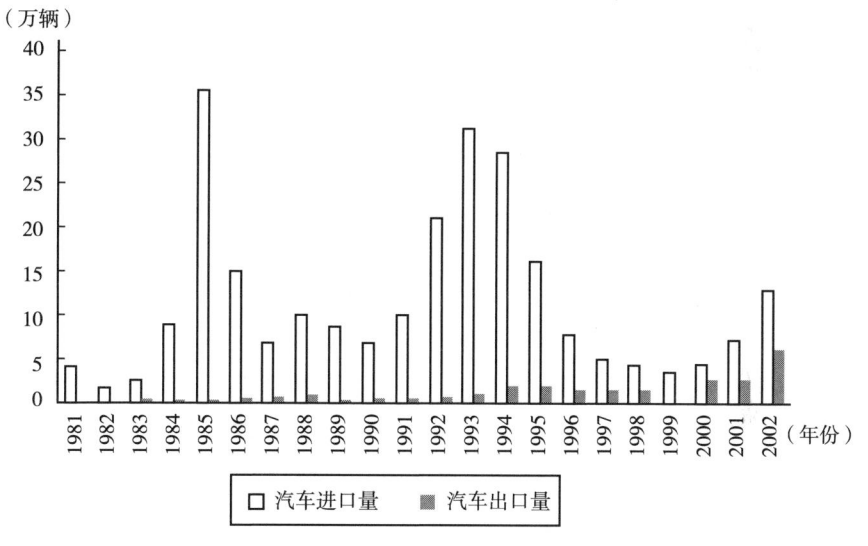

图 5-3 我国汽车进出口数据统计(1981~2002 年)

资料来源:1981~1998 年数据引自《中国汽车工业年鉴》(1999);1999~2002 数据引自《中国工业发展报告》(2003)。但 1999 年出口数据尚未被收录。

汽车产业的双重绩效表现,本质上体现了从发挥外生比较优势到塑造内生比较优势的差异分界。如若单纯地发挥外生比较优势,即以促进国内外要素流转与组合为产业发展的主要内容,其直接结果是以相对低廉的成本形成商品,进而获得更大的利润收入。但是,要使合作方的生产要素衍化成为自身的比较优势,则须通过利润积累,在禀赋结构与技术结构上实现相应的升级,而要快速实现这一过程,更需要适宜的内生培育催化手段。因此,如何在对外开放的合作过程中实现自主优势转化,是第二阶段留给后续经济思想探索的一个待解之题。

第六章

自主创新时期产业发展路径选择的经济思想：2004~2019年

2004年前后，中国产业发展的路径选择又发生了新的变化。一方面，中国在经历了改革开放30余年的经济高速增长与产业蓬勃演进后，积累了雄厚的经济总量与物质财富，已经具备实力向世界分工及产业结构的更高层次迈进；另一方面，国内产业发展的瓶颈局面和国际形势逆转的外在压力，也对路径选择提出了重新整理与构设的客观要求。从最初地树立独立自主地位，到随后的谋求产业经济建设，从第一阶段的塑造竞争优势路径，到第二阶段的发挥比较优势路径，从早期的向内寻求发展动力，到后期的对外寻求发展动力，在第三阶段，中国又归回到寻求自主实力提升的历史阶段。如何在新形势下展开探索，特别在路径选择循环上升的演变过程中对以往问题进行修正与突破，是该时期经济思想亟待解决的内容。

第一节　秩序重建中的自主创新发展模式：塑造实力为内涵

21世纪初，中国的产业发展迎来了新的挑战，结构性条件的逆转启动了第三阶段路径选择经济思想的开启。不同于以往时期，外在结构性条件发挥主导作用，在第三阶段国内国外的相关变化共同对新的选择形成了驱动。对内而言，原有的产业发展路径已经进入了边际成本递增、边际收益递减的瓶颈时段；对外而言，伴随着发达国家的经济滑坡和发展中国家的势力渐起，自由开放的国际经济贸易平衡有所动摇，难以成为中国发展产业的长期动力来源。在这种情况下，另寻产业发展的动力与模式成为中国应对性策略制定的主要内容，这一变更也引发了经济研讨及产业发展实践的系列调整，构成了秩序重建过程中的产业发展路径选择新内涵。

一、红利渐失与发展难以持续的内在选择驱动

中国在21世纪面临的一系列内在挑战，本质上是改革开放以来固有

第六章　自主创新时期产业发展路径选择的经济思想：2004~2019 年

的红利逐渐耗散而积累的问题不断显现，进而使得原有的产业发展路径难以持续，形成了重新选择的内在压力。具体而言：第一，中国在世界经济体系中扮演了重要角色，但长期锁定于产业链的低端位置，虽然净利润数量可观，但相较其他产业环节仍只占有全部利润的较少份额。2001 年日本通产省（Ministry of Economy, Trade and Industry）发布白皮书，首次将中国称为"世界工厂"（world factory）①，《2003 年中国工业发展报告》也称"中国制造成为世界分工体系中的重要组成部分"②，这似乎是对中国在国际贸易活动中的成就肯定。然而，中国出口的产品中，竞争力较强的是附加值较低的劳动力密集型产品，如纺织、鞋帽等，大量来自技术、品牌、创意等领域的高附加利润多被外方合资者获得。高盛公司中国经济常务董事乔纳森·安德森（Jonathan Anderson）称，中国的工业总产值虽然从 1993 年的 4800 亿美元上升到 2002 年的 1.3 万亿美元，在全球生产中的比重也有所增加，但其工业产品进口额也在相应地增长。最终，2002 年中国制造对世界其他国家的净出口额比重仅为 500 亿美元，占全球制造业生产能力的 0.18%，自 1997 年无大的变化。因此，他的结论是，"中国逐渐成为世界上其他国家的低档劳动密集型产品制造中心"，无须对此感到害怕。③

第二，中国经济增长长期依赖要素投入驱动，如若不能改变这种局面，未来的产业发展将难以持续。客观而言，生产要素中的重要组成——资本的投入，带来了诸如机器制造与工艺流程的引进，有利于生产效率的提高，因此不能简单地将要素投入评价为外延式发展。但是，如若技术的改进和效率的提升不能长期伴随着要素投入的增长，使经济活动中的生产要素更多地表现为数量性的扩张，那么其将成为一种外延式发展。而外延式发展随着经济增长的不断发生，会对生产要素的投入量提出愈来愈高的要求，必然造成国民经济的负累。这一现象早在 1994 年被克鲁格曼指出，他在名为《亚洲奇迹的神话》（*The Myth of Asia's Miracle*）的文中表示，东

---

① 日本通产省官方网站：http://www.meti.go.jp/english/report/previous_report.html。
② 吕征主编：《中国工业发展报告（2003）：世界分工体系中的中国制造业》，中国社会科学院工业经济研究 2003 年版，第 2 页。
③ 《乔纳森·安德森：中国需要认真对待但无须害怕》，载于英国《金融时报》2003 年 2 月 25 日，参见 http://www.china.com.cn/chinese/ch-yuwai/286282.htm。

亚各国经济的普遍增长完全是因为投入的快速增长，不同于发达国家因全要素生产率（TFP）的持续增长而保持经济进步，但是投入驱动的经济增长毕竟是一个有限过程，所以今后这些国家的经济增长必然放缓。① 中国学者对此问题也进行过测算，有研究结果指出，1993年以来我国的全要素生产率增长率呈现出逐年下降趋势，直到2000年才得以缓解，但总体上，1979~2004年间我国的全要素增长率对经济增长贡献率较低，表明我国经济发展主要依赖要素投入驱动。② 这种特征在产业发展中也同样突出，在不改变模式的情况下，未来的发展会因投入要求过高而体现出动力不足。

第三，随着禀赋结构以及要素价格的发展变化，原有劳动力、资源的比较优势不再突出。按照经济演进的一般规律，要素价格会随着禀赋结构的变动发生变化。中国在国际贸易中积累了大量资本，使得这一原本匮乏的要素总量不断扩大，因而其相对价格开始走低；同时，人口和自然资源在持续使用下变得不再丰裕，因而其相对价格开始走高。具体而言，中国在改革开放以来一直有着劳动力"取之不尽、用之不竭"的广泛观念，人口红利在1982~2000年间也确曾为人均GDP增长率做出了26.8%的贡献。③ 但是，伴随着人口的老龄化，普通劳动力的价格开始呈现增高趋势，特别在加入WTO后，随着我国劳动力市场化进度进一步加快，据统计，2003年、2004年中国的工资水平增幅均达到了12%左右，而韩国仅为7%，美国更低为2%~3%；④ 随后，根据劳动保障部门的一项调查显示，2004年以前，珠三角地区农民工平均工资12年仅涨了68元，而随后的三年，沿海地区农民工工资连年剧增，平均每年增长100多元，有的省份涨幅接近20%，因此，从统计数据看，2002~2006年我国在岗职工平均工资从12422元增加到21001元，扣除价格上涨因素，年均递增12%，超过GDP增速。⑤ 事实上，一个发展中国家伴随其经济增长，将会逐步丧失劳

---

① Krugman, Paul R., "The Myth of Asia's Miracle.", *Foreign Affairs*, 1994, 73 (6): 62-78.
② 郭庆旺、贾俊雪：《中国全要素生产率的估算：1979~2004》，载于《经济研究》2005年第6期。
③ 转引自蔡昉：《人口转变、人口红利和刘易斯转折点》，载于《经济研究》2010年第4期。
④ 陈俊：《从国际比较看我国劳动力价格水平的优势及趋势》，载于《中国经贸导刊》2006年第8期。
⑤ 白天亮：《四问劳动力价格上涨》，载于《人民日报》2008年2月28日第13版。

第六章　自主创新时期产业发展路径选择的经济思想：2004~2019 年

动力廉价的优势，是一个铁的逻辑，①而其对产业发展形成的映射，则是其极大地影响了中国的中低端制造业，从客观上必然逐渐中断了第二阶段的产业发展路径。另外，在自然资源方面，由于我国一直采用外延式发展方式，水、土地、矿产、能源等资源的消耗不断增加，环境污染与资源紧缺的问题日益突出。因此，中国加入国际贸易体系的最为突出的外生比较优势趋于殆尽，动摇了产业发展路径选择的根基，须得重新选择产业发展的未来生长点。

第四，产业在快速发展中暴露出一系列的经济结构问题。中国社科院财经战略研究院运用 1991 年以来的相关数据，自建"经济结构失衡指数"，指出中国经济总体长期处于次级不均衡状态，经济结构严重失衡。②而与产业发展关系较为直接的方面，首先，经济增长"三驾马车"中，出口与投资扮演了主要角色，特别是出口，相对而言国内居民的消费需求偏低。该现象的出现与我国第二阶段产业发展推动的外向型策略相吻合，但其长此以往造成了我国国际收支结构的不协调，导致外汇过多流入国内，从而出现了流动性过剩及经济过热压力。其次，我国制造业部门比重偏大，生产要素过多地集中在生产和加工的中低端，呈现出产业结构的趋同化，因此产能过剩问题突出。总而言之，寻求结构调整，而非产业发展总量提升，应成为新一阶段经济思想探索的方向。

二、原有优越贸易环境消散的外在选择驱动

我国不仅从内部开始丧失外向型产业发展的长期动力，外在的一些国际贸易的优越条件也开始消散，受到正在兴起的"逆全球化"思潮影响。这主要是经历 30 余年的快速发展后，我国与其他发达国家经济地位调整所带来的。有一些条件的改变是典型的，有一些条件正在逐渐生成并强化的过程中，具体包括：

第一，以美国为代表的国家要求人民币升值。该论断始于 2001~2002

---

① 包小忠：《刘易斯模型与"民工荒"》，载于《经济学家》2005 年第 4 期。
② 《社科院报告：中国经济结构严重失衡》，http：//finance.people.com.cn/n/2012/1213/c1004-19881463.html。

年间。2001年英国媒体曾发表名为《中国的廉价货币》(China's Cheap Money)一文,首次提出人民币升值的要求。随后日本紧跟其上,财长盐川正十郎(Masajuro Shiokawa)和副财长黑田东彦(Haruhiko Kuroda)多次在公开场合指出,人民币存在被低估的现象,中国依靠低廉的劳动力、高水平技术连同廉价的货币,迅速发展了外向型经济,同时也将通货紧缩输往世界各地。① 这一观点在2003~2004年迅速发酵,美国财政部长斯诺(John Snow)、美联储主席格林斯潘(Alan Greenspan)、欧洲中央银行总裁德伊森贝赫(Wim Duisenberg)、欧洲委员会主席肯罗迪(Romano Prodi)等也加入了要求人民币升值的行列,并进一步指出,中国严重的货币操纵行为为其制造业创造了"不公平"的市场竞争优势,其对美国制造业造成的冲击使得美国失业率急剧攀升,同时还积累了世界最多的外汇储备,造成了世界经济格局的不稳定,因此应由美国政府向中国施压,提升人民币汇率。② 2005年7月,在贸易摩擦和国际压力逐步升级的情况下,中国人民银行宣布,将"实行以市场供求为基础、参考一篮子货币进行调节、有管理的浮动汇率制度。人民币汇率不再盯住单一美元,形成更富弹性的人民币汇率机制"③。此次改革是对以往长达十年的美元挂钩策略的突破,但其对中国出口贸易也随即造成了一定的负面影响。据国务院发展研究中心课题组测算,2005年第一季度人民币实际有效汇率每贬值1%就会引致我国出口价值增速0.72%,据此估算,2005~2008我国出口增速下降的一个重要原因,就是人民币实际有效汇率的持续升值。④ 然而此后美国和欧盟并未放弃对中国汇率的施压,究其本质,应为发达国家对中国经济及贸易地位崛起的警惕,可预见的是中国在未来很长一段时间内都会受此干扰影响。

第二,波及世界范围的金融危机引致出口市场的长期萎靡。中国外向

---

① 《压迫人民币升值阴谋流产 G7会议否决日提案》,载于《21世纪经济报道》2003年2月27日,参见 http://www.people.com.cn/GB/jinji/34/165/20030227/932351.html。
② 《覃东海:中国面临的外部升值压力》,2004年2月17日,http://www.china.com.cn/zhuanti2005/txt/2004-02/17/content_5498981.htm。
③ 《央行发布公告 完善人民币汇率形成机制改革》,2005年7月21日,http://news.xinhuanet.com/fortune/2005-07/21/content_3249580.htm。
④ 《人民币实际有效汇率波动对我国出口的直接影响》,载于《中国经济时报》2010年6月2日,参见 http://ifb.cass.cn/show_news.asp?id=30683。

第六章 自主创新时期产业发展路径选择的经济思想：2004~2019年

型产业发展路径的一个成功基础，就是来自海外市场的强大消费动力。然而，2007~2008年爆发的美国金融危机和欧债危机对海外市场需求造成了巨大破坏，直接拉低我国国际贸易的出口表现。据统计，我国的贸易顺差长期呈扩大趋势，然而在金融危机爆发后，2009年我国的进出口差额从2008年的2955.5亿美元骤降为1961亿美元，降幅高达33.6%，2010年进一步下降为1831.02亿美元，出现该问题的主要原因就是出口总额的锐减。① 如前所言，出口是拉动中国经济增长的"三驾马车"中最重要的组成部分，出口的减少必然对经济增长和外向型产业发展危害严重。相关测算表示，在金融危机发生前，出口额每增加1%，将带来0.7336%的经济增长；金融危机后，该拉动作用降低为0.3182%，可见金融危机对我国经济发展的负面影响颇深。② 特别有学者指出，金融危机并非世界经济的阶段性调整，而是从根本上动摇了第二次世界大战之后世界经济运行的基本机制。一方面，美国通过国际收支的赤字为世界经济提供流动性的运行机制难以为继，在减少债务和去杠杆化的过程中，投资与需求将有所收缩；另一方面，欧洲国家普遍建立的福利国家体制影响了其在国际市场上的竞争力，大规模缩减社会开支和建设公共福利将会成为其保护经济的重要举措。③ 因此，自20世纪80年代以来自由开放的国际贸易体系有可能在未来被日渐兴起的保护主义所替代。

第三，美国强调"中国威胁论"，提出重返亚洲战略。所谓重返亚洲战略（backing to Asia strategy），是指美国发起的在军事、外交和经济等方面针对亚洲，特别是中国的一系列限制举措，以控制中国的和平崛起，进而强调美国在亚洲以及世界的主导作用。该战略在2009年布什政府就任时就曾被提出，但由于"9·11事件"的爆发，美国被迫将精力放在中东，直到奥巴马上台后，亚洲成为美国最需要关注的对象。《2012亚太蓝皮书》指出，2011年该战略进入实质性阶段，其在经济领域的重要举措

---

① 资料来源：根据《中国经济贸易年鉴2011》提供数据计算而得。
② 胡求光、李洪英：《金融危机对中国出口贸易影响的实证分析》，载于《国际贸易问题》2010年第3期。
③ [美]高柏等：《高铁与中国21世纪大战略》，社会科学文献出版社2012年版，第3~6页。

就是美国在 2010 年在 APEC 峰会上,与排除中国在外的亚洲多国正式确立了跨太平洋经济伙伴协定的框架(Trans-Pacific Partnership Agreement,TPP),其本质是既要分享亚洲经济高速增长的收益,又要干预亚洲的一体化、遏制中国的崛起。① 这种中美对抗的局势甚有可能成为未来很长一段时期内的国际政治经济局势的主题。

三、自主创新的竞争式产业发展路径选择回归

综上所述,中国在新型结构性条件的综合作用下,已经不能自由地凭借原有劳动力与资源的比较优势进行世界范围内的要素整合。开发并提升不可替代的内在实力,脱离高度外部依赖性并塑造产业发展的长期驱动,成为中国在第三阶段产业发展的基本战略选择。这一选择被具体锁定为"自主创新",其含义为有别于模仿与技术引进的、需要独立开发研究而拥有核心知识与技能的价值创造。这种诉求强调的是自行选择并产生的技术实力,本质上即为培育内生比较优势。换言之,中国在第三阶段再次回归到塑造竞争优势的产业发展路径选择上来。正如"十五"期间国家计委宏观经济研究院就曾指出,在 21 世纪结构调整的世界性趋势下,各国均将面对的是争夺未来发展制高点的全球竞争。②

该战略选择在 2004 年基本形成,当年的中央计划工作会议已将提高自主创新能力确立为推进结构调整的中心环节,并具体表示,"要健全技术研究和开发体系,坚持先进技术引进和消化、吸收、创新相结合,完善鼓励创新的政策体系,着力培育富有创新能力的各类人才",这是对自主创新主要方面的初步部署。③《2005 年政府工作报告》将以上思想进一步深化,指出,要通过开发高新技术,大力发展高新技术产业,坚持引进先进技术和消化吸收创新相结合,完善鼓励创新的体制和政策体系等方式,

---

① 《2011 年美国重返亚洲战略进入实质性阶段》,http://world.people.com.cn/GB/1029/42354/16793136.html。
② 国家计委宏观经济研究院:《下世纪初国际经济环境变化的趋势、影响及对策》,引自国家发展计划委员会编:《"十五"规划战略研究》上,中国人口出版社 2000 年版,第 125~133 页。
③ 《2004 年中央经济工作会议》,http://www.gov.cn/test/2008-12/05/content_1168928_2.htm。

第六章　自主创新时期产业发展路径选择的经济思想：2004~2019 年

实现"依靠科技进步，围绕提高自主创新能力，推动产业结构调整"①。"十一五"计划期间，自主创新已经从结构调整的议题下脱离出来，独立成为六大战略重点之一，并且上升到"建设创新型国家"的国家建构高度。②

21 世纪初，我国颁布的一系列重要部署都深刻地具有"自主创新"的思想内涵，成为新时期下竞争式产业发展路径选择在不同语境下的多种表述。这亦可看作是决策层对自主创新产业发展的高度重视，具体包括：

（1）"新型工业化道路"。该概念是在 2002 年中国共产党第十六次全国代表大会提出的，基本内容是，"坚持以信息化带动工业化，以工业化促进信息化"③。此即为要求提升科学技术在工业化建设中的主导地位，以信息技术提高第二产业及第三产业在社会生产结构中的比重，优化产业效益，提供工业化发展的长驱动力。该思想作为工业化思想的新构设与再提出，初步体现了对改革开放以来以工业化为核心的产业发展路径的弊端修正。

（2）"科学发展观"和"加快经济发展方式转变"。科学发展观是 2003 年中国共产党第十七次全国代表大会期间被正式确立的，其中一个重要内容即要求经济发展与人口、资源、环境相协调，实现经济的"可持续发展"。这一观点，是对第二阶段路径选择后期集中体现的高投入、高浪费、低效率、低收益的产业发展方式的直接否定。所以在此基础上，加快经济发展方式转变作为一项应对策略被提出。事实上该思想早在 1995 年中国共产党第十四届中央委员会第五次全体会议就已形成，但中国共产党第十七次全国代表大会期间对该问题的再次强调，恰反映出结构性条件推动下路径选择切换的迫在眉睫。中国共产党第十七次全国代表大会报告指出，转变经济发展方式的三个基本内容包括："促进经济增长由主要依靠

---

① 温家宝：《政府工作报告》（2005 年 3 月 5 日），引自中共中央文献研究室编：《十六大以来重要文献选编》中，中央文献出版社 2006 年版，第 765~793 页。
② 《十一五时期的六大战略重点和主要任务》，http://www.hprc.org.cn/wxzl/wxysl/wnjj/diyigewnjh/200907/t20090728_16925.html。
③ 江泽民：《全面建设小康社会，开创中国特色社会主义事业新局面》（2002 年 11 月 8 日），引自中共中央文献研究室编：《十六大以来重要文献选编》上，中央文献出版社 2005 年版，第 1~44 页。

投资、出口拉动向依靠消费、投资、出口协调拉动转变,由主要依靠第二产业带动向依靠第一、第二、第三产业协同带动转变,由主要依靠增加物质资源消耗向主要依靠科技进步、劳动者素质提高、管理创新转变"①。以上内容可视为对自主创新型产业发展路径选择的作用目标的高度概括。

(3)"产业结构优化升级"。该概念在"十一五"期间就成为一项重要发展任务,其主要内容为,以自主创新提升产业技术水平,发展先进制造业、提高服务业比重和加强基础产业基础设施建设。②据此,2005 年国务院通过发布《促进产业结构调整暂行规定》,作为对未来产业结构调整工作的目标、原则、方向和重点等问题的说明。中国共产党第十八次全国代表大会报告中,优化产业结构被进一步确立为加快转变经济发展方式的主攻方向之一,报告指出,要"推动战略性新兴产业、先进制造业健康发展,加快传统产业转型升级,推动服务业特别是现代服务业发展壮大,合理布局建设基础设施和基础产业"③。这不仅是对以往产业发展路径所造成的结构性偏差的调整,更是对以自主创新、技术先导为内涵的产业发展路径选择的内容规划。另外,国务院和国家发改委还颁布了《产业结构调整指导目录(2011 年版)》和 2013 年修正版,作为对产业结构优化升级战略的进一步的定向部署。

(4)五大发展理念和"一带一路"倡议。习近平在中国共产党第十八届中央委员会第五次全体会议第二次会议上的讲话提出了"创新、协调、绿色、开放、共享"的发展理念,对我国的发展思路、发展方向和发展着力点做出了重要部署。而"创新"在五大发展理念中占据首要位置,侧重解决"我国创新能力不强,科技发展水平总体不高,科技对经济社会

---

① 胡锦涛:《高举中国特色社会主义伟大旗帜,为夺取全面建设小康社会新胜利而奋斗》(2007 年 10 月 15 日),引自中共中央文献研究室编:《十七大以来重要文献选编》上,中央文献出版社 2009 年版,第 1~43 页。

② 《中共中央关于制定国民经济和社会发展第十一个五年规划的建议》(2005 年 10 月 11 日),引自中共中央文献研究室编:《十六大以来重要文献选编》中,中央文献出版社 2006 年版,第 1061~1085 页。

③ 胡锦涛:《坚定不移沿着中国特色社会主义道路前进 为全面建成小康社会而奋斗》(2012 年 11 月 8 日),引自中共中央文献研究室编:《十八大以来重要文献选编》上,中央文献出版社 2014 年版,第 17~18 页。

发展的支撑能力不足，科技对经济增长的贡献率远低于发达国家水平"[①]的问题，这深刻地反映出决策层对于自主创新能力建设的高度重视。另外一项与塑造产业竞争优势直接相关的部署即为"一带一路"倡议。所谓"一带一路"（The Belt and Road，B&R），是丝绸之路经济带和 21 世纪海上丝绸之路的简称，最初由习近平于 2013 年提出，意为中国与相关国家依托既有的多边机制，积极发展区域合作平台，建立政治、经济、文化相互包容、相互合作的利益共同体。以产业发展的角度，这不仅是积极开辟国际合作关系、建立对外开放新格局，从而为产业发展创造更多的机遇；更重要的是，这是对于西方的"逆全球化"的应对，为我国产业能够自主确立、输出并强化竞争优势提供了一个平台。

事实表明，近十余年提出的一系列重大决策，很大程度上都与反思经济外向时期的产业发展并探索新时期下的路径选择相关。而新路径的选择，无论是新型工业化、产业结构优化升级、转变经济发展方式，还是创新的提倡、"一带一路"倡议等，本质上都要求从自主创新出发，以技术带动产业发展的合理化与高级化，完成对内生比较优势的塑造。由此可见，自主创新型产业发展路径在不同角度都得到了战略层面的肯定与深化，成为结构性秩序重建过程中的应对选择。

第二节　自主创新时期探索独特发展道路的经济认知

中国的经济学研究进入 21 世纪，已经跟上世界前沿经济学演进的步伐，在研究水平、学术范式等方面皆实现了与国际接轨。因此，此时的学术动向已不同于第二阶段着重于对西方经济学的学习和范式转换，而是利用现代经济学的理论、模型等作为工具，专注于分析中国产业发展的现实

[①] 习近平：《以新的发展理念引领发展，夺取全面建成小康社会决胜阶段的伟大胜利》（2015 年 10 月 29 日），引自中共中央文献研究室编：《十八大以来重要文献选编》中，中央文献出版社 2016 年版，第 825 页。

问题。特别是，随着中国经济总量的壮大，各界人士更加深刻地意识到，中国并非走在发达国家已然经历过的路径上，而是随着不同的历史机遇走上了自有的发展轨迹。正因如此，在新的结构性条件和战略对策下，第三阶段的经济认知更侧重针对中国国情，为未来的产业发展选择独特的演进方向。虽然这些内容尚不完全，因为第三阶段还处于形成和发展期，但其已经产生了一定的经济认知，对中国自2004年以来的产业现实发展产生了重大影响。

一、比较优势与竞争优势选择的辩论

有必要指出，国家在广泛产业的整体视域下，对于比较优势和竞争优势的选择并非一个非此即彼的过程，其更多地表现为在二者兼收并蓄的基础上，对于其进行权衡和在一定程度上的偏重。但是在研究领域，学者为了凸显其观点，往往进行更为尖锐的判断，这形成了有关比较优势和竞争优势的路径选择争论，而21世纪初期的探讨，已经是中华人民共和国成立以来掀起的第二次，而且更准确地说，此次争论在20世纪90年代后期就已形成，早于第三阶段产业发展路径选择的正式变更。这种时间上的前置，所反映出的，是中国经济学术敏感度的提升。当时学者达成的一个基本共识是，中国在改革开放以来通过选择发挥比较优势，在产业发展上获得了巨大成功。但未来的发展是应坚持这一路径选择，还是有所调整，尚未形成定论，因此便成为探讨的焦点。此次激烈的争论发生在世纪之交，大批经济学者，包括众多享誉海外的知名华人经济学家均参与进来，在发挥比较优势和塑造竞争优势的两大理论框架下（以下简称竞争派和比较派），不仅提出了明确观点，更各自形成了较为完整的思想体系。而且，从研究的意义上，此次争论不仅涉及产业发展的路径选择，更对中国未来的经济增长、国际分工、政策导向等一系列重大现实问题产生了深远影响，因此可谓是中国产业发展的"世纪大辩论"。

（一）坚持发挥比较优势的产业发展经济思想

林毅夫是"比较派"的重要代表，其从《中国的奇迹：发展战略与经济改革》到《新结构经济学：反思经济发展与政策的理论框架》等相关研究中都反复强调了坚持发挥比较优势的观点，[①] 进而形成了较为完整的思想体系，其具体包括：

第一，在开放的竞争市场中，在每一个阶段遵循禀赋结构、发挥比较优势是一国发展经济的最有效途径。这是林毅夫理论的出发点。他认为从基本的经济逻辑来看，在一个开放的市场经济中，产业中的企业是否具有竞争力取决于它的"自生能力"（viablility），即通过正常的管理预期能够获得利润的能力。该能力的高低，取决于企业选择的技术结构，即对不同生产要素的组合使用是否实现最低成本。显然，最低成本取决于该企业所处经济结构中的不同要素的丰裕程度，而要素的丰裕程度，对应的就是该经济体的外生比较优势。因此林毅夫指出，按照客观的要素结构发挥比较优势，就能获得最低成本，从而其自生能力及竞争力就会强，创造的社会剩余和积累量就会大，这是发展经济的最有效途径，也是 1998 年金融危机前的亚洲四小龙和改革开放后的中国取得了经济奇迹的核心机制。持类似观点的还有樊纲，他认为竞争力的概念应最终理解为"成本"的高低，因此，为获得竞争力应该遵循外生比较优势。[②] 蔡昉等更是直接把

[①] 提及林毅夫是指其为第一作者的相关研究，为保持论述流畅不分别对每篇文章的具体作者详细指出，除特别注明，该部分提及的相关研究参考如下：林毅夫、蔡昉、李周：《中国的奇迹：发展战略与经济改革》，上海三联书店、上海人民出版社 1999 年版；林毅夫著，苏剑译：《新结构经济学：反思经济发展与政策的理论框架》，北京大学出版社 2012 年版；林毅夫、蔡昉、李周：《比较优势与发展战略——对"东亚奇迹"的再解释》，载于《中国社会科学》1999 年第 5 期；林毅夫、李永军：《中小金融机构发展与中小企业融资》，载于《经济研究》2001 年第 1 期；林毅夫：《发展战略、自生能力和经济收敛》，载于《经济学（季刊）》2002 年第 2 期；林毅夫、刘培林：《中国的经济发展战略与地区收入差异》，载于《经济研究》2003 年第 3 期；林毅夫、孙希芳：《经济发展的比较优势战略理论——兼评〈对中国外贸战略与贸易政策的评论〉》，载于《国际经济评论》2003 年第 6 期；林毅夫、李永军：《比较优势、竞争优势与发展中国家的经济发展》，载于《管理世界》2003 年第 7 期；林毅夫、刘明兴：《经济发展战略与中国的工业化》，载于《经济研究》2004 年第 7 期。

[②] 樊纲：《比较优势也是竞争力》，载于《经济日报》2002 年 5 月 21 日。

工业竞争力定义为对比较优势和市场环境的反映和调整能力。① 另外，金培等通过对我国制造业表现的连续考察印证了林毅夫的这一观点，② 国家计委投资研究所和中国人民大学区域研究所也是通过运用比较优势理论，采用"区位商"方法，对我国东、西、中部的产业发展和贸易表现进行了解释。③

第二，跨禀赋结构阶段的产业政策会造成过程的非经济和结果的扭曲。这也可视作是对"竞争派"的直接抨击。林毅夫认为，所谓产业结构和技术结构的高级化，本质上是经济演进的自然结果。人为地跨禀赋结构超前发展产业，会有损企业的自生能力，使其只能依靠政府的保护政策，在扭曲的价格体系下才能生存。然而，这样在缺乏竞争条件下成长的企业，必然是缺乏效率而对经济无实际贡献的，甚至还会对福利造成损失，只能在统计意义上呈现出产业结构的优化结果。林毅夫指出，中国在改革开放前30年施行的经济政策正是这种跨越禀赋结构的"赶超战略"。这种战略至今仍有一定的遗留印记，如我国的金融体制在最初是为了服务于赶超战略、面向大型企业而设，因此在当前不适应中小企业的融资需要。又如，我国如今的地区经济差异，与历史上受不同程度的赶超战略影响有关，等等。由此，林毅夫也对要求跨阶段发展技术资本密集产业的部分发展经济学表示了否定。

第三，比较优势和竞争优势存在动态转化，而非对立或替代。这是"比较派"的一个重要论点，也是与"竞争派"的观点交锋之处，有关"动态比较优势"的论述也应归于其中。"竞争派"对"比较派"的一个最尖锐抨击，即认为专注于比较优势会致使一经济体被锁定于低技术水平生产，进而陷入"比较优势陷阱"。然而"比较派"认为，只要遵循外生比较优势发展经济，技术结构会随着禀赋结构的提升自然地升级，进而实

---

① 蔡昉、王德文、王美艳：《工业竞争力与比较优势——WTO框架下提高我国工业竞争力的方向》，载于《管理世界》2003年第2期。
② 金培、李钢、陈志：《加入WTO以来中国制造业国际竞争力的实证分析》，载于《中国工业经济》2006年第10期；李钢、董敏杰、金培：《比较优势与竞争优势是对立的吗？——基于中国制造业的实证研究》，载于《财贸经济》2009年第9期。
③ 国家计委投资研究所、中国人民大学区域研究所：《我国地区比较优势研究》，载于《管理世界》2001年第2期。

现产业升级，不存在所谓陷阱。李辉文认为，所谓比较优势陷阱，是狭隘地将比较优势看作静态的，事实上一国的要素禀赋会逐渐随着积累的增加而提升，特别是发挥比较优势积累了的大量资本，资源和劳动力的相对价格就会发生变化，因此虽然传统的比较优势会逐渐消失，但新的比较优势也会逐渐形成。① 林毅夫甚至认为，动态地发挥比较优势不仅不会落入陷阱，反而增加了赶上发达国家的机会。因为运用比较优势可创造最大剩余与积累，与此同时，引进技术还可降低研发技术的成本，不过该观点也涉及"先发优势"与"后发优势"的争论。另外，蔡昉等在实证考察中也发现，中国的产业的确在发挥比较优势的过程中存在动态的升级，但更多地表现为国家内部不同区域之间产业的转移与承接。② 张其仔也认同比较优势演化带动产业升级的理论，认为中国自1978年以来经济高速平稳增长，与其根据比较优势演化路径调整产业升级路径有紧密关联。③

第四，政府可对发挥比较优势发挥适宜作用。林毅夫认为，政府对于产业发展所应施加的合理作用，不是对产业结构和技术结构进行干预性的提升，而是对要素禀赋结构的升级演化施以促进。因此，充分维护市场运行、建立起能够准确反映生产要素相对稀缺性的价格体系应为政府的主要职能。另外，政府还应预判性地对未来可能具有比较优势的新产业进行扶植和约束消除，但这一点对政府的理性和识别成本提出了较高要求。

（二）主张塑造竞争优势的产业发展经济思想

这一类思想在20世纪90年代中期就已兴起，早期的"竞争派"主要介绍并比较了以李嘉图、赫克歇尔—俄林要素禀赋论为代表的比较优势理论和以波特为代表的竞争优势理论。其指出，比较优势理论存在一定弊端，特别是"比较优势陷阱"，因此主张运用竞争优势理论发展产业。对

---

① 李辉文：《现代比较优势理论的动态性质——兼评"比较优势陷阱"》，载于《经济评论》2004年第1期。
② 蔡昉、王德文、曲玥：《中国产业升级的大国雁阵模型分析》，载于《经济研究》2009年第9期。
③ 张其仔：《比较优势的演化与中国产业升级路径的选择》，载于《中国工业经济》2008年第9期。

此主张，国内有不少学者表示认同。① 而除此之外，还有一些学者更为系统地论述了塑造竞争优势的必要意义，具体包括：

第一，比较优势理论存在诸多限定，在当前的国际贸易形势下无法发挥其预期作用。其主要观点可被归纳为以下三个方面：（1）全球化趋势下，要素的跨境流转可弱化单一经济体的天然禀赋约束。洪银兴认为，比较优势学说的一个前提假设，是各经济体的生产要素在国际间的不可流动，这样，禀赋结构才具备所谓垄断式的比较优势。然而，随着全球化的发展以及产业内分工的发生，生产要素跨界流动的成本越来越低，因此外生禀赋结构的约束并非设想的那样显著。② 郭克莎也指出，中国在20世纪80年代中期以来出口的产品中包含了大量的资本与技术密集产品——机电产品，按照比较优势理论，这是有违中国自有的禀赋结构并无法具备自生能力的，但是，该产业却获得了巨大的经济效益并带动了中国产业的发展。③ 因此，这种现象正反映了资本在国际间的流转使得我国也能发展资本密集型产业，突破原有禀赋结构约束。（2）依靠资源、劳动力的比较优势容易被替代。洪银兴指出，在技术革命浪潮的推动下，自然资源可以被改造、再生，甚至被新材料替代；劳动力方面，人力资本素质的提升又可以有效克服劳动力数量不足的矛盾，因此只有内生地塑造不容易被替代的优势，才能创造产业发展的长期驱动。④ 周叔莲⑤、武常岐⑥等也都认为，在进一步融入国际化后，应在发挥比较优势的基础上进一步塑造竞争优势。这种观点在社会上特别是实业领域具有较强的影响力。（3）贸易条件的更改会影响比较优势的发挥。徐建斌、尹翔硕通过拓展李嘉图贸易模

---

① 陶然、郭巨泰：《从比较优势到竞争优势——国际经济理论的新视角》，载于《国际贸易问题评论》1996 年第 3 期；符正平：《比较优势与竞争优势的比较分析——兼论新竞争经济学及其启示》，载于《国际贸易问题》1999 年第 8 期；王佃凯：《比较优势陷阱与中国贸易战略选择》，载于《经济评论》2002 年第 2 期；李义平：《比较优势原理的局限和"钻石理论"的启迪》，《光明日报》，2003 年 11 月 25 日；李义平：《比较优势与比较优势陷阱》，《人民日报》，2006 年 4 月 19 日第 9 版；李义平：《论比较优势陷阱》，载于《光明日报》，2009 年 6 月 30 日第 10 版。

②④ 洪银兴：《从比较优势到竞争优势——兼论国际贸易的比较利益理论的缺陷》，载于《经济研究》1997 年第 6 期，第 20~26 页。

③ 郭克莎：《对中国外贸战略与贸易政策的评论》，载于《国际经济评论》2003 年第 5 期。

⑤ 周叔莲：《立足比较优势 增强竞争优势》，载于《人民日报》2002 年 8 月 27 日第 9 版。

⑥ 武常岐：《变比较优势为竞争优势》，载于《经济日报》2006 年 10 月 24 日第 15 版。

第六章 自主创新时期产业发展路径选择的经济思想:2004~2019年

型,指出开放竞争条件下只有少数国家参与贸易才能保证其均获得比较利益,如果越来越多的国家进入国际市场,其会因要素密集程度同质而产生贸易条件的恶化,使得处于禀赋结构低端化水平的国家在贸易中丧失所谓的比较利益。[1]

第二,比较优势的理论基础存在漏洞,发挥资源禀赋的外生优势未必是获得产业竞争力的有效方式。有研究对此提出了建设性意见,指出,所谓优势来源并非是外生给定的资源禀赋结构,否则国际贸易应该更多地发生在禀赋结构差异较大的发达国家与发展中国家之间,但事实上该类贸易量远低于发达国家之间的贸易量。优势应当来源于分工,正因有分工,经济个体节省了重复学习的费用,提升了专业化程度,因此内生的比较利益会随着分工的发展不断被增进和创造,且创造出原本没有的比较和绝对优势,使得外生禀赋结构相同的国家也可积极进行互利贸易。另外该研究还指出,交易效率也是影响贸易发生的一个重要因素。[2] 也有观点认为,资源禀赋的比较优势并非产业竞争力的充要条件,通过探讨禀赋结构、技术水平、交易效率和规模经济的不同组合情况,指出,一国若只具备资源禀赋的比较优势,在缺乏技术和竞争优势的时候也难以在国际贸易中获得持久的好处;反之,一国即便不具备资源禀赋的比较优势,但在交易效率和规模经济存在优势的情况下,将仍具有竞争力。[3] 类似的,有研究通过建立"四国两产品"模型而发现,在有同行竞争者的情况下,更高生产率水平才是获得更多比较利益份额的决定因素。[4] 这些观点都对"比较派"的"外生优势决定产品竞争力"的基本论点形成了理论冲击。实证方面,也有研究通过对中国激光视盘播放机工业的考察,表明该产业之所以能够在国际市场上获得成功,正是因为企业在技术学习和能力发展上付出了巨大努力,因此工业竞争力的获取来源于企业、工业和国家层次上的学习过

---

[1] 徐建斌、尹翔硕:《贸易条件恶化与比较优势战略的有效性》,载于《世界经济》2002年第1期。
[2] 杨小凯、张永生:《新贸易理论、比较利益理论及其经验研究的新成果:文献综述》,载于《经济学(季刊)》2001年第1期。
[3] 廖国民、王永钦:《论比较优势与自生能力的关系》,载于《经济研究》2003年第9期。
[4] 侯经川、钱文荣、黄祖辉:《比较利益的分配法则——经济竞争力的决定机制研究》,载于《经济研究》2007年第10期。

程，并非完全是自然禀赋结构决定的结果。由此，该研究主张政府通过维护竞争式的市场运行而激发企业获取核心竞争力的动机。① 相关研究在对通信设备及汽车制造业的考察中也得到了类似的结论。②

第三，国家的政策导向不应简单地锁定在短期的经济利益上，而应考虑长远的战略发展。如果说"比较派"更多地考虑纯经济因素，"竞争派"则认为产业发展不能仅以获取经济利益为目标，而应确保国家在未来一段时期内都能取得战略上的优势地位。这种战略优势，更多地被锁定在内生培育的技术优势上，即进行自主创新。高柏指出，中国因比较优势而积累的大量外汇应使用在对未来的投资上，即更多地为自主创新奠定基础性建设，促进产业的升级换代。这一举措，将确保中国在劳动力优势耗尽之时仍有实力参与其他的国际分工。③ 这种观点即不认同比较优势动态升级的观点，即至少在其看来，单凭禀赋结构的自发升级而等待新生的外生比较优势的出现，将来不及应对原有优势的耗散。胡俊文指出，日本的"雁行模式"之所以走向衰落，重要原因之一就是其发展战略未能及时地由"追赶型"转变为"创新型"，使得作为"领头雁"的产业因创新能力的严重不足，无法有效地带动其他关联产业的后续发展。④ 洪银兴认为，出口劳动力与资源的贸易模式在贸易增长量上，有赖于其消费国家的市场需求，因此，我国的出口贸易发展将与发达国家的经济增长水平严重挂钩。在这种情况下，我国只有提升技术水平，创造市场需求，才能摆脱对发达国家经济增长的依附。⑤ 这种观点不仅在学术领域有所体现，在社会上也屡见不鲜，甚至社论中还出现了"低头赚钱别忘了抬头看路"的呼吁。⑥ 另外，

---

① 路风、慕玲：《本土创新、能力发展和竞争优势——中国激光视盘播放机工业的发展及其对政府作用的政策含义》，载于《管理世界》2003年第12期。
② 赵坚：《我国自主研发的比较优势与产业政策——基于企业能力理论的分析》，载于《中国工业经济》2008年第8期。
③ 《高柏：中国发展模式必须从比较优势走向竞争优势》，http://finance.sina.com.cn/review/20070623/17133718872.shtml。
④ 胡俊文：《"雁行模式"理论与日本产业结构优化升级——对"雁行模式"走向衰落的思考》，载于《亚太经济》2003年第4期。
⑤ 洪银兴：《从比较优势到竞争优势——兼论国际贸易的比较利益理论的缺陷》，载于《经济研究》1997年第6期。
⑥ 萧然：《低头赚钱别忘了抬头看路》，载于《人民日报》2006年8月16日第15版。

从 2002 年《人民日报》的《变比较优势为竞争优势》①到 2011 年《光明日报》的《从比较优势转向竞争优势》②等一系列相关文章,也均认为从国家长远战略来看,只有加强技术投入与产业升级,才能获得产业发展的长久动力。

(三)"后发优势"和"后发劣势"的选择争论

关于先发优势和后发优势的争论,可看作是比较优势和竞争优势争论的一个延伸。因为落后国家的跟随式演进,被"比较派"看作是发挥比较优势路径的又一有利之处,但却被"竞争派"抨击为又一危害来源。此争论主要在林毅夫和杨小凯之间展开。杨小凯的主要观点是,落后国家在开放环境下,很容易率先通过技术模仿实现快速发展,这样的确会在短期内收获一定效果,但由于发达国家技术与管理模式的长期有效运行有赖其相应的制度作为基础,因此落后国家也终须对其制度进行模仿。然而,由于已经采取了新技术并形成了既得利益集团,落后国家的制度模仿会比技术模仿困难得多,这便造成了发展瓶颈,形成了所谓的后发劣势。③然而,林毅夫的论断是,一些后发国家不能持续发展并非由于制度因素,本质上还是因其采用了跨阶段的赶超战略,未能遵循客观的比较优势。林毅夫认为,后发优势还是存在的,因为在技术获取上,发达国家只能依靠自主创新才能取得生产率的进一步提高,而后发国家却能依靠模仿和吸收提升生产率,成本已经降低很多。至于制度方面,随着禀赋结构与要素价格的变化,市场化的程度与交易的复杂程度也会相应地发生变化,这种经济基础的变动自然会带动上层建筑,即经济制度进行创新。因此在林毅夫看来,制度也是一个自发演进的过程。④

总体而言,有关后发优势和后发劣势的思想体系并不成熟,其未能切实地对一系列本质问题进行深入探讨,如,一个适合经济发展的制度应源

---

① 赵玉海:《变比较优势为竞争优势》,载于《人民日报》2002 年 3 月 30 日第 7 版。
② 陈亮:《从比较优势转向竞争优势》,载于《光明日报》2011 年 8 月 12 日第 9 版。
③ 杨小凯:《经济改革与宪政转轨:回应》,载于《经济学(季刊)》2003 年第 4 期。
④ 林毅夫:《后发优势与后发劣势——与杨小凯教授商榷》,载于《经济学(季刊)》2003 年第 4 期。

于诱致变迁还是强制变迁，即在产业发展中，应把制度建设放在怎样的位置上？若认为应顺应诱致变迁，那么我国经济体制改革理论（如双轨制）所做出的贡献将无法得到合理解说；若认为应实行强制变迁，则又缺乏更为系统的理论说明。又如，有利于产业发展的制度演进方向应是什么，是应模仿他国，还是应肯定当前制度框架并进一步有所创新？这一问题也未给出系统回答。不过，以上争论对经济认知的发展具有重要贡献，即把产业发展研究从原有更多地考察禀赋技术层面引导到更为广泛的制度层面，与此同时，也为我国经济体制改革背景下的产业发展提供了一种"制度兴国"的理论假说。

（四）关于"比较派"和"竞争派"观点的理论评价

纵观这两派的言论，须得指出，虽然两派学者都形成了各自较为完整的思想体系，但仍有一些学者在论述中出现了一定的理解偏差。例如，有的学者直接将"竞争优势"等同于"竞争力"，因此认为比较优势同样具有竞争力，其与竞争优势是等同的。但这样一来，探讨选择竞争优势和比较优势就丧失了研究价值。而且，对于一个企业、产业乃至国家而言，选择发展路径时的确存在两种备选方案：其一是选择重点发挥外生既有的比较优势，其二是选择重点培育现在没有、未来可能会有的内生比较优势，这才是彻底区分比较优势和竞争优势路径的核心差异所在，也是本书所主张推广的定义方式。在这种定义下，无论比较优势还是竞争优势，当然都是具备优势，即是有"竞争力"的；但选择顺应外生还是培育内生，才是值得比对的关键。另外，还有一种观点认为，发挥比较优势对于当前的中国而言就是重点发展劳动密集型产业，这种观点在"竞争派"和"比较派"中都曾出现。但是，本书认为这只是一种狭隘的理解。关于发挥外生比较优势，在当前国际生产要素跨境流转的情况下，不应按照最终产品的要素密集类型来判断策略的选择，而应按照中国在生产过程中提供的要素密集类型来判断。比如一些资本技术密集型产业，我国是通过引进外资实现的生产，但在此过程中我国提供的要素仍主要为劳动力和资源，则依然可称这是一种发挥比较优势、同时在开放经济条件下克服比较劣势的路径选择。

而就"竞争派"和"比较派"的主要观点来看，还有几点应被强调：第一，发挥比较优势须有良好的贸易条件作为基础，即保证产品能无障碍地跨境贸易。然而如上一节分析，全球化形势的逆转可能导致国家保护主义的兴起，而保护主义一旦施加相应政策，必然增加贸易成本而损失我国产品中包含的原有优势。这一点在现实情况下必须要被考虑。"比较派"部分学者认为贸易无摩擦只是一项有利于理论分析且无损结论的工具性假设，这在现实结构性条件的逆转下显得辩驳无力。[①] 第二，本书坚持认为，从历史角度出发，产业发展不仅是一项经济命题，更是一项关乎国家发展与国土安全的战略命题。产业发展的历史任务在第一阶段已有清晰体现，而在第二阶段，促进经济发展是全球化释放期间国际多国的主旋律，因此我国的产业发展也更多地以经济建设为核心。但在国际关系发生变化的情况下，产业发展的衡量坐标系有必要再次增加战略维度。从这个意义上，塑造内生比较优势实有必要。第三，"比较派"学者也认同，应积极进行交通、能源等基础建设。但随着技术的发展，交通与能源产业已经是资本与技术高度密集的领域，对先进技术的要求格外高，与我国资本禀赋结构也是严重不符。在这种情况下，应以怎样的投入力度发展何种基础建设，"比较派"也尚未能给出较为圆满的回答。从我国的制度设计来看，"自主创新"思想的提出，代表了塑造竞争优势的发展路径被最终选择，基于上述分析，该选择也应被认作是具有理论合理性的。

二、实现产业优化升级的多重途径构想

积极促进产业的优化升级是第三阶段国内学者热议的一个焦点。所谓产业优化升级，可有多种内涵，包括了从第一产业向第二、三产业的结构高度化升级，从资源、劳动力密集型向资本、技术密集型升级，从低附加值向高附加值升级，另外还包括了产业质量、效率等方面的升级。在中国知网，以"产业升级"作为主题词在"经济与管理科学"分类下进行搜

[①] 李辉文：《现代比较优势理论的动态性质——兼评"比较优势陷阱"》，载于《经济评论》2004年第1期。

索，可发现 21 世纪以来该类研究数量明显增多（如 1995 年仅为 68 篇，2000 年发展至 534 篇，2001 年 431 篇），同时在 2008 年以后研究数量进一步扩大（2008 年 992 篇，2009 年 1464 篇，2010 年 1556 篇，随后年份也基本数量保持增长，2014 年后均超过 2000 篇）。① 这在一个侧面反映出，产业升级成为第三阶段经济学术认知中愈加重要的一个考察内容。而且，提出产业升级的主观意识要求，也在一定程度上体现出竞争式产业发展的思维特征，符合该时期的战略选择主旨。众多学者从不同侧重点提出了实现产业升级的多重构想，具体主要包括以下几种途径：

（一）主张在全球价值链中实现产业升级

所谓"全球价值链"（global value chain，GVC）是指为完成商品和服务的研发、生产、销售、售后与回收等系列过程而组织的全球性跨区域网络活动。这是随着国际分工从产业间向产业内的细化而形成的一种新的组织形式，引起了国内众多学者的关注。很多研究表明，从 GVC 的低端向高端攀爬演进，从而实现产业附加值的从低到高，是在全球化趋势下升级产业的有效方式。

一些学者的研究侧重于引介并探讨 GVC 的理论内涵与形成机制等，并对中国产业的现状进行了考察，从而在以往衡量产业的标准（如结构高级化、要素密集度）之外，引入了一种全新的思路和分析视角。有研究介绍了 GVC 理论研究的演进、方法与内容，侧重探讨了 GVC 的治理分析，即对于价值链内部不同公司、活动与环节的非市场化协调与制度安排，另外还有 GVC 的类型区分、升级分析等，最终形成了有关 GVC 主要研究成果的较为系统的介绍。② 也有研究探讨了 GVC 的相关理论，但更侧重探究 GVC 的形成机制，并指出，除了普遍认为的以购买者通过生产投资推动和以消费者通过市场需求推动的两种 GVC 形成机制外，还存在以购买者与消费者共同推动的 GVC 形成机制。这种类型的 GVC 通常兼有较强的研发策划能力和销售能力，因此价值附加值随着生产链的推进形成了 U 型曲

---

① 资料来源：中国知网 http://www.cnki.net/。
② 汪斌、侯茂章：《经济全球化条件下的全球价值链理论研究》，载于《国际贸易问题》2007 年第 3 期，第 92~97 页。

线。由此主张，我国的国际分工也应在关键零部件生产、供应链管理、产品设计与创新、品牌销售与市场营销等方面有所加强，不应专注于组装这一低价值环节。① 有学者表示，GVC 已经对产业发展的形态与趋势造成了深刻影响，即，由于产业内分工和要素跨境流转，资源与劳动力一类的外生比较优势已经丧失了地理意义，极易被发达国家利用，并将污染转嫁给发展中国家。另外，以后发达国家的产业划分中已没有所谓的衰退或夕阳产业，只有高技术或高附加值环节，而其可将低附加值环节分散给发展中国家，但这些国家会因低附加值环节进入壁垒较低而产生激烈的竞争，进而会加剧国家之间的二元化发展。因此其研究观点为，未来的发展中国家切入 GVC 并完成产业升级，应更加依赖于规模经济、专业知识的内生比较优势。这一主张带有显著的竞争式特征。另外，值得一提的观点是，以后判断产业在劳动、资本、技术方面的密集类型时，不应按照产品来判断，而应根据该国家所承担的生产环节来判断。② 这与本书的思路不谋而合。

另外，一些学者从实证的角度，通过一些指标的考察，对 GVC 发展下我国的产业表现进行了评判。广泛为我国学者采用的指标，比较有代表性的主要有以下几种：第一，贸易增加额。这一指标的提出，是因为传统的贸易额统计体系，已经无法客观反映出一国在贸易活动中的真实境况，即，诸多 GVC 上的国家需要大量进口中间品在本国加工，形成最终商品或加工品才能出口，所以直接计算出口贸易额会造成水平的高估。越是发展中国家，在 GVC 中越处于下游，高估的程度就会越突出。为此，经济合作与发展组织（OECD）和 WTO 提出以价值增值为口径的统计方法，公布了世界投入产出数据库（world input-output database，WIOD）。有研究即运用贸易增加值计算方法和 WIOD 数据库，经过测算指出，2000~2008 年中国制造业出口中的国内增加值比例明显下降，甚至相对墨西哥、印度尼西亚、印度等国还要低，而出口中的国外增加值比例却有所上升，这说

---

① 张辉：《全球价值链理论与我国产业发展研究》，载于《中国工业经济》2004 年第 5 期；张辉：《全球价值链动力机制与产业发展策略》，载于《中国工业经济》2005 年第 1 期。
② 张少军、刘志彪：《全球价值链模式的产业转移——动力、影响与中国产业升级和区域协调发展的启示》，载于《中国工业经济》2009 年第 11 期。

明我国对进口中间品的依赖程度有所提高，中国制造业在全球价值链中处于下游位置。① 第二，GVC 指数。这是对附加值贸易统计方法的拓展性应用，主要思路是运用一经济体对某产业中间品的出口额和对于该产业中间品的进口额进行比较，进而形成了衡量一经济体对全球生产网络的参与程度的 GVC 参与指数，以及衡量一经济体在全球价值链上所在位置的 GVC 位置指数。有研究运用此方法及 TiVA（trade in value added）数据库，重点分析了中国的制造业 1995~2009 年的 GVC 位置指数，指出，中国制造业的地位在 1995~2005 年间呈下滑趋势，随后又上升，呈"L"型轨迹，但值得注意的是，劳动密集型制造业部门的分工地位，明显高于资本、技术密集型和资源密集型制造业部门。② 第三，出口技术复杂度（export technology content）。该指标的内涵是，某种产品经过一经济体加工并出口时所包含的技术含量，其基本思路在于，用每一产品的劳动生产率，以该经济体各类产品出口占总出口的份额为权重进行加权求和，进而得到了该经济体的出口技术复杂度。有研究采用欧冠 HS92 六位数分类商品贸易数据，实证地测算了 1994~2009 年中国出口技术复杂度及其变动趋势，并在此基础上与部分发达国家进行比较。结果显示，中国出口技术复杂度相对发达国家仍存在一定差距，所谓追赶多体现在中等技术密集型产品领域，而在高技术密集型出口产品领域，仍差距较大。③

由以上可见，GVC 的视角提供了关于我国产业表现与优势评定的不同结论，即不同于一般从产业结构升级的视角出发，将中国"世界工厂""大而不强"的症结归为中国主要从事劳动力密集型产业，而资本、技术密集型产业相对较少。事实上从 GVC 的角度，中国的劳动力密集型产业在价值创造的能力上有明显改善，反而资本技术密集型产业和先进国家的差距较大，不仅创造价值能力较低，而且从已有数据来看，未显现出较明显的改善。

---

① 王岚：《融入全球价值链对中国制造业国际分工地位的影响》，载于《统计研究》2014 年第 5 期。
② 周升起、兰珍先、付华：《中国制造业在全球价值链国际分工地位再考察——基于 Koopman 等的"GVC 地位指数"》，载于《国际贸易问题》2014 年第 2 期。
③ 戴翔、张二震：《中国出口技术复杂度真的赶上发达国家了吗》，载于《国际贸易问题》2011 年第 7 期。

（二）主张通过产业集群促进产业升级

所谓产业集群（industrial cluster），是指在一定地理区域内，由具有分工和合作关系的众多企业所组成的经济组织。产业集群伴随着产业的发展、细分、交融与整合而兴起，有助于整体性提升集群内企业的竞争力、工作效率和创新能力，因此成为国内外不同经济学领域均颇为重视的一种现象。很多学者对西方产业集群的研究成果进行了介绍，[①] 这些介绍大多是从古典经济学、新古典经济学、新贸易理论、内生增长理论、产业经济学与管理学等体系出发，梳理出有关产业集群的内容，进而对这一思想的发展演变与主要结论进行了系统介绍，而介绍内容多集中在产业集群的形成机制、分类和决定性因素，产业集群与经济增长、技术创新、制度创新等方面的关系，产业集群的实证效果，等等。以上研究在普及这一新兴产业经济形态方面做出了一定贡献。另外，专有研究对产业集群增强产业竞争力的内在经济机理进行了解释，认为，产业集群一方面降低了学习成本与交易成本、最大限度地整合了区域内资源，另一方面以单一个体直接面对市场，杜绝了市场失灵和市场效率低下。[②]

因为产业集群有利于产业升级，所以很多学者致力于探讨促成产业集群的动力机制。例如，有观点指出，产业集群的动力机制有规律可循，政府可通过建立高效的集群治理结构、加强技术创新基础、参与高端核心产品竞争等，对我国产业的集群形成施以积极作用。[③] 也有类似观点表示，通过对嵊州领带产业集群的考察，可发现该集群的形成来自适宜的地域社会资本，具备规模经济、充裕劳动力和可靠信息获得的外部条件，较高的合作效率以及有效的技术创新与扩散。因此为进一步扩大其发展，公共政策方面应加强对劳动者人力资本的投入，重视产业文化的培育，同时加大

[①] 陈剑锋、唐振鹏：《国外产业集群研究综述》，载于《外国经济与管理》2002年第8期；安森虎、朱妍：《产业集群理论及其进展》，载于《南开经济研究》2003年第3期；徐康宁：《当代西方产业集群理论的兴起、发展和启示》，载于《经济学动态》2003年第3期；王步芳：《世界各大主流经济学派产业集群理论综述》，载于《外国经济与管理》2004年第1期。

[②] 张辉：《产业集群竞争力的内在经济机理》，载于《中国软科学》2003年第1期。

[③] 刘恒江、陈继祥、周莉娜：《产业集群动力机制研究的最新动态》，载于《外国经济与管理》2004年第7期。

对产业技术创新的扶植力度。① 也有研究以广东产业发展为例,对我国地方政府在产业集群中的角色进行了细致分析,并指出,我国的地方政府是产业创新环节中的最主要行动者,在技术开发、质检论证、提供信息、区域营销、人才培训、知识产权保护等都扮演了重要角色,有效地克服了广东省产业集群中小企业创新能力不足、经营者素质较低的问题。但该研究也主张,随着产业集群的成熟,地方政府应从直接干预的角色退出,从外部大力地为地方经济发展提供全方位的服务支援。② 另外,有研究将产业集群与 GVC 的视角相结合,指出,我国产业集群的发展由于地缘关系、品牌建立和外商投资等因素而形成了路径依赖,在行政区划、社会资本和 GVC 上都形成了锁定,不利于产业在长期上提高竞争力。因此,未来的公共政策应致力于突破行政区划,促进集群系统的要素联合,积极带动我国的产业集群嵌入 GVC 的较高层次。③

(三) 产业结构选择与产业升级的思想争论

除了技术、资本和附加值的提升外,还有一些学者从产业结构入手,探讨中国产业升级的未来路径。然而,是加强产业结构的高度提升,还是逆高度提升而再次发展重工业,引起了不同观点的学术争论,具体而言,2003 年以来我国的重工业比重开始再次增大,一些学者(以下简称重型化派)随即表示,"进入新一轮重型化"将是中国产业发展的未来趋势。以刘世锦、冯飞为负责人的国务院发展研究中心产经部"新型工业化道路研究"课题组指出,我国产业结构的再次重型化并非经济过热,而是标志着中国工业化发展进入了新的阶段。与以下一系列因素有关:(1) 我国已进入钱纳里模型的"工业化中期阶段";(2) 消费水平上涨对重工业品产生巨大需求;(3) 更多的民营资本进入重工业;(4) 我国需要发展重工业而向世界制造中心迈进;(5) 城镇化发展需要重工业发展;(6) 基础

---

① 魏守华:《集群竞争力的动力机制以及实证分析》,载于《中国工业经济》2002 年第 10 期。
② 丘海雄、徐建牛:《产业集群技术创新中的地方政府行为》,载于《管理世界》2004 年第 10 期。
③ 陈佳贵、王钦:《中国产业集群可持续发展与公共政策选择》,载于《中国工业经济》2005 年第 9 期。

第六章 自主创新时期产业发展路径选择的经济思想：2004~2019 年

设施和技术革命需要重工业发展。①

这一观点招致了吴敬琏的强烈反对，他对"重型化派"列举的重工业化必然发展的理由进行了逐一反驳，并指出"重型化是我国产业发展所将经历的必然阶段"的论断不能成立。而且，片面追求重工业化还易造成经济结构的失衡、整体效率的下降、技术创新的抑制、生态安全的破坏等一系列隐患。因此，吴敬琏主张我国应该着重于以效率而非资本积累推动的经济增长方式，深化经济体制改革，强化自主创新，并且对服务业特别是生产性服务业加以扶植。② 这种主张重点发展第三产业，通过提升产业结构的高度化而实现产业升级的经济思想，可简称为"高度化派"的思想。

吴敬琏的主张随即受到"重型化派"简新华的反驳，其指出，重型化发展并不必然等同于资源消耗型及环境污染型发展，也不等同于粗放的、外延的旧型工业化发展。我国即将进行的是以信息化、内涵化为特征的新型工业化发展，而且重型化的启动，是市场调解而非政府选择的结果。如果反对重型化，将延误中国的工业化、城镇化和现代化。另外，简新华还认为中国当前还不适宜以第三产业中的服务业为主导。③

"高度化派"却给出了发展第三产业的充分论据。李江帆认为，从世界产业的发展史来看，随着经济和社会进步，第三产业比重增大是一个普遍趋势；从经济的内在机理来看，随着生产率、收入和闲暇时间的提升，以及相应的消费结构、生产结构等诸多因素的变化，第三产业也是产业发展的必然演进方向。而且，发展第三产业对经济增长有诸多益处，即在我国全面实现小康社会的过程中，第三产业将发挥较第一、第二产业更为强劲的作用。另外，第三产业随着生产率的提高，也会成为吸纳劳动力而解决就业的重要部门。因此，有必要把推动第三产业现代化提到发展议程

---

① 国务院发展研究中心课题组：《中国工业化进入新阶段》，载于《中国机电工业》2003 年第 23 期。
② 吴敬琏：《思考与回应：中国工业化道路的抉择（上）》，载于《学术月刊》2005 年第 12 期；吴敬琏：《思考与回应：中国工业化道路的抉择（下）》，载于《学术月刊》2006 年第 1 期。
③ 简新华、余江：《重新重工业化不等于粗放增长和走旧型工业化道路——对吴敬琏研究院相关论述的质疑》，载于《学术月刊》2006 年第 5 期。

上，对盈利性部门加强市场化建设，对非营利性部门加大政府财政投入。① 类似的，江小涓指出，产业结构优化升级是经济增长的推动力，然而当前我国产业结构存在着创新能力不足、资源浪费消耗严重、服务业发展滞后等问题，因此在未来发展中，必须增强自主创新能力，大力发展第三产业，特别是通过市场化改革和对外开放促进服务业的建设。②

另外，还有一类学者是介于"重型化派"与"高度化派"间的"折衷派"。有观点主张要共同发展现代制造业和现代服务业，因为即便重工业对经济有较大贡献，但长期倚重重工业会导致居民消费偏低、经济结构失衡、社会矛盾突出等问题，而且从历史角度，即便发达国家在工业化中期阶段时重工业比例迅速增大，但其服务业也同样处于不断提升的过程中。反观中国，当前产业结构的一个突出矛盾，便是服务业发展滞后和部分重工业发展超前。③ 类似的，还有研究通过对1992~2000年我国产业的相关数据指出，我国过去的经济增长是主要依靠第三产业拉动的，但是如果第一、第二产业效率低下，经济增长的稳定性就难以保持，因此在保持第三产业增长的同时，也要加快第一、二产业中传统生产技术、组织结构的改良。④

本书认为，以上争论主要源于2003年以来中国产业结构的重型化现象，而探讨这一问题具体涉及两方面：第一，产业结构出现重型化是否正常？按照刘世锦等人的观点，这种情况合乎工业化中期阶段的特征，"高度化派"也未发表不同意见。但由此涉及的第二个疑问是，是否重型化合乎常理，甚至在未来一段时期内都可能存在，那么未来的产业政策就应对此趋势进一步加强？对这一问题应抱有质疑，特别是按照简新华的观点，重型化是市场的选择，那么只要不去人为地设置阻碍，重型化就应会自然

---

① 李江帆、曾国军：《中国第三产业内部结构升级趋势分析》，载于《中国工业经济》2003年第3期；李江帆：《中国第三产业的战略地位与发展方向》，载于《财贸经济》2004年第1期；李江帆：《产业结构高级化与第三产业现代化》，载于《中山大学学报（社会科学版）》2005年第4期。
② 江小涓：《产业结构优化升级：新阶段和新任务》，载于《财贸经济》2005年第4期；江小涓：《服务业增长：真实含义、多重影响和发展趋势》，载于《经济研究》2011年第4期。
③ 何德旭、姚战琪：《中国产业结构调整的效应、优化升级目标和政策措施》，载于《中国工业经济》2008年第5期。
④ 刘伟、李绍荣：《产业结构与经济增长》，载于《中国工业经济》2002年第5期。

地有所发展。相反，我国服务业滞后则是一个突出现状，即便不以该产业为主导，促进服务业而保证产业结构、经济结构、就业结构等方面的平衡也应为未来政策作用的一个重点。另外，本书认为加强现代化重工业和现代化服务业并不冲突，其二者都为新型工业化道路的组成内容，本质都要求通过技术进步、管理提升而实现效能的增加，而这就可以是一个同步过程，并不一定产生选择的非此即彼。

三、提升产业自主创新能力的思想探索

探讨如何实现产业的自主创新是直接契合第三阶段主题的一个研究内容，而早在第二阶段，无论是研究外商直接投资（foreign direct investment，FDI）的外溢效应，还是研究政府的产业政策，事实上已多多少少地涉及了提高技术水平的思想内容。但此阶段更注重探索的是如何促成产业的原始创新、集成创新与技术引进再创新，因此在以下几个方面形成了探讨的焦点：

第一，FDI与自主创新的关系。不同于很多学者都主张的，FDI的外溢效应对国内产业提升生产率多有积极帮助，在FDI与国内产业的自主创新关系方面，很多学者都抱有审慎的态度。例如，有研究从理论上分析了FDI对于东道主国家自主研发投入的补充和替代两种效应，并在运用1998~2000年中国企业面板数据进行实证检验后指出，对于个别公司而言，研究与开发（research and development，R&D）的投入与FDI的使用呈负相关关系，而对于同一行业而言，FDI对外资使用越多的企业的R&D有更大的积极影响，但综合两种作用，FDI对中国产业R&D的影响为负面的，因此即便FDI通过外溢效应提升了国内产业的生产率，但在自主创新方面却是抑制的，替代效应更为显著。[①] 也有研究认为，技术差距是FDI影响R&D的重要因素，其理论出发点是，FDI对技术领先的企业的提高R&D有正面影响，但对技术落后的企业却有R&D的抑制作用。其运用1995~

---

① 范承泽、胡一凡、郑红亮：《FDI对国内企业技术创新影响的理论与实证研究》，载于《经济研究》2008年第1期。

2005年我国制造业的面板数据对此理论进行了检验,指出我国的技术差距与FDI较大,FDI对本土R&D负相关,这种负相关性随着技术差距的加大会进一步加大。因此,所谓外资引入引发市场竞争而激励本土创新的"反击进入效应"未能应验,而随着技术差距加大,本土企业失去创新动力的"阻碍创新效应"将愈加成为现实。①

也有一些研究对FDI可能产生的作用进行了细分。有学者考察了一般外资企业与港澳台地区企业的FDI对于缩短我国本土企业与国际先进技术水平之间差距的不同影响,运用了中国第一次全国经济普查数据,经过测算指出,一般外资企业的FDI进入会妨碍本土企业自主研发,而港澳台地区FDI却对缩小技术差距产生了显著的正面作用。这反映出一个基本事实,即我国本土企业对港澳台企业的技术吸收能力较一般外资企业更强。② 也有学者利用我国2003~2007年37个工业行业的面板数据,以实证检验得出FDI对上游产业的自主创新产生抑制,而对下游产业中,专注于研发的FDI对本土企业的自主创新有促进作用,而基于技术升级的FDI则作用并不明显。③

另外,还有一些学者对个别产业进行了具体分析,如运用1998~2005年民营汽车企业数据建立了产业技术溢出效应模型,结果显示,民营企业与外资技术水平的差距扩大抑制了外资的技术溢出,因此提升技术水平、坚持模仿创新,将是我国民营汽车企业在自主创新的同时增强外资技术吸收能力的有效途径。④

第二,外部环境与自主创新的关系。一些学者认为,来自市场、金融、组织等外部环境会对企业的自主创新产生综合影响。有研究对有外资企业进入的市场环境下,内资企业的技术研发生产率表现进行了评估。其根据1998~2004年我国32个行业的数据,在格恩斯曼(Grossman)和赫尔普曼(Helpman)技术模型创新基础上经过测算得出,在控制外资溢出

---

① 陈羽、邝国良:《FDI、技术差距与本土企业的研发投入——理论及中国的经验研究》,载于《国际贸易问题》2009年第7期。
② 平新乔等:《外国直接投资对中国企业的溢出效应分析:来自中国第一次全国经济普查数据的报告》,载于《世界经济》2007年第8期。
③ 王然、燕波、邓伟根:《FDI对我国工业自主创新能力的影响及机制——基于产业关联的视角》,载于《中国工业经济》2010年第11期。
④ 赵增耀、王喜:《产业经济竞争力、企业技术能力与外资的溢出效应——基于我国汽车产业吸收能力的实证分析》,载于《管理世界》2007年第12期。

第六章 自主创新时期产业发展路径选择的经济思想：2004~2019年

效应后，短期内外资企业进入会带来负面的竞争效应，但长期如果本土企业与外资企业生产率差距缩小，市场竞争将对自主创新产生正面作用。① 有研究以我国纺织缝制装备制造业的实证研究为基础，证实纺织服装企业为了满足买方拉动而形成的全球价值链中的较高标准，一直采用了从国外引进设备的做法。该做法对本国设备制造业而言，形成了缺乏较大的市场份额的外部环境，使其不能进入"R&D 投入——技术创新——市场份额上升——R&D 增加"的良性循环，抑制了自主创新。② 有研究对 1993~2003 年的我国 36 个工业行业的面板数据进行了有关新产品市场需求、行业竞争及外部融资环境与 R&D 之间的关系测评，结果显示，新产品市场需求对国内企业 R&D 增加有有限的积极影响，行业竞争未对 R&D 产生显著的促进作用，而外部融资的匮乏致使企业只能依靠内源性融资投入 R&D，阻碍了自主创新的发展。③ 还有研究指出，理论与多国实践证明，一个良好的科技创新运作机制离不开金融体系的支持，然而我国的金融与科技发展现状存在诸多不协调，如以国有银行为核心、商业银行为主导的金融体系与创新主体多样化和个性化的融资需求之间，存在结构性不协调；金融系统所面临的生态环境与创新主体所要求的金融服务体系之间存在着发展上的不平衡；法律与政策目标和科技创新固有属性上存在着内在性不一致，等等，因此，国家有必要在拓宽融资渠道、化解和规避创新风险等方面，建立有利于促进科技创新的金融体系。④ 另有研究较为系统地将"开放式创新"引入国内学术视野，指出，所谓开放式创新是相对于封闭式创新而言的，前者的思维逻辑是建立在信息化普遍发展和拥有广泛的知识技术基础上，后者则主要关注企业内部，这种演化会改变企业的创新来源、商业化途径和组织原则，在回顾国外学术文献并探讨了开放式创新的原因、过程和结果的基础上，研究指出，对于这一发展的新趋向，国内学术

---

① 沈坤荣、孙文杰：《市场竞争、技术溢出与内资企业 R&D 效率——基于行业层面的实证研究》，载于《管理世界》2009 年第 1 期。
② 陈爱贞、刘志彪、吴福象：《下游动态技术引进对装备制造业升级的市场约束——基于我国纺织缝纫装备制造业的实证研究》，载于《管理世界》2008 年第 2 期。
③ 徐仲常、余翔：《企业研发投入的外部环境影响因素研究——基于产业层面的面板数据分析》，载于《科研管理》2007 年第 2 期。
④ 黄国平、孔欣欣：《金融促进科技创新政策和制度分析》，载于《中国软科学》2009 年第 2 期。

界可进一步加强关于开放式创新在中国情境下的探索和考察。[①]

第三,企业行为与自主创新的关系。除了外部环境,很多学者从企业的内部环境出发,考察其决策、制度与行为对于实现自主创新的影响。有学者以"十五"前后我国的工业企业微观数据为基础,指出对于工业生产率的增长,优胜劣汰后的存活企业的技术进步贡献占近一半,而企业演化导致的资源重新配置贡献占另外一半,这说明企业演化带来的资源重新配置是中国工业生产率增长的重要途径,所以强化竞争机制的制度改革、提升存活企业的自主创新能力,有利于实现我国工业的可持续发展。[②] 有学者指出在一般的经济学认知中,企业R&D投入与企业自主创新能力提升是有着正向关系的,然而,通过运用2000~2009年中国部分制造业的面板数据,验证了企业R&D投入对专利产出的影响,结果与认知相反,中国的资本密集度较高的产业,如医药制造业、烟草制品业、通用设备制造业、专用设备制造业等的企业R&D投入对专利产出的正效应不显著,说明进入21世纪后我国制造业的"重引进轻开发"未能得到有效改观,而且民营企业R&D投入对专利产出的正效应显著性明显高于国有企业。[③] 这在一定程度上反映出国有企业在科研效率以及自主创新激励机制上可能存在制度性的不足。类似的,有学者基于2011~2012年间的全国七省战略性新兴产业企业问卷调查数据发现,从所有制结构来看,国有企业在基础研究上的投资力度最大但研发强度最低,民营企业和外资企业则研发强度较大,自主创新也更为活跃。从企业规模来看,企业规模越小研发强度越高,技术创新方式越可能主要是原始创新或集成创新。作为创新活动的主体,我国企业的研发团队存在的主要问题就是团队的不稳定及研发效率不高、承担高端技术研发能力不强。[④] 另有学者基于2000~2012年中国23个省份的高技术产业数据,经过测算指出,我国高技术产业当前的研发效

[①] 高良谋、马文甲:《开放式创新:内涵、框架与中国情景》,载于《管理世界》2014年第6期。
[②] 李玉红、王皓、郑玉歆:《企业演化:中国工业生产率增长的重要途径》,载于《经济研究》2008年第6期。
[③] 孙早、宋炜:《企业R&D投入对产业创新绩效的影响——来自中国制造业的经验证据》,载于《数量经济技术经济研究》2012年第4期。
[④] 刑红萍、卫平:《中国战略性新兴产业企业技术创新行为模式研究——基于全国七省市企业调查问卷》,载于《经济学家》2013年第4期。

率和转化效率均不够理想,但呈现出了上升趋势,而且相对而言,转化效率的表现优于研发效率。而企业自主研发投入对高新技术产业创新效率提高的影响更为显著,政府研发投入的影响却较小。该现象的一个解释在于,我国当前缺乏针对市场需求的核心技术,而企业作为市场主体,更能准确地对接市场需求,因此研发投入的效率会更高。①

第四,政府干预与自主创新的关系。政府干预在很大程度上可被视作企业外部环境的一个构成,但考虑到我国的情况,即在确立自主创新型国家建设的战略后,政府积极推行了包括产业政策在内的一系列措施,因此成为诸多学者关注的一个考察对象。有研究表示,对于我国内外的技术情况而言,技术引进仍非常重要,但必须要有与之相配套的技术学习过程,进而才能完成吸收和创新,提升自主创新能力。政府在这一过程中应该有所作为,主要应体现在培育有效率的市场,进行战略指导、制定规划、政策引导、提供公共产品和服务等,应确保企业始终是技术创新决策和研发投入的主体。② 有研究则关注了确立建设创新型国家这一战略后的我国政府扶植自主创新的一个普遍难题,即作为最普遍的扶植手段,政府补贴R&D 的行为并未有力地激发具有重大突破意义的独立研发活动,甚至衍生出企业发送虚假"创新信号"以获取补贴的行为。对于该问题的解释是,如果用于原始创新的专用性人力资本价格过于低廉时,二次创新企业就可以较低成本构成原始创新假象,此时原始创新补贴就会产生逆向激励作用,所以一个可行的针对政策制定者的改进方案就是提高原始创新的专用性人力资本价格。③ 有研究考虑到中国作为一个转型经济体的特殊性,重点考察了政府补贴在不同等级的知识产权保护和金融环境下的不同影响,结果显示在知识产权保护完善程度越弱的地方,政府补贴构成了一种弥补机制,越能促进企业私人研发的提升。而在金融发展滞后的环境下,贷款贴息型补贴政策要优于无偿资助性补贴政策,能对企业私人研发带来

---

① 邱兆林:《政府干预、企业自主研发与高技术产业创新——基于中国省级面板数据的实证分析》,载于《经济问题探索》2015 年第 4 期。
② 陈清泰:《促进企业自主创新的政策思考》,载于《管理世界》2006 年第 7 期。
③ 安同良、周绍东、皮建才:《R&D 补贴对中国企业自主创新的激励效应》,载于《经济研究》2009 年第 10 期。

挤入效应。① 也有研究以田野调查的方式考察了政府在推行技术创新政策中所存在的问题，其用案例显示，政府的介入会促使企业不顾风险，提高了失败的可能，同时创新活动无法衡量，造成政府无法在政策实施过程中监督企业，政府的确定性选择又与创新的不确定性相矛盾，又会因此直接介入的政策模式需要启动转型。②

第五，其他方面与自主创新的关系。因为自主创新是涉及多个层面的综合组织行为，所以我国学者从很多其他角度探讨了促进自主创新的可能途径。有的研究注意到产业集群对于自主创新的有利影响，指出集成式创新以专业化分工、知识共享、网络互动、集群学习及资源的易获取性为基础，在未来发展中，有赖于产业链的集成式创新而非企业个体创新将是产业自主创新的主要形式。③ 刘刚也认为，通过产业链中上游向中游、中游向下游的知识转移，可对产业形成连带性的创新拉动效应。④ 也有研究关注人力资本积累对中国制造业自主创新的影响，通过计量检验指出，人力资本积累对不同生产要素密集的产业的作用存在差异：对于劳动密集型产业而言，人力资本较大的企业技术创新效率高，但在资本密集型产业，大型企业的创新效率偏低，另外，人力资本积累数量存在临界值，如若人数过少，企业对于自主创新能力的提高将十分有限。⑤ 而部分学者认为，与其在宏观讨论技术水平提高，不如从微观而言，以产品升级为导向促进自主创新，即企业可通过开发进口替代产品、开发跨行业产品、紧跟国际产业转移而开发产品、紧跟行业标准变化开发产品以及加快模仿创新开发产品，搭建出基于产品升级的本土企业自主创新路径。⑥ 此外，有学者认为

---

① 张杰、陈志远、杨连星、新夫：《中国创新补贴政策的绩效评估：理论与证据》，载于《经济研究》2015 年第 10 期。
② 陈玮、耿曙：《政府介入能否有效推动技术创新：基于两个案例的分析》，载于《上海交通大学学报（哲学社会科学版）》2015 年第 3 期。
③ 刘友金：《集群式创新与创新能力集成——一个培育中小企业自主创新能力的战略新视角》，载于《中国工业经济》2006 年第 11 期。
④ 刘刚：《基于产业链的知识转移与创新结构研究》，载于《商业经济与管理》2005 年第 11 期。
⑤ 孙文杰、沈坤荣：《人力资本积累与中国制造业技术创新效率的差异性》，载于《中国工业经济》2009 年第 3 期。
⑥ 毛蕴诗、汪建成：《基于产品升级的自主创新路径研究》，载于《管理世界》2006 年第 5 期。

不能仅从技术创新供给的角度来衡量新技术的生产，一国对于技术创新的市场需求对研发投入和新技术生产也具有决定性的影响，基于世界48个国家或地区的相关数据，研究显示，一国经济总收入和人均收入的提高，会促进一国研发投入和自主创新能力，但收入差距扩大则会降低一国研发投入的规模，这从发展经济学的角度解释了为什么一些处于良好发展势头的国家，一旦在发展进程中收入差距扩大到一定限度，经济就陷入了一定困境。① 有研究指出，我国实现自主创新中的一个"瓶颈"就在于中国企业的核心技术与国外水平差距过大，而除去技术引进，一条可行的路径是本土企业将自主创新内嵌到中国的本土市场规模中。借助本土市场规模所产生的收益，企业可以在"干中学"中形成自身的创新能力。② 也有研究分析了自主创新与产业升级之间的关系，指出前者对于后者的促进毋庸置疑，但后者能否促进前者需要进一步考证，通过利用1997～2011年全国30个省份的平衡面板数据，实证分析显示，向第二、第三产业升级确实能够有效带动自主创新能力的提升，不过带动的差异性在我国不同地区存在差异，因此产业升级过程中要考虑地方差异，东部应该进一步向第三产业升级，而中、西部对此则不可盲目加快，而应夯实第二产业基础，才能更好地挖掘自主创新发挥潜力。③

四、围绕产业政策的反思及其存废辩论

2016年国内经济学界掀起一轮围绕产业政策的学术争论。以往很多产业发展的相关考察也涉及了这一议题，但只是更多地把产业政策当作一个影响因素和促进途径。此次争论则直指产业政策的存废，并主要在支持产业政策的林毅夫，以及反对产业政策的张维迎之间展开。二人持续进行了多轮激辩，使得这一问题在中国社会各界持续发酵，不仅吸引了大量学

---

① 范红忠：《有效需求规模假说、研发投入与国家自主创新能力》，载于《经济研究》2007年第3期。
② 徐康宁、冯伟：《基于本土市场规模的内升华产业升级：技术创新的第三条道路》，载于《中国工业经济》2010年第11期。
③ 吴丰华、刘瑞明：《产业升级与自主创新能力构建——基于中国省际面板数据的实证研究》，载于《中国工业经济》2013年第5期。

者，相关政府部门工作人员、产业内人士等也纷纷发表意见，所以很多观点并非是以学术论文及专著，而是以报刊文章、采访、会议等为载体，反映出该时期中国社会各界对于产业政策的认知和思考。

（一）支持产业政策的思想主张

支持产业政策的主要代表为林毅夫，其参与了21世纪初"比较优势与竞争优势之争"并作为"比较派"的代表，所以在逻辑上具有很强的延续性。他将产业政策定义为，"中央或地方政府为促进某种产业在该国或该地区发展而有意识地采取的政策措施，包括关税和贸易保护政策、税收优惠、工业园和出口加工区、研发工作中的科研补贴、垄断和特许、政府采购及强制规定等"①。这一理解强调，产业政策不仅是政府对于企业的各种补贴，更本质的是政府根据未来可能产生的回报来配置和调动有限的资源。在此理解下，支持产业政策的思想具体形成了以下四方面的主张②：

第一，无论从实践还是理论来看，产业政策均有必要。此观点援引已有研究成果表示，从世界范围来看，虽然很多国家的产业政策未达到预期效果，但不运用产业政策即实现产业发展的国家尚不存在。特别是对于发展中国家而言，其可以动员和配置的资源有限，无法对各种技术创新和产业升级所需的外部性进行一一补偿，因此，政府有必要帮助企业家甄别出那些回报最高的技术创新和产业升级，然后集中资源予以支持。这种逻辑对于发达国家同样适用，即发达国家的资源也并非无限，根据可能的回报配置有限的资源，构成了一种理性的必然，这就体现为产业政策。更进一步地，另有观点系统地论述，产业政策具有理论必要性。信息不完全性、负外部性效应、技术进步的正外部性、规模经济的存在及次优、第三优理论和生产力理论，都为产业政策提供了基础，因此"产业政策是现代社会

---

① 银昕、徐豪、陈惟杉：《林毅夫 VS 张维迎：一场产业政策的"世纪之辩"》，载于《中国经济周刊》2016年第44期。
② 除特别标注，以下观点来自林毅夫：《产业政策与我国经济的发展：新结构经济学的视角》，载于《复旦学报（社会科学版）》2017年第2期。

缓和市场失灵以及实现经济跨越式增长的重要措施"①。还有观点列举，美国的"先进制造伙伴计划"、德国的"实施工业4.0"以及日本的"产业重生战略"都是现阶段其他国家采取产业政策的直接例证，而且自改革开放以来，我国的产业政策也对经济发展发挥了至关重要的作用，这应该得到认可。②

第二，以往产业政策的失败，主要是政府支持了违反比较优势的产业。这是林毅夫一贯的主张，此观点在前面已有详细论述。简而言之，如若一经济体推行的产业政策所支持的产业不符合客观的比较优势，产业内部的企业就会缺乏自生能力，政府只能通过扭曲宏观要素配置甚至行政手段进行补贴，经济绩效会发展很差，最终表现为产业政策失败。③这种情况通常发生在发展中国家制定赶超战略的时候，但对于发达国家，也存在为了维持就业，而支持那些已经丧失比较优势的产业的情况。

第三，有效的市场和有为的政府，是产业政策成功的关键。该观点认为，市场和政府这一组关系并非是非此即彼，恰恰相反，技术创新和产业升级需要"有效的市场"和"有为的政府"共同作用。所谓有效的市场，是能够引导企业家按照现有的要素禀赋结构所指向的比较优势，来选择技术和产业。这样，才会启动生产的产品成本最低——企业获得最大利润（即具有自生能力）——获得最大的资本积累——禀赋结构和技术结构相应改变的这样一个连锁链条。而所谓有为的政府，是"在经济发展结构转型过程中，软硬基础设施的完善出现了市场不能做或者不能为的市场失灵时，为了使无效的市场变成有效而采取的因势利导的行动"。所以该观点也不认同反对意见中的"有限的政府"主张，指出，有限政府论未能注意到发展中国家在软硬件制度上的不完备，而发展中国家也不能等待所有条件都完善后才能发展经济。那么，选择有限的资源和执行能力去创造

---

① 朱富强：《为何需要产业政策：张维迎和林毅夫之争的逻辑考辨》，载于《社会科学战线》2017年第4期。
② 赵晓明：《产业政策是变相计划经济？国家发改委：各国都在用》（2016年9月15日），https：//www.guancha.cn/economy/2016_09_15_374457.shtml；周文：《中国经济发展离不开产业政策》，载于《中国社会科学报》2016年12月27日。
③ 林毅夫：《发展战略、自生能力和经济收敛》，载于《经济学（季刊）》2002年第2期。

局部有利的条件,如经济特区和工业园区,进而推动渐进式的改革,亦十分可取。①

第四,可运用新结构经济学的理论指导产业政策制定。这里主要是新结构经济学的观点,指出,第一波发展经济学称为结构主义,过于强调先进产业的发展,但造成了经济效率低下、经济停滞不前。随后,新自由主义取代了结构主义,主张产业的发展方向应该在竞争中实现和选择,这也是西方的主流经济理论。当前,发展经济学应该更进一步研究,产业发展中哪些是靠市场完成?哪些又是需要政府因势利导?不可照搬西方主流理论。② 新结构理论认为,比较优势由禀赋结构决定,但禀赋结构是动态的,产业政策则可集中在产业甄别和因势利导上,即甄别并支持潜在的比较优势产业,对于失去比较优势的产业则帮助其转型退出。据此,产业政策应该分为五种类型。③

(二) 否定产业政策的逻辑推导

否定产业政策的代表张维迎将产业政策定义为,"政府出于经济发展或其他目的,对私人产品生产领域进行的选择性干预和歧视性对待,其手段包括市场准入限制、投资规模控制、信贷资金配给、税收优惠和财政补贴进出口关税和非关税壁垒、土地价格优惠等"④。该理解尤其强调产业政策对于"私人产品"的"干预性选择",即公共产品的政策不属于产业政策,普遍性的政策也不属于产业政策。在这一界定下,其阐述了以下三方面的观点,并最终明确要求废除所有的产业政策。⑤ 具体而言:

第一,产业政策具有本质缺陷,注定会失败。该观点对于产业政策的

---

① 林毅夫:《论有为政府和有限政府——答田国强教授》,载于《财新网》2016 年 11 月 7 日, http://opinion.caixin.com/2016 - 11 - 07/101004606.html。
② 林毅夫:《照搬西方主流经济理论是行不通的》,载于《求是》2016 年第 20 期。
③ 包括:第一,追赶阶段的产业政策和多样化的产业政策;第二,国际领先型产业的产业政策;第三,比较优势产业的转型产业政策;第四,弯道超车型产业的产业政策;第五,国防安全型和战略型产业的产业政策。
④ 银昕、徐豪、陈惟杉:《林毅夫 VS 张维迎:一场产业政策的"世纪之辩"》,载于《中国经济周刊》2016 年第 44 期。
⑤ 除特别标注,以下观点来自张维迎:《为什么产业政策注定会失败》, http://www.rmlt.com.cn/2016/0907/439314.shtml;张维迎:《张维迎:我为什么反对产业政策?——与林毅夫辩》,载于《比较》2016 年第 6 期。

评价较为严苛，其并未如同其他观点，用中国经济发展所获得的成就而认同产业政策可能产生的积极作用，而是瞄准具体的产业政策，并对其政策初衷，指出 2009 年推行的十大产业振兴计划事实上导致了产能过剩，政府对于光伏产业的支持反而使其陷入危机，而这又转变为政府进一步干预产业的理由。① 类似的，已有研究表明，在积极推行产业政策的日本，真正获得发展的产业恰恰是基本没有受到产业政策作用的产业。这种情况并非偶然，因为产业政策有两个本质缺陷：其一，产业政策等于认同技术进步和新产业是可以预见的。然而事实上人类的认知充满巨大限制，特别是政府的警觉性和判断力逊于企业家，如若把社会资源都集中在政府选择的产业对象上，不仅失败的可能性巨大，而且代价也是巨大。其二，产业政策所造成的激励机制是扭曲的。政策的干预性选择必然造成巨大的寻租空间，进而一项产业政策的出台，与其说是科学推导出的结果，不如说是利益博弈的结果。类似的，有学者反对支持派中的"有为的政府"观点，表示不犯错误的有为政府不可能存在，而且不强调边界的有为，必然和"有效的市场"形成内在的不兼容，因此这一组关系的提出存在矛盾。②

第二，所谓的外部性和协调失灵，不构成推行产业政策的依据。该观点表示，产业政策不仅不能达到预期的积极效果，对于其所能弥补的问题，事实上也不成立。原因在于，支持派称产业政策能够缓解创新的外部性，可以对这些产业或企业进行扶植，鼓励"第一个吃螃蟹的人"。但就创新的特征而论，创新可能带来的回报无可限量，企业家并不会因为外部性而放弃创新的可能。历史经验也证明如此，划时代创新的实现并非来自政府的扶植，甚至是政府也无法识别什么是"螃蟹"。另外，对于支持派所认为的产业政策可以解决市场协调失灵，否定派认为，这种市场的不均衡恰恰代表了套利的空间，企业家在逐利的过程中协调了供给和需求。所

---

① 张维迎：《政府不要随意干预产业发展走向》（2013 年 6 月 27 日），http：//theory.people.com.cn/n/2013/0627/c366000-21996305.html。
② 田国强：《争议产业政策：有限政府，有为政府？》，载于《财经》2016 年第 29 期；田国强：《再论有限政府和有为政府——与林毅夫教授再商榷》，载于《第一财经》2016 年 11 月 7 日，https：//www.yicai.com/news/5152424.html。

以，所谓的协调失灵正是市场中的常态，而协调市场应该是企业家的职能。

第三，创新的最大特点是不确定性，企业家应作为创新主体。新结构经济学定位于第三轮发展经济学，对新古典经济学予以了批判，然而，张维迎所支持的范式也并非新古典经济学，而是选择了米塞斯（Mises）和哈耶克（Hayek）所发展的市场理论。其指出，新古典经济学中理想的市场模式，即完全竞争，与创新不相容，因为创新必然导致竞争的不完全；而米塞斯—哈耶克的范式包容了信息不对称，认为信息不对称造就了分工和专业化的价值，也塑造了市场优越性。就创新的本质而言，其并非风险，可以评估和预见；创新是不确定性，完全不可量化和预知。因此，米塞斯—哈耶克的范式肯定企业家的作用，认为发现和创造交易机会是企业家的基本属性，企业家在发现不均衡和套利的过程中，实现了创新，推动产业不断升级，正是市场上的诸多企业家以自由带来的多样性对抗了创新的不确定性，使创新成为一种可能。所以，企业家应成为市场的主角、创新的主角。这也是米塞斯—哈耶克的范式与新古典范式的一个显著不同。后者并未赋予企业家以特别的地位，其在完全给定所有初始条件而忽视不确定性的情况下，所有人都被认为等同。否定派表示，赋予企业家平等的权利而非进行补贴，才是有利于创新的举动，这一点也为产业界业内人士所肯定。①

（三）其他观点及整体分析评价

其他参与讨论的学者观点各异，并针对林毅夫、张维迎二人的理论和逻辑提出了诸多看法，其中不乏更深层次的对于经济学范式的推敲，限于篇幅本书不做展开。但大多讨论者基本持有的一个主张是，产业政策客观存在，未来研究的重点不是产业政策的存废，而是应该探讨政府究竟应在产业政策中发挥怎样的作用。例如有观点指出，反思此次争论得出的一个重要启示在于，将市场失灵泛化从而主张政府干预的产业政策逻辑是十分

---

① 珠海格力集团有限公司董事长董明珠在李克强总理主持的经济形势座谈会上表示："我们不需要国家的产业政策扶植！只要有公平竞争的环境，企业自己就可以做好！"参见贾国强：《张维迎VS林毅夫：产业政策存废之争》，载于《中国经济周刊》2016年第38期。

第六章　自主创新时期产业发展路径选择的经济思想：2004~2019年

危险的，政府替代市场、驾驭市场或指导市场的产业政策模式并不可取，但以往的选择性产业政策确有这一显著趋向。未来的政策路径应向功能性产业政策转型，在此框架下，市场居于主导地位，政府的作用应体现在三个领域：其一，更好地提供建立市场经济有效运行所需要的制度基础，包括推进经济体制改革、完善知识产权保护相关法律体系及其执行机制、建立开放统一且公平竞争的市场体系等；其二，为产业创新构建良好的公共服务体系；其三，支持基础科学研究。① 也有观点总结，此次争论大致将有限政府的作用范围限定在以下五个领域：（1）界定权利；（2）维护契约；（3）提供公共物品；（4）促进稳定（包括宏观经济稳定）；（5）保障社会公平。其中张维迎明确认可前三项，后两项比较模糊。而且即便确定了这五个领域，每一项的内涵和外延，不同主张者的界定也会有所不同，究竟政府是应该扮演规制型国家或福利国家，还是发展型国家或企业型国家，是值得思考的。另外，产业政策实施的方式，即在"挑选赢家"和"因势利导"之间的选择，存在重大不同，然而此次探讨并未给予细致的说明。②

此番辩论之所以能够在较短时间内迅速引发大量关注，有如下三方面的因素：第一，中国经济在步入21世纪以来面临显著的产业结构升级压力，当然这也是该时期路径选择再次回归到塑造竞争优势上的一个重要原因。无论是转变经济增长方式、提升国际经济分工体系地位还是要求实现自主创新等的战略部署，都与产业结构升级密不可分。换言之，产业结构升级已成为当前国民经济发展的一项重要议题，这是讨论展开的基本背景。第二，为了实现产业结构升级，我国以产业政策为抓手开展了相应部署。产业政策作为外来思想自20世纪80年代中后期引入中国，90年代开始落实为系统的制度设计，21世纪后产业政策迅速扩张，不仅数量增多，对微观经济的干预趋势也不断加剧。③ 由此，社会各界提出了反思和重新

---

① 江飞涛、李晓萍：《产业政策中的市场与政府——从林毅夫与张维迎产业政策之争说起》，载于《财经问题研究》2018年第1期。
② 顾昕：《回顾"产业政策之争"的两大亮点》，载于《企业家日报》2017年1月20日第4版。
③ 刘社建：《中国产业政策的演进、问题及对策》，载于《学术月刊》2014年第2期。

审视产业政策的要求，特别是一些典型的失败案例，如光伏产业、新能源汽车产业等，引发了激烈的批评。① 由此，产业政策的定位和转型成为学术界和产业界共同关心的焦点。第三，产业政策存废问题不在于政策本身，即并非关乎产业政策的技术性、专业性等，而是关乎政府与市场之间关系的重新界定。特别是中国共产党第十八届中央委员会第三次全体会议提出"使市场在资源配置中起决定性作用和更好发挥政府作用"，预示着产业政策将做出相应调整，正如中华人民共和国成立以来的产业发展史反映出，经济体制的不断演化必然导致产业政策的作用领域和作用方式发生变化。因此在这样一个重要关口，由学界启动而延展至社会广泛领域的关于产业政策的反思，颇有理论与现实的双重价值。虽然当下难以观测，但随着思想与实践的进一步探索，该讨论可作为产业发展经济思想史上的一标志性事件，也并非没有可能。

回归讨论本身，该讨论的意义除了促使社会各界关注产业政策的转型外，也如前文所述，初步列举了一些政府所应发挥作用的领域。虽然不同学者尚未对此达成充分共识，但政府在产业发展中的职能已不再是一个模糊的、描述性的、没有边界的范围，这对于"更好发挥政府作用"无疑颇具启发。另外值得注意的是，虽然林毅夫因支持产业政策而使其似乎扮演了支持政府作用的角色，但事实上，他同样参加了"比较优势与竞争优势之争"的辩论，作为比较派的代表，其反对的便是政府对不符合比较优势的产业加以扶植。所以相较世纪初的争论，产业政策存废之争从客观上反映出我国学者对于市场作用的进一步倡导。然而，一个客观的事实是，我国现阶段乃至未来很长一段时间都将处于塑造竞争优势的路径选择上，这是结构性条件所决定的。而且，争论中也有观点指出，产业政策的影响因素远超出了经济范畴，而包括了政治因素、制度因素和文化因素，是国家发展模式的一个缩影。② 那么从这个意义上，此次争论对于在产业发展中

---

① 盛洪：《产业政策基本没用》，http：//business.sohu.com/20161109/n472653741.shtml；许小年：《供给侧尤其不需产业政策 我坚定地支持张维迎》，https：//finance.qq.com/original/caijingzhiku/XXNLV.html。

② 周建明：《超越经济视角看产业政策——对林毅夫、张维迎之争的评论》，载于《文化纵横》2017年第3期。

更多地引入市场机制是有帮助的，然而在如何与塑造竞争优势相结合上，还存在巨大的探索空间。正如新结构经济学将高铁产业作为"领先型产业"，肯定其产品和技术已经处于国际领先或已接近国际最高水平，但高铁产业在启动的初期，很难说是在技术结构和禀赋结构上已然具备了比较优势，其优势是由内生塑造而成的，这在下一节中会进行详细探讨。

第三节　自主创新时期产业发展路径选择的制度设计：以高铁产业为案例

高速铁路，按照我国的当前规定，是指设计开行时速 250 公里以上（含预留），并且初期运营时速 200 公里以上的客运列车专线铁路。[①] 虽然各国对高速铁路的时速规定存在差异，但其本质均为在铁道、线路、信号控制、列车制造等方面不同于普通列车的技术与标准，因此在载客量、输送力、安全性、速度及耗能等方面优于普通列车的一种铁道运输方式。第三阶段以来，以自主创新为核心而打造国际竞争力的产业选择有很多，高效节能产业、信息技术产业、生物产业、高端装备制造业、新能源产业等均逐渐被树立为重点发展的新兴产业对象。而选择高铁产业作为研究案例，不仅是因为其完全契合国际形势逆转下，我国需要寻求新的贸易机制、动力来源、发展方式等一系列的时代主题，更是因为其与第一阶段的钢铁产业同有政府主导的行动特征，并与第二阶段的汽车产业同样经历了技术引进的过程，所以可以形成关于思想延续与理论创新的考察对比，且就目前而言，该产业取得了较为显著的正面绩效。当然，我国尚还处于第三阶段的产业发展路径选择中，无论是经济认知还是制度设计尚未完备，但已经凸显出一定的特征形态，值得从经济思想的角度进行分析和考察。

---

① 《铁路安全管理条例》，2013 年 8 月 7 日，http://www.gov.cn/flfg/2013-09/06/content_2482653.htm。

一、重点发展高铁产业的产业发展战略思想

（一）确立高铁产业战略地位的政策思想

高铁产业的战略地位确立有一定的思想过程，与我国决策层对于产业结构特别是制造业的形势判断具有密切关联。20世纪90年代末，国家计委规划司在研究报告中指出，当前我国制造业存在的一个重要现象即为机械制造业的国内、国际竞争力均有所下滑，其主要表现为专业设备制造业在全行业中的比重由1985年的4.23%跌落至1997年的3.45%。规划司认为，发生该现象的原因：一是由于该产业投入少、发展慢；二是由于我国以往技术上仅依靠进口，自己并未开发、掌握核心技术。国内制造业的另一个重要现象即为产业自发地表现出一定的升级趋势，具体而言，进入90年代，传统的加工制造业如纺织业、服装业、金属冶炼业等开始迅速衰减，而交通运输设备制造业、医药制造业、石油加工及炼焦业等技术相对密集的产业的资本化速度明显加快。这种趋势恰恰反映了我国正处于或即将处于工业化的中期阶段。因此，规划司综合对当期及未来形势的判断，指出未来发展制造业一则是要积极提高制造业产业结构的高度化发展；二则是推动产业升级，争取某些领域在技术集约化方面率先达到较高水平，再则是以提升产业竞争力为政策导向，结束"补缺"式的政策导向。①

除此之外，国家计委（2003年改组为"国家发展和改革委员会"）产业发展司在"十五"计划研究期间指出，21世纪我国产业发展的关键之一在于装备制造业和基础产业的协调发展。原因在于，装备制造业在加工工业范畴内不被政策重视，特别是其具有技术复杂、投资庞大、市场较为狭窄的特点，很难为个体经济部门承担。然而，装备制造业一方面在很大程度上代表了国家高新技术产业在应用领域的发展情况，另一方面也会因

---

① 国家计委规划司：《我国制造业发展和产业结构变化分析——兼论制造业跨世纪发展战略和结构调整》，引自国家发展计划委员会编：《"十五"规划战略研究》上，中国人口出版社2000年版，第119~145页。

发展滞后，使得基础产业只能依靠进口设备，不仅投资成本高、发展进入"瓶颈"，还有由此降低国内市场需求，制约国内装备制造业发展。所以产业发展司主张，应建议制定我国中长期的装备技术政策，同时结合基础产业的发展有重点地发展装备制造业。①

由此可见，国家相关部门对产业发展的未来改革方向是有明确认知的。在这种情况下，高铁产业的崛起与国家产业的战略导向形成了较好契合，而这一产业的快速起步与铁道部提出的"中国铁路的跨越式发展"思想有直接关联。铁道部在2003年指出，所谓"跨越式发展"应包含两层含义：第一，是以较短的时间、较少的环境和代价，赶上发达国家水平；第二，是在发展过程中，利用后发优势，跳过发达国家经历的但却不必再重复的过程。可见，这一思想要求与第一阶段发展钢铁产业时皆属同类，即有很强的竞争意识。而"跨越式发展"的具体内涵是，实现运输能力的快速扩充、实现技术装备水平的快速提高，早日实现中国铁路的现代化。

跨越式发展铁路，特别是重点建设高铁，一方面，是为了解决铁路行业内部的矛盾，如铁道部《铁路"十五"发展战略研究》中指出的，我国的铁路能力总体上"不能适应运输市场的要求""不能满足社会进步和人民生活水平提高的需要"②。但另一方面，更是考虑到了铁路行业对于国民经济发展重要的基础作用和在产业结构升级领域的关键作用。时任国务院副总理的黄菊指出，发展铁路是建设现代化的必然要求，必须要抓住历史机遇，加快铁路建设与铁路技术设备的现代化。③

这种肯定使得高铁产业的政策制定进一步加快。2004年1月国务院常务会议正式通过《中长期铁路网规划》，成为国务院批准的第一个行业规划，标志着高铁产业正式全面启动。该规划主张，要提高装备的国产化水平，以客运高速和货运重载为重点，改变我国高速动车组技术落后的局面，并提出2020年我国铁路建设蓝图，计划实现："四纵""四横"和三

---

① 国家计委产业发展司：《关于装备制造业和基础产业协调发展的研究》，引自国家发展计划委员会编：《"十五"规划战略研究》上，中国人口出版社2000年版，第146～164页。
② 《铁路"十五"发展战略研究》，引自铁道部发展计划司、铁道部经济规划研究院主编：《铁路"十五"规划战略研究》，中国铁道出版社2002年版，第3～20页。
③ 《黄菊在听取铁路工作汇报时强调抓住发展第一要务不放　实现铁路发展新的跨越》，引自王志国主编：《中国铁道年鉴》（2004），中国铁道年鉴编辑部2004年版，第3～4页。

个城际系统,专线全长1.2万公里以上,客车速度目标值达每小时200公里及以上的客运专线;完善西部路网布局和1.6万公里的开发性新线;新增既有线二线1.3万公里,既有线电气化1.6万公里。① 2008年,国务院再次批准《中长期铁路网规划(2008年调整)》,思想上是对2004年规划的进一步肯定与扩张,要求在2020年建设客运专线到1.6万公里以上,在西部规划建设新线约4.1万公里,并且规划既有线路新增二线1.9万公里,既有线电气化2.5万公里,可见发展速度是大大加快了。②

除了行业规划政策,国家宏观经济政策规划亦对高铁产业表示了高度重视,并肯定了其战略新兴产业地位。2006年《中华人民共和国国民经济和社会发展第十一个五年规划纲要》正式将"掌握时速200公里及以上高速铁路列车、新型地铁车辆等装备核心技术,实现产业化"列为振兴装备制造业的重点。③ 2011年《中华人民共和国国民经济和社会发展第十二个五年规划纲要》进一步提出,要"按照适度超前原则,统筹各种运输方式发展,基本建成国家快速铁路网和高速公路网,初步形成网络设施配套衔接、技术装备先进适用、运输服务安全高效的综合交通运输体系"④。随后出台的《高端装备制造业"十二五"发展规划》同样将轨道交通装备列为有关国家综合实力、技术水平和工业基础的一项长期重要任务。⑤ 可见在未来一段时期,高铁产业都会成为优先发展的一个对象。

(二) 高铁产业政策思想的双重属性分析

前文指出,高铁产业的快速发展与国家产业的战略导向和发展需求具有高度契合。这主要是由于高铁产业的发展思想包含了经济与战略的双重

---

① 《中长期铁路网规划》,引自王志国主编:《中国铁道年鉴》(2004),中国铁道年鉴编辑部2004年版,第95~96页。
② 《中长期铁路网规划调整》,引自吴利明主编:《中国铁道年鉴》(2009),中国铁道出版社2009年版,第85页。
③ 《中华人民共和国国民经济和社会发展第十一个五年规划纲要》,2006年3月14日,http://www.gov.cn/gongbao/content/2006/content_268766.htm。
④ 《中华人民共和国国民经济和社会发展第十二个五年规划纲要》,2011年3月14日,http://www.gov.cn/2011lh/content_1825838.htm。
⑤ 《高端装备制造业"十二五"发展规划》,2012年5月7日,http://www.miit.gov.cn/n1146290/n1146397/c4239855/content.html。

特性，具体而言：

首先，高铁产业既对国民经济具有基础作用，又代表了高新技术产业的演进方向，是基础产业与现代化制造业的战略结合。高铁作为一项交通运输设施，承载着客运、货运、区域连接的职责，具有一定的社会公共品特性，对国民经济发挥着重要的基础作用，在我国快速实现现代化的进程中必然应对之有所加强。除此之外，高铁还是一项技术与资本高度密集的产业，隶属于现代化装备制造业行列，是国家先进生产力水平的直接体现。产业政策要求相关部门掌握高铁的核心技术、加速实现高铁的国产化，也符合了自主创新的战略导向。特别是随着技术的成熟，高铁已开始作为一项贸易产品，被我国积极地向土耳其、泰国、澳大利亚、俄罗斯及其他中东欧等海外国家推销。[①] 其成功出口，又将带来一项高产业附加值的来源，对拉动国内经济与产业升级，增强中国高铁在国际市场上的认可度与竞争力具有深远影响。因此，高铁产业所包含的双重特性，使其成为我国追求基础产业与现代化制造业协调发展、追求产业升级与国际竞争力增强的有效方案。这种选择，也是"比较派"的经济理论暂时无法解释的，即按照中国当前的禀赋结构，大力发展以高铁产业为代表的资本技术高度密集产业是不合时宜的。然而，若继续侧重发挥劳动比较优势，这类高水平基础产业将在很长时期内无法发展，而且我国也很难在短期内建立并巩固国际秩序重建过程中的优势地位。

其次，高铁产业不仅符合经济发展需要，还建立了连接欧亚大陆多国的新路权，对抵御海上贸易困境实现了战略对冲。高铁产业不仅是国内的交通运输工具，在《中长期铁路网规划（2008年调整）》中，我国的高铁发展计划还被进一步拓展至俄罗斯、吉尔吉斯斯坦、老挝、越南和缅甸等地，形成了东北、西北和西南进出境的多条国际铁路通道。目前，还有越来越多的国家和地区被逐渐计划纳入我国的高铁网路中。这种做法具有深刻的战略内涵：第一，该举措增强了我国与其他周边国家的互动联系，有利于发展地缘经济，巩固地缘外交，进而形成稳定格局。这一点对于我

---

① 《李克强：推销中国高铁，我特别有底气》，http://news.hexun.com/2014-08-25/167822472.html。

国这一拥有绵长陆地国界线和众多接壤邻国的国家而言,具有重大的现实意义。第二,该举措建立了欧亚大陆的新路权,改变了我国以往仅凭海路连接世界、发展贸易的单一局面,对美国"重返亚洲战略"形成应对。正如有学者指出,改革开放以来中国依靠的主要是美国海权主导下的多边自由贸易体制,近年来美国建立跨太平洋伙伴关系协定(TPP)而将中国排除在外,是对中国传统贸易模式的强烈抑制。然而,中国通过高铁建立起贯穿欧亚大陆的"新丝绸之路",有力地支撑了"丝绸之路经济带",创造出除海路以外的另一选择。所以,无论在经济贸易还是政治关系中,太平洋海上联通与欧亚陆上联通将形成双向驱动和战略对冲,为我国在国际环境中创造更多的竞争力与主动权。[1]

二、政府部门绝对主导的高铁产业组织思想

(一)政企合一的产业组织思想及演变

"政企合一"主要指某一政府部门在行使国家行政管理职能的同时,还兼具企业的经济运营职能,成为行业监管和经济发展的双重能动主体。由于历史和经济的原因,这种管理形式长期存在于我国一些具有自然垄断特性的领域,如民航、电力、电信等,铁路部门亦是如此。1991年正式实施的《中华人民共和国铁路法》在第三条指出,"国务院铁路主管部门主管全国铁路工作,对国家铁路实行高度集中、统一指挥的运输管理体制",同时"国家铁路运输企业行使法律、行政法规授予的行政管理职能"[2],此即以法律形式体现了铁路部门政企合一、高度集中、统一指挥的产业组织思想。1994年国务院印发《铁道部职能配置、内设机构和人员编制方案》进一步明确指出,"铁道部目前兼负政府和企业双重职能,担负全国铁路行业管理和国家铁路(以下简称国铁)的部门管理、部分社会事务管

---

[1] 尹振茂:《新陆权时代的中国高铁大战略——专访美国杜克大学教授高柏》,载于《证券时报》2014年6月16日第6版。
[2] 《中华人民共和国铁路法》1990年9月7日,引自交通法规文件汇编委员会:《交通法规文件汇编》上,中国检察出版社2000年版,第78~85页。

理及全路性运输企业管理等多项职能"①。虽然此方案意在对铁道部职能进行调整，但重点也只是相对弱化了其在微观层面的企业管理功能，政企合一仍然是铁道部门产业组织思想的主要内涵。

20世纪90年代以来，随着经济体制改革的推进，民航、电力、电信等部门先后逐步推行了政企分离、集团拆分等市场化的改革运作，然而，铁道部的自身职能并未发生改变，在高铁产业起步时期亦是如此。2000年后，社会多方曾因铁道部门的严重亏损和资金压力做出改制提议，产生了"网运分离""网运合一、区域竞争"等改革方案，但全被一一否决。②而且2002年朱镕基在《政府工作报告》上虽然指出要"通过政企分开和企业重组，打破行业垄断，引入竞争机制"，但主要提及的是已经开始的电信、电力、民航部门，铁路部门未被点名提出。③随后，2003年铁道部推动的体制改革仅主要表现为"主辅分离"，即将副业与运输主业进行剥离。另外，2005年铁道部宣布撤销铁路分局，改为"铁道部—铁路局—站段"的三级管理，实现了体制的较大精简。但是这些举措仍未能触及该产业组织的本质形式，因此铁道部也被称为"计划经济的最后堡垒"。

这种产业组织思想在高铁产业的发展上具有深刻的烙印。2003年铁道部印发《关于成立铁道部高速铁路建设有关机构的通知》，将原有的高速铁路办公室予以撤销，成立高速铁路建设领导小组和高速铁路建设领导小组办公室④。可见，高铁产业的发展行动主体在政企合一的方面非常明确。这种制度设计源于铁道部业内人士对该行业特点的认知，换言之，该部门之所以未能实现经济体制改革深化，重要原因之一在于铁道部人士对政企合一的强烈坚持。正因如此，高铁产业在产业组织上形成了以铁道部为主导，发改委、科技部等以及相关企业、高校、科研单位作为辅助的行动团体，完全负责高铁的技术引进、资金筹措、财务管理、行业标准制定、项

---

① 《铁道部职能配置、内设机构和人员编制方案》（1994年1月20日），引自交通法规文件汇编委员会：《交通法规文件汇编》上，中国检察出版社2000年版，第220~223页。
② 《铁路改革走出沉默即将重来》，载于《财经》2004年8月2日，http://news.hexun.com/2010-07-27/124383800.html
③ 朱镕基：《政府工作报告》2002年3月5日，引自中共中央文献研究室编：《十五大以来重要文献选编》下，中央文献出版社2011年版，第464~488页。
④ 王志国主编：《中国铁道年鉴》（2004），中国铁道年鉴编辑部2004年版，第214页。

目招投标与管理验收、配件采购,以及运行过程中的组织经营、协调调度、安全服务,等等。至 2007 年国务院办公厅成立京沪高速铁路建设领导小组时,团队设计上仍主要以铁道部、发改委、国务院、科技部、公安部等相关部门和地方政府人员为组成①。可见,高铁的产业组织以政府为绝对主导的特征非常突出,这在社会主义市场经济改革不断推进的过程中是十分罕见的。

直至中共十八大,伴随着一系列关于加快完善社会主义市场经济体制思想的提出,如要求实现产权有效激励、要素自由流动、价格反应灵活、竞争公平有序、企业优胜劣汰,等等。2013 年 3 月国务院发布《国务院机构改革和职能转变方案》,正式对铁道部门实行政企分开,撤销铁道部,将其原行政职能划入交通运输部,并在该部设置国家铁路局,专管铁道部门的行政事务,与此同时,成立中国铁路总公司用以承担铁道部门的企业职能。② 高铁产业的相关事务也在此过程中经历了行政职能与企业职能的分离。由此,中国经济行业内"计划经济的最后堡垒"被攻破。虽然完善现代企业体制,将更多市场机制合理地引入高铁产业,尚为一个有待探索的课题,但此次改革反映出,市场化的全面推进已经成为产业发展演进中社会各界逐步达成的共同认知。不同性质和情况的产业只有改革次序的先后和改革节奏的不同,却不能在加快完善社会主义市场经济体制的趋势下始终止步不前。

(二) 政府绝对主导的产业组织利弊分析

为何高铁产业在其发展的很长一段时间内均无法动摇铁道部的双重职能,而又为何该产业最终实行了政企分离?这一历史演变与政府对铁道部门绝对主导的利弊两方面具有直接关联。

其有利的方面包括:(1)正如业内人士所强调的,高铁产业所在的铁路部门是国家重要的战略产业,不仅承担了重点基础性物资的大规模长距

---

① 《国务院办公厅关于成立京沪高速铁路建设领导小组的通知》(2007 年 10 月 22 日),http://www.gov.cn/zwgk/2007-10/30/content_789767.htm。
② 《国务院机构改革和职能转变方案》(2013 年 3 月 26 日),引自国务院法制办公室编:《中华人民共和国新法规汇编 2013 年》第 4 辑,中国法制出版社 2013 年版,第 70~77 页。

离运输，如在2003年"非典"疫情时期，铁路部门还完成了88132万吨的煤炭、10138万吨的粮食、10765万吨的石油、48431万吨的冶炼物资等的输送；[①] 而且，铁路还承担了国土开发、国防安全、维护民族团结等方面的职责，因此由政府管理部门直接掌控，有利于对战略部署实现最大程度的贯彻执行和有力保障。（2）目前我国的铁路相对而言发展落后，虽然其在货物发送量与旅客周转量等方面表现可观，但若以国土面积和人口加以计算，铁路有待发展的空间仍颇为巨大。特别是，我国还有一年一度的春运高潮，在此期间运输能力往往表现不足，但这却是关乎民生和社会稳定的基本问题，所以在社会供给十分有限的情况下，不能以市场方式进行调控。（3）政企合一的产业组织形式有助于我国发挥"大国优势"，在高铁的技术引进、技术研发、统一管理、一致对外等方面都有巨大贡献，这一点将在后文详细探讨。（4）铁道部背后有国家信用作为支撑，可向金融机构进行贷款并增强其对地方政府、国有企业等机构的融资能力，为高铁这一需要大量资本的产业的发展提供条件。综上所述，在高铁产业尚不成熟的幼稚期间，采用政企合一的产业组织思想具有相当程度的合理性。

然而，随着产业的发展，政企合一的思想弊端逐渐凸显，具体包括：（1）铁道部行政与经济职能的角色冲突。一方面，铁道部作为政府机构，应对高铁企业的行为进行监督和约束，特别是要对高铁作为一项重要的社会公共品，在国家安全、战略、民生等方面有所强化；但另一方面，铁道部也对高铁企业的经营状况直接负责，包括企业的发展、财务的运作等，这样一来，高铁的公共性和经济性在铁道部内部就发生了强烈冲突，这随着高铁产业的扩张将愈加凸显。（2）高铁产业因其公共品特性通常表现为自身收益率低下，同时该产业在外部性方面缺乏有效的补偿机制，所以造成积累严重不足，只能依靠庞大的债务融资推进高铁的迅速扩张。然而，非国有资本却缺乏进入高铁产业的激励，最重要原因的在于政企合一的产业组织下，铁道部"既当裁判员、又当运动员"，难以对非国有资本的权益实现保障。受此影响，高铁融资困难逐渐成为产业发展的最大障碍。

[①] 解高潮主编：《2003中国铁路跨越式发展重要文稿》，中国铁道出版社2004年版，第604页。

（3）政企合一体制下，铁道部下属企业缺乏自主权，丧失了发展产业的主观能动性，这一点在市场经济体制改革日益深化的背景下更为突出。特别是，政企合一还创造了更多的寻租腐败空间，这也是社会人士对铁道部进行猛烈抨击的关键所在。以上弊端在高铁完成包括一系列线路开通、初步实现自主创新的发展后，开始超越政企合一的优势，成为阻碍产业发展的最大障碍。由此可见，市场机制在经济活动中的不断渗透，是我国产业发展的一大必然趋势，即便是在塑造竞争优势的路径选择下，这一点仍不容否认。

三、集中统筹自主创新的高铁产业技术思想

实现技术进步是高铁产业发展至关重要的一个环节。因为除了高铁自身就是一项技术高度密集的产业外，按照业内人士的理解，"技术装备水平不高"，成为严重困扰铁路产业进一步发展的阻碍；而且，在我国推行新型工业化的进程中，铁路作为传统行业，必须更为着重技术革新、激发新的活力，才能避免"夕阳产业"式的穷途末路。"跨越式发展"思想对技术的要求非常急迫，这种思想具有较为明确的发挥后发优势的倾向。但是，我国的高铁发展不仅希望通过后发学习掌握先进技术，更希望通过技术吸收实现自主创新，因此又回归到了竞争式发展思想的路径上来。

既然技术引进成为必经选择，高铁产业便遭遇了与汽车产业类似的问题，即如何能够经济、有效地引进适宜的技术，并在此基础上实现为我所用、自主创新。对此，高铁产业业内人士形成了较为具体的思路。2003年，时任铁道部副部长的陆东富在全路科技工作座谈会上的谈话中，有三点思想较为突出：第一，主张通过团结协作，集中力量攻克难关。这种集中力量的思想在第一阶段钢铁产业发展的过程中曾出现过，且在第二阶段汽车产业主张"三大三小"的思想中也有类似体现。不过在第二阶段，国家除了对汽车产业存有政策审批的行政约束外，本质上并没有更为强有力的控制手段，因此在追求 GDP 的地方保护主义下，"全局一盘棋"的思想执行基础很难达成。然而，铁道部却依靠政企合一、网运合一的既定优

势，对产业行动形成了全盘掌控。而这一点，正是铁道部主张"围绕着运输生产急需的搞科研"的技术攻关思想的有力保障。第二，主张以铁道部为基础，通过开放协作促进创新。以往钢铁、纺织、汽车产业在发展技术时，更多地只考虑在本部门内解决。而铁道部门却强调不能与设计院、工厂和施工单位脱离，并且"大的项目由铁道部提出，具体条件的还可以向社会公开招标"，从而"通过资源优化整合，来发挥整体优势"。这种开放协作的思想，相较单一部门，更有利于加速技术进步并降低成本。同时，创新存在巨大的外部性和开发的风险性，造成了个体层面的激励欠缺，而"举全社会之力、全路之力"的思想恰恰在很大程度上克服了这个问题。这种能够"组织起来"特征，也被经济学界人士评论为中国获取优势的重要来源①。第三，主张尊重人才，通过制度改革激发企业创新。以往产业发展的制度设计中也大多表示了对人才的重视，然而，铁道部门在发展中更加注重个体利益与集体运作的相容，即一方面要求加强知识产权保护，强调创新应得到褒奖和尊重，同时应以多元经营与投资的方式提高科研人员积极性；另一方面，要求铁道路局科研机构不直接进行科研，而从事确定题目、组织并审定的工作，逐步向市场化推广，使得各方面集中优势所长。可见，虽然铁道部门在组织上施行了集体行动，但在内部运作上也较为充分地注意到了微观个体层面的需求。②

（一）集体统筹促进创新的经济思想

高铁产业在引进和开发动车组技术方面，充分以制度设计，显示出以集体统筹促进自主创新的思想，具体包括：

1. 推行"战略买家策略"，以低成本获得国外先进技术。所谓"战略买家策略"，是指集合整个行业，为所有群体集中进行战略性采购的一种行为。这种思想是在2004年采购动车组技术时形成的，具体逻辑如下：首先，由铁道部出面，组织国内全部的几十家列车生产企业，明确提出，只能由南车集团下属的四方股份和北车集团下属的长客股份两家企业参与

---

① 张维为：《组织起来：中国的比较优势》，载于《红旗文稿》2014年第19卷，第4~7页。
② 陆东福：《在全路科技工作座谈会上的讲话（摘要）》，2003年10月25日，引自解高潮主编：《2003中国铁路跨越式发展重要文稿》，中国铁道出版社2004年版，第316~324页。

外商谈判，其余企业一概不与外方接触。此举即通过高度的国内市场整合，形成了对外方具有巨大吸引力，且一致对外的谈判主体。① 其后，在德国西门子出现要价过高的情况后，铁道部主动引进法国阿尔斯通、日本川崎重工和加拿大庞巴迪参与竞争，形成了"二对四"的、买家占据主导的博弈模式。另外，铁道部还规定外资企业必须以四方股份和长客股份两家企业作为招投标的窗口，其本身不具备单独竞标的权利。这样一来，铁道部在谈判中占有了极大的主动权，尽可大力压低价格。最终在2004年的动车组技术采购中，我国节省了大约90亿元人民币的采购成本，整车采购价格比西班牙低14%，比韩国低20%，比我国台湾地区低40%。② 以上一系列思想颇有与汽车产业"以市场换技术"相似的内涵，但不同之处在于，从主观上，高铁产业业内人士更加清晰地意识到中国庞大的市场本身就具有巨大的价值，即"我们最大的筹码是中国铁路独一无二的市场优势"③，因此强力将其加以整合，尽可能地利用并扩大这项优势，避免其因分散而丧失了谈判的竞争力。从客观上，外方也比改革开放初期更加认同中国市场的巨大潜力。在20世纪80年代，美国克莱斯勒汽车公司还曾因不相信中国能够发展小型民用汽车而不重视与中国的合作机会，④ 但在21世纪，中国产业发展所获得的巨大成功已为世界所肯定。这为高铁产业的谈判赢得了主动权。

2. 政府主导，运用"产—学—研"一体，完成技术攻关与自主创新。经济有效地获取技术只是第一步，更为关键的是如何在后续过程中吸收、掌握技术并在此基础上完成自主创新。这也是汽车产业"以市场换技术"思想未能解决的问题。如前所述，汽车产业未能完成引进技术到自有技术的转化，源于其缺乏转化必要的投入与机制，特别是汽车产业政策主要将

---

① 《铁道部充分运用"战略买家"策略》，http：//www.chnrailway.com/news/2009819/20098199234665652195.shtml。
② 《中国动车组技术引进谈判揭秘：首次招标节省90亿》，载于《新京报》2007年6月4日，http：//news.sina.com.cn/c/2007-06-04/015311950828s.shtml。
③ 《铁道部运用战略买家策略换取高速列车技术》，载于新华网2007年6月3日，http：//news.sina.com.cn/c/2007-06-03/204113142639.shtml。
④ 据记载，1985~1987年一汽的主要领导三次到克莱斯勒公司登门拜访，其董事长亚柯卡从未现身，并在合作的商讨中开出了天价入门费。陈祖涛：《〈我的汽车生涯〉之七——合资合作的开端》，载于《时代汽车》2006年第1期。

企业作为创新行为主体,虽然这些企业也均为大型国有企业,但在技术攻关、资本投入、人员调配方面仍存有不小的局限。因此,在高铁产业动车组的技术吸收过程中,铁道部发挥了重要作用。其提出了"引进先进技术、联合设计生产、打造中国品牌"的总体要求,规划出在后发优势基础上完成自主创新的基本路径。随后,铁道部组建了青岛四方、长春客车、唐山客车三大整车集成总装平台,并根据动车的九大关键和主要配套子系统,有组织、有计划地安排各个子系统分别进行技术消化和再创新[①]。最终,在2007年底,我国高铁很大程度上实现了技术的消化与利用,完成了六次大面积提速,并有105组时速200公里及以上的动车组和332台大功率机车交付使用。而2008年,我国第一条具有自主知识产权、运行最高时速高达350公里的国际一流水平高速城际电气化铁路——京津城际铁路正式开通,该条线路在轮轨动力学、气动力学控制等多个关键技术上实现了重大突破,标志着我国高铁产业在技术方面又迈向了一个新台阶[②]。为进一步实现自主创新的突破,高铁产业还运用"产—学—研"一体思想,充分调动了全国的技术资源。如2008年铁道部组织中国铁路工程总公司、中南大学、中国铁道科学研究院和铁道第三勘察设计院集团有限公司联合建设,并联合业内产业界、科技界和相关运营管理部门,形成了"高速铁路建造技术国家工程实验室",专门攻克一系列高速铁路建造的关键技术。2012年,中国南车作为主要发起人,依托科技部和铁道部签署的高速列车行动计划,联合清华大学、浙江大学、中科院力学所等16家单位,成立了我国首个"高速列车产业技术创新战略联盟",致力于促进高铁产业技术创新能力和产业化综合能力,共签订合作课题125项[③]。以上举措对高铁产业的技术研发提供了夯实的资源与平台。另外在产业政策方面,2012年和2013年,科技部和铁道部还分别出台了《高速列车科技发展"十二五"专项规划》和《铁路主要技术政策》,在宏观上对技术发展

---

① 《高铁自主知识产权全面还原:奇迹诞生与终止真相》,载于《新世纪周刊》2011年8月15日,http://scitech.people.com.cn/GB/15415771.html。
② 《解密高铁自主创新:火车如何"超"飞机》,http://www.chinanews.com/cj/2011/06-22/3127329.shtml。
③ 《高速列车产业技术创新战略联盟正式成立》,http://www.most.gov.cn/kjbgz/201206/t20120612_94988.htm。

形成指导，同时也显示出当前政府部门对提升自主创新技术能力的关注。在以上系列运作下，我国高铁产业截至2010年已申请中国专利946件，①同时2014年，中国北车制造的CRH5A-5019动车组完成正线试验，标志着中国高铁在被称为"高铁之心"的牵引电传动系统和被称为"高铁之脑"网络控制系统这两大核心技术上实现了完全的自主创新。②

综上所述，我国高铁产业基于对庞大市场的整合优势，同时运用了多机构、广范围的科学技术资源的整合优势，选择以一种集中统筹的方法，从"以市场换技术"起步，逐步实现了对先进技术的消化吸收和自主创新。

（二）促进创新的制度保障：高铁的"产—学—研"思想及其局限

技术上的自主创新是我国高铁产业在完成技术引进后，得以进一步发展并掌握主动地位的关键。这一点的实现，除了思想意识上的要求外，更有赖于制度上的保障，而该方面应有必要探讨上文提及的"产—学—研"思想。事实上，中国政策界的经济思想中，一直不乏对科学技术之于经济生产促进作用的强调。早在1975年邓小平起草《中国科学院工作汇报提纲》时，他就以马克思的"生产力中包括科学"为依据，指出科学技术是生产力。③ 1981年，中共中央、国务院转发《关于我国科学技术发展方针的汇报提纲》的通知，指出过去的领导思想"长期对科学技术的作用认识不够"，因此要求"科学技术走在生产建设前面"。④ 1989年，江泽民在中国科学技术协会第四次全国代表大会上提出，"坚持科学技术是第一生产力，把经济建设真正转移到依靠科技进步和提高劳动者素质的轨道上来，是一场广泛而深刻的变革"。⑤ 而1999年全国技术创新大会上，

---

① 刘仁：《中国高速铁路专利申请近千件》，载于《中国知识产权报》2010年3月17日第5版。
② 宋磊：《高铁最核心技术实现中国造》，载于《齐鲁晚报》2014年12月1日第14~15版。
③ 《新华网：纪念"科学技术是第一生产力"重要论断提出20周年》，http://www.xinhuanet.com/politics/kxjssdyscl/。
④ 《〈关于我国科学技术发展方针的汇报提纲〉的通知》，中共中央文献研究室编：《三中全会以来重要文献选编》下，中央文献出版社2011年版，第98页。
⑤ 江泽民：《在中国科学技术协会第四次全国代表大会上的讲话》（1991年5月23日），中共中央文献研究室编：《十三大以来重要文献选编》下，中央文献出版社2011年版，第133页。

江泽民进一步论证，全面实施科教兴国战略，"关键是加强和不断推进知识创新、技术创新"①，体现了改革开放以来，决策层方面从逐渐重视科学技术到最终归结为自主创新的思想演化。因此，重视技术以及自主创新的思想并非直到2004年后才产生。

然而，科学技术、特别是自主创新在我国产业发展中难以实现，一直是一个现实问题。除了禀赋结构制约以及产业升级的客观规律与限制外，科学技术难以在应用层面实现转化是一个重要弊端。据统计，作为市场中的行为主体，21世纪初期我国企业的技术来源有70%来自外部，而只有30%来自企业的自主创新，②这反映出在现阶段我国企业对于外部的技术支持较为依赖。而在我国科研层面，除了我国R&D整体投入相对偏低、分配不合理等因素外，研发效率低下是一个严重问题。据统计，20世纪90年代中期，若将世界平均值设为100%，我国研发的科学相对效率为33%，技术相对效率仅为2%（根据在欧洲申请专利数量）和4%（根据在美国申请的专利数量），而上三个数值，在独联体国家为160%、16%和4%，日本与新兴工业体国家为54.3%、89.2%和146.8%，北美为101%、49%和136%。③因此，我国科技成果转化率低、技术进步贡献率低，联合我国企业对于外部技术源的依赖，在一定层面上解释了企业层面自主创新的难以实现。

解决这一问题的一个重要制度环节是建立科研领域与现实层面的联系转化，即"产—学—研"一体（或称"大学—产业—政府的三螺旋"，triple helix）。我国在20世纪80至90年代就曾陆续提出了建立"产—学—研"机制的政策，特别在90年代就已非常明确，如1992年国务院生产办、教育部、中国科学院发起推动的"产学研工程"，等等。然而，但机制因存在信息不对称、各主体风险较大、激励不明、成本受限等问题，在国内广泛呈现出短期化、形式化等特点，表现为临时组合、突击研发或购买成果居多，创新成果产业化的相对缺乏。④2006年国务院颁布的《国家中长期

---

① 江泽民：《在全国技术创新大会上的讲话》（1999年8月23日），中共中央文献研究室编：《十五大以来重要文献选编》中，中央文献出版社2011年版，第121页。
② 喻金田、万君康：《我国企业技术创新调查分析》，载于《科学学与科学技术管理》2002年第9期。
③ 王大洲：《技术创新与制度结构》，东北大学出版社2001年版，第130~131页。
④ 蔡兵、赵超、史永俊等主编：《创新与产学研合作》，广东经济出版社2010年版，第110页。

科学和技术发展规划纲要（2006～2020年）》再次强化了该机制的重要地位，把建立"产—学—研"的技术创新体系作为了国家创新体系建设的突破口，是第一次把该机制的发展提升到国家战略的高度。同时，该文件在扶植方面予以了一系列的政策支持，包括：通过多渠道增加投入，促进以企业为主体的"产—学—研"联合组织自主创新；对以企业为主体的"产—学—研"在专利申请、标准制定、国际贸易与合作方面予以支持；引导产、学、研各方面共同推进国家重要技术标准的研究、制定及优先采用；加大对技术科研平台及区域协同合作的政策支持，等等。① 2012年，中共中央、国务院印发《关于深化科技体制改革加快国家创新体系建设的意见》，进一步强调了"强化产学研用紧密结合，促进科技资源开放共享，各类创新主体协同合作"的思想。② 可见，该时期我国在扶植"产—学—研"一体化的政策导向非常突出。高铁产业的"产—学—研"制度即是在这种背景下发展的。但与通常意义上的模式不同，这一制度中除了高铁企业、高铁相关大学和研究机构外，上面提到的铁道部发挥了非常重要的作用。其组织并主导了整个创新协同的运作，使得高铁技术的创新与发展紧密围绕其"跨越式发展战略""中长期铁路网规划"等运作，这一点在铁道部政企分开前格外突出。据报道介绍，在技术引进以后，为了实现技术创新，"科技部与铁道部整合了全国的科技资源，打破了部门、行业、院校、企业的体制壁垒，打造了战略性产业的公共创新平台，充分调动各方积极性，既降低了创新的风险与成本，又加快了成果转化效率，使基础研发到产业化生产的时间缩短了十几倍"③。以一个具体例子来看，清华大学、北京大学、北京航空航天大学三校联合，连同机车生产企业的"采用空气动力学措施作为高速列车辅助控制手段预研"项目，从立项到签署，仅用一周时间。这如果没有政府部门打通关节要害、给予政策支持，根本无法实现。最终，中国高速铁路建设引进技术消化吸收再创新平台，

---

① 《国家中长期科学和技术发展规划纲要（2006～2020年）》（2006年2月9日），http://www.gov.cn/jrzg/2006-02/09/content_183787.htm。
② 《中共中央、国务院关于深化科技体制改革加快国家创新体系建设的意见》（2012年7月2日），引自中共中央文献研究室编：《十七大以来重要文献选编》下，中央文献出版社2013年版，第1032～1047页。
③ 张璐晶：《高铁成长记》，载于《中国经济周刊》2011年第Z1期。

第六章 自主创新时期产业发展路径选择的经济思想：2004~2019年

共吸纳8名院士、近百名教授、研究员、960余名高级工程师、5000余名工程技术人员参与。① 这种跨机构、跨行业、跨地区、跨层次的庞大产学研队伍，为高铁产业的自主创新提供了非常有力的支持。

但需要指出，虽然从技术的层面，目前我国的高铁产业通过"产—学—研"一体化实现的自主创新是成功的，然而这种模式并不完全符合"产—学—研"思想的构想。即按照该思想的初衷，协同创新是要以企业为主体的。这在市场经济的背景下很容易理解，因为在上一阶段开展社会主义市场经济建设时，我国学者就曾就行动主体的问题进行过深刻的讨论，得出的结果就是要以微观企业为行动主体，才能保证市场的活力与经营的效益。而自主创新的问题上也是一样，因为我国追求创新，不仅是研发的产出，更强调要将创新成果转化为现实生产力，所以最终也将处于市场的环境中。企业相较于一般科研机构，对提升竞争力具有更为迫切的需求，对掌握市场与行业动态更为敏锐，同时也有更快的成长速度，进而最有可能，如同制度创新思想中所表述的，为了获得潜在的市场利益，而对现行制度进行变革；同时，企业对于推动我国产业升级、提高产业竞争力的作用更为直接，因此将企业作为自主创新"产—学—研"的主体，能得到我国无论政策界还是学界的思想上一致认同。然而，我国高铁产业搭建"产—学—研"，虽然也不能缺乏企业的参与，但其之所以得以实现且成功高效，全赖政府部门绝对的推动和主导，即依靠"铁路网完整和集中统一指挥的管理体制优势"。因此从某种意义上，高铁产业的"产—学—研"一体化，更符合亨利·埃茨科威兹（Henry Etzkowitz）提出的，大学—产业—政府三螺旋结构的其中一个雏形，即政府与产业关系更强化、更强调政府协调作用的"国家干预主义社会"。这种社会通常要实现的目标是："国家应该有它自己的、与世界其他国家不同的技术产业"，而其模式，主要依靠政府分层次地连接起来（见图6-1），且多集中在专门的基础研究与应用研究机构。这也非常符合我国在塑造竞争优势的路径选择下，发展高铁产业的初衷和特征。这种模式在有优秀的领导、明确的目标及重大资

---

① 王政、路亚楠：《从"赶超"到"领跑"——高铁演绎自主创新"中国速度"》，载于《人民日报》2010年3月1日第1版。

源投入前提下，容易结出硕果，但长此以往，官僚主义协作的运行特质会压制自下而上的创新活动，同时，也会使创新被阻隔限定在某些被赋予特权的机构之内。① 因此对于我国高铁产业而言，在政企分离的背景下，进一步加强企业在创新方面的主导地位，将政府角色从主导创新转变为扶植创新，应是其未来发展的关键。

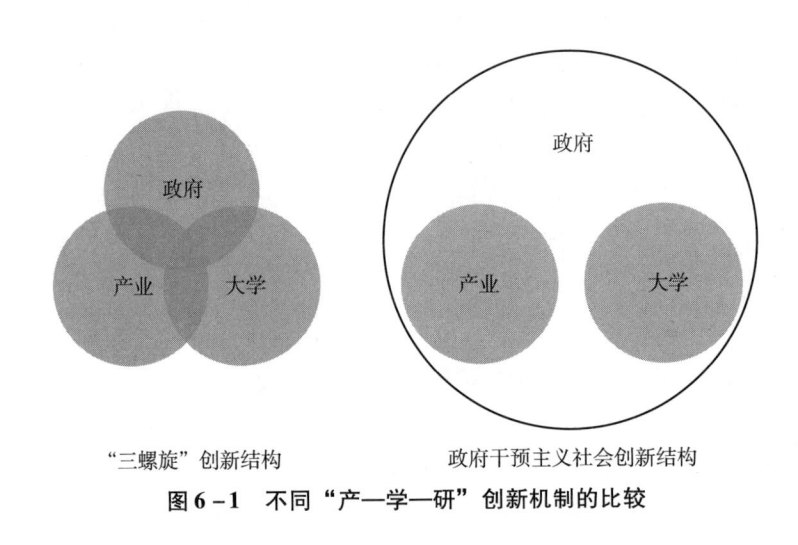

"三螺旋"创新结构　　　　　政府干预主义社会创新结构

图6-1　不同"产—学—研"创新机制的比较

第四节　自主创新时期产业发展路径选择的思想特征与理论评述

2004年以来，我国在结构性条件发生显著变化的局势下，选择了以自主创新为核心的塑造竞争优势的产业发展路径。总体而言，无论是经济学术还是制度实践，自主创新时期的经济思想还处于进一步的探索和完善进程中。然而，目前所见的内容已然获得了颇值得肯定的思想成就，即在

---

① ［美］亨利·埃茨科威兹著，周春彦译：《国家创新模式：大学、产业、政府"三螺旋"创新战略》，东方出版社2014年版，第8~10页。

第六章　自主创新时期产业发展路径选择的经济思想：2004~2019年

"塑造竞争优势—发挥比较优势—塑造竞争优势"的螺旋上升发展中，其对第一、第二阶段的思想局限形成了一定突破，且至今为止在产业发展实际绩效中也获得了良好成果。特别是，无论是对结构性条件的判断应对，还是在产业发展方面的选择规划，中国自主创新时期的产业发展路径选择搭建起了一种有效范式，凭借中国的资源、组织、市场和体制禀赋，对未来我国乃至其他国家的产业发展提供了巨大的研究空间和理论参考。

一、自主创新时期产业发展经济思想的回归与演进

21世纪以来一系列结构性条件的积累和扩大是2004年后中国产业发展路径选择经济思想再次发生转变的根本原因。中国第二阶段推行的主要是参与国际分工发挥比较优势，同时利用国际资源克服比较劣势的外向型发展路径，该路径以三大要素为必要基础：其一是中国长期在劳动力上呈现比较优势；其二是国际贸易秩序稳定、环境良好；其三是国际市场持续具有较大购买力。然而，这三个要素都逐渐发生了重大变化，不仅中国劳动力的比较优势开始衰弱，欧美地区经济不景气、美国重返亚洲并对中国实行贸易遏制，均使得外向型的发展路径难以为继。在此情况下，中国及时调整了策略，特别是为了日后能在国际经济关系中长期占据优势地位，一改以往侧重强调经济总量增长的路线，而将战略性调整与实力塑造作为产业发展的重要指导，开辟了以自主创新为核心的产业发展路径选择。

在塑造竞争优势和发展比较优势上，国内经济学界随着理论的积累也逐渐对这两条路径形成了较为清晰的认知。两派均基本认同中国产业发展的未来取向是提升技术水平、促进产业升级，但在如何实现的问题上，比较派坚持认为顺应国家在各个时点上的禀赋结构，是最具竞争力且最有利于积累的方式。在积累的过程中，禀赋结构会动态地发生变化和提升，技术结构乃至产业结构的升级便会因此而起。另外，在发挥比较优势的过程中，后发国家还能通过模仿，以较低的成本吸收早发国家的先进技术，实现后发优势。然而，竞争派认为，发挥比较优势存在诸多限定条件，在实践过程中极易将发展中国家锁定在产业发展的低水平状态，而一国所谓的产业优势，很大程度上与其为自身选择的国际分工定位，即致力于培育的

内生比较优势有关，且这一内生优势应考虑到长远发展，不能仅着眼于当下经济效益的取得。在随后的制度设计中，高铁产业作为优先发展的产业之一，反映出塑造竞争优势的产业发展经济思想被最终选定。而高铁产业本身也具备多重优越性，不仅作为现代化装备制造业，契合了我国自主创新的产业发展取向，同时还作为一项交通运输业，缓解了我国在交通基础产业方面不配套的落后局面。另外，高铁还搭建起联通欧亚大陆的互联平台，与以美国为首的海上贸易关系形成了战略对冲。

虽然学术界关于产业升级提出了多种构想，但在行动主体的问题上探讨得却并不深入。原因在于，在社会主义市场经济体制不断推行的背景下，以微观企业为行动个体成为学术界广泛的既定认知，政府则更多地被看作是市场及法制环境的维护者和技术开发、人才培育的提供者。然而，高铁产业却选择了"政企合一"作为行动主体的组织思想，这在经济体制改革推行到21世纪是颇为罕见的。在高铁产业的组建初期，该形式的确体现出巨大优势，在国家安全、战略落实、组织调配、技术引进和自主创新等领域均发挥了积极影响。而结合第一阶段我国在钢铁产业的行动主体选择，即可发现在选择竞争式发展路径后，由政府主导的集体行动运作模式很容易被随之选择。但是，在高铁产业已完成了初步发育后，政企合一由于角色模糊、效益低下等负面影响，也逐渐退出了历史舞台，企业最终被落实为高铁产业的行动主体。由此可见，塑造竞争优势的产业发展与市场经济的运行规律并不一定冲突，这回答了第一阶段经济思想遗留的一个问题。

技术要素的获取也是高铁产业发展颇具特色的思想内容。在此阶段，学术界提供了诸多关于强化产业自主创新能力的探讨，然而，高铁产业在跨越式发展的目标下，仍须面对从国外引进技术的必要过程。高铁产业在此期间创造性地发挥了中国两大突出优势：第一是对国内庞大市场形成高度整合，提升了技术采购中的谈判优势；第二是对国内各方技术资源形成高度整合，凝聚起自主创新的攻关优势。因此可称，中国的路径选择经济思想将市场规模和组织能力，处理为等同于一般认知中资本、劳动、资源、技术等要素，加入到产业发展的研究框架中来。另外，政府部门的主导是以上集中统筹安排的制度基础，其克服了企业个体在逐利过程中对自

第六章　自主创新时期产业发展路径选择的经济思想：2004~2019 年

主创新的忽视，也解决了企业个体在面对自主创新时的能力不足。以上内容回答了第二阶段经济思想遗留的一个问题，即如若选择了技术引进，只要着力强化吸收与创新的转化机制，技术的自主创新也可能随之实现。此外，在调配科研人员时制度设计也考虑到了微观个体的激励机制，再次印证了塑造竞争优势的产业发展与市场经济运行规律可以合二为一。

总而言之，在国内外局势均对发挥比较优势产生不利影响的境况下，产业发展的路径选择经济思想选择了自主创新特征显著，且具有经济与战略双重内涵的产业，在早期通过高度的政府主导，实现了技术引进基础上的转化突破和产业的早期发育，随后则选择逐步让位于市场和企业主体，在未来继续长期以塑造竞争优势为产业发展的主题。而这一主题，至今仍处于继续探索、调整和丰富的发展进程中。

二、当前自主创新建设与高铁产业的成果取得评议

现今我国产业发展还处于进行过程中，所以当下对成果取得的总结尚无法完全，而只能以一个相对初步的评价作为参考。但即便如此，我国产业在自主创新的战略指导下，已经取得了一定的建设成果。自从推行新型工业化发展、主张建立创新型国家后，有赖于专项政策和创新平台项目的大力支持，一批批高新技术产业取得了一定成果：2008 年，中国科学技术大学首次在世界上实现了基于冷原子量子存储的量子中继器，是量子通信实验领域的重大突破；2009 年，科学家周琪和高绍荣等人首次利用诱导多功能干细胞克隆出活体鼠，为克隆成年哺乳动物创造了可能；2010 年，国防科技大学研制的"天河一号"在第 36 届世界超级计算机 500 强排名中勇夺世界第一，标志着我国超级计算机核心芯片自主研发实力的迅猛提升；2010 年中科院科学家发现了一种新的中微子振荡形式，拓展了对物质世界基本规律的新认识。[①] 此外，我国自 2006 年以来确定的包括集成电路装备、数控机床、大型核电站、大飞机、载人航空与探月工程等 16 个国

---

① 赵永新：《自主创新迈大步》，载于《人民日报》2012 年 7 月 6 日第 1 版。

家重大科技专项,也取得了重大进步。① 以上自主创新成果对提升我国技术结构、提升产业发展中的技术贡献都具有一定的积极影响。

在高铁产业方面,截至 2014 年,其已在多个领域达到了"世界之最",拥有长达 11028 公里的高铁运营里程,时速 300 公里的运营速度最快的铁路,高达时速 481.6 公里的运营实验最高速度,第一条实现盈利的京沪高铁,创造世界纪录的高达 346.4 万人次的日发送旅客值,世界上第一条新建的高寒铁路哈大高铁,试验时速高达 605 公里的最快列车等②。这些成就,已得到了俄罗斯、印度、拉丁美洲等国家和地区的高度赞同,并引起了欧美等国的战略重视。③ 在战略方面,以高铁作为连接东南亚和中亚的纽带,用以促进煤炭、铁矿石等重要物资并扩大对周边国家影响力的"高铁外交"正在推进的过程中,高铁也被看作是我国正推行的"一带一路"重大战略的重要助推器。④ 而在高铁对国内经济的带动方面,虽然其影响需要进一步扩大才能进行更为全面的评估,但目前一些研究已通过某些区段的高铁为案例,指出,高铁产业对区域经济拉动、产业结构变动、区域联通、旅游产业发挥了正面影响。⑤ 可见,目前为止高铁产业无论自身建设还是经济、战略作用方面,均取得了积极的成果。

但是,我国发展自主创新型产业发展建设仍然任重而道远,2014 年创新发展报告指出,在科技创新能力提升过程中缺乏重大突破性科技创新成果、企业创新能力规划不清晰且重视程度不足、高端创新型人才高度稀缺,仍成为我国自主创新的主要障碍。所以,在未来发展中,应着重加强科技方面的前沿和基础研究,加强企业自主创新能力,加强不同区域、资源间的开放与协同创新。⑥

---

① 《重大科技专项:服务国家目标》,载于《光明日报》2010 年 10 月 26 日第 1 版。
② 《你可能不知道的中国高铁之最》,载于《齐鲁晚报》2014 年 11 月 17 日 G04 版。
③ 《外媒:中国高铁技术先进成本经济 竞争力胜欧洲》,http://china.cankaoxiaoxi.com/2015/0124/639434.shtml。
④ 《高铁助推"一带一路"大战略》,http://www.sxrb.com/sxxww/xwpd/sdgc/5085618.shtml。
⑤ 苏文俊、施海涛、王新军:《京沪高铁对鲁西南沿线主要城市的影响》,载于《复旦学报(自然社会科学版)》2009 年第 1 期;梁雪松:《基于双重区位空间的湖南旅游业发展机遇探讨——"武广高铁"开通视阈》,载于《经济地理》2010 年第 5 期;杨维凤:《京沪高速铁路对我国区域经济发展的影响》,载于《生态经济》2011 年第 7 期。
⑥ 陈劲:《国家创新蓝皮书:中国创新发展报告(2014)》,社会科学文献出版社 2014 年版。

三、我国高铁产业创新机制的理论选择及局限探讨

第三阶段中国产业所选择的以自主创新而塑造竞争优势的发展路径，虽然是在市场经济体制下运作，并且更加遵循经济发展的客观规律，但如前文所言，其与第一阶段非常近似的一点，就是政府在重点产业的发展中起到了非常关键的作用，换言之是政府的全力运作与支持，实现了高铁产业特别是在自主创新领域的发展。其具体有以下表现：第一，政府部门为高铁产业的自主创新制定详细的发展规则；其二，政府部门运用行政便利及一切条件促成自主创新；其三，政府部门（至少在政企分离之前）是高铁产业组织中的绝对主导。以上表现均指向了一个特征主旨，即在发展竞争型自主创新产业时，政府部门成为行动主体。

在经济思想中的创新理论中，对于创新行动主体也有着不同的见解。一种见解是以熊彼特为代表的，以微观的企业、特别是企业家为行动主体。在熊彼特看来，创新作为一种从未有过的生产要素与生产条件的新组合，是经济发展的动力；而他把创新的形成与推动，主要归功于企业家，即那些更适当地、更有利地运用生产手段，实现了新组合的人。他们"有一种梦想和意志""存在有征服的意志"且"存在有创造的快乐"，而并不一定是出于个人求财求富的欲望；他们作为企业家最独特也是最本质的作用，就是实现新的组合，并通过实践这种新组合，产生"创造性的破坏"，进而打破原有的经济循环轨道，推动经济发展脱离原有惯性而实现经济发展。[①] 因此，企业家是熊彼特理论中绝对的行动主体。

此外，还有一种以理查德·纳尔逊（Richard R. Nelson）、克里斯托弗·弗里曼（Christopher Freeman）等人为代表的国家创新体系理论，其不把创新看作是由企业家个体推动的线性过程，而是由一国之内多种部门所组成的网状结构，因此，这种情况下的创新行动主体不再只是单一的企业，而是一个国家创新体系。特别是，他们大多在不同程度地强调政府的

---

① ［美］约瑟夫·熊彼特著，何畏、易家详等译：《经济发展理论——对于利润、资本、信贷、利息和经济周期的考察》，商务印书馆1991年版，第147、103～104、153页。

作用。弗里曼认为，如果没有必要的基础设施和制度保障而允许创新活动的传播和扩散，新技术仅依靠企业家的进取也无法成为现实，他指出，日本所实现的以创新推动产业发展，与其政府积极地提供公共产品，并且制定长期战略目标、进行促进与协调密切相关。① 纳尔逊也指出，技术的私有会促进创新，但也会因不能推广而造成浪费，因此他主张通过大学等有关机构以及政府提供大量的资助，一定程度上促进公有性质的创新。② 由此可见，政府也可能成为创新体系中的一个行动主体构成。

我国的高铁产业显然符合第二种理论的逻辑，甚至走得更远。这也与我国自21世纪初自上而下推动创新型国家有关。在第三阶段初期，许多社论很提倡政府的作用，如《人民日报》指出，正确定位政府在创新体系建设中的职能，是建立高效国家创新体系的前提条件，而这一过程，应包括制定国家创新战略规划、完善法律环境和加大政府投入。③ 甚至还有评论主张，要大力强化政府在科技创新中的主导作用。④ 以上思想倾向，在很大程度上可被视作我国经济社会思潮在该时段的一个重要的阶段性特点，即强调政府之于经济实践的积极作用，前述关于产业政策的讨论中亦有所提及。高铁产业的创新主体正是在这样的一个思潮背景下被确立了。

如若将以上两种创新理论进行对比，客观上须得承认，我国目前选择的以政府为主导的国家创新体系为高铁产业创造了巨大成功。但是其显著的局限性（特指高铁产业至今为止的创新模式）在于，就中国产业发展这一整体视域来看，该模式很难进行整体范围的推广。即产业发展包含了诸多行业、诸多种类、诸多特征，我国目前选择通过自主创新而塑造竞争优势，并建立创新型国家，最终也是希冀能够在广泛产业领域发生大规模的、可持续的创新活动。那么，这只能更多地依靠微观企业和企业家这样的市场经济中的微观主体来发挥主要作用。如若仅依靠政府，那么从长远

---

① [英] 克里斯托弗·弗里曼：《日本：一个新国家创新系统》，引自 [意] 多西等编，钟学义等译：《技术进步与经济理论》，北京科学出版社1992年版，第402~424页。
② [美] 理查德·R. 约翰逊：《美国支持技术进步的制度》，引自 [意] 多西等编，钟学义等译：《技术进步与经济理论》，北京科学出版社1992年版，第380~401页。
③ 李洋、柴中达：《政府在国家创新体系中的职能定位》，载于《人民日报》2004年5月27日第9版。
④ 刘振江：《大力强化政府在科技创新中的主导作用》，载于《中国改革报》，http://www.crd.net.cn/2010-09/06/content_5145765.htm。

来看，我国产业自主创新的活力与潜能就将被极大地束缚了。而且，高铁产业的成功是一种典范，但也不应造成一种观念，即依靠政府主导是实现的自主创新的唯一选择。依靠企业家从事创新活动而造就产业发展的成功案例，在我国近代真实地存在过。棉纺织业、面粉业、火柴业等新式工业的快速发展，正是上海近代企业家以积极进取的创新精神，通过不可预知的激烈竞争而创造的，并非通过政府的系统计划和有意扶植。① 而在当前，互联网、物流、手机等领域的新兴产业蓬勃兴起，创造了诸多的新业态与新模式，在国际上也日渐树立了较高声望，但其相对而言也并非政府给予政策倾斜的重点对象。所以，如何在更为广泛的领域，探索营造以企业家为核心的自主创新产业发展环境，应作为未来产业发展经济思想的重要延伸方向。

---

① 杜恂诚：《上海与企业家精神》，载于《东方早报》2015年5月25日第2版。

第七章

研究结论与未来展望

第一节 中国产业发展路径选择经济思想的脉络梳理

一、中国产业发展路径选择经济思想的历史总结

中华人民共和国成立以来的产业发展取得了举世瞩目的巨大成就，也呈现出复杂多变的在战略主张、组织形式与表现特征等方面的切换更迭。然而，若以产业发展路径选择作为研究的切入点，经济思想则呈现出非常清晰且别具特色的阶段式演进脉络。特别是在厘清不同历史时期的结构性条件基础上，经济认知与制度设计共同组成了包含学术与实践在内的、丰富而系统的经济思想研究成果。

总体而言，中国产业发展路径选择经济思想经历了三个历史阶段：1949~1978年，美国与苏联的经济封锁与外交对峙、周边国家及地区的潜在战争威胁、国民经济的积贫积弱，综合奠定了中国产业发展所面临的客观基础，也促成了独立自主、自力更生的战略选择。该选择主要出于在外部封闭的严酷环境下，巩固民族独立、培育内生实力进而与发达国家相抗衡的战略需要。由此，虽然经济学界在产业发展次序与经济体制等问题上具有同政策界并不全然一致的理解，但现实过程仍以重工业优先发展为起点，随即选择了宏观计划经济体制、微观国营管理体制、政治激励动员等一系列配套主张，共同组成了经济自主时期的塑造竞争优势的产业发展路径选择经济思想。1978年以来，中国的结构性条件发生诸多利好转变。中美建交并摆脱战争威胁、国际间确立良好的贸易秩序、世界和平的多元化发展，共同为中国走向开放提供了契机。凭此机遇，中国将战略对策调整到以经济建设为核心的路径上来。一方面，经济学术与制度设计共同选择了参与国际分工体系，通过市场机制的过渡性建设和对微观主体的逐步权力赋予，架设起发挥以劳动力为代表的比较优势的产业发展路径；另一方

面，也通过开放分享国内市场，将国内外的要素置换结合，通过产业政策的规制，组建起克服资本与技术比较劣势的产业发展路径。以上两方面并行构成了经济外向时期的发挥比较优势的产业发展路径选择经济思想。2004年以来，结构性条件再次发生显著变化。国内劳动力比较优势的衰退，国际市场需求萎靡、美国重返亚洲并对中国实行贸易遏制，中断了此前一贯的发展路径。因此，向内寻求增长动力并培育内生长效实力，构成了该时期产业发展的应对性决策，也促成了以自主创新为内涵的战略选择。经济学界在发挥比较优势和塑造竞争优势之间曾发生过激烈争辩，但最终落实的经济思想选择了技术水平及战略意图突出的产业，通过早期的政府主导，实现了技术引进基础上的转化突破，也完成了内生自主实力的迅速加强。虽然在后续发展中，经济思想选择将运行机制和行动主体逐步让渡为市场和企业，但产业发展的思路和导向并未发生改变，以上皆构成了自主创新时期的塑造竞争优势的产业发展路径选择经济思想。

中国产业"塑造竞争优势—发挥比较优势—塑造竞争优势"的螺旋演进，从历史的角度，再次印证了经济理论分野中的两条产业发展路径选择并无绝对的优劣之分，二者的差异更多地被体现在基于特定条件下作何权衡才更为适宜。而且在实践中，中国产业发展路径选择虽有明确分野，但并非全然割裂。对于第一、第二阶段，路径选择虽然从竞争优势切换到比较优势，但在汽车产业上体现的计划指令性特征，却明显带有第一阶段的思想遗留；对于第二、第三阶段，尊重市场规律、注重微观行动个体的激励机制，也在从比较优势到竞争优势的路径切换中有了一定程度的思想体现。这也促成了经济思想在选择更替中对同一路径，即第三阶段相对于第一阶段的理解深化和理论升华。

二、中国产业发展路径选择经济思想的整体特征

1949年至今中国产业发展路径选择的经济思想体现出如下整体特征：

第一，结构性条件决定产业发展的目标取向。本书的考察都反复印证了一个基本事实，即结构性条件是产业发展路径选择更替、经济主张思潮迭起的最为根本的自变量。正是国际局势的对立封锁，导致了我国第一阶

段向内寻求产业发展的强烈动机，也由此在客观条件的进一步限定下，阻碍了经济认知在强调市场机制方面所能发挥的潜在影响。而第二阶段，经济学术与制度设计一致要求运用市场机制发挥比较优势，也正是因为结构性条件提供了相宜契机。另外，经济学术中一直不乏围绕竞争优势和比较优势的思想萌发，但其最终在第三阶段展开大规模争论，并奠定了一系列的后续思想选择，也是源于多重因素积累下，结构性条件遭遇了足以中断前一阶段路径选择的显著变化。可预见的是，中国未来长期的产业发展中，结构性条件还会作为自变量而发挥巨大作用，但这也为经济思想的丰富提供了演进动力。

在此基础上进一步呈现的是结构性条件钟摆型运动与路径交互选择的逻辑关系：就以往的史实来看，在国际环境紧张、国内危机冲突、国家面临巨大压力的情况下，我国会倾向于选择塑造竞争优势的产业发展路径。在此过程中，政府往往发挥更为积极的作用，与之相应的即为在不同压力强度下，对于经济的不同程度的计划和调控。最典型的就是计划经济体制、国营企业、政府主导、政治激励动员等思想的相互组合。相反，在国际关系良好，国内形势平稳，尚无显著压力的情况下，我国则会倾向于选择发挥比较优势的产业发展路径。并且，发挥比较优势往往与市场机制相互配合，因此随之呈现的，是市场化建设、权力下放、突出微观行动个体、重视经济效益等的一系列配套思想。以上逻辑关系的一个经济理解是发挥比较优势，即顺应外生的比较优势，可获得即时的经济效益。如若在未来一段预期内皆无风险，那么此举必然被经济体所选择，无论对于个人还是国家皆是如此。而发挥比较优势本质上是资源的优化配置，只有通过市场机制才能配置得更为充分、更有效率，这一点已被现代经济学和历史实践所反复论证。相反，塑造竞争优势，即培育内生的比较优势，是放弃目前可能存在的经济利益而专注于培育经历一段时间后才能获得的比较优势，虽然此举有利于实现一经济体产业的跨阶段突破，但若无当前，或在不远将来必须面对的挑战和风险，塑造竞争优势不符合谋利偏好，难以被真正地贯彻落实。而且，塑造竞争优势本质上是分工与定位的选择，经济体总会倾向于制定一个统一的发展目标，但其一旦被推行，培育内生优势与放弃外生优势的激励冲突，会导致经济体内部的诸多个体很难整齐划一地为同一目标努力。为避免行动扭曲，由政府主导，对个体行动和资源配置采取统一安排，在短期来看是较为有效的选择。

在实践中，一经济体对于两种路径选择都是两者皆收同时有所偏重的，而以上分析进一步证实了，两条产业发展路径选择之间更多的是如何进行权衡。发挥比较优势可以获得巨大的经济效益与资本积累，但在长期特别是结构性条件发生未知变动时容易陷入被动；塑造竞争优势可以实现国家产业发展的跨阶段演进，缩小发达国家与发展中国家的差距，但对于当期的经济效益有一定侵害，同时长期的计划调解容易导致产业发展的低效。二者在不同的结构性条件下呈现出其各自的利与弊，因此更值得探讨的，是如何在发挥比较优势时加快产业升级转化，增强应对未知风险的能力；而在塑造竞争优势时，如何将集体利益与个人利益相结合，在长期更为有效地、可持续地实现发展目标。

第二，经济认知提供产业发展的实现途径。在选定了产业发展目标的基础上，实现途径的选择依然存有多种可能。除却主观偏好、客观限制等因素，经济认知作为不同时期的包括学者、决策者和从业者在内的历史人士对经济现象及未来趋势的理解和判断，提供了其所能获取的达成目标的全部策略集合。这一集合来自经济学术的研究水平、产业发展的实践体会，也来自该国自身及世界其他国家的早期例证。这些认知呈现出实现产业发展目标的"最优选择"，也限定了实现途径所能达到的大致边界。例如在近代，中国经济学者受到德国、日本、苏联等国的行动感化，大多主张优先发展重工业，影响了第一阶段的认知取向。同时，第一阶段已有的经济思想也未能给出一种从轻工业出发，快速且健康发展产业的合理框架，这进一步使得苏联模式以及中国近代经济思想所体悟的重工业优先发展看起来更为可取。而第二阶段，因缺乏从计划经济体制到市场经济体制的演变步骤参考，经济思想只能"摸着石头过河"，在实践探索中梳理改革途径。当然，现实经济问题对已有经济认知的超越可以促进经济思想的发展，且最终取得的成果也大多成为超越已有理论的创见。但这是后续总结而得的，在历史当下的决断中，经济认知的确对路径选择的具体搭建施加了极大的限定。

第三，发展型政府的能动特征非常突出。纵观中国产业发展路径选择的三阶段经济思想，虽然其间不乏发展市场机制、促进微观个体活力的思想萌发，甚至构成了非常重要的组成部分，但政府的主导性并未发生变化。具体表现为三点：（1）在结构性条件发生变化时，政府总是率先制定战略对策，不仅应对即时，且造就了一段时期内经济学术的研究热点，后续的经济思想选择大多与此战略保持一致；（2）政府具有强烈的发展意愿，具有较强的资源获取和配置，使用的能力以及行政能力，在促进经济发展，维护经济稳定中发挥了重要作用；（3）政府实践与经济学术之间并没有绝对的孰先孰后，虽然经济学术有时先于制度设计提出一些观点，但制度设计在发展型政府对于产业发展的积极探索下，也会先于经济学术，探索出新的思想内容。从这个角度，在未来发展中界定政府权限、明确政府职能尤为重要。

第四，市场化要素不断深入是基本发展趋势。此点主要结合第三点特征，虽然发展性政府是经济思想中的主导，但市场机制的有效性在产业发展的过程中也不断得到肯定。无论是对个体层面激励机制的重视，还是运用市场手段进行资源配置，都成为是发挥比较优势还是塑造竞争优势中的重要组成部分。除非未来发生重大结构性变故，如战争、自然灾害和严重的经济萧条等，这会造成具有短期有效性的大规模计划指令性机制再次兴起，除此之外，市场化要素应会逐渐渗透，发挥愈加深远的影响。

三、路径选择过程中的创新性经济思想成果总结

中国产业发展路径选择经济思想的演变过程孕育了丰富的研究内容，三阶段的选择切换和路径的具体搭建都具有重要的理论与现实意义。在此基础上，还有一些精辟的、别具创见的思想成果，虽然有些并未给出系统的理论体系，也存在一定不足，但所开辟的思路、提出的观点等对随后的经济思想发展都具有参考价值，因此有必要加以整理。本书认为具体包括：

1. "以农业为基础，以工业为主导"的工业化经济思想

该思想的最大贡献，是在后发农业国家加速实现产业发展的要求下，一方面肯定了优先发展重工业的战略意义，另一方面也深刻意识到农业在国民经济运行中不可或缺的基础性地位。该思想强调了农业与民生、轻工

业、重工业乃至贸易之间的紧密关系，明确了发展中国家必须将农业与重工业并举才能实现长期快速发展的方针。但该思想的不足，是只提出了思想主张，缺乏科学系统的操作机制。特别是在具体落实中，重工业还往往通过侵占农业剩余、完成积累而实现快速发展，因此如何并举方面，仍值得进行更为深入的探索。

2. "鞍钢宪法"中的管理经济思想

"鞍钢宪法"是中华人民共和国成立后第一个企业管理思想，兼具舶来的经济思想中国化与中国经济实践理论化的双重属性。该法的形成起因于我国以企业管理推进重工业发展的强烈诉求同舶来的管理思想无法满足国情所需之间的矛盾，以探索适合中国国情的社会主义建设道路为突破口，在确立了"加强党的领导""坚持政治挂帅"的战略导向以及"开展革新与革命"的技术导向的基础上，以"两参一改三结合"和"大搞群众运动"作为具体的管理模式，体现出典型的参与式管理思想，是一种区别于"马钢宪法"的控制式管理思想的改进。具备了信息共享、知识培训、权力共享以及思想政治激励的四大参与式管理维度，并以基于"社会人"假设的思想政治激励作为突出特征，具有逻辑自洽性和时代合理性，但也因缺乏基于"经济人"假设的内在激励而存在一定的局限性。在重点调整内在激励机制后，"鞍钢宪法"在当前现代化经济体系建设中仍具有正面指导作用。

3. "国际大循环理论"的产业发展思想

该思想值得称道之处，是较为系统地构思出一个后发国家如何在对外开放的情况下，迅速实现产业整体演进的行动规划。将发挥比较优势和克服比较劣势合二为一，通过参与国际分工体系，运用国际贸易中的比较优势互利作为转化机制，构化出一条相对于内在积累更为迅速且有效的轻重工业共同发展模式。着眼于改善我国二元经济结构和产业升级，且可操作性强，成为第二阶段我国外向型产业发展的重要指导，对具有类似情形的发展中国家也具有启示意义。

4. 两阶段技术引进的产业发展思想

此处所指的第一次技术引进，是指第二阶段的"以市场换技术"，该思想的可取之处是挖掘到了国内市场潜力这一中国产业发展的比较优势，将其与国外的技术与资本结合配置,实现了作为比较劣势产业的汽车产业的快速成长。该思想的遗憾之处是未能通过技术引进实现自主掌控,但此举受到技术水平、研发投入、企业意愿等客观因素的制约,并非"以市场换技术"这一思想本身能够全部解决。第二次技术引进即体现在高铁产业方面。该引进包含两部分,其一是通过国内市场的高度整合对国外技术形成巨大吸引,进而占据谈判优势地位,以较低价格取得先进技术。这是对"以市场换技术"的发展和深化。但客观而论,谈判的成功一方面来源于相关人士对于市场比较优势的清晰认知,另一方面也来源于中国产业发展坚实成果给予世界各界的强大信心。技术引进的第二部分则是凭借我国体制所具有的组织优势,将国内技术资源实行了高度整合,促进了对国外技术的吸收消化和在此基础上的自主创新,也完成了汽车产业技术引进所未能解决的问题。总而言之,第二次的技术引进将市场优势和组织优势考虑到产业发展的框架,具有一定启发性。

第二节　中国产业发展路径选择经济思想的启示与展望

一、中国产业发展路径选择经济思想的现实启示

确立并保持产业发展的长期优势,无论这一优势是外生既定还是内生塑造,是每一个国家均密切关注的战略性重大问题。在外部压力平稳时,顺应并充分发挥外生的比较优势,获取经济效益并循序渐进地发展产业,是理性的选择;而在结构性条件产生压力,特别是压力所带来的侵害高于当期发挥比较优势所能获取的效益时,定向培育并塑造内生的比较优势,考虑长远战略发展并适时地有重点、跨阶段的发挥产业,也是符合现实的选择。由此,充分观测结构性条件并进行科学预期,是进行产业发展路径选择的重要出发点,但除此之外,还有几点可在现实发展中有所加强:

第七章　研究结论与未来展望

第一，大力加强并拓展经济学研究。决定发展目标的结构性条件并非可控，但提供实现途径的经济认知是可有所作为的环节。近代以来，我国经济学研究在某些方面的水平有限、认知不足和发展滞后，致使其无法跟进产业发展的需要，是令人印象深刻的；但经济学科有所发展后，其为理解并改善现实经济提供了巨大帮助，亦非常突出。值得肯定的是，经济研究越为丰富、越为深入，就会为产业发展提供越多角度与层面的分析，增加越多可能的方案，也会对潜在的发展契机和可能存在的风险产生越高的敏感和警惕。因此在未来发展中：其一，应赋予经济学者更多的学术空间与自由，鼓励其充分在学术领域内展开深入研讨。其二，应鼓励经济学研究进一步拓展，深化社会生活的多方面，无论在理论经济学还是应用经济学各领域都应有所加强，把握现实生活中的新近经济动向，也要对中国历史和文化禀赋有所传承。其三，应积极考察并研究世界各国的经济理论与发展历史，更多地站在全球经济的视野、结合世界案例去理解中国的产业发展。其四，对于现实发展中的一些重要环节，如重要产业的发展，应加强经济学研究的参与，建立经济学智库，使重要产业政策的制定充分吸收经济研究的建议。其五，应对产业发展的成功案例和创新思想加以系统整理、理论化地提炼和推广，不仅能丰富中国产业发展的经济思想，更能以中国经验为立场，为世界经济学术和产业发展提供参考。

第二，明确政府职能的边界界定，加强从政府到市场的转化机制。正如本书一贯所述，在结构性压力的特殊变化下，特定阶段内由政府主导实行程度适宜的计划管理具有一定的必要性，而在压力褪去时，政府的计划调节应退出而让位于市场调节。这是一种合理且理想的状态，但现实运行存在一些问题：一方面，计划调节与市场调节的更替并非一个对称过程。从历史经验来看，计划取代市场总是较易实现，而市场替代计划总是进展缓慢。这不仅是由于计划调节过程中可能形成了一些制度障碍和改革阻力，使得市场调节的引入颇难推进，也是由于有时出于维护经济社会稳定的考量，从计划到市场的改革须经历一个渐进的过渡转换。我国改革开放后的经济转轨正是如此。所以，必须谨慎采用政府主导与计划调节，除非遭遇到一些极端结构性条件如大规模战争与严重自然灾害。而这样便产生了第二个问题，即面临不同程度的结构性压力下，政府主导与计划调节应该具有多大程度的影响才适宜？该问题被落实当前热议的焦点，即可表述为，政府在不同结构性条件下的产业发展中应该具有怎样的职能和边界？当前，社会各界对于政府角色定位的讨论非常激烈，但从产业发展经济思想的历史角度可断定的是，政府的经济角色不应只有"有为"（即绝对主导）和"无为"（即自由放任）两个极端。在这二者中，应该还有诸多层次、诸多形式的政府职能定位（包括政策工具，政府组织与行为等），用以应对不同程度的结构性压力。因此，关于结构性压力的识别和政府职能内容的开发值得进行更为系统、更深层次的专项探讨。另外，我国产业发展行动主体的一个突出特征，就是多在政府（或称国家）和微观个体之间缺乏社会治理，例如同业公会，而社会治理一方面具有集体行动的一定优势，另一方面也在很大程度上避免了政府干预的非理性和低效问题，应可作为一种抵抗结构性压力的备选方案而被开发和推广。

第三，加强技术培育与开发的长效机制。就当前全球产业发展的长期趋势来看，技术要素会在其中承担愈加关键的作用。对于塑造竞争优势的路径选择而言，加强技术开发是培育内生比较优势颇为重要的一个着力点；对于顺应比较优势的路径选择而言，即便面临良好的技术交流机遇，但核心技术并不会自动获得而只能依靠国内配套的吸收转化机制。另外，加大技术投入也有利于加速禀赋结构的动态升级，从而促进产业升级。因此，加强技术的培育与开发无论对于哪一种路径选择都将具有积极意义。在未来发展中，一方面应通过强化公平竞争机制，激发企业的技术创新投入，另一方面，也应继续加大教育投入，加大科研投入，培育选拔创新尖端人才并为其提供妥善的研究环境，加强基础科学与应用科学、自然科学与社会科学之间的交叉融合，共同促进原始创新、集成创新和消化吸收再创新。

二、中国产业发展路径选择经济思想的未来展望

中国共产党第十八次全国代表大会（以下简称中共十八大）以来，我国发展的阶段性特征被确立为步入新常态阶段。坚持以提高经济发展质量和效益为中心，大力推进经济结构战略性调整，不断改善国际分工地位，在国

际竞争中进一步提升地位进而增强影响力，是未来一段时期内我国经济发展的重要内容，因此在产业发展方面，以自主创新为核心塑造竞争优势仍将是持续推进的路径选择。但应注意到，在包括发展目标、发展主体、发展机制和发展要素等的具体路径操作上，中共十八大以来的思想导向展示出了一定的调整趋向，这不仅是对经济发展新常态与国际竞争新形势的呼应，也从一个基本的层面反映出对上一阶段产业发展尚未解决的问题，包括市场微观主体参与自主创新不足、产业政策存废抑或转型等的更深层次思考，即政府与市场关系的调整以及经济发展方式的转变，将在很大程度上决定产业发展路径的具体塑成。因此，虽然一些战略及思想尚未完全落实在产业层面，但其对未来产业发展路径选择经济思想无论在理论探讨上，还是实际操作上，都提供了重要的规划与引导。这些战略及思想可被总结为：

第一，在加快建设现代化产业体系的框架下进一步推动战略性新兴产业发展，将成为我国产业发展重点探索的新目标。中共十八大以来，战略性新兴产业仍被作为一项重要的发展内容。如中共十八大报告指出，要使经济发展"更多依靠现代服务业和战略性新兴产业带动""推动战略性新兴产业、先进制造业健康发展，加快传统产业转型升级，推动服务业特别是现代服务业发展壮大，合理布局建设基础设施和基础产业"。[①] 纵观随后历年的政府工作报告，推动战略性新兴产业的要求均有不同程度的体现，[②]

[①] 胡锦涛：《坚定不移沿着中国特色社会主义道路前进，为全面建成小康社会而奋斗》，2012年11月8日，中共中央文献研究室编：《十八大以来重要文献选编》上，中央文献出版社2014年版，第17~18页。

[②] 2013年《政府工作报告》提出，"以扩大国内市场应用、重要关键技术攻关为重点，推动战略性新兴产业健康发展"。引自温家宝：《政府工作报告》，2013年3月3日，中共中央文献研究室编：《十八大以来重要文献选编》上，中央文献出版社2014年版，第185页。2014年《政府工作报告》提出，"优先发展生产性服务业""促进信息化与工业化深度融合""设立新兴产业创业创新平台"。李克强：《政府工作报告》，2014年3月5日，引自中共中央文献研究室编：《十八大以来重要文献选编》上，中央文献出版社2014年，第848页。2015年《政府工作报告》提出，"促进服务业和战略性新兴产业比重提高、水平提升"。李克强，《政府工作报告》，2015年3月5日，中共中央文献研究室编：《十八大以来重要文献选编》中，中央文献出版社2016年版，第379页。2016年《政府工作报告》提出，"要推动新技术、新产业、新业态加快成长""做大高技术产业、现代服务业等新兴产业集群"，等等。李克强：《政府工作报告》，2016年3月5日，引自中共中央党史和文献研究院编：《十八大以来重要文献选编》下，中央文献出版社2018年版，第253~283页。2017年《政府工作报告》则对"加快培育壮大新兴产业"专门做出了系列部署。李克强：《政府工作报告》，2017年3月5日，引自中共中央党史和文献研究院编：《十八大以来重要文献选编》下，中央文献出版社2018年版，第619~638页。

一些面向新兴基础产业以及先进制造业发展的专项政策也陆续出台。① 但更值得注意的是，我国的一系列重要文献中开始更多地强调现代化产业体系的框架。这一概念最初以"现代产业体系"的提法出现于中国共产党第十七次全国代表大会报告中，而后在《中共中央关于制定国民经济和社会发展第十二个五年规划的建议》被进一步具体明确为改造提升制造业、培育发展战略性新兴产业、加快发展服务业、加快现代能源产业和综合运输体系建设、全面提高信息化水平和发展海洋经济六个方面②。中共十八大报告提出了"着力构建现代产业发展新体系"，中国共产党第十九次全国代表大会报告则在此基础上，将"着力加快建设实体经济、科技创新、现代金融、人力资源协同发展的产业体系"作为"建设现代化经济体系"的一项构成内容。③ 随后中共中央政治局第三次集体学习中，习近平总书记将这一概念进一步表述为"要建设创新引领、协同发展的产业体系，实现实体经济、科技创新、现代金融、人力资源协同发展，使科技创新在实体经济发展中的贡献份额不断提高，现代金融服务实体经济的能力不断增强，人力资源支撑实体经济发展的作用不断优化"④。由此可见，我国对于产业发展的目标定位，已从更偏向于对具体的产业目标进行选择，演化为强调对全面发展、整体协调的产业体系的目标搭建。因此如何转变经济增长方式，如何深化供给侧与结构性改革，如何使得经济发展能够从高速增长阶段转向高质量发展阶段，而非仅是产业自身的壮大和发展，应成为包括战略性新兴产业在内的诸多产业着力探索的方向和重点。

第二，鼓励多种所有制经济共同发展，将为我国产业发展提供了更为多元的主体选择。在以往的产业发展进程中，我国的非公有制经济虽然也

---

① 《国务院关于加快发展生产性服务业促进产业结构调整升级的指导意见》（2014）、《中国制造 2025》（2015）、《国务院关于印发"十三五"国家战略性新兴产业发展规划的通知》（2016），等等。
② 《中共中央关于制定国民经济和社会发展第十二个五年规划的建议》，2010年10月8日，引自中共中央文献研究室编：《十七大以来重要文献选编》，中央文献出版社2011年版，第972～1000页。
③ 习近平：《决胜全面建成小康社会　夺取新时代中国特色社会主义伟大胜利——习近平在中国共产党第十九次全国代表大会上的报告》，2017年10月18日，http://www.gov.cn/zhuanti/2017-10/27/content_5234876.htm。
④ 习近平：《深刻认识建设现代化经济体系重要性　推动我国经济发展焕发新活力迈上新台阶》，2018年1月31日，http://www.gov.cn/xinwen/2018-01/31/content_5262618.htm。

做出了重要贡献，但公有制经济在国家层面的产业发展路径选择中显然更多地被选定为发展主体，因此相关经济思想总是更多地围绕公有制经济的产业组织形式而展开探讨。不过与此同时，我国对于非公有制经济的建设自改革开放以来也处于不断发展的过程之中，特别是中国共产党第十六次全国代表大会报告提出了"必须毫不动摇地巩固和发展公有制经济"以及"必须毫不动摇地鼓励、支持和引导非公有制经济发展"的基本原则，[1]对提升非公有制经济地位形成了重要的积极作用。中国共产党第十八届中央委员会第三次全体会议一方面在"两个毫不动摇"的基础上进一步提出了"两个都是"，即"公有制经济和非公有制经济都是社会主义市场经济的重要组成部分，都是我国经济社会发展的重要基础"，共同赋予各种所有制以重要基础的地位。并且将产权明确为所有制的核心，指出"非公有制经济财产权同样不可侵犯"，对非公有制经济要"坚持权利平等、机会平等、规则平等"。另一方面，则倡导"积极发展混合所有制"，将"国有资本、集体资本、非公有资本等交叉持股、相互融合的混合所有制经济"，作为"基本经济制度的重要实现形式"，而且"允许更多国有经济和其他所有制经济发展成为混合所有制经济"[2]。随后，中国共产党第十八届中央委员会第四次、第五次全体会议又提出了一系列促进公有制经济和非公有制经济平等发展的改革举措。[3] 中国共产党第十九次全国代表大会再次重申"两个毫不动摇"，并在"建设现代化经济体系"的重要思想中指出，"经济体制改革必须以完善产权制度和要素市场化配置为重点，

---

[1] 江泽民：《全面建设小康社会，开创中国特色社会主义事业新局面》，2002年11月8日，中共中央文献研究室编：《十六大以来重要文献选编》上，中央文献出版社2005年版，第19页。
[2] 《中共中央关于全面深化改革若干重大问题的决定》，2013年11月12日，中共中央文献研究室编：《十八大以来重要文献选编》（上），中央文献出版社2014年版，第514~515页。
[3] 中国共产党第十八届中央委员会第四次全体会议通过《中共中央关于全面推进依法治国若干重大问题的决定》，指出"健全以公平为核心原则的产权保护制度，加强对各种所有制经济组织和自然人财产权的保护，清理有违公平的法律法规条款"。《中共中央关于全面推进依法治国若干重大问题的决定》，2014年10月23日，引自中共中央文献研究室编：《十八大以来重要文献选编》中，中央文献出版社2016年版，第155~181页。中国共产党第十八届中央委员会第五次全体会议通过《中共中央关于制定国民经济和社会发展第十三个五年规划的建议》，指出"鼓励民营企业依法进入更多领域，引入非国有资本参与国有企业改革，更好激发非公有制经济活力和创造力"。《中共中央关于制定国民经济和社会发展第十三个五年规划的建议》，2015年10月29日，引自中共中央文献研究室编：《十八大以来重要文献选编》中，中央文献出版社2016年版，第786~821页。

实现产权有效激励、要素自由流动、价格反应灵活、竞争公平有序、企业优胜劣汰"①。由此可见，平等发展非公有制经济以及激发各类经济主体活力的主张正在不断从思想层面向制度建设层面延伸，可以预见的是，非公有制经济将在我国的产业发展中扮演更为积极的角色，在产业发展路径选择中更多地承担起发展主体的职责。

第三，发挥市场在资源配置中的决定性作用，将更深层次地改变我国产业发展的运作机制。如前所述，当前对于产业发展的重要手段——产业政策的争论已不在于对政策目标及具体政策手段的选择上，而在于对政府及市场应各自在产业发展中所应扮演的角色的理解上。换言之，产业政策的进一步调整已不再停留于其自身层面，如诸多学者主张产业政策应从选择性政策向功能性政策转型，但这很难由产业政策本身决定，而将更多地取决于政府与市场关系在思想观念、运行机制等层面的重新调整。2013年中国共产党第十八届中央委员会第三次全体会议通过了《中共中央关于全面深化改革若干重大问题的决定》（以下简称《决定》），对我国的发展与改革构成了一个历史性突破。《决定》指出，经济体制改革是全面深化改革的重点，核心问题是处理好政府和市场的关系，使市场在资源配置中起决定性作用和更好发挥政府作用，②不仅进一步深化了市场化改革的方向，指出"实践和理论都证明，市场配置资源是最有效率的形式"，进而将市场在资源配置中的"基础性作用"修改为"决定性作用"；而且，要求加快转变政府职能，将政府的职责和作用主要明确为"保持宏观经济稳定，加强和优化公共服务，保障公平竞争，加强市场监管，维护市场秩序，推动可持续发展，促进共同富裕，弥补市场失灵"，提出建设法治政府和服务型政府的目标，③等等。都将对产业政策乃至更广泛的产业发展路径选择构成深远的影响。例如，在主要体现政府能动作用的产业政策领域，

---

① 习近平：《决胜全面建成小康社会 夺取新时代中国特色社会主义伟大胜利——习近平在中国共产党第十九次全国代表大会上的报告》，2017年10月18日，http://www.gov.cn/zhuanti/2017-10/27/content_5234876.htm。

② 《中共中央关于全面深化改革若干重大问题的决定》，2013年11月12日，引自中共中央文献研究室编：《十八大以来重要文献选编》上，中央文献出版社2014年版，第511~546页。

③ 习近平：《关于〈中共中央关于全面深化改革若干重大问题的决定〉的说明》，2013年11月9日，引自中共中央文献研究室编：《十八大以来重要文献选编》上，中央文献出版社2014年版，第493~510页。

《中国制造2025》将"全面深化改革,充分发挥市场在资源配置中的决定性作用,强化企业主体地位,激发企业活力和创造力""积极转变政府职能"作为四项基本原则中的第一条中的内容构成,① 而《中共中央关于制定国民经济和社会发展第十三个五年规划的建议》中也增加了诸如"更加注重运用市场机制、经济手段""发挥产业政策导向和促进竞争功能"等的表述。② 这已然体现了制度设计层面的转变,也将进一步将在经济思想上有所反馈和强化。

第四,创新性与开放性兼备的体系,将成为我国产业发展要素获取的新来源。在当前的产业发展和经济建设中,创新被赋予了重要地位,2014年习近平总书记在中国科学院第十七次院士大会、中国工程院第十二次院士大会上指出,"主要依靠资源等要素投入推动经济增长和规模扩张的粗放型发展方式是不可持续的",新出路"就在科技创新上,就在加快从要素驱动、投资规模驱动发展为主向以创新驱动发展为主的转变上"③。而在创新的实现上,不同于以往主要依靠政府在国家创新体系中发挥积极作用,中共十八大以来我国更致力于推动以企业为主体的创新活动,致力于创新体系的搭建和营造。2015年和2017年国务院先后发布《关于大力推进大众创业万众创新若干政策措施的意见》和《关于强化实施创新驱动发展战略进一步推进大众创业万众创新深入发展的意见》,旨在进一步系统性优化创新创业的生态环境,将大众创业、万众创新作为事实创新驱动发展战略的重要载体。2016年印发《国家创新驱动发展战略纲要》,其中一条基本原则为"深化改革",即要求"遵循社会主义市场经济规律和科技创新规律,破除一切制约创新的思想障碍和制度藩篱,构建支撑创新驱动

---

① 《国务院关于印发〈中国制造2025〉的通知》,2015年5月8日,http://www.gov.cn/zhengce/content/2015-05/19/content_9784.htm。
② 《中共中央关于制定国民经济和社会发展第十三个五年规划的建议》,2015年10月29日,引自中共中央文献研究室编:《十八大以来重要文献选编》中,中央文献出版社2016年版,第786~821页。
③ 习近平:《加快从要素驱动、投资规模驱动发展为主向以创新驱动发展为主的转变》,2014年6月9日,中共中央文献研究室编:《十八大以来重要文献选编》中,中央文献出版社2016年版,第20页。

发展的良好环境"①。除创新体系的搭建外，坚持开放性也是当前我国产业发展的一项重要思想。例如，2015年中共中央、国务院发布《关于构建开放性经济新体制的若干意见》，要求形成全方位对外开放新格局。《中国制造2025》也指出，应坚持"自主开发，开放合作"，其中，自主开发可视作对我国产业发展塑造竞争优势的路径选择的进一步确认和强化，而开放合作则显示出我国在塑造竞争优势与寻求外部资源整合上的探索，即"在关系国计民生和产业安全的基础性、战略性、全局性领域，着力掌握关键核心技术"，同时"继续扩大开放，积极利用全球资源和市场，加强产业全球布局和国际交流合作"②。2017年，中国共产党第十九次全国代表大会报告正式提出"现代化经济体系"，将"发展创新型国家"和"推动形成全面开放新格局"共同整合至这一框架下。由此可见，一个创新与开放兼备的经济体系将成为我国产业发展未来的重要基础，也将为我国产业在塑造竞争优势上提供更为丰沛的要素与资源。

第三节 政府选择、市场选择与产业发展的中国道路

如导论中的界定，本书主要基于经济思想史的研究立场，重点关注中国产业发展中人为选择的内容和作用，但同时亦表明，人为选择与市场选择的双向结合共同决定了中国产业发展的客观史实。事实上，前述讨论中本书对不同阶段经济思想的绩效考察部分，在客观上已然形成了一个对市场选择结果的侧面展示，即市场对于人为选择的现实反馈。然而，人为选择与市场选择之间的关系及其演变值得被予以更大的探讨空间，甚至可作为理解产业发展中国道路的一条主线。因为从经济理论的角度，关于产业

---

① 《中共中央 国务院印发〈国家创新驱动发展战略纲要〉》，2016年5月19日，http://www.gov.cn/xinwen/2016-05/19/content_5074812.htm。
② 《国务院关于印发〈中国制造2025〉的通知》，2015年5月8日，http://www.gov.cn/zhengce/content/2015-05/19/content_9784.htm。

第七章 研究结论与未来展望

发展的实现问题，基于较为完备的市场经济体制的早发工业化国家未能给出充分解答。这一类国家往往占有更为丰富的资源禀赋和更为有利的历史时机，所以产业发展更倾向于市场选择，即遵循经济发展的客观规律，依靠市场机制和诸多行动主体共同推进产业循序渐进的自发演进。而且，该演进大多表现为（但不限于）从初级结构向高级结构的递次升级。在此过程中政府也会施以一定的干预和引导，但起根本性作用的仍是市场机制。特别是崇尚市场经济的国家，政府行为多在于纠正因垄断、信息不对称和外部性等造成的市场失灵，最终目标仍是使产业回归到市场选择的路径上来。然而，发展中国家经济基础薄弱、资源有限，在国际经济竞争和政治活动中承受诸多压力，难以全然遵从市场选择达成产业发展，所以人为选择，即以人为意志作用于产业发展及其相关领域，特别是人为规划产业发展的次序、总量及结构等，往往扮演了更为重要的角色。虽然其多为新古典经济学派所诟病，但这种现象绝非偶然，且存在基于现实情况的合理因素。总之，以上差异反映在理论层面即表现为，目前以产业结构理论为代表的经典产业经济学说多以产业发达国家的历史数据和经验为研究对象，在此基础上得出的规律性总结，一方面可揭示产业结构变动与经济发展及工业化演进之间的相关性，另一方面也易造成"结论与过程"相混淆，致使发展中国家在借鉴的过程中过于坚持结构主义而适得其反。

改革开放以来，中国产业发展中人为选择与市场选择二者皆有，作用关系复杂，但共同发挥重要功效。导致这种演进过程的原因在于，中国的产业发展长期嵌入在从计划经济体制向社会主义市场经济体制转型的进程中，肩负着推动经济增长、提升国家竞争实力的重大使命。所以中国产业发展道路的内在逻辑，很大程度上就在于从完全的以政府意志为代表的人为选择出发，逐步引入市场选择，以产业的健康发展和国家的战略达成为目标，不断调试二者关系而试图使之彼此协调运作、有效互动。因此，本书尝试对我国产业发展中的人为选择和市场选择之间的关系及其演变展开一个框架式的考察，这不仅可以从一个更为立体的角度，进一步深化对于本书所探讨的产业发展路径选择经济思想的理解，也可以此为视角进行产业发展中国道路的探索，并形成对发展中国家可能的经验启示。为了进一步明确考察对象，本书将人为选择进一步限定为政府选择。应该称，人为选择所涵盖的范围比政府选择的更为广阔，前者包含了大量的学术观点和思想认知，后者则主要表现为产业政策和经济制度等，但却更为直接且真实地作用于现实经济领域。而且，限于研究的篇幅与能力，此部分将不对政府选择的内容，作如同前述讨论一样（包括发展目标、发展主体、发展要素和发展机制）的详细展开，而侧重于提炼归纳政府选择与市场选择之间的关系及其演变，这其中也会涉及对前述一些史料的运用。考察的时段将始于20世纪80年代以后，因为如前所言，中华人民共和国成立后前三十年我国施行的是计划经济体制，市场选择功能缺位，所以这一阶段产业发展的内在逻辑即可被归纳为政府选择取代市场选择。不过应该认识到，经济发展的客观规律并不因人为的否定和忽视而被彻底压制，政府选择力量的绝对放大及其与市场选择的相互违背最终导致的结果是，在一定程度上落实了我国重工业显著扩张的同时，也造成了国民经济的失衡及经济效率的低下。直至中国共产党第十一届中央委员会第三次全体会议提出，要把党和国家的工作重点转移到社会主义现代化建设上来，经济发展的客观规律才逐渐被研究和重视，市场选择这一产业发展的驱动力才被正式引入到我国的产业建设之中，与政府选择共同作用，开启了彼此之间三阶段的探索和调试。

一、改革开放至20世纪末：政府选择引入市场选择

我国产业发展中市场选择的实现过程是在改革开放这一历史背景下展开的。因此自中国共产党第十一届中央委员会第三次全体会议直至20世纪末，市场选择主要通过以下几种基本方式渗透于产业发展：

第一，宏观经济体制的改革。这一层面的改革为市场选择能够在产业领域发挥作用创造了制度安排和意识形态上的根本保障。从1982年中国共产党第十二次全国代表大会提出"计划经济为主，市场经济为辅"到1992年中国共产党第十四次全国代表大会正式将改革目标确立"建立社会主义市场经济体制"，我国的宏观经济体制改革呈现出清晰而明确的演进轨迹，这使得产业经济作为我国国民经济的一项构成，逐步打破了传统计划经济体制下政府选择占绝对支配地位的发展框架，并在生产要素

商品化、生产关系市场化、生产经营自主化和经济行为规范化等方面有所强化。

第二,所有制结构的调整。所有制结构意指生产资料的各种权利关系及其具体的实现形式,在产业发展的问题上则具体表现为产业发展的行动主体。计划经济时期,以国有经济为主要代表的高度单一的公有制经济构成了产业发展的一元主体,在生产和经营的过程中缺乏竞争机制和决策分散机制,因此不可避免地造成效率低下和决策高风险。1978年后非公有制经济的范畴被逐步厘清,中国共产党第十五次全国代表大会又首次明确将"公有制为主体、多种所有制共同发展"作为我国社会主义初级阶段的一项基本经济制度,进而为多元化的产业发展主体开辟了空间。同期我国还推行了国有企业股份制改革,借由投资主体的丰富化而向国有经济注入市场活力。以2000年工业产值比重为例,经过多年的市场建设,我国工业产值在保持可观增长的同时,国有及控股占比为47.33%,集体经济占比为13.9%,而这两项数值在1979年分别为78.47%和21.53%。①

第三,对外开放的深化。自20世纪80年代我国推行外向型经济模式,积极融入国际分工体系,将产业发展推向了更为广阔的市场平台。同时,外资的引入有利于生产要素的全球优化配置,不仅推动了我国加工业、制造业、商贸服务业等的具有比较优势产业的蓬勃发展,也培育了相关的产业市场体系,促进了企业行为市场化并完善了市场机制,引发了开放对改革的倒逼。

然客观而言,在经济体制转型的初期,政府选择仍对我国产业发展发挥更大作用,但在具体的产业发展次序和总量结构设计上,终止了以往一味追求产业高级化的战略,转而更多地考虑了产业结构的平衡协调。1978年《中共中央关于加快工业发展若干问题的决定》出台,指出要把发展燃料、动力、原材料和交通运输放在突出位置。1979年《政府工作报告》提出"调整、改革、整顿、提高"方针,且此方针在"六五"期间还得以继续贯彻。同年,国务院决议对轻工业施行包括能源、贷款、交通运输

---

① 国家统计局工业交通统计司编:《中国工业经济统计年鉴》(2001),中国统计出版社2001年版,第20页。

等方面的"六个优先"政策，使轻工业迅速扩张，连年与重工业产值基本持平。但由此亦可见，此时的政府选择都是由党政最高级别部门下达指令，通过计划与行政手段直接推动产业发展。

直至《国民经济和社会发展第七个五年计划》出台，"产业政策"这一概念在我国正式文件中出现，并开始成为政府选择的主要载体。理论界关于产业政策的定位经历了一定的转变。20世纪80年代探讨较早也是较有代表性的一种观点认为，产业政策是对于一定时期内产业结构变化趋势和目标的设想，规定各个部门在社会经济发展中的地位和作用，并提出实现这些设想的政策措施。① 此即带有较为明显的计划指令特征，强调政策对于产业发展的能动性。与之同步的，有关"主导产业部门战略"的目标产业选择研究，也成为20世纪80~90年代初国内理论界的学术热点。而90年代中后期，另一种代表性的观点指出，产业政策是政府为了实现某种经济和社会目标而制定的有特定产业指向的政策的总和，② 描述性、中性的特征更加凸显。

20世纪90年代是我国产业政策正式出现并发展的时期，但遵循的政策定位仍更贴近80年代学者的观点。1994年《90年代国家产业政策纲要》颁布，提出了以优化产业结构为重点的产业发展总纲，致力于主动扶植一些特定产业，称"支柱性产业"，因此是一种选择性产业政策。在此框架下，专项性产业政策如《全国第三产业发展规划基本思路》（1993）、《九十年代中国农业发展纲要》（1993）、《汽车工业产业政策》（1994）、《国务院关于引发鼓励软件产业和集成电路产业发展若干政策的通知》（2000）等，指导目录政策如《外商投资产业指导目录》（1995）、《当前国家重点鼓励发展的产业、产品和技术目录》（1997）、《淘汰落后生产能力、工艺和产品的目录》（1999）等陆续出台。产业政策之所以能为我国顺利接受，除了借鉴于日本凭借产业政策取得经济大发展的成功案例外，主要原因是政府选择在经济体制转型背景下须一改以往的计划指令性做法，但仍须对产业发展施以影响，由此与市场经济更为融合的产业政策，

---

① 周叔莲、杨沐主编：《国外产业政策研究》，经济管理出版社1988年版，第4页。
② 江小涓：《经济转轨时期的产业政策：对中国经验的实证分析与前景展望》，上海人民出版社1996年版，第9页。

便构成了政府选择发挥作用的一个抓手。

在产业发展中国道路构建的第一阶段,政府选择与市场选择的关系表现为前者对后者的引入。政府选择仍是产业发展的核心作用力,但一方面市场选择开始逐步渗透,另一方面政府选择在目标和手段上也在一定程度上向市场倾斜。该时期产业发展在总量和结构调整上都收获了良好的绩效,但政府选择在一些领域未能和市场选择达成理想中的相互配合,这在汽车产业上尤为突出。虽然在引进外资和一系列倾斜性政策下,汽车产业发展迅猛,汽车工业总产值(按当年不变价)从1978年的63.9亿元到1998年已发展至2987.6亿元,[①] 然而自主生产和出口导向这两项目标完成得不尽如人意。同时,加工领域重复建设过多、投资在某些特定区域过热、高技术和高附加值产业发展不足等一些结构问题长期存在,为下一阶段产业政策的不断成熟和扩张埋下伏笔。

二、21世纪初至中共十八大前夕:政府选择主导市场选择

21世纪初能作为产业发展中国道路逻辑变更的一个重要时点,直接原因是中国加入WTO,促使中国产业的生存和经营环境须向更具竞争性的全球一体化市场对接。但从政府选择与市场选择及二者之间的关系变化来看,首先,市场选择也迎来了新阶段。2003年中国共产党第十六届中央委员会第三次全体会议召开,将完善社会主义市场经济体制确立为工作目标。相较中国共产党第十四届中央委员会第三次全体会议的表述,将"使市场在国家宏观调控下对资源配置起基础性作用"发展为"更大程度上发挥市场在资源配置中的基础性作用"。相应地,政府职能也从以往将"制定和执行宏观调控政策"放在首位的表述,转变为"主要为市场主体服务和创造良好发展环境",反映出市场选择在制度及理论层面的进一步强化。产业行动主体在该阶段也因所有制改革而得到较大丰富。在2002年中国共产党第十六次全国代表大会报告"两个毫不动摇"重要思想指导下,2005

---

① 中国汽车技术研究中心:《中国汽车工业年鉴》(1999),中国汽车工业年鉴出版社1999年版,第8页。

年《国务院关于鼓励支持和引导个体私营等非公有制经济发展的若干意见》出台,放宽非公有制经济的市场准入,鼓励其进入法律法规未禁止的各项领域,从而促进了市场竞争机制在更多产业发挥作用。

伴随着改革的进行,市场在自身发育中也显示出了一定的生命力。如家电行业、互联网行业以及与此相关的电子商务、物流行业等,相对而言并非政府主动优先扶植的重点对象,但却在市场竞争和企业家的创新活动中促成了内生性的产业发展和优化升级,这便是市场选择的结果。以电子商务为例,2004年我国的电子商务交易额为9293亿元,2011年已发展至58800亿元,年平均增长率高达30%,[1] 并且阿里巴巴、中国化工网等知名平台在此阶段初期皆已崭露头角。

与此同时,政府选择的变化则在于,作为其主要载体的产业政策开始以更为系统化、全面化的形式积极参与到产业发展中来。具体表现包括:颁布产业政策的部门从中共中央、国务院更多地转向到专门机构,如国家发展计划委员会(原国家计委)及其于2003年改组成立的国家发展和改革委员会。产业政策数量显著增加,大量"目录""办法""通知""意见""政策"等出台,除了纲要性政策,诸多产业也有了专项性政策。若考虑地方性产业政策和间接性产业政策,我国的政策数量在国际范围内都较为突出。产业政策的手段也日渐丰富,除了行政手段外,财税、金融、以土地为主的要素甚至信息等也成为调控工具。以上转变显示,21世纪以来政府选择对产业政策有了更为娴熟的运用,也具备了一定的从计划经济体制向市场经济体制转型的特征。

然而,理论界一些观点指出,正是产业政策的推进,经济体制转型背景下政府选择对于产业发展的控制较以往并未减弱。[2] 主要依据在于:其一,产业政策的选择性仍较为突出。中国共产党第十六次全国代表大会以来产业政策或称政府选择的重点在于产业结构的调整和优化升级,由此便

---

[1] 中华人民共和国商务部:《中国电子商务报告2010—2011》,清华大学出版社2008年版,第2页。

[2] 江飞涛、李晓萍:《直接干预市场与限制竞争:中国产业政策的取向与根本缺陷》,载于《中国工业经济》2010年第9期;刘社建:《中国产业政策的演进、问题及对策》,载于《学术月刊》2014年第2期;赵英:《中国产业政策变动趋势实证研究2000—2010》,经济管理出版社2012年版,第24~25页。

人为地对产业进行了分类和差异化处置,包括需要压缩淘汰的产业如冶金、水泥、纺织、建材等,需要振兴的产业如装备制造业等,需要大力发展的产业如现代化服务业等,需要提升的高新技术产业如生物、新材料、航天航空等。政策上表现为部署全面,实质上则过多依赖人为判断。其二,产业政策的覆盖范围较为广泛。如前所言,该时期我国专项性产业政策数量明显增加,而就纲要性政策如"目录"来看,1997年出台《当前国家重点鼓励发展的产业、产品和技术目录》,涉及29个领域,2000年修订版涉及28个领域,随后2005年出台《产业结构调整指导目录》,其中鼓励类仍为26项,2011年修正版为40项,其中增加了若干第三产业的内容,可谓我国国民经济的主要产业大类几乎皆有涉及。当然从某种角度,三次产业内容的追加是一种与时俱进,但客观而言,政府从资源到决策能力均难以全面为这些产业和产品服务,而且此举是将产业发展完全置于政府选择之下,似乎没有垂直定向的政策便不能取得发展。其三,产业政策的微观干预有所强化。虽然21世纪以来产业政策进一步呈现出弱化计划指令性特征的趋向,但该时期淘汰落后产能的工作恰恰主要通过行政手段施行。而且,行政审批尤其是投资核准在《国务院关于投资体制改革的决定》(2004)等政策指导下,成为政府具体作用于企业的重要途径。一些特定产业上设立了行业准入,各类"目录"也为信贷、土地及优惠政策等的获取提供了依据。由此,产业政策从宏观的指导开始更多地作用于企业微观层面,对行动个体活动及市场机制运行皆有较深层次的介入。

  总览此一时期,产业发展中国道路的逻辑构建表现为政府选择对市场选择起主导作用。虽然市场选择在经济体制改革层面有所深化并已产生了一定效果,但在实践层面,政府选择通过积极的产业政策运作,无论在目标判定还是具体的执行操作环节上都更具影响力。关于产业政策在此期间取得较快发展的原因,一方面,在20世纪90年代以来,我国在逐步捋顺轻重工业比例并克服基础产业"瓶颈"制约后,低水平重复建设、技术含量和产业附加值低、增长不可持续等问题集中凸显,换言之,我国开始面临工业化进程中的一个阶段性升级,所以产业政策自然希望以积极的姿态进行应对。另一方面,如前所言,产业政策是政府选择在摒弃计划指令后对产业施以影响的一种进步性替代,所以该时期的认知,更多在于考虑如何制定更完善的政策上。如 2004 年《政府工作报告》要求"完善产业政策和行业规划",相对而言,未能充分把妥善处理政府选择与市场选择之间的关系放在首位。产业政策的积极运作也取得了一定成效。2010 年《政府工作报告》指出在过去五年,单位国内生产总值能耗、水耗均下降 20% 以上。我国产业结构发生了较大变化,服务业发展迅速,先进制造业等产业的崛起也使我国工业再次呈现出"重型化"结构趋势。此外,我国以载人航天、探月工程、超级计算等工程为依托,掌握了一批关键技术与核心科技,缩小了与产业发达国家的差距。

三、中共十八大以来:政府选择与市场选择的重新调整

中共十八大以来我国的社会主义市场经济体制建设进入了一个历史性的新阶段。2013 年中国共产党第十八届中央委员会第三次全体会议通过的《中共中央关于全面深化改革若干重大问题的决定》(以下简称《决定》)正式论证了政府与市场的关系,并将处理好这一关系作为经济体制改革的核心问题。《决定》提出了"使市场在资源配置中起决定性作用"的重要思想,相较以往使市场"起基础性作用"的表述有了重大突破。同时,明确提出解决"政府干预过多"问题,要求"大幅度减少政府对资源的直接配置",反映出我国的经济体制改革进程已从以往"引入市场"的阶段,逐步深入到"市场优先"的阶段。此外,《决定》还要求对改革的瓶颈进行攻坚,提出建立市场准入负面清单、放开竞争性环节价格、深化投资体制改革、产权改革、以混合所有制经济为基本经济制度的重要实现形式,等等,有力地推动了市场选择在产业发展上发挥更大作用。如随后 2015 年《关于进一步深化电力体制改革的若干意见》出台,要求电力行业有序放开输配以外的竞争性环节电价,有序向社会资本开放配售电业务,构成了将市场机制引入传统垄断行业的实践。

一方面,市场选择的自身力量也在积累中进一步扩大。前文提及的互联网产业在市场的开放竞争和不断创新中逐步形成"互联网+"模式,连同大数据、物联网、人工智能等与实体经济发生了广泛而深层次的产业融

合，不仅促发了传统产业的优化升级，更催生了诸多新型业态。此外，与市场经济结合得更为紧密的私营经济的崛起也可被视作市场选择的一个结果。2003~2015年间，我国的私营企业数量从328.7万户增长至1908.23万户，扩大近六倍，注册资金则从3.53亿元增加至90.55亿元，扩大近三十倍。而且，私营企业多集中在第三产业，尤其在教育、卫生和社会工作、金融业发展得最快，[①] 已经成为我国社会主义市场经济的重要力量。

另一方面，政府选择以产业政策为缩影也进入了反思期。虽然产业政策还有一些惯性发展，如《产业结构调整目录》在2013年修订版中施行了产业覆盖范围的进一步扩大和内容细化，但其在功能性产业政策领域，如知识产权、创新体系和人才培训等方面亦有所尝试。特别值得注意的是，近年来学术界针对产业政策的存废问题展开了一场激励的学术争鸣。一种观点主张废除产业政策，因为产业政策的存在即等同于认为政府官员比企业家更能做出准确判断，然事实恰好相反，企业家风险与收益对等的特性使其更能在充满不确定性的创新过程中表现敏锐，所以历史上的产业政策少有成功，反而充满了寻租和腐败现象。[②] 反对观点则称，世界上没有国家不使用产业政策，因为政府可配置的资源有限，面对技术创新和产业升级所需外部性补偿的多种可能，必须要集中资源做出甄别并对企业家有所协助，而我国以往产业政策未能成功，主要是其违背了比较优势和禀赋结构。[③] 更多的学者持中间立场，主张不论存废，关键是应重新定义产业政策，推动产业政策转型，厘清政府与市场边界，等等。

该论题至今仍存余韵，尚未达成共识，但反映出的基本问题是：第一，21世纪后的十余年间，我国在经济总量和产业结构高级化上已经取得了不小进展，全面步入新常态后，经济结构的深层次优化和可持续发展应是未来前进方向，所以必须调整包括产业政策在内的发展策略，调动经济发展的内生动力。第二，21世纪以来产业政策过于全面细化的趋势及

[①] 王钦敏主编：《中国民营经济发展报告2015—2016》，中华工商联合出版社2017年版，第6~7页。
[②] 张维迎：《我为什么反对产业政策》，http://finance.ifeng.com/a/20161109/14996334_0.shtml，2016年11月9日。
[③] 林毅夫：《经济发展有产业政策才能成功》，https://www.yicai.com/news/5153328.html，2016年11月8日。

其不利影响已为相当部分学者所察知，这促使理论界连同政策界共同反思，产业政策的合理化并不在于精准定位、系统部署和妥善实施，而在于摆清与市场之间的关系，明确在怎样的领域发挥怎样的效用。而这正是以往未能在广大范围内引起充分重视的问题。

与学术争鸣同步的是，指导产业政策的重要文件在一些表述上已有所变更。如《国民经济和社会发展第十三个五年规划》虽然仍存在对目标产业的选择和部署，但其中增加了诸如"更加注重运用市场机制、经济手段""发挥产业政策导向和促进竞争功能"等的要求，相较以往五年计划主要注重目标和标准设定的做法，开始同样注重目标达成的过程和方式。

2018年，为了适应我国经济体系已由高速增长阶段转向高质量发展的背景，为了适应新一轮经济全球化发展和参与全球治理的需要，中国共产党第十九次全国代表大会（以下简称中共十九大）报告首次明确提出现代化经济体系这一新发展理念。现代化经济体系必然包括经济的制度安排和运行机制，因而加快完善社会主义市场经济体制，成为现代化经济体系的一个必要方面。中共十九大报告指出，社会主义市场经济体制应以"市场机制有效、微观主体有活力、宏观调控有度的市场经济制度体系"为目标，改革重点应在于"完善产权制度和要素市场化配置""实现产权有效激励、要素自由流动、价格反应灵活、竞争公平有序、企业优胜劣汰"。这是对中国共产党第十八届中央委员会第三次全体会议改革思想的明确深化，也是经历数阶段的实践探索和理论更新后对社会主义市场经济基本规律的认识提升。特别从政府选择和市场选择的角度，中共十九大报告有关加快完善社会主义市场经济体制的论述，也为应该构建一个怎样的市场经济体系、怎样厘清市场与政府之间的关系等提供了一个基本框架。可预见的是，未来一段时期我国产业发展的内在逻辑将沿着进一步发挥市场选择机制的方向演化，而政府选择将以产业政策为落脚点，在维持宏观经济稳定、服务行动主体、提供良好市场环境等方面做出更多尝试。

四、产业发展的中国道路：轨迹总结与逻辑特征

我国的产业发展在贡献于"中国奇迹"的同时呈现出一定的复杂性与

第七章 研究结论与未来展望

独特性特质，形成了一条产业发展的中国道路。改革开放以来，以政府选择和市场选择这一组关系为分析，产业发展中国道路的内在逻辑经历了三个阶段的演变：改革开放至20世纪末，伴随着我国经济体制的转型，产业发展逐渐打破了计划经济体制下政府选择占绝对支配地位的框架，逐步引入了市场选择作为演化的动力，而此时的政府选择仍发挥主要作用，但相对改革开放前更多地考虑了经济发展的客观规律，并尝试以产业政策为主要抓手，施行产业发展的宏观调控。21世纪以来，我国产业发展中的市场选择在经济体制改革的推进和市场的发育中进一步强化，然而由于产业结构升级压力等的一系列因素，政府选择以产业政策为载体，开始朝向更为积极的方向运作，在政策制定的系统性和全面性上都有所提升，但客观上也一定程度地限制了市场作用机制的发挥，最终表现为政府选择主导市场选择。中共十八大以来，我国社会主义市场经济体制不断完善，强调进一步发挥市场在资源配置上的决定性作用，结合体制机制改革的一系列措施，市场选择在产业发展上的活力得到了更大程度的释放。与此同时，我国经济全面进入新常态，理论界对现有的产业政策进行了系统反思，政府选择与市场选择进入了重新调整的阶段。在中共十九大重要思想的指导下，"市场机制有效、微观主体有活力、宏观调控有度的经济体制"将成为我国产业发展未来逻辑的演变主题。

我国产业发展围绕着政府选择与市场选择这一组关系在持续演化的过程中也体现出了若干特征。具体而言：

第一，相较于经济体制改革在战略层面的线性推进趋势，市场选择在产业发展的推进过程相对曲折，显示出改革从理论到实践、从宏观到微观的落实不易。上文分析可见，在中共中央一系列的重要文件中，经济体制改革都呈现出清晰的轨迹，然而在产业发展实践领域，考虑到产业政策在第二阶段以来的表现，可以称，市场选择的引入至少未能同经济体制改革一样轨迹清晰。究其原因，除了前文分析过的直接因素，即为了破解产业结构升级难题和政府惯性化地干预经济外，还应考虑前文提到的我国产业发展的结构性条件逆转。可以称，21世纪以来国内经济条件和国际关系在很大程度上促使我国重新选择塑造竞争优势的发展路径，而该过程显然更易与政府的干预、扶植和调控相结合，这就从一个角度解释了21世纪以来我国产业政策的积极表现。以此推导，改革开放初期我国的产业发展能够顺利引入市场选择，事实上也与该阶段全球化扩张、我国得以进入国际自由经济体系并发挥比较优势的结构性条件具有深刻关联。更进一步的，我国在当前仍处于内外压力凸显的背景下，处于塑造竞争优势的过程中，但此时仍提倡进一步发挥市场机制的作用，不仅是经济发展内在需求所驱使的结果，更是我国对社会主义市场经济认识深化的一个体现。

第二，政府选择在产业发展上具有正面意义，与市场选择的相互结合是中国政治优势与制度优势的一个具体案例。诚然，政府选择在以往实践中暴露出一定问题，但不能否认的是，其在我国经济体制转型和产业发展中也发挥了一定的积极影响。一则，政府选择维护了经济稳定，减弱了世界经济波动带来的风险。《中国产业发展报告2009》显示，2008年金融危机爆发后，中国产业发展也进入增长的低谷期，但整体上并未遭受重创。第一产业保持了平稳增长，第二产业中以出口为导向的产业如纺织服装行业、电子信息制造业等受到了冲击，但总体而言2009年后工业增长已经开始缓慢回升。第三产业总体保持较高增速，文化产业、旅游产业甚至出现逆势增长。该报告还指出，国家宏观政策的调整正是我国经济和产业发展企稳回升的主要动力，扩大消费政策对汽车、部分轻工产业和第三产业形成了明显的推动作用，同时刺激出口政策也对部分产品提升国际市场份额构成了积极影响。① 二则，政府选择在产业发展中可推行"集中力量办大事"的制度优势，有利于促成重大项目并掌握关键技术。本书探讨的高铁产业就是一个典型的成功案例。所以，政府选择将长期与市场选择共同作用于我国的产业发展，关键问题主要在于政府选择具体发挥的作用，而这一点在当前理论界的探索和社会主义市场经济体制的完善中，已逐步走向明晰。

第三，产业发展中的政府选择和市场选择作为一组关系，存在非对称性，政府选择的定位很大程度上影响了市场选择的功效发挥。这一点在前文中也有所探讨，而政府选择与市场选择之间的关系演化则对此形成了进

---

① 国家发展和改革委员会产业经济与技术经济研究所编：《中国产业发展报告》（2009），经济管理出版社2010年版，第27～34页。

第七章　研究结论与未来展望

一步的证实。即,从改革开放以来产业发展的三阶段梳理来看,市场选择的演化更多在于宏观经济体制改革层面的,以及产业发展实践的一些表现,而政府选择的演化则更加"有迹可循"。换言之,政府的行动往往是有所作为,而市场则恰恰对应了"看不见的手"的比喻。这也使得,市场选择的推进相对更为被动,须凭借政府选择为其挪让空间。然而,市场选择的作用不会被轻易压制。改革开放后,政府选择在一定程度上遵循经济客观发展规律的同时,也试图通过资源和政策倾斜,定向扶植某些在其看来更具战略性和竞争性的产业,却产生了政策与实践的背离。一方面,目标产业的确立很大程度上是造成不同区域产业趋同的一个重要原因;另一方面,一些产业在政策推动下暴露出了新的问题。如为了降低碳排放,我国将光伏产业树立为战略性新兴产业,给予了较多的政策扶植。然而光伏产业在产能大增的同时,国内的市场需求却未同步提升,光伏应用水平较低,所以该产业的发展并未真实改善我国的能源体系。这都是市场选择与政府选择合力作用的体现。此外,政府选择与市场选择非对称性的另一表现在于,一旦发生诸如结构性条件的逆转,使得政府选择有必要更为积极时,其可以相对更为轻易地压缩市场选择的空间,然而需要政府选择有所收敛时,过程则相对艰难。除却可能存在的既得利益和行政上的惯性,以往的产业政策研究也具有很强的自我强化能力,总是朝着"日臻完善"的过程推进,在逐步系统化、细致化、追求精准化的过程中造成了政府选择能量的释放。从学术的角度,产业政策研究是一项因考察样本与阶段不同而差异极大的学术体系,已有的现代经济学理论与实证研究难以充分为我国服务,但从我国自改革开放的历程中可以明确的是,产业政策的科学化和合理化不应在于追求系统完善,而应在于在维护宏观经济稳定的基础上,更好地为构建市场环境、激发行动主体活力而服务,同时注意约束自身对产业发展可能施加的不当干预,此应作为研究的前提。

因此,回顾我国产业发展的探索和实践,可以获得的主要经验启示:第一,市场选择是产业发展的长期可持续驱动力。中国的产业之所以能够在改革开放以来取得突出成就,一个重要原因就是我国积极引入了市场选择并不断释放其能量,进而提升了资源配置的效率,激发了行动主体的活力。如若刻意压制或忽视市场选择,即便刨除政府选择在落实过程中可能出现的风险，市场选择也会和政府选择形成合力作用，最终在不同程度上造成选择结果的扭曲。第二，政府选择在我国特色社会主义体制下具备制度优势，应更多地作用于涉及国家战略和国家安全、存在重大技术突破和复杂系统的产业上，在广泛领域则应更多地致力于加快完善社会主义市场经济体制，为行动主体服务，弱化传统政府选择中重视人为选择目标产业的内容。第三，产业政策的定位和研究会因一国所处背景和阶段而产生差异，但选择性产业政策不可持续，尤其是应注意到产业政策可能具备自我强化的能力，所以须得明确，产业政策的实施前提是厘清政府与市场的边界关系。第四，"市场机制有效、微观主体有活力、宏观调控有度的市场经济制度体系"是我国社会主义市场经济体制的一大探索成果，对我国未来产业发展中政府选择与市场选择的关系定位具有深刻的指导作用。在此框架下展开更为深入的探索，如如何开展功能性产业政策等，将会使得产业发展的中国方案更加成熟。

参考文献

[1]［澳］杨小凯著，张定胜、张永生译：《发展经济学：超边际与边际分析》，社会科学文献出版社2003年版。

[2]［澳］杨小凯：《杨小凯谈经济》，中国社会科学出版社2004年版。

[3]［澳］杨小凯、黄有光著，张玉纲译：《专业化与经济组织——一种新兴古典微观经济学框架》，经济科学出版社1999年版。

[4]［德］马克思著，中共中央马克思恩格斯列宁斯大林著作编译局译：《政治经济学批判》，人民出版社1976年版。

[5]［法］布阿吉尔贝尔著，伍纯武、梁守锵译：《布阿吉尔贝尔选集》，商务印书馆2011年版。

[6]［美］小罗伯特·B.埃克伦德、罗伯特·F.赫伯特著，杨玉生、张凤林等译：《经济理论和方法史》，中国人民大学出版社2001年版。

[7]［美］布卢姆等著，戴瑞辉等译：《美国的历程》下，商务印书馆1988年版。

[8]［美］库兹涅茨著，常勋等译：《各国的经济增长——总产值与生产结构》，商务出版社1985年版。

[9]［美］杰拉尔德·M.迈耶主编，谭崇台等译：《发展经济学的理论先驱》，云南人民出版社1995年版。

[10]［美］爱德华·E.劳勒三世著，高茜译：《最终竞争力》，机械工业出版社2005年版。

[11] [美] 理查德·尼克松著,董乐山等译:《尼克松回忆录》中,世界知识出版社2001年版。

[12] [美] 亨利·埃茨科威兹著,周春彦译:《国家创新模式:大学、产业、政府"三螺旋"创新战略》,东方出版社2014年版。

[13] [美] 约瑟夫·熊彼特著,何畏等译:《经济发展理论》,商务印书馆1991年版。

[14] [美] 罗斯托编,贺力平等译:《从起飞进入持续增长的经济学》,四川人民出版社1988年版。

[15] [美] 罗斯托著,国际关系研究所编辑室译:《成长的阶段——非共产党宣言》,商务印书馆1962年版。

[16] [美] 迈克尔·波特著,李明轩等译:《国家竞争优势》,华夏出版社2002年版。

[17] [美] 钱纳里等著,吴奇等译:《工业化和经济增长的比较研究》,上海三联书店1989年版。

[18] [美] 高柏等著:《高铁与中国21世纪大战略》,社会科学文献出版社2012年版。

[19] [美] 高柏著,安佳译:《经济意识形态与日本产业政策:1931~1965的发展主义》,上海人民出版社2008年版。

[20] [美] 麦金农著,陈昕等译:《经济发展中的货币与资本》,上海人民出版社1997年版。

[21] [日] 藤本隆宏著,许经明等译:《能力构筑竞争:日本的汽车产业为何强盛》,中信出版社2007年版。

[22] [苏] 列宁著,中共中央马克思恩格斯列宁斯大林著作编译局译:《论所谓市场问题》,人民出版社1956年版。

[23] [苏] 斯大林著,中共中央马克思恩格斯列宁斯大林著作编译局译:《苏联社会主义经济问题》,人民出版社1952年版。

[24] [苏] 苏联社会科学院经济研究所编,中共中央马克思恩格斯列宁斯大林著作编译局译:《政治经济学教科书》,人民出版社1955年版。

[25] [意] 多西等编,钟学义等译:《技术进步与经济理论》,北京科学出版社1992年版,第380~401页。

[26] [英] 亚当·斯密著，郭大力、王亚南译：《国民财富的性质和原因的研究》下，商务印书馆 2009 年版。

[27] [英] 卡尔·波兰尼著，冯钢、刘阳译：《大转型：我们时代的政治和经济起源》，浙江人民出版社 2007 年版。

[28] [英] 大卫·李嘉图著，郭大力、王亚南译：《政治经济学及赋税原理》，译林出版社 2011 年版。

[29] [英] 约翰·伊特韦尔等编，陈岱孙等译：《新帕尔格雷夫大辞典》第二卷 E-J，经济科学出版社 1996 年版。

[30] [英] 约翰·梅纳德·凯恩斯著，徐毓枬译：《就业、利息与货币通论》，译林出版社 2011 年版。

[31] 《经济研究》《经济学动态》编辑部编：《建国以来政治经济学重要问题争论，1949~1980》，中国财政经济出版社 1981 年版。

[32] 《中国共产党第八届中央委员会第六次全体会议文件》，人民出版社 1958 年版。

[33] 鞍山市史志办公室编：《鞍钢宪法的产生及其影响》，中央党史出版社 2001 年版。

[34] 薄一波：《若干重大决策和事件的回顾》上下，中共中央党校出版社 1991 年版。

[35] 毕昭平主编：《发奋图强的业绩，鞍钢"三大工程"纪实》，辽宁人民出版社 2000 年版。

[36] 蔡兵、赵超、史永俊等主编：《创新与产学研合作》，广东经济出版社 2010 年版。

[37] 陈彪如主编：《利用外资的实务和政策》，上海人民出版社 1987 年版。

[38] 陈东琪主编：《1900~2000 中国经济学史纲》，中国青年出版社 2004 年版。

[39] 陈佳贵等：《中国工业化进程报告：1995~2005 年中国省域工业化水平评价和研究》，社会科学文献出版社 2007 年版。

[40] 陈佳贵等：《中国工业化进程报告》，社会科学文献出版社 2008 年版。

[41] 陈佳贵等:《中国工业化报告(2009):15个重点工业行业现代化水平的评价与研究》,社会科学文献出版社2009年版。

[42] 陈佳贵:《工业大国国情与工业强国战略》,社会科学文献出版社2012年版。

[43] 陈佳贵等:《工业化蓝皮书:中国工业化进程报告1995~2010》,社会科学文献出版社2012年版。

[44] 陈新、丛国滋主编:《中国轻工业四十年(1949~1989)》,中国轻工业年鉴出版社1990年版。

[45] 陈信、陈勇:《当代经济思潮》,东北财经大学出版社2004年版。

[46] 陈寅恪:《陈寅恪集今明馆藏稿二编》,生活·读书·新知三联书店2011年版。

[47] 陈志平:《新型工业化道路理论与实证研究》,湖南人民出版社2009年版。

[48] 当代中国研究所:《中华人民共和国史稿》第二卷、第四卷,人民出版社2012年版。

[49] 邓小平:《邓小平文选》第二卷,人民出版社1994年版。

[50] 邓小平:《邓小平文选》第三卷,人民出版社1993年版。

[51] 杜传忠:《转型、升级与创新——中国特色新型工业化的系统性研究》,人民出版社2013年版。

[52] 段若非编:《经济体制改革理论问题探讨》,北京工业学院出版社1985年版。

[53] 方晓邱主编:《利用外资的理论和实践》,福建人民出版社1984年版。

[54] 冯桂芬、马建忠:《采西学议:冯桂芬马建忠集》,辽宁人民出版社1994年版。

[55] 高伯文:《中国共产党与中国特色工业化道路》,中央编译出版社2008年版。

[56] 高继仁:《中国工业经济史》,河南大学出版社1992年版。

[57] 葛伟民、曹祎遐、徐振宁等编著:《欧美汽车企业拓展海外市场对中国(上海)汽车企业发展的启示》,上海社会科学院出版社2012年版。

[58] 关梦觉:《关于社会主义扩大再生产的几个问题》,吉林人民出版社1980年版。

[59] 郭克莎、王延中主编:《中国产业结构变动趋势及政策研究》,经济管理出版社1999年版。

[60] 郭万达主编:《现代产业经济辞典》,中信出版社1991年版。

[61] 郭振英主编:《利用外资理论与实践》,南开大学出版社1988年版。

[62] 国家发展计划委员会编:《"十五"规划战略研究》(上、下),中国人口出版社2000年版。

[63] 国家计委产业政策司编:《产业政策手册》,经济管理出版社1990年版。

[64] 何迪、鲁利玲主编:《反思"中国模式"》,社会科学文献出版社2012年版。

[65] 何世耕主编:《汽车工业的战略抉择》,中国经济出版社1989年版。

[66] 胡伯项、易文斌主编:《中国特色新型工业化道路研究》,江西人民出版社2008年版。

[67] 胡寄窗:《中国近代思想史大纲》,中国社会科学出版社1984年版。

[68] 胡寄窗、谈敏主编:《新中国经济思想史纲要1949~1989》,上海财经大学出版社1997年版。

[69] 简新华、余江:《中国工业化与新型工业化道路》,山东人民出版社2009年版。

[70] 蒋自强等:《经济思想史通史》第1卷,浙江大学出版社2003年版。

[71] 解高潮主编:《2003中国铁路跨越式发展重要文稿》,中国铁道出版社2004年版。

[72] 金明善:《战后日本产业政策》,航空工业出版社1988年版。

[73] 金培:《国运制造改天换地的中国工业化》,中国社会科学出版社2013年版。

[74] 康有为：《康有为全集》第4集，中国人民大学出版社2007年版。

[75] 雷朴实、吴敬琏主编，王忠民等译：《论中国经济体制改革的进程：美国阿登豪斯国际研讨会论文集》，经济科学出版社1988年版。

[76] 李富春：《李富春选集》，中国计划出版社1992年版。

[77] 李建国编：《中国模式之争》，中国社会科学出版社2013年版。

[78] 李岚清：《突围 国门初开的岁月》，中央文献出版社2008年版。

[79] 李永禄、龙茂发主编：《中国产业经济研究》，西南财经大学出版社2002年版。

[80] 梁启超：《变法通议》，华夏出版社2002年版。

[81] 林树众：《利用外资与发展外向型经济》，中信出版社1990年版。

[82] 林毅夫、蔡昉、李周：《中国的奇迹：发展战略与经济改革》，上海三联书店、上海人民出版社1999年版。

[83] 林毅夫著，苏剑译：《新结构经济学：反思经济发展与政策的理论框架》，北京大学出版社2012年版。

[84] 刘国光等：《马克思的社会再生产理论》，中国社会科学出版社1981年版。

[85] 刘树成主编：《现代经济辞典》，凤凰出版社、江苏人民出版社2005年版。

[86] 刘向东主编：《利用外资知识手册》，世界知识出版社1986年版。

[87] 柳欣、刘刚主编：《中国经济学三十年》，中国财政经济出版社2008年版。

[88] 龙楚才主编：《利用外资概论》，中国对外经济贸易出版社1985年版。

[89] 论坛文集编委会编：《改革开放与理论创新：第二届北京中青年社科理论人才"百人工程"学者论坛文集》，首都师范大学出版社2008年版。

[90] 吕东：《吕东经济文选》，人民出版社1999年版。

[91] 吕征主编：《中国工业发展报告（2003）：世界分工体系中的中国制造业》，中国社会科学院工业经济研究2003年版。

[92] 马洪:《马洪经济文选》,中国时代经济出版社 2010 年版。

[93] 马泉山:《新中国工业经济史(1966—1978)》,经济管理出版社 1998 年版。

[94] 毛泽东:《毛泽东选集》第 4 卷,人民出版社 1991 年版。

[95] 毛泽东:《毛泽东选集》第 5 卷,人民出版社 1977 年版。

[96] 毛泽东:《毛泽东文集》第 6 卷,人民出版社 1999 年版。

[97] 毛泽东:《毛泽东文集》第 7 卷,人民出版社 1999 年版。

[98] 聂志红:《民国时期的工业化思想》,山东人民出版社 2009 年版。

[99] 欧阳淞、高永中主编:《改革开放口述史》,中国人民大学出版社 2014 年版。

[100] 庞松:《中华人民共和国国史 1949~1956》,人民出版社 2010 年版。

[101] 任保平:《中国 21 世纪新型工业化道路》,中国经济出版社 2005 年版。

[102] 上海汽车工业(集团)总公司董事会战略委员会课题组编著:《中国企业工业发展研究》,上海科学技术出版社 2005 年版。

[103] 盛洪主编:《中国的过渡经济学》,格致出版社 2009 年版。

[104] 舒建中:《国际经济新秩序:历史与现实》,南京大学出版社 2013 年版。

[105] 宋正:《中国工业化历史经验研究》,东北财经大学出版社 2013 年版。

[106] 孙大权:《中国经济学的成长——中国经济学社研究(1923~1953)》,上海三联书店 2006 年版。

[107] 孙中山:《孙中山选集》,人民出版社 1981 年版。

[108] 孙中山:《孙中山全集》第 5 卷,中华书局 1985 年版。

[109] 孙冶方:《社会主义经济的若干理论问题》,人民出版社 1979 年版。

[110] 唐浩:《新中国工业化思想简论》,科学出版社 2012 年版。

[111] 陶湘、李春:《利用外资知识》,人民出版社 1981 年版。

[112] 田祥璋、周成启、李善明:《马克思主义的再生产理论》,贵

州人民出版社 1980 年版。

[113] 涂尧师编:《话说鞍山》,《中国大众实用年鉴》编辑部出版 1999 年版。

[114] 汪海波:《新中国工业经济史(1949.10—1957)》,经济管理出版社 1994 年版。

[115] 汪海波、董志凯等:《新中国工业经济史(1958—1965)》,经济管理出版社 1995 年版。

[116] 汪海波:《新中国工业经济史(1979—2000)》,经济管理出版社 2001 年版。

[117] 汪海波:《中国现代产业经济史(1949.10—2009)》,山西经济出版社 2010 年版。

[118] 汪敬虞:《中国近代工业史资料》第 2 辑,中华书局 1962 年版。

[119] 王大洲:《技术创新与制度结构》,东北大学出版社 2001 年版。

[120] 王慧炯等主编:《中国部门产业政策研究》,中国财政经济出版社 1989 年版。

[121] 王韬:《弢园文录外编》,辽宁人民出版社 1994 年版。

[122] 魏源:《海国图志》,中州古籍出版社 1999 年版。

[123] 乌杰编:《中国经济文库》,中央编译出版社 1995 年版。

[124] 吴敏一、郭占恒等:《中国工业化理论和实践探索》,浙江人民出版社 1991 年版。

[125] 吴敬琏:《经济体制改革问题探索》,中国展望出版社 1987 年版。

[126] 吴敬琏:《中国经济改革的整体设计》,中国展望出版社 1988 年版。

[127] 吴敬琏、胡季主编:《中国经济的动态分析和对策研究》,中国人民大学出版社 1988 年版。

[128] 武友国:《中华人民共和国国史 1977~1991》,人民出版社 2010 年版。

[129] 向吉英:《经济转型期产业成长与产业投资基金研究》,中国金融出版社 2010 年版。

[130] 徐秉金、欧阳敏:《中国轿车风云 1953~2000》,企业管理出

版社 2012 年版。

［131］薛宝龙：《利用外资概论》，东北财经大学出版社 1989 年版。

［132］薛福成：《筹洋刍议——薛福成集》，辽宁人民出版社 1994 年版。

［133］薛暮桥、苏星、林子力等：《中国国民经济的社会主义改造》，人民出版社 1959 年版。

［134］薛暮桥：《薛暮桥回忆录》，天津人民出版社 1996 年版。

［135］薛暮桥：《薛暮桥专集》，山西经济出版社 2005 年版。

［136］杨沐：《产业政策研究》，上海三联书店 1989 年版。

［137］杨治：《产业经济学导论》，中国人民大学出版社 1985 年版。

［138］叶彩文编：《我国利用外资方式》，对外贸易教育出版社 1985 年版。

［139］叶连松、董云鹏、罗勇等：《中国特色工业化》，河北人民出版社 2005 年版。

［140］于光远：《论我国的经济体制改革》，湖南人民出版社 1985 年版。

［141］于光远主编：《经济大辞典》，上海辞书出版社 1992 年版。

［142］于光远主编：《中国理论经济学史》，河南人民出版社 1996 年版。

［143］于光远：《1978 我亲历的那次历史大转折》，中央编译出版社 2008 年版。

［144］张德明：《亚太经济和历史论文集》，商务印书馆 2010 年版。

［145］张冬梅主编：《产业经济学》，社会学科文献出版社 2013 年版。

［146］张培刚主编：《新发展经济学》，河南人民出版社 1992 年版。

［147］张培刚：《农业与工业化》上下，华中科技大学出版社 2009 年版。

［148］张问敏、张卓元、吴敬琏编：《建国以来社会主义商品生产和价值规律论文选》上下，上海人民出版社 1979 年版。

［149］张謇：《张謇全集》第 2、3 卷，东苏古籍出版社 1994 年版。

[150] 张之洞：《劝学篇》，上海书店出版社2002年版。

[151] 张问敏：《中国政治经济学史大纲：1899~1992》，中共中央党校出版社1994年版。

[152] 张训毅：《中国的钢铁》，冶金工业出版社2012年版。

[153] 张卓元：《社会主义商品价格学》，中国展望出版社1986年版。

[154] 张卓元：《价格学》，中央广播电视大学出版社1987年版。

[155] 张卓元：《社会主义价格理论与价格改革》，中国社会科学出版社1987年版。

[156] 张卓元等：《中国价格架构研究》，山西人民出版社1988年版。

[157] 张卓元主编：《中国价格模式转换的理论与实践》，中国社会科学出版社1990年版。

[158] 张卓元主编：《论争与发展：中国经济理论50年》，云南人民出版社1999年版。

[159] 张卓元主编：《中国经济学30年》，中国社会科学出版社2008年版。

[160] 张卓元主编：《中国经济学60年：1949~2009》，中国社会科学出版社2009年版。

[161] 赵国鸿：《论中国新型工业化道路》，人民出版社2005年版。

[162] 赵靖、易梦虹主编：《中国近代经济思想资料选辑》中册，中华书局1982年版。

[163] 赵靖主编：《中国经济思想通史》第1册，北京大学出版社2002年版。

[164] 赵晓雷：《中华人民共和国经济思想史纲1949~2009》，首都经济贸易大学出版社2009年版。

[165] 赵晓雷、王昉：《新中国基本经济制度研究》，上海人民出版社2009年版。

[166] 赵晓雷：《中国工业化思想及发展战略研究》，上海财经大学出版社2010年版。

[167] 钟祥财：《20世纪中国经济思想述论》，东方出版社2006年版。

[168] 郑海航、戚津东主编：《中国产业经济发展回顾与展望》，经

济管理出版社 2009 年版。

［169］郑观应：《盛世危言》，华夏出版社 2002 年版。

［170］中共社会科学院经济研究所资料室、国家计委经济研究所资料室、江苏省哲学社会科学研究所资料室编：《社会主义经济中计划与市场的关系》上下，中国社会科学出版社 1979 年版。

［171］中共中央文献研究室组织编：《缅怀毛泽东》上下，中央文献出版社 1993 年版。

［172］中国国际经济咨询公司编著：《中国利用外资的集中模式和主要程序》，中国展望出版社 1987 年版。

［173］中国汽车工业协会编著：《中国汽车工业改革开放 30 周年回顾与展望》，中国物资出版社 2009 年版。

［174］周恩来：《周恩来选集》上下，人民出版社 1984 年版。

［175］周叔莲、杨沐：《国外产业政策研究》，经济管理出版社 1988 年版。

［176］周叔莲等主编：《中国产业政策研究》，经济管理出版社 1990 年版。

［177］周叔莲等主编：《中国地区产业政策研究》，中国经济出版社 1990 年版。

［178］朱佳木：《我所知道的十一届三中全会》，当代中国出版社 2008 年版。

［179］赵英：《中国产业政策变动趋势实证研究 2000—2010》，经济管理出版社 2012 年版。

［180］王钦敏主编：《中国民营经济发展报告 2015—2016》，中华工商联合出版社 2017 年版。

［181］国家发展和改革委员会产业经济与技术经济研究所编：《中国产业发展报告 2009》，经济管理出版社 2010 年版。

［182］李仙娥：《工业化演进中的路径依赖与政策选择》，西北大学博士学位论文，2005 年。

［183］梁芸芸：《中国共产党工业化思想的历史考察》，山东大学硕士学位论文，2012 年。

[184] 谭双泉:《论 1949~1957 年期间毛泽东的工业化思想》,湖南师范大学硕士学位论文,2007 年。

[185] 王园园:《党的三代领导人工业化思想与实践研究》,浙江农林大学硕士学位论文,2012 年。

[186] 薛体伟:《改革开放以来中国共产党工业化道路思想研究》,南京师范大学硕士学位论文,2011 年。

[187] 吴芳:《毛泽东关于中国工业化道路的探索及其现实意义》,东北大学硕士学位论文,2010 年。

[188] [美] 乔舒亚·库珀·雷默:《北京共识》,载于黄平、崔之元主编:《中国与全球化:华盛顿共识还是北京共识》,社会科学文献出版社 2005 年版,第 1~62 页。

[189] 安森虎、朱妍:《产业集群理论及其进展》,载于《南开经济研究》2003 年第 3 期。

[190] 安同良、周绍东、皮建才:《R&D 补贴对中国企业自主创新的激励效应》,载于《经济研究》2009 年第 10 期。

[191] 包小忠:《刘易斯模型与"民工荒"》,载于《经济学家》2005 年第 4 期。

[192] 薄一波:《打破办工业的神秘观点》,载于《红旗》1958 年第 3 期。

[193] 薄一波:《一九五九年工业战线的任务》,载于《红旗》1959 年第 1 期。

[194] 薄一波:《争取我国工业建设的新胜利》,载于《红旗》1961 年第 3、4 期。

[195] 蔡昉:《人口转变、人口红利和刘易斯转折点》,载于《经济研究》2010 年第 4 期。

[196] 蔡昉、都阳、王美艳:《户籍制度与劳动力市场保护》,载于《经济研究》2001 年第 12 期。

[197] 蔡昉、王德文、王美艳:《工业竞争力与比较优势——WTO 框架下提高我国工业竞争力的方向》,载于《管理世界》2003 年第 2 期。

[198] 蔡昉、王德文、曲玥:《中国产业升级的大国雁阵模型分析》,

载于《经济研究》2009 年第 9 期。

[199] 蔡文祥：《也谈国际大循环》，载于《对外经贸大学学报》1989 年第 3 期。

[200] 曹建海：《对我国工业中过度竞争的实证分析》，载于《改革》1999 年第 4 期。

[201] 曹顺霞：《毛泽东工业化理论来源初探》，载于《社会主义研究》2005 年第 2 期。

[202] 曾启贤：《生产资料生产优先增长的两个问题》，载于《武汉大学学报（人文科学版）》1963 年第 1 期。

[203] 曾新群、王至元：《双重经济中的两类主导部门》，载于《中国社会科学》1988 年第 6 期。

[204] 陈爱贞、刘志彪、吴福象：《下游动态技术引进对装备制造业升级的市场约束——基于我国纺织缝纫装备制造业的实证研究》，载于《管理世界》2008 年第 2 期。

[205] 陈豹隐：《我对社会主义制度下的商品生产和价值规律的看法》，载于《财经科学》1959 年第 4 期。

[206] 陈炳才：《论我国利用外资战略的转变》，载于《管理世界》1995 年第 6 期。

[207] 陈炳才：《外商直接投资与中国技术进步的关系——兼谈如何实现"以市场换技术"》，载于《国际贸易问题》1998 年第 1 期。

[208] 陈炳才：《自主自强还是作仆依附？——利用外资战略若干问题的再研究》，载于《中国软科学》1997 年第 2 期。

[209] 陈德照、谈世中：《实行对外开放是我国坚定不移的战略方针》，载于《国际贸易》1983 年第 5 期。

[210] 陈佳贵、王钦：《中国产业集群可持续发展与公共政策选择》，载于《中国工业经济》2005 年第 9 期。

[211] 陈剑锋、唐振鹏：《国外产业集群研究综述》，载于《外国经济与管理》2002 年第 8 期。

[212] 陈俊：《从国际比较看我国劳动力价格水平的优势及趋势》，载于《中国经贸导刊》2006 年第 8 期。

[213] 陈平、黄健梅：《我国出口退税效应分析：理论与实证》，载于《管理世界》2003年第12期。

[214] 陈琦伟：《比较利益论的科学内核》，载于《世界经济》第1981年第3期。

[215] 陈清泰：《促进企业自主创新的政策思考》，载于《管理世界》2006年第7期。

[216] 陈涛涛：《影响中国外商直接投资溢出效应的行业特征》，载于《中国社会科学》2003年第4期。

[217] 陈玮、耿曙：《政府介入能否有效推动技术创新：基于两个案例的分析》，载于《上海交通大学学报（哲学社会科学版）》2015年第3期。

[218] 陈晓东、邓斯月：《改革开放40年中国经济增长与产业结构变迁》，载于《现代经济探讨》2019年第2期。

[219] 陈甬军：《中国为什么在50年代选择了计划经济体制》，载于《中国经济史研究》2004年第3期。

[220] 陈羽、邝国良：《FDI、技术差距与本土企业的研发投入——理论及中国的经验研究》，载于《国际贸易问题》2009年第7期。

[221] 陈振明：《非市场缺陷的政治经济学分析——公共选择与政策分析学者的政府失败论》，载于《中国社会科学》1998年第6期。

[222] 陈祖涛：《〈我的汽车生涯〉之六——中国轿车扬帆起航》，载于《时代汽车》2005年第12期。

[223] 程恩富：《外商直接投资与民族产业安全》，载于《财经研究》1998年第8期。

[224] 程锦锥：《改革开放以来我国产业组织理论研究进展》，载于《经济纵横》2008年第11期。

[225] 程锦锥：《改革开放三十年我国产业结构理论研究进展》，载于《湖南社会科学》2009年第1期。

[226] 崔之元：《"鞍钢宪法"与后福特主义》，载于《读书》1996年第3期。

[227] 丁肖逵：《从马克思扩大再生产共识来研究生产资料优先增长的原理》，载于《经济研究》1956年第4期。

[228] 董辅礽：《关于我国社会主义所有制形式的问题》，载于《经济研究》1979年第1期。

[229] 董辅礽：《再论我国社会主义所有制形式问题》，载于《经济研究》1985年第4期。

[230] 董辅礽：《〈劳动力市场与劳动力商品〉序》，载于《经济学动态》1998年第4期。

[231] 董皓、陈飞翔：《我国出口退税政策的鼓励效应》，载于《国际贸易问题》2004年第7期。

[232] 董志凯：《中国工业化60年——路径与建树（1949～2009）》，载于《中国经济史研究》2009年第3期。

[233] 樊纲：《论市场中的政府》，载于《改革》1993年第5期。

[234] 范承泽、胡一凡、郑红亮：《FDI对国内企业技术创新影响的理论与实证研究》，载于《经济研究》2008年第1期。

[235] 范红忠：《有效需求规模假说、研发投入与国家自主创新能力》，载于《经济研究》2007年第3期。

[236] 方芳：《外商直接投资对我国产业安全的威胁及对策》，载于《上海经济研究》1997年第8期。

[237] 方青（实为孙冶方）：《关于经济研究工作如何为农业服务的问题》，载于《经济研究》1963年第5期。

[238] 房维中：《论工业和农业同时并举》，载于《经济研究》1958年第7期。

[239] 房维中：《一条不可动摇的基本准则》，载于《计划经济研究》1982年第11期。

[240] 符正平：《比较优势与竞争优势的比较分析——兼论新竞争经济学及其启示》，载于《国际贸易问题》1999年第8期。

[241] 干春晖、王强：《改革开放以来中国产业结构变迁：回顾与展望》，载于《经济与管理研究》2018年第8期。

[242] 高柏：《全球化与中国经济发展模式的结构性风险》，载于《社会学研究》2005年第4期。

[243] 高柏：《中国经济发展模式转型与经济社会学制度学派》，载

于《社会学研究》2008年第4期。

［244］高鸿业：《比较成本学说不应构成我国外贸发展战略的理论基础》，载于《经济问题探索》1982年第4期。

［245］高良谋、马文甲：《开放式创新：内涵、框架与中国情景》，载于《管理世界》2014年第6期。

［246］古书堂、常修泽：《社会主义与商品经济论纲》，载于《经济研究》1990年第6期。

［247］顾准：《试论社会主义制度下的商品生产和价值规律》，载于《经济研究》1957年第3期。

［248］关梦觉：《关于当前的商品生产和价值规律的若干问题》，载于《经济研究》1959年第2期。

［249］郭克莎、李海舰：《改革开放以来我国利用外资结构分析》，载于《财贸经济》1994年第7期。

［250］郭克莎：《我国产业结构变动趋势及政策研究》，载于《管理世界》1999年第5期。

［251］郭克莎：《总量问题还是结构问题？——产业结构偏差对我国经济增长的制约及调整思路》，载于《经济研究》1999年第9期。

［252］郭克莎：《外商直接投资对我国产业结构的影响研究》，载于《管理世界》2000年第2期。

［253］郭克莎：《中国工业化的进程、问题与出路》，载于《中国社会科学》2000年第3期。

［254］郭克莎、吕铁、周维富：《20世纪以来产业经济学在中国的发展》，载于《上海行政学院学报》2001年第1期。

［255］郭克莎：《对中国外贸战略与贸易政策的评论》，载于《国际经济评论》2003年第5期。

［256］郭庆旺、贾俊雪：《中国全要素生产率的估算：1979~2004》，载于《经济研究》2005年第6期。

［257］郭万清：《论比较优势理论在不同条件下的适用性》，载于《中国工业经济研究》1990年第3期。

［258］郭晓蓓：《改革开放40年我国产业结构演进趋势与新时代重大

战略机遇》，载于《当代经济管理》2019年第4期。

［259］国家计委宏观经济研究院课题组：《竞争性行业市场化与政府职能的转变》，载于《管理世界》1998年第2期。

［260］国家计委投资研究所、中国人民大学区域研究所：《我国地区比较优势研究》，载于《管理世界》2001年第2期。

［261］韩经纶、陈炳富：《论中国的投资环境》，载于《南开经济研究》1989年第5期。

［262］韩民春、徐姗：《国外动态比较优势理论的演进》，载于《国外社会科学》2009年第3期。

［263］韩永文、宁吉喆、刘鲁军：《对90年代我国带头产业选择与发展途径的探讨》，载于《计划经济研究》1992年第7期。

［264］何德旭、姚战琪：《中国产业结构调整的效应、优化升级目标和政策措施》，载于《中国工业经济》2008年第5期。

［265］何维达、何昌：《当前中国三大产业安全的初步估算》，载于《中国工业经济》2002年第2期。

［266］何伟：《试论社会主义公有制的发展规律——兼论企业所有制不是集体所有制》，载于《经济研究》1986年第9期。

［267］洪银兴：《从比较优势到竞争优势——兼论国际贸易的比较利益理论的缺陷》，载于《经济研究》1997年第6期。

［268］侯经川、钱文荣、黄祖辉：《比较利益的分配法则——经济竞争力的决定机制研究》，载于《经济研究》2007年第10期。

［269］胡鞍钢：《中国吸引外资规模是否过大》，载于《国际经济评论》1997年第Z6期。

［270］胡寄窗：《"价值决定"不是价值规律》，载于《经济研究》1959年第7期。

［271］胡俊文：《"雁行模式"理论与日本产业结构优化升级——对"雁行模式"走向衰落的思考》，载于《亚太经济》2003年第4期。

［272］胡求光、李洪英：《金融危机对中国出口贸易影响的实证分析》，载于《国际贸易问题》2010年第3期。

［273］胡永明：《试论财产权的分裂与"两权分离"》，载于《经济研

究》1987年第6期。

［274］黄慧群：《改革开放40年中国的产业发展与工业化进程》，载于《中国工业经济》2018年第9期。

［275］黄健：《我国外商投资的实证分析》，载于《管理世界》1994年第1期。

［276］黄民礼：《新型工业化思想的历史探析》，载于《财经问题研究》2003年第11期。

［277］黄群慧：《中国的工业化进程：阶段、特征与前景》，载于《经济与管理》2013年第7期。

［278］黄一乂：《论本世纪我国产业优先顺序的选择》，载于《管理世界》1988年第3期。

［279］霍有光：《交大馆藏江南制造局译印图书概貌及其价值》，载于《西安交通大学学报（社会科学版）》1997年第1期。

［280］吉铁肩、林集友：《社会主义所有制新探——释"在生产资料共同占有基础上重建个人所有制"》，载于《中国社会科学》1986年第3期。

［281］贾植园：《谈生产资料生产优先增长的规律》，载于《中国经济问题》1964年第7~8期。

［282］简新华：《试解劳动力商品与按劳分配的理论难题》，载于《经济学动态》1998年第10期。

［283］简新华、叶林：《改革开放以来我国产业结构演进与优化的实证分析》，载于《当代财经》2001年第1期。

［284］简新华、余江：《重新重工业化不等于粗放增长和走旧型工业化道路——对吴敬琏研究院相关论述的质疑》，载于《学术月刊》2006年第5期。

［285］江飞涛、李晓萍：《直接干预市场与限制竞争：中国产业政策的取向与根本缺陷》，载于《中国工业经济》2010年第9期。

［286］江飞涛、李晓萍：《产业政策中的市场与政府——从林毅夫与张维迎产业政策之争说起》，载于《财经问题研究》2018年第1期。

［287］江飞涛、李晓萍：《改革开放四十年中国产业政策演进与发展——兼论中国产业政策体系的转型》，载于《管理世界》2018年第

10 期。

[288] 江小涓:《中国推行产业政策中的公共选择问题》,载于《经济研究》1993 年第 6 期。

[289] 江小涓:《90 年代国际直接投资趋势和我国对策建议》,载于《国际贸易》1993 年第 10 期。

[290] 江小涓:《国有企业严重亏损的非体制因素探讨》,载于《中国工业经济》1995 年第 1 期。

[291] 江小涓:《国有企业陷入亏损困境的结构因素及其调整政策》,载于《中国工业经济》1995 年第 5 期。

[292] 江小涓:《市场竞争应该成为我国产业结构调整的基本途径》,载于《财经问题研究》1995 年第 8 期。

[293] 江小涓:《理论、实践、借鉴与中国经济学的发展——产业结构理论为例》,载于《中国社会科学》1999 年第 6 期。

[294] 江小涓:《我国产业结构及其政策选择》,载于《中国工业经济》1999 年第 6 期。

[295] 江小涓:《中国的外资经济对增长、结构升级和竞争力的贡献》,载于《中国社会科学》2002 年第 2 期。

[296] 江小涓:《产业结构优化升级:新阶段和新任务》,载于《财贸经济》2005 年第 4 期。

[297] 江小涓:《服务业增长:真实含义、多重影响和发展趋势》,载于《经济研究》2011 年第 4 期。

[298] 姜建华、邓强:《新中国产业结构研究思想演进路径分析》,载于《广播电视大学学报(哲学社会科学版)》2011 年第 2 期。

[299] 蒋家骏:《生产资料生产优先增长理论的探讨》,载于《学术月刊》1962 年第 9 期。

[300] 蒋明:《价值规律与按比例发展规律、计划规律的相互关系》,载于《学术月刊》1964 年第 9 期。

[301] 蒋晓泉:《主导产业规划政策研究》,载于《经济研究》1994 年第 5 期。

[302] 蒋学模:《试论处理国民收入中积累与消费的比例关系的几个

原则》，载于《学术月刊》1957年第3期。

[303] 蒋学模：《论我国社会主义所有制的性质和形式》，载于《学术月刊》1979年第10期。

[304] 蒋一苇：《"企业本位论"刍议——试论社会主义制度下企业的性质及国家与企业的关系》，载于《经济管理》1979年第6期。

[305] 蒋一苇：《企业本位论》，载于《中国社会科学》1980年第1期。

[306] 金培：《工业改革开放三十年实践对中国特色社会主义的理论贡献》，载于《中国工业经济》2008年第11期。

[307] 金培、李钢、陈志：《加入WTO以来中国制造业国际竞争力的实证分析》，载于《中国工业经济》2006年第10期。

[308] 金学：《关于社会主义再生产问题的讨论以及值得探讨的若干问题》，载于《学术月刊》1952年第6期。

[309] 金学：《关于农业是国民经济发展的基础问题的讨论》，载于《学术月刊》1960年第9期。

[310] 剧锦文：《新中国工业化模式导入的经济史考察》，载于《中国经济史研究》1994年第2期。

[311] 康荣平、杨英辰：《新中国技术引进40年述评》，载于《管理世界》1991年第6期。

[312] 赖德胜：《教育、劳动力市场与收入分配》，载于《经济研究》1998年第5期。

[313] 李钢、董敏杰、金培：《比较优势与竞争优势是对立的吗？——基于中国制造业的实证研究》，载于《财贸经济》2009年第9期。

[314] 李海舰：《外资进入与国家经济安全》，载于《中国工业经济》1997年第8期。

[315] 李辉文：《现代比较优势理论的动态性质——兼评"比较优势陷阱"》，载于《经济评论》2004年第1期。

[316] 李江帆、曾国军：《中国第三产业内部结构升级趋势分析》，载于《中国工业经济》2003年第3期。

[317] 李江帆：《中国第三产业的战略地位与发展方向》，载于《财贸经济》2004年第1期。

[318] 李江帆：《产业结构高级化与第三产业现代化》，载于《中山大学学报（社会科学版）》2005年第4期。

[319] 李京文、齐建国、汪同三：《我国未来各阶段经济发展特征与支柱产业选择》，载于《管理世界》1998年第2期。

[320] 李京文、郑友敬、齐建国：《技术进步与产业结构问题研究》，载于《科学学研究》1988年第4期。

[321] 李京文、郑友敬：《我国产业的发展模式和发展序列》，载于《中国社会科学》1988年第6期。

[322] 李农：《试论我国的衰退产业和衰退产业政策——以黄麻纺织工业为案例的分析和研究》，载于《中国工业经济研究》1991年第5期。

[323] 李平：《对"两权分离"理论的再认识》，载于《探索与争鸣》1989年第2期。

[324] 李玉红、王皓、郑玉歆：《企业演化：中国工业生产率增长的重要途径》，载于《经济研究》2008年第6期。

[325] 李长明：《产业结构与宏观调控》，载于《数量经济技术经济研究》1994年第12期。

[326] 梁桂全：《不合国情的"国际大循环"构想》，载于《学术研究》1988年第4期。

[327] 廖国民、王永钦：《论比较优势与自生能力的关系》，载于《经济研究》2003年第9期。

[328] 林森木、徐立：《政策和制度因素对引进外资的影响》，载于《经济研究》1986年第12期。

[329] 林毅夫、蔡昉、李周：《比较优势与发展战略——对"东亚奇迹"的再解释》，载于《中国社会科学》1999年第5期。

[330] 林毅夫、李永军：《中小金融机构发展与中小企业融资》，载于《经济研究》2001年第1期。

[331] 林毅夫：《发展战略、自生能力和经济收敛》，载于《经济学（季刊）》2002年第2期。

[332] 林毅夫、刘培林：《中国的经济发展战略与地区收入差异》，载于《经济研究》2003年第3期。

[333] 林毅夫:《后发优势与后发劣势——与杨小凯教授商榷》,载于《经济学(季刊)》2003年第4期。

[334] 林毅夫、孙希芳:《经济发展的比较优势战略理论——兼评〈对中国外贸战略与贸易政策的评论〉》,载于《国际经济评论》2003年第6期。

[335] 林毅夫、李永军:《比较优势、竞争优势与发展中国家的经济发展》,载于《管理世界》2003年第7期。

[336] 林毅夫、刘明兴:《经济发展战略与中国的工业化》,载于《经济研究》2004年第7期。

[337] 林毅夫:《照搬西方主流经济理论是行不通的》,载于《求是》2016年第20期。

[338] 林毅夫:《产业政策与我国经济的发展:新结构经济学的视角》,载于《复旦学报(社会科学版)》2017年第2期。

[339] 刘恩钊:《两大部类关系和生产资料生产优先增长》,载于《经济研究》1980年第2期。

[340] 刘刚:《基于产业链的知识转移与创新结构研究》,载于《商业经济与管理》2005年第11期。

[341] 刘恒江、陈继祥、周莉娜:《产业集群动力机制研究的最新动态》,载于《外国经济与管理》2004年第7期。

[342] 刘社建:《中国产业政策的演进、问题及对策》,载于《学术月刊》2014年第2期。

[343] 刘诗白:《论社会主义社会所有制的多样性》,载于《财经科学》1981年第1期。

[344] 刘伟、李绍荣:《产业结构与经济增长》,载于《中国工业经济》2002年第5期。

[345] 刘艳红、郭朝先:《改革开放四十年工业发展的"中国经验"》,载于《经济管理》2018年第3期。

[346] 刘友金:《集群式创新与创新能力集成——一个培育中小企业自主创新能力的战略新视角》,载于《中国工业经济》2006年第11期。

[347] 刘钰、孙肖远:《论邓小平对中国式工业化道路的新开创》,

载于《南京社会科学》1999 年第 9 期。

[348] 刘志彪:《产业升级的发展效应及其动因分析》,载于《南京师大学报(社会科学版)》2000 年第 2 期。

[349] 隆国强:《调整出口退税政策的效应分析》,载于《国际贸易》1998 年第 7 期。

[350] 鲁从明:《两大部类生产速度快慢是不断交替的过程》,载于《经济研究》1980 年第 5 期。

[351] 鲁济典:《生产资料生产优先增长是一个客观规律吗?》,载于《经济研究》1979 年第 11 期。

[352] 鹿世明:《一个提高经济效益的外贸模式——试评"比较成本规律"》,载于《国际贸易问题》1985 年第 6 期。

[353] 鹿世明:《试论比较成本规律与产业结构的优化》,载于《国际贸易问题》1989 年第 Z1 期。

[354] 路风、慕玲:《本土创新、能力发展和竞争优势——中国激光视盘播放机工业的发展及其对政府作用的政策含义》,载于《管理世界》2003 年第 12 期。

[355] 罗季荣:《农业、轻工业、重工业综合平衡方法论的初步探讨》,载于《中国经济问题》1960 年第 2 期。

[356] 罗玉明:《五十年代初期毛泽东工业化思想初探》,载于《怀化师专学报》2002 年第 4 期。

[357] 吕铁、周叔莲:《中国的产业结构升级与经济增长方式转变》,载于《管理世界》1999 年第 1 期。

[358] 吕政:《论中国工业的比较优势》,载于《中国工业经济》2003 年第 4 期。

[359] 马锞:《技术进步条件下生产资料的优先增长不能否定——与鲁济典、朱家桢同志商榷》,载于《经济研究》1980 年第 3 期。

[360] 马德安,刘志典:《对〈企业本位论〉的一点质疑》,载于《中国社会科学》1980 年第 5 期。

[361] 马洪:《关于社会主义制度下我国商品经济的再探索》,载于《经济研究》1984 年第 12 期。

[362] 马建堂：《我国产业结构理论的进展》，载于《生产力研究》1993年第1期。

[363] 马建堂：《十余年来的产业结构理论研究》，载于《江汉论坛》1994年第1期。

[364] 马晓河、赵淑芳：《中国改革开放30年来产业结构转换、政策演进及其评价》，载于《改革》2008年第6期。

[365] 马寅初：《我国资本主义工业的社会主义改造》，载于《北京大学学报（人文科学）》1957年第3期。

[366] 毛蕴诗、汪建成：《基于产品升级的自主创新路径研究》，载于《管理世界》2006年第5期。

[367] 南冰、索真：《论社会主义制度下生产资料的价值和价值规律的作用问题》，载于《经济研究》1957年第1期。

[368] 欧阳胜：《论生产资料和消费资料的平衡》，载于《经济研究》1979年第6期。

[369] 裴长洪：《中国吸收外商直接投资的特征》，载于《国际贸易》1995年第5期。

[370] 平新乔等：《外国直接投资对中国企业的溢出效应分析：来自中国第一次全国经济普查数据的报告》，载于《世界经济》2007年第8期。

[371] 戚聿东：《中国产业集中度与经济绩效关系的实证分析》，载于《管理世界》1998年第4期。

[372] 齐建国：《产业发展序列及其选择》，载于《技术经济》1988年第Z1期。

[373] 齐建国、赵京兴：《产业发展模式的选择》，载于《数量经济技术经济研究》1988年第10期。

[374] 齐卫平、王军：《关于毛泽东"超英赶美"思想演变阶段的历史考察》，载于《史学月刊》2002年第2期。

[375] 丘海雄、徐建牛：《产业集群技术创新中的地方政府行为》，载于《管理世界》2004年第10期。

[376] 邱金辉、聂志红：《中国工业化问题系统研究序幕的开启——"以农立国"与"以工立国"的争论》，载于《科学·经济·社会》2006

年第 3 期。

［377］邱兆林：《政府干预、企业自主研发与高技术产业创新——基于中国省级面板数据的实证分析》，载于《经济问题探索》2015 年第 4 期。

［378］瞿商：《我国计划经济体制的绩效（1957～1978）——基于投入产出效益比较的分析》，载于《中国经济史研究》2008 年第 1 期。

［379］任保平：《新型工业化：中国经济发展战略的创新》，载于《经济学家》2003 年第 3 期。

［380］任保平、洪银兴：《新型工业化道路：中国 21 世纪工业化发展路径的转型》，载于《人文杂志》2004 年第 1 期。

［381］任保平：《新中国 60 年工业化的演进及其现代转型》，载于《陕西师范大学学报（哲学社会科学版）》2010 年第 1 期。

［382］沈坤荣、耿强：《外国直接投资的外溢效应分析》，载于《金融研究》2000 年第 3 期。

［383］沈坤荣、孙文杰：《市场竞争、技术溢出与内资企业 R&D 效率——基于行业层面的实证研究》，载于《管理世界》2009 年第 1 期。

［384］石水：《国际大循环与沿海发展战略》，载于《教学参考》1988 年第 2 期。

［385］宋承先：《关于马克思扩大再生产公式及生产资料优先增长原理的初步研究》，载于《复旦学报（人文科学版）》1956 年第 2 期。

［386］宋文月、任保平：《改革开放 40 年我国产业政策的历史回顾与优化调整》，载于《改革》2018 年第 12 期。

［387］苏玲译：《日本科学技术大纲》，载于《科学管理研究》1986 年第 5 期。

［388］苏绍智：《试论生产资料的所有权、占有权和使用权》，载于《学术月刊》1962 年第 6 期。

［389］苏星：《社会主义扩大再生产的几个问题》，载于《红旗》1962 年第 7 期。

［390］苏星：《社会主义再生产问题的讨论在哪些方面前进了?》，载于《红旗》1963 年第 1 期。

［391］孙文杰、沈坤荣：《人力资本积累与中国制造业技术创新效率

的差异性》，载于《中国工业经济》2009 年第 3 期。

［392］孙冶方：《把计划和统计放在价值规律的基础上》，载于《经济研究》1956 年第 6 期。

［393］孙早、宋炜：《企业 R&D 投入对产业创新绩效的影响——来自中国制造业的经验证据》，载于《数量经济技术经济研究》2012 年第 4 期。

［394］孙兆录、熊性美：《社会主义再生产的两个问题》，载于《学术月刊》1962 年第 9 期。

［395］谭崇台：《怎样认识发展经济学》，载于《经济学动态》2001 年第 1 期。

［396］唐宗焜：《从实践看我国所有制结构》，载于《经济研究》1981 年第 3 期。

［397］陶然、郭巨泰：《从比较优势到竞争优势——国际经济理论的新视角》，载于《国际贸易问题评论》1996 年第 3 期。

［398］田继滢：《价值规律在社会主义经济中的作用》，载于《浙江学刊》1964 年第 1 期。

［399］童源轼：《关于扩大再生产的源泉》，载于《经济研究》1962 年第 12 期。

［400］汪斌、侯茂章：《经济全球化条件下的全球价值链理论研究》，载于《国际贸易问题》2007 年第 3 期。

［401］汪旭庄：《论社会主义制度下工业和农业相互结合的规律》，载于《经济研究》1963 年第 6 期。

［402］王步芳：《世界各大主流经济学派产业集群理论综述》，载于《外国经济与管理》2004 年第 1 期。

［403］王佃凯：《比较优势陷阱与中国贸易战略选择》，载于《经济评论》2002 年第 2 期。

［404］王海光：《模式与战略：中国现代化发展道路的历史反思》，载于《岭南学刊》2000 年第 3 期。

［405］王和平：《比较成本学说可以作为我国对外经贸理论的基础》，载于《当代财经》1988 年第 11 期。

［406］王积业：《按照现代产业序列推动产业结构升级》，载于《经

济导刊》1994年第4期。

[407] 王家新：《论支柱产业的概念、选择及作用机理》，载于《江苏社会科学》1995年第4期。

[408] 王俊豪：《论自然垄断产业的有效竞争》，载于《经济研究》1998年第8期。

[409] 王林生：《试论社会主义对外贸易的地位和作用问题》，载于《国际贸易》1982年第2期。

[410] 王洛林、江小涓、卢圣亮：《大型跨国公司投资对中国产业结构、技术进步和经济国际化的影响（上）——以全球500强在华投资项目为主的分析》，载于《中国工业经济》2000年第4期。

[411] 王然、燕波、邓伟根：《FDI对我国工业自主创新能力的影响及机制——基于产业关联的视角》，载于《中国工业经济》2010年第11期。

[412] 王荣艳：《传统幼稚工业保护论与新贸易保护论之异同》，载于《现代财经》2003年第2期。

[413] 王绍顺：《生产资料优先增长不是扩大再生产的普遍规律》，载于《经济科学》1982年第2期。

[414] 王思华：《关于我国过渡时期国家工业化与农业合作化的相互适应问题》，载于《经济研究》1956年第1期。

[415] 王思华：《我对社会主义制度下商品生产和价值法则的几个问题的一些看法》，载于《经济研究》1959年第1期。

[416] 王曦：《论我国外商直接投资的规模管理》，载于《经济研究》1998年第5期。

[417] 王香平：《"中国模式"与中国特色社会主义道路——解析中共领导人关于"中国模式"的论述》，载于《中国当代史研究》2013年第5期。

[418] 王云平：《我国产业政策实践回顾：差异化表现与阶段性特征》，载于《改革》2017年第2期。

[419] 王震东：《九十年代的带头产业——电子和汽车工业》，载于《经济工作通讯》1992年第14期。

[420] 王忠民、朱争鸣、邵崇：《我国产业结构中的主导产业问题探

371

讨》，载于《管理世界》1988年第1期。

[421] 王子君、张伟：《外国直接投资、技术许可与技术创新》，载于《经济研究》2002年第3期。

[422] 王子先：《以竞争优势为导向——我国比较优势变化与外贸长期发展的思考》，载于《国际贸易》2000年第1期。

[423] 韦克普：《农业在国民经济发展中的重大作用》，载于《学术月刊》1963年第2期。

[424] 魏守华：《集群竞争力的动力机制以及实证分析》，载于《中国工业经济》2002年第10期。

[425] 吴丰华、刘瑞明：《产业升级与自主创新能力构建——基于中国省际面板数据的实证研究》，载于《中国工业经济》2013年第5期。

[426] 吴海若：《再生产原理的一般性和特殊性》，载于《经济研究》1957年第1期。

[427] 吴海若：《价值规律在社会主义经济中的作用》，载于《经济研究》1957年第6期。

[428] 吴敬琏：《"两权分离"和"承包制"概念辨析》，载于《经济学动态》1988年第1期。

[429] 吴敬琏：《思考与回应：中国工业化道路的抉择（上、下）》，载于《学术月刊》2005年第12期，2006年第1期。

[430] 吴仁洪：《经济发展与产业结构转变——兼论我国经济当前的发展阶段及其使命》，载于《经济研究》1987年第10期。

[431] 吴申元、王晓博：《从毛泽东到江泽民：赶超战略思想的继承与发展》，载于《河南师范大学学报》2003年第5期。

[432] 武剑：《外国直接投资的区域分布及其经济增长的效应》，载于《经济研究》2002年第4期。

[433] 武力：《1949年以来中国共产党关于工业化道路的认识演进》，载于《党的文献》2004年第2期。

[434] 武力：《中国工业化路径转换的历史分析》，载于《中国经济史研究》2005年第4期。

[435] 武力、温锐：《1949年以来中国工业化的"轻、重"之辨》，

载于《经济研究》2006 年第 9 期。

[436] 武力：《略论新中国 60 年经济发展与制度变迁的互动》，载于《中国经济史研究》2009 年第 3 期。

[437] 夏申：《论中国外向型经济发展的战略选择——兼评"国际大循环"战略构想》，载于《财贸经济》1988 年第 9 期。

[438] 夏兴园、王瑛：《国际投资自由化对我国产业安全的影响》，载于《中南财经大学学报》2001 年第 3 期。

[439] 谢伏瞻、李培育、仝允桓：《产业结构调整的战略选择》，载于《管理世界》1990 年第 4 期。

[440] 刑红萍、卫平：《中国战略性新兴产业企业技术创新行为模式研究——基于全国七省市企业调查问卷》，载于《经济学家》2013 年第 4 期。

[441] 徐建斌、尹翔硕：《贸易条件恶化与比较优势战略的有效性》，载于《世界经济》2002 年第 1 期。

[442] 徐康宁：《当代西方产业集群理论的兴起、发展和启示》，载于《经济学动态》2003 年第 3 期。

[443] 徐康宁、冯伟：《基于本土市场规模的内升华产业升级：技术创新的第三条道路》，载于《中国工业经济》2010 年第 11 期。

[444] 徐仲常、余翔：《企业研发投入的外部环境影响因素研究——基于产业层面的面板数据分析》，载于《科研管理》2007 年第 2 期。

[445] 许涤新：《社会主义基本经济法则在我国过渡时期对资本主义和国家资本主义经济的影响和作用》，载于《经济研究》1955 年第 2 期。

[446] 许涤新：《论农村人民公社化后的商品生产和价值规律》，载于《经济研究》1959 年第 1 期。

[447] 许涤新：《论农业在国民经济中的地位和发展农业生产的关键》，载于《经济研究》1962 年第 12 期。

[448] 许毅：《治理整顿必须克服思想混乱，坚持社会主义方向》，载于《改革》1991 年第 1 期。

[449] 许长新：《产业结构调整定量化初探——关于主导产业的一项定量研究》，载于《财经研究》1989 年第 7 期。

[450] 薛暮桥：《再论计划经济与价值规律》，载于《计划经济》

1957年第2期。

[451] 薛荣久:《李嘉图"比较成本说"不能指导我国对外贸易》,载于《经济科学》1982年第2期。

[452] 严清华、李詹:《民国时期经济期刊的经济思想文献评述》,载于《经济学动态》2012年第7期。

[453] 严素静:《主导产业选择的方法》,载于《工业技术经济》1988年第6期。

[454] 杨波:《对积累和消费问题的几点意见》,载于《红旗》1962年第21期。

[455] 杨坚白:《论社会的个人所有制——关于社会主义所有制的一个理论问题》,载于《中国社会科学》1988年第3期。

[456] 杨坚白:《试论农业、轻工业、重工业比例和消费、积累比例之间的内在联系(上、下)》,载于《经济研究》1961年第12期、1962年第1期。

[457] 杨坚白、李学曾:《论我国农轻重关系的历史经验》,载于《中国社会科学》1980年第3期。

[458] 杨鲁军、张颂豪:《关于"比较成本说"的若干问题》,载于《经济问题探索》1983年第3期。

[459] 杨沐:《关于优化我国产业结构问题的研究》,载于《中国社会科学》1988年第6期。

[460] 杨小凯、张永生:《新兴古典发展经济学导论》,载于《经济研究》1999年第7期。

[461] 杨小凯、张永生:《新贸易理论、比较利益理论及其经验研究的新成果:文献综述》,载于《经济学(季刊)》2001年第1卷。

[462] 杨小凯:《经济改革与宪政转轨:回应》,载于《经济学(季刊)》2003年第4期。

[463] 杨学军:《对两权分离的再认识》,载于《改革》1990年第3期。

[464] 杨云龙:《论我国经济的结构发展模型》,载于《经济研究》1988年第3期。

[465] 姚洋、郑东雅:《重工业和经济发展:计划经济时代再考察》,

载于《经济研究》2008 年第 4 期。

[466] 叶大绰：《社会再生产实现条件及其特点》，载于《中国社会科学》1985 年第 3 期。

[467] 叶世昌：《中国发展经济学的形成》，载于《复旦学报（社会科学版）》2000 年第 4 期。

[468] 亦农：《农业是国民经济发展的基础》，载于《经济研究》1960 年第 6 期。

[469] 殷醒民：《西方产业集中度与市场效率理论评述》，载于《经济学动态》1996 年第 3 期。

[470] 于凤村：《试论有计划按比例发展规律和价值规律的关系》，载于《学术研究》1962 年第 5 期。

[471] 于光远：《关于社会主义制度下商品生产问题的讨论》，载于《经济研究》1959 年第 7 期。

[472] 于秋华：《新中国成立前后毛泽东的工业化思想述评》，载于《贵州财经学院学报》2009 年第 6 期。

[473] 于祖尧：《社会主义商品经济论》，载于《经济研究》1984 年第 11 期。

[474] 俞明仁：《论农业、轻工业和重工业的相互关系》，载于《经济研究》1960 年第 2 期。

[475] 虞关涛：《"双缺口"理论》，载于《国际金融研究》1989 年第 9 期。

[476] 郁郁、刘为：《保护幼稚产业理论与战略性贸易政策理论比较》，载于《沈阳大学学报》2004 年第 5 期。

[477] 袁文祺、王建民：《重新认识和评价对外贸易在我国国民经济发展中的作用和地位》，载于《国际贸易》1982 年第 1 期。

[478] 张朝尊：《在两权分离基础上实现两权合———论承包制的缺陷和前进方向》，载于《经济研究》1990 年第 11 期。

[479] 张帆、江涌：《保护幼稚工业政策与战略性贸易政策之比较研究》，载于《求索》2002 年第 1 期。

[480] 张华夏：《对"从马克思扩大再生产共识来研究生产资料优先

增长的原理"一文的意见》，载于《经济研究》1957年第1期。

[481] 张辉：《产业集群竞争力的内在经济机理》，载于《中国软科学》2003年第1期。

[482] 张辉：《全球价值链理论与我国产业发展研究》，载于《中国工业经济》2004年第5期。

[483] 张继光：《价值规律与国民经济有计划按比例发展的相互关系——与蒋明同志商榷》，载于《学术月刊》1964年第10期。

[484] 张建华、欧阳轶雯：《外商直接投资、技术外溢与经济增长——对广东数据的实证分析》，载于《经济学（季刊）》2003年第3期。

[485] 张杰、陈志远、杨连星、新夫：《中国创新补贴政策的绩效评估：理论与证据》，载于《经济研究》2015年第10期。

[486] 张其仔：《比较优势的演化与中国产业升级路径的选择》，载于《中国工业经济》2008年第9期。

[487] 张少军、刘志彪：《全球价值链模式的产业转移——动力、影响与中国产业升级和区域协调发展的启示》，载于《中国工业经济》2009年第11期。

[488] 张维迎：《张维迎：我为什么反对产业政策？——与林毅夫辩》，载于《比较》2016年第6期。

[489] 张问敏：《关于按劳分配理论的思考》，载于《中国劳动》1987年第5期。

[490] 张新伟：《改革开放以来我国经济发展与产业结构的演化分析》，载于《经济学动态》2008年第12期。

[491] 张雪倩：《跨国公司在中国的技术溢出效应分析：以汽车工业为例》，载于《世界经济研究》2003年第4期。

[492] 张志宏：《利用外资与我国产业安全若干问题的深入思考》，载于《中国工业经济》1998年第3期。

[493] 章新华：《产业政策的有效性及条件优化》，载于《财经研究》1994年第2期。

[494] 赵坚：《我国自主研发的比较优势与产业政策——基于企业能力理论的分析》，载于《中国工业经济》2008年第8期。

［495］赵晋平：《我国吸收外资的产业政策研究》，载于《管理世界》2002年第9期。

［496］赵凌云：《1949~2008年间中国传统计划经济体制产生、演变与转变的内生逻辑》，载于《中国经济史研究》2009年第3期。

［497］赵曙明：《市场经济下政府与企业的关系》，载于《生产力研究》1998年第1期。

［498］赵穗生：《试论对外贸易与经济发展的关系》，载于《世界经济》1982年第2期。

［499］赵增耀、王喜：《产业经济竞争力、企业技术能力与外资的溢出效应——基于我国汽车产业吸收能力的实证分析》，载于《管理世界》2007年第12期。

［500］郑大华、张英：《论苏联"一五计划"对20世纪30年代初中国知识界的影响》，载于《世界历史》2009年第2期。

［501］郑经青：《对于社会主义制度下价值规律问题的几点意见》，载于《经济研究》1959年第4期。

［502］中国科学院经济学部课题组：《对我国工业化进程的基本认识》，载于《中国党政干部论坛》2008年第2期。

［503］中国社科院经济学科片《1991~2010年经济发展思路》课题组：《中国经济进入21世纪的理论思考与政策选择》，载于《经济研究》1994年第8期。

［504］中黄：《以农业为基础发展工业》，载于《经济研究》1963年第2期。

［505］钟祥财：《孙中山经济思想的价值层面》，载于《探索与争鸣》2011年第6期。

［506］钟祥财：《孙中山经济思想中的传统因素》，载于《贵州社会科学》2012年第10期。

［507］钟祥财：《计划经济的技术和市场经济的价值》，载于《学术月刊》2014年第4期。

［508］钟阳胜：《正确选择和建设主导产业的若干问题》，载于《管理世界》1996年第4期。

[509] 重进:《社会主义制度下价值规律是与社会主义经济规律共同起作用的》,载于《经济研究》1963年第4期。

[510] 周建明:《超越经济视角看产业政策——对林毅夫、张维迎之争的评论》,载于《文化纵横》2017年第3期。

[511] 周林、杨云龙、刘伟:《用产业政策推进发展与改革——关于设计现阶段我国产业政策的研究报告》,载于《经济研究》1987年第3期。

[512] 周民良:《中国主导产业的发展历程与未来趋势》,载于《经济学家》1994年第3期。

[513] 周叔莲、裴叔平:《试论新兴产业和传统产业的关系》,载于《经济研究》1984年第8期。

[514] 周叔莲、王伟光:《科技创新与产业结构优化升级》,载于《管理世界》2001年第5期。

[515] 周震虹、王晓国、谌立平:《西方产业结构理论及其在我国的发展》,载于《湖南师范大学社会科学学报》2004年第4期。

[516] 朱富强:《为何需要产业政策:张维迎和林毅夫之争的逻辑考辩》,载于《社会科学战线》2017年第4期。

[517] 朱国兴、王绍熙:《关于马克思对李嘉图"比较成本说"的评价问题》,载于《国际贸易问题》1981年第3期。

[518] 朱家桢:《生产资料生产优先增长是适用于社会主义经济的规律吗?》,载于《经济研究》1979年第12期。

[519] 朱立南:《比较利益的性质及其在国际贸易中的意义》,载于《国际贸易问题》1992年第12期。

[520] 朱培兴:《生产资料生产优先增长规律问题》,载于《新建设》1959年第9期。

[521] 朱培兴:《试论生产资料生产优先增长规律性在社会主义制度下的作用》,载于《教学与研究》1957年第7期。

[522] 朱晓红:《关于比较成本理论的若干质疑》,载于《国际经济探索》2001年第1期。

[523] 朱钟棣:《比较成本说的理论缺陷》,载于《世界经济》1981年第11期。

［524］邹进文：《近代中国经济学的发展：来自留学生博士论文的考察》，载于《中国社会科学》2010年第5期。

［525］邹薇：《论外生比较优势到内生比较优势》，载于《武汉大学学报（社会科学版）》2002年第1期。

［526］《中华人民共和国经济法规选编（1984）》上，中国社会科学院法学研究所1986年版。

［527］《对外经济贸易实用政策汇编》下，本溪市对外经济贸易委员会编印1988年版。

［528］《现行工商管理法规选编》（一），中国纺织企业管理协会情报中心编印1985年版。

［529］中共中央文献研究室编：《建国以来重要文献选编》第1册，中央文献出版社1992年版。

［530］中共中央文献研究室编：《建国以来重要文献选编》第2册，中央文献出版社1992年版。

［531］中共中央文献研究室编：《建国以来重要文献选编》第3册，中央文献出版社1992年版。

［532］中共中央文献研究室编：《建国以来重要文献选编》第4册，中央文献出版社1993年版。

［533］中共中央文献研究室编：《建国以来重要文献选编》第5册，中央文献出版社1993年版。

［534］中共中央文献研究室编：《建国以来重要文献选编》第6册，中央文献出版社1993年版。

［535］中共中央文献研究室编：《建国以来重要文献选编》第7册，中央文献出版社1993年版。

［536］中共中央文献研究室编：《建国以来重要文献选编》第8册，中央文献出版社1994年版。

［537］中共中央文献研究室编：《建国以来重要文献选编》第9册，中央文献出版社1994年版。

［538］中共中央文献研究室编：《建国以来重要文献选编》第15册，中央文献出版社1997年版。

[539] 中共中央文献研究室编:《建国以来重要文献选编》第19册,中央文献出版社1999年版。

[540] 中共中央文献研究室编:《建国以来重要文献选编》第20册,中央文献出版社1999年版。

[541] 中共中央文献研究室编:《三中全会以来重要文献选编》上下,中央文献出版社2011年版。

[542] 中共中央文献研究室编:《十二大以来重要文献选编》上中下,中央文献出版社2011年版。

[543] 中共中央文献研究室编:《十三大以来重要文献选编》上中下,中央文献出版社1991、1991、1993年版。

[544] 中共中央文献研究室编:《十五大以来重要文献选编》上中下,中央文献出版社2011年版。

[545] 中共中央文献研究室编:《十六大以来重要文献选编》上中下,中央文献出版社2005、2006、2008年版。

[546] 中共中央文献研究室编:《十七大以来重要文献选编》上中下,中央文献出版社2009、2011、2013年版。

[547] 中共中央文献研究室编:《十八大以来重要文献选编》上中下,中央文献出版社2014、2016、2018年版。

[548] 中共中央文献研究室编:《改革开放三十年重要文献选编》上下,中央文献出版社2008年版。

[549] 中华人民共和国财政部税政司编著:《出口退税政策与管理》,中国财政经济出版社2006年版。

[550] 交通法规文件汇编编委会:《交通法规文件汇编》上,中国检察出版社2000年版。

[551] 向阳主编:《中华人民共和国对外经济法律法规汇编》上,中国对外经济贸易出版社2001年版。

[552] 国务院法制办公室编:《中华人民共和国新法规汇编2013年第4辑》,中国法制出版社2013年版。

[553] 国务院法制局编:《中华人民共和国现行法规汇编1949~1985工交城建卷》,人民出版社1987年版。

［554］国家纪委办公厅编：《计划经济工作文件汇编1989》，中国计划出版社1990年版。

［555］徐棣华等编：《中华人民共和国国民经济和社会发展计划大事辑要》，红旗出版社1987年版。

［556］铁道部发展计划司、铁道部经济规划研究院主编：《铁路"十五"规划战略研究》，中国铁道出版社2002年版。

［557］铁道部政治部宣传部编：《跨越式发展中的中国铁路》，中国铁道出版社2004年版。

［558］《中国工业经济统计年鉴1949～1984》。

［559］《中国工业经济统计年鉴2003》。

［560］《中国工业统计年鉴2012》。

［561］《中国汽车工业年鉴1986》。

［562］《中国汽车工业年鉴1988》

［563］《中国汽车工业年鉴1995》。

［564］《中国汽车工业年鉴1999》。

［565］《中国纺织工业年鉴1983》。

［566］《中国纺织工业年鉴1984～1985》。

［567］《中国纺织工业年鉴1986～1987》。

［568］《中国纺织工业年鉴1988～1989》。

［569］《中国纺织工业年鉴1990》。

［570］《中国纺织工业年鉴1995》。

［571］《中国纺织工业年鉴1997～1999》。

［572］《中国纺织工业年鉴1991》。

［573］《中国纺织工业发展报告2001》。

［574］《中国经济贸易年鉴2011》。

［575］《中国统计年鉴1981》。

［576］《中国统计年鉴1983》。

［577］《中国统计年鉴2004》。

［578］《中国铁道年鉴2004》。

［579］《中国铁道年鉴2009》。

[580]《中国电子商务报告 2010~2011》。

[581]《冶金工业统计资料汇编 1949~1979》。

[582]《国际贸易统计年鉴 1995》。

[583]《新中国 60 年》。

[584] 陈翰伯:《必须优先发展重工业》,载于《人民日报》1955 年 7 月 17 日。

[585] 陈亮:《从比较优势转向竞争优势》,载于《光明日报》2011 年 8 月 12 日。

[586] 陈曙光:《"中国模式"确定性与开放性的辩证统一》,载于《人民日报》2014 年 5 月 8 日。

[587] 樊纲:《比较优势也是竞争力》,载于《经济日报》2002 年 5 月 21 日。

[588] 胡乔木:《按照经济规律办事,加快实现四个现代化》,载于《人民日报》1978 年 10 月 6 日。

[589] 顾昕:《回顾"产业政策之争"的两大亮点》,载于《企业家日报》2017 年 1 月 20 日。

[590] 贾国强:《张维迎 VS 林毅夫:产业政策存废之争》,载于《中国经济周刊》2016 年第 38 期。

[591] 李洋、柴中达:《政府在国家创新体系中的职能定位》,载于《人民日报》2004 年 5 月 27 日。

[592] 李义平:《比较优势原理的局限和"钻石理论"的启迪》,载于《光明日报》2003 年 11 月 25 日。

[593] 李义平:《比较优势与比较优势陷阱》,载于《人民日报》2006 年 4 月 19 日。

[594] 李义平:《论比较优势陷阱》,载于《光明日报》2009 年 6 月 30 日。

[595] 李聿恒:《学习苏联编制第一个五年计划的经验》,载于《人民日报》1954 年 5 月 27 日。

[596] 林钢:《国务院最近发出通知 不得擅自再安排轿车生产线》,载于《人民日报》1989 年 1 月 9 日。

［597］刘国光：《坚持经济体制的改革方向》，载于《人民日报》1982年9月6日。

［598］戎文佐：《论发展劳动密集行业》，载于《人民日报》1980年6月2日。

［599］戎文佐：《大力发展劳动密集行业产品出口——从李嘉图的比较成本学说谈起》，载于《人民日报》1980年10月17日。

［600］陶继侃：《论价值规律在我国经济生活中的作用》，载于《人民日报》1957年3月8日。

［601］田国强：《争议产业政策：有限政府，有为政府？》，载于《财经》2016年第29期。

［602］王建：《选择正确的长期发展战略——关于"国际大循环"经济发展战略的构想》，载于《经济日报》1988年1月5日。

［603］王亚南：《充分发挥价值规律在我国社会主义经济中的积极作用》，载于《人民日报》1959年5月15日。

［604］王政、路亚楠：《从"赶超"到"领跑"——高铁演绎自主创新"中国速度"》，载于《人民日报》2010年3月1日。

［605］武常岐：《变比较优势为竞争优势》，载于《经济日报》2006年10月24日。

［606］萧然：《低头赚钱别忘了抬头看路》，载于《人民日报》2006年8月16日。

［607］许涤新：《论社会主义的再生产》，载于《人民日报》1961年12月27日。

［608］许涤新：《农业在国民经济中的地位和作用》，载于《人民日报》1962年8月28日。

［609］薛暮桥：《计划经济和价值规律》，载于《人民日报》1956年10月28日。

［610］姚曾荫：《关于我国对外贸易几个理论问题的探讨》，载于《人民日报》1987年7月13日。

［611］佚名：《学会管理企业》，载于《人民日报》1950年2月6日。

［612］佚名：《加强国家工作的集中性，迎接大规模经济建设》，载

于《人民日报》1952年11月17日。

［613］佚名:《乘风破浪》,载于《人民日报》1958年1月1日。

［614］佚名:《调整价格体系的重要一步》,载于《人民日报》1983年1月18日。

［615］佚名:《福建省五十五名厂长、经理给省委领导写信:请给我们"松绑"》,载于《人民日报》1984年3月30日。

［616］佚名:《请给我们"松绑"》,载于《福建日报》1984年3月24日。

［617］佚名:《压迫人民币升值阴谋流产G7会议否决日提案》,载于《21世纪经济报道》2003年2月27日。

［618］佚名:《国务院发展研究中心:中国工业化进入新阶段》,载于《经济参考报》2003年11月19日。

［619］佚名:《人民币实际有效汇率波动对我国出口的直接影响》,载于《中国经济时报》2010年6月2日。

［620］佚名:《中国高铁里程世界之最》,载于《人民日报》2010年10月6日。

［621］佚名:《我国稳步推进新型工业化发展》,载于《人民日报》2010年10月9日。

［622］佚名:《重大专项催生更多"中国制造"》,载于《人民日报》2010年10月14日。

［623］佚名:《重大科技专项:服务国家目标》,载于《光明日报》2010年10月26日。

［624］张春雷、夏静:《张培刚:经世济民赤子心》,载于《光明日报》2011年12月8日。

［625］赵玉海:《变比较优势为竞争优势》,载于《人民日报》2002年3月30日。

［626］周实学:《关于扩大再生产公式的初步探讨》,载于《光明日报》1961年12月4日。

［627］周叔莲:《立足比较优势 增强竞争优势》,载于《人民日报》2002年8月27日。

[628] 周文：《中国经济发展离不开产业政策》，载于《中国社会科学报》2016年12月27日。

[629] 尹振茂：《新陆权时代的中国高铁大战略——专访美国杜克大学教授高柏》，载于《证券时报》2014年6月16日。

[630] 银昕、徐豪、陈惟杉：《林毅夫VS张维迎：一场产业政策的"世纪之辩"》，载于《中国经济周刊》2016年第44期。

[631] [奥] 菲里波维著，马君武译：《工业政策》上海中华书局1922年版。

[632] [美] 琴巴尔著，林光澄译：《工业组织原理》上海商务出版社1934年版。

[633] [日] 本神田孝一著，余怀清译：《工场管理论》上海商务出版社1924年版。

[634] [日] 川西正鉴著，管怀琮译：《工业经济学概要》上海商务出版社1934年版。

[635] [日] 关一著，马凌甫译：《工业政策》上下，上海商务出版社1924年版。

[636] [日] 益田直彦著，骁林译：《苏联农业的集体化与机械化》，载于《新农村》1935年第26期。

[637] [苏] 罗克森著，刘群译：《苏联工业》，载于《译文月刊》1949年第4期。

[638] [英] 伯纳德·莫斯栖奥著，高祖武译：《工业心理学浅讲》上海商务出版社1931年版。

[639] 毕庆芳：《战后中国重工业建设问题》，载于《四川经济季刊》1944年第1卷第4期。

[640] 陈振汉：《工业区位的理论》，载于《新经济》1941年第8期。

[641] 陈振汉：《工业区位理论的发展》，载于《燕京社会科学》1948年第1卷。

[642] 丁振一：《工业政策》上海商务出版社1931年版。

[643] 梁启超：《二十世纪之巨灵托辣斯》，载于《癸卯新民丛报汇编》1903年版。

［644］梁漱溟：《中国之经济建设》，载于《乡村建设》1937 年第 15 期。

［645］聆音：《三十年来的苏联农业建设》，载于《中苏文化》1947 年第 11 期。

［646］马寅初：《中国经济之路》，载于《现实文摘》1947 年第 2 期。

［647］彭维基、阮湘：《工业经济》，上海商务出版社 1934 年版。

［648］漆琪生：《苏联经济建设的现状及其最近情况》，载于《中苏文化》1936 年第 2 期。

［649］任美锷：《工业区位的理论与中国工业区位问题》，载于《经济建设季刊》1944 年第 1 期。

［650］王禹图：《工业经济学 ABC》，上海 ABC 丛书社 1933 年版。

［651］王云五、李圣五编：《工业经济》，上海商务出版社 1933 年版。

［652］夏炎德：《中国近百年经济思想》，商务印书馆 1948 年版。

［653］许涤新：《雄飞突进的苏联工业》，载于《中苏文化》1939 年苏联十月革命 22 周年纪念特刊。

［654］张廷金：《科学的工厂管理法》，商务印书馆 1936 年版。

［655］竹萍：《苏联劳动的新形式》，载于《申报月刊》1933 年第 8 期。

［656］Andreas, Joel. "Changing Colours in China." *New Left Review*, 54 (2008): 123 – 142.

［657］Blaug, Mark'd. "No History of Ideas, Please, We're Economists." *Journal of Economic Perspectives*, 15.1 (2001): 145 – 164.

［658］Brander, James A., and Spencer, Barbara J. "Export Subsidies and International Market Share Rivalry." *Journal of international Economics*, 18.1 – 2 (1985): 83 – 100.

［659］Chen, Kuan, et al. "Productivity Change in Chinese Industry: 1953 – 1985." *Journal of Comparative Economics*, 12.4 (1988): 570 – 591.

［660］Dornbusch, Rüdiger, et al. "Comparative Advantage, Trade, and Payments in a Ricardian Model with a Continuum of Goods." *American Economic Review*, 67.5 (1977): 823 – 839；

［661］Fan, Peilei, and Watanabe, Chihiro. "Promoting Industrial Development Through Technology Policy: Lessons from Japan and China." *Technology in Society, 28.3 (2006): 303 – 320.

［662］Gardner, Richard N. "The United Nations Conference on Trade and Development." *International Organization*, 22.1 (1968): 99 – 130.

［663］Hu, Albert G. "Ownership, Government R&D, Private R&D, and Productivity in Chinese Industry." *Journal of Comparative Economics*, 29.1 (2001): 136 – 157.

［664］Jefferson, Gary H., and Rawski, Thomas G. "Enterprise Reform in Chinese Industry." *Journal of Economic Perspectives*, 8.2 (1994): 47 – 70.

［665］Jefferson, Gary H., and Xu, Wenyi. "The Impact of Reform on Socialist Enterprises in Transition: Structure, Conduct, and Performance in Chinese Industry." *Journal of Comparative Economics*, 15.1 (1991): 45 – 64.

［666］Krugman, Paul R. "A Model of Innovation, Technology Transfer, and the World Distribution of Income." *Journal of Political Economy*, 87.2 (1979): 253 – 266.

［667］Krugman, Paul R. *Rethinking International Trade*. Massachusetts: MIT press, 1990.

［668］Krugman, Paul R., and Obstfeld, Maurice. *International Economics: Theory and Policy*. Lllinois: Scott, Foresman and Company, 1987.

［669］Krugman, Paul R. "The Myth of Asia's Miracle." *Foreign Affairs*, 73.6 (1994): 62 – 78.

［670］Krugman, Paul R., ed. *Strategic Trade Policy and the New International Economics*. Massachusetts: MIT press, 1990.

［671］Lindberg, Leon N., and Campbell, John L. "The State and the Organization of Economic Activity." in Campbell, John L., Hollingsworth, Rogers J., and Lindberg, Leon N., eds. *Governance of the American Economy*, New York: Cambridge University Press, 1991. 356 – 390.

［672］List, Georg F. *The National System of Political Economy*. Philadelphia: JB Lippincott & Company, 1856.

［673］Lawler, Edward E. *High-involvement Management*. San Francisco, Calif.: Jossey – Bass, 1986.

［674］Matsuyama, Kiminori. "Agricultural Productivity, Comparative Advantage, and Economic Growth." *Journal of Economic Theory*, 58.2 (1992): 317–334.

［675］Ricardo, David. *Principles of Political Economy and Taxation*. London: G. Bell and sons, 1891.

［676］Simon, Herbert A. "A Behavioral Model of Rational Choice." *The Quarterly Journal of Economics*, 69.1 (1955): 99–118.

［677］Swidler, Ann. "Culture in Action: Symbols and Strategies." *American Sociology Review*, 51.2 (1986): 273–286.

［678］Smith, Adam. *An Inquiry into the Nature and Causes of the Wealth of Nations: Volume One*. London: printed for W. Stranhan; and T. Cadell, 1776.

［679］Schumpeter, Joseph A. *The Theory of Economic Development: An Inquiry into Profits, Capital, Credit, Interest, and the Business Cycle*. London: Oxford University Press, 1978.

［680］Spencer, Barbara J., and Brander, James A. "International R&D Rivalry and Industrial Strategy." *The Review of Economic Studies*, 50.4 (1983): 707–722.

［681］中华人民共和国中央人民政府：http://www.gov.cn/。

［682］中国共产党新闻网：http://cpc.people.com.cn/。

［683］中华人民共和国工业和信息化部：http://www.miit.gov.cn/。

［684］中国发展和改革委员会：http://www.sdpc.gov.cn/。

［685］中国知网：http://www.cnki.net/。

［686］国家统计局：http://www.stats.gov.cn/。

［687］日本通产省：http://www.meti.go.jp/。

［688］中经网产业数据库：http://cyk.cei.gov.cn/。

［689］全国报刊索引数据库：http://www.cnbksy.com/。

［690］大成故纸堆：http://www.dachengdata.com/。

［691］读秀学术数据库：http://www.duxiu.com/。

［692］21世纪网：http://www.21cbh.com/。

［693］FT中文网：http：//www.ftchinese.com/。
［694］第一财经：https：//www.yicai.com/。
［695］中国网：http：//www.china.com.cn/。
［696］人民网：http：//people.com.cn/。
［697］光明网：http：//www.gmw.cn/。
［698］和讯网：http：//news.hexun.com/。
［699］新华网：http：//www.xinhuanet.com/。
［700］新浪网：http：//finance.sina.com.cn/。
［701］腾讯网：http：//auto.qq.com/。
［702］观察者网：http：//www.guancha.cn/。